La Gomera

Susanne Lipps · Oliver Breda

Gratis-Download: Updates & aktuelle Extratipps der Autoren

Unsere Autoren recherchieren auch nach Redaktionsschluss
für Sie weiter. Auf unserer Homepage finden Sie Updates und
persönliche Zusatztipps zu diesem Reiseführer.

Zum Ausdrucken und Mitnehmen oder als kostenloser
Download für Smartphone, Tablet und E-Reader.
Besuchen Sie uns jetzt!
www.dumontreise.de/gomera

Reise-Taschenbuch

Inhalt

La Gomera persönlich	6
Lieblingsorte	12
Schnellüberblick	14

Reiseinfos, Adressen, Websites

Informationsquellen	18
Wetter und Reisezeit	20
Anreise und Verkehrsmittel	22
Übernachten	26
Essen und Trinken	30
Aktivurlaub, Sport und Wellness	36
Feste und Unterhaltung	40
Reiseinfos von A bis Z	44

Panorama – Daten, Essays, Hintergründe

Steckbrief La Gomera	52
Geschichte im Überblick	54
Naturschutz nicht nur im Märchenwald	60
Aus den Tiefen des Meeres geboren – wie La Gomera entstand	65
Kein Stress für Meeressäuger	68
Oft von Menschenhand entfacht – Waldbrände auf La Gomera	70
Nachfahren der Saurier	73
Legenden und Wunder – die Inselmythen	75
Die Banane – einst La Gomeras Exportschlager	78
El Silbo – eine Sprache mit Pfiff	82
Sport, Spiel, Spannung – kanarische Kampfsportarten	84
Die Olsens – La Gomeras ungekrönte Könige	87

Inhalt

Unterwegs auf La Gomera

San Sebastián und der Südosten	92
Kultur und Flair, wilde Küsten und karge Berghänge	94
San Sebastián de La Gomera	94
Plaza de Las Américas	94
Plaza de la Constitución	94
Calle Real	95
Hafen und Strand	107
Am Stadtrand	108
Umgebung von San Sebastián	120
Ausflüge ins Inselinnere	122
Barranco de la Villa	122
Degollada de Peraza	124
Wanderung: Durch den Barranco de las Lajas	125
El Cabrito	126
Wanderung: Nach El Cabrito	128
Der Süden mit Playa de Santiago	130
Die trockene Seite der Insel	132
Playa de Santiago	132
Im Hafenviertel	133
Laguna de Santiago	134
Lomada de Tecina	136
Wanderung: Abstieg vom Roque de Agando	143
Alajeró	144
Wanderung: Zum Drago Centenario	149
Wanderung: Durch den Barranco de Guarimiar	150
Westlich von Imada	151
Arguayoda	152
Chipude	153
Von Chipude an die Küste	158
La Dama	158
Playa de La Rajita	159
El Cercado	160
Las Hayas	160
Valle Gran Rey	162
Das Flair der Hippiezeit	164
Arure	165
Wanderung: Von Arure nach La Calera	168

Inhalt

Wanderung: Von Arure nach Las Hayas	168
Mirador César Manrique	169
Das obere Tal	170
Wanderung: Nach El Cercado	170
Casa de la Seda und El Guro	172
Wanderung: Zum Salto de Agua	173
Wanderung: Zum Teguergenche	174
La Calera	176
Wanderung: Von La Calera nach Arure	182
La Playa	182
La Puntilla	191
Borbalán	199
Vueltas	200
Barranco de Argaga	208
Der Nordwesten	**210**
An der Palmenküste	**212**
Epina	212
Taguluche	212
Wanderung: Zum Puerto de Los Pejerreyes	214
Wanderung: Durch den Lomo del Carretón	215
Alojera	219
Playa de Alojera	221
Cumbre de Chijeré	221
Wanderung: Auf der Cumbre de Chijeré	222
Der Norden	**224**
Fruchtbares Land	**226**
Vallehermoso	226
Wanderung: Zum Roque Cano	234
Wanderung: Via El Tión zum Roque Cano	234
Wanderung: Zu den Chorros de Epina	236
Playa de Vallehermoso	236
Las Rosas	241
Agulo	243
Wanderung: Zum Juego de Bolas	246
Hermigua	247
Lepe	258
Playa de La Caleta	258
Wanderung: Zur Punta San Lorenzo	258
Im Nationalpark	**260**
Kanarischer Urwald	**262**
El Cedro	262
Wanderung: Zur Ermita de Lourdes	267
Wanderung: Über El Cedro nach Hermigua	268

Inhalt

Alto de Garajonay	273
Wanderung: Zum Alto de Garajonay	273
Laguna Grande	274
Abstecher zu Miradores im Norden	275
Jardín de Las Creces und Umgebung	279
Wanderung: Las Creces	279
Wanderung: Entlang der Risquillos de Corgo	279
Wanderung: In die Cañada de Jorge	280
An der Straße zum Valle Gran Rey	281
Wanderung: Bei Los Barranquillos	281
Sprachführer	284
Kulinarisches Lexikon	286
Register	288
Abbildungsnachweis/Impressum	292

Auf Entdeckungstour

Auf den Spuren von Kolumbus	102
Park mit Tropenflair	110
Erinnerungen an die Ureinwohner	154
Zu Kultstätten der Hippies	196
Fahrt zu den Palmhonig-Dörfern	216
Kirchen im Stil des Eklektizismus	230
Bautraditionen auf dem Land	238
Los Roques – bizarre Felsen in La Gomeras Hochland	264
Geheimnisvolle Bergheiligtümer	270
Im grünen Dschungel	276

Karten und Pläne

s. hintere Umschlagklappe

▶ Dieses Symbol im Buch verweist auf die Extra-Reisekarte La Gomera

Liebe Leserin,
lieber Leser,

fast kreisrund liegt sie im Schatten der großen Schwester Teneriffa: La Gomera, die grüne Insel der Kanaren. Von Teneriffa aus reisen wir mit dem Schiff an. Zunächst einmal sitzen wir am Hafen von Los Cristianos und warten. Warten auf eine beschauliche Fährüberfahrt, verwunschene Lorbeerwälder, tief eingeschnittene Täler, ursprüngliche Dörfer – und Ruhe, ein bisschen nur, denn wir befinden uns ja auf einer Recherchereise für eine Neuauflage.

Trotz der Überschaubarkeit des bewaldeten Felsbrockens wählen wir auf La Gomera mindestens zwei »Basislager« zur Erkundung. Denn egal, wo man wohnt: Bei der Fahrt in einen anderen Ort heißt es Berge rauf und ins nächste Tal runter. Vom Hafen in San Sebastián geht es zunächst gleich weiter. Dahin, wohin alle wollen, ins »Valle«. Im Gegensatz zu vielen unserer Mitankömmlinge wissen wir, was uns erwartet: eine langsame, entschleunigende Annäherung an unser Ziel, denn La Gomera ist sehr kurvenreich.

Aber dann sind wir da und gönnen uns einen ersten Kaffee zur Einstimmung, nicht am Meer, das kann warten, sondern im malerischen La Calera. Die Bergflanken, der Lorbeerwald, die Strände sind ab morgen an der Reihe. Zum Ausklingen des Tages lauschen wir den Klängen der Trommelsessions am Strand von La Playa, vor der Kneipe von María. Trotz Viersternehotelanlagen in der Nähe weht hier immer noch ein Hauch von Flowerpower.

Ruhiger und beschaulicher zeigt sich der Inselnorden. Besonders Hermigua hat es uns angetan. Das langgezogene Dorf liegt in einem tief eingeschnittenen Tal. Eigentlich hat es kein richtiges Zentrum, aber wer braucht das schon angesichts der urigen Lorbeerwälder rundherum? Zum Abschluss machen wir Station in San Sebastián. Einmal aus praktischen Gründen. Es ist nicht weit zur Fähre, am Rückreisetag gelangt man zu Fuß zum Hafen. Zudem lässt sich hier noch authentisches Alltagsleben erkunden, denn die meisten Besucher sind ja im »Valle« …

In diesem Sinne: Viel Freude beim Eintauchen ins wildromantische La Gomera!

Susanne Lipps und Oliver Breda

Ermita de los Reyes im Valle Gran Rey

Leser fragen, Autoren antworten
La Gomera – unsere Tipps

Was darf man auf La Gomera nicht versäumen?
Geradezu legendär ist das **Valle Gran Rey.** Ob im dortigen Hafenort **Vueltas**, in der Strandsiedlung **La Playa** oder im »weißen Dorf« **La Calera,** überall werden Erinnerungen an die Hippies früherer Tage wach. Einmalig in seiner Art ist auch der **Nationalpark Garajonay** im Inselinneren mit seinem dschungelartigen, oft in Nebel gehüllten Lorbeerwald und den Roques, steil aufragenden Felsformationen. Die archaischen Keramikwerkstätten von **El Cercado** und der bizarre Drachenbaum bei **Alajeró** sind herausragende Sehenswürdigkeiten des kargen Inselsüdens.

Welche Städtchen lohnen den Besuch?
In den grünen Norden von La Gomera locken die noch recht ursprünglichen, von Bananenplantagen umgebenen Landstädtchen **Vallehermoso**, **Agulo** und **Hermigua** – jedes von ihnen mit einer skurrilen Kirche ausgestattet, Hermigua zudem mit zwei ethnografischen Museen. In der Inselhauptstadt **San Sebastián** geht das Leben einen beschaulichen Gang, überall wandeln Sie auf den Spuren von Christoph Kolumbus. Wenn Kreuzfahrtschiffe einlaufen, füllen sich Cafés und Boutiquen.

Nicht verpassen!

La Gomera persönlich – unsere Tipps

Wie erreiche ich La Gomera?

Zwar verfügt die Insel über einen kleinen, ausschließlich mit Teneriffa-Nord verbundenen Flughafen. Doch die meisten Besucher reisen über den häufiger im internationalen Verkehr angeflogenen Flughafen Teneriffa-Süd an und setzen ab Los Cristianos (Teneriffa) mit der Fähre nach San Sebastián de La Gomera über. Die Weiterfahrt per Fähre von San Sebastián entlang der Südküste La Gomeras über Playa de Santiago ins Valle Gran Rey ist derzeit nicht mehr möglich. Ob die Verbindung wieder aufgenommen wird, steht in den Sternen.

Mit welchen Verkehrsmitteln bewege ich mich vor Ort?

San Sebastián de La Gomera verfügt über einen Busbahnhof in Fußgängerentfernung vom Hafen. Dort starten mehrmals täglich Busse in den Süden (Playa de Santiago, Alajeró), ins Valle Gran Rey und in die Orte des Nordens (Hermigua, Agulo, Vallehermoso). Der Flughafen ist bei Ankünften und Abflügen mit San Sebastián und dem Valle Gran Rey verbunden. Ansonsten ist das Liniennetz eher dünn. Insbesondere der Nationalpark Garajonay im Inselinneren ist per Bus nicht so gut zu erreichen. Als Alternative bietet sich ein Mietwagen an, die Preise sind recht günstig. Autovermietungen gibt es am Hafen von San Sebastián, am Flughafen, in Playa de Santiago und im Valle Gran Rey. Sie können den Wagen Ihrer Wahl auch schon von zu Hause aus vorbestellen und am Hafen, Flughafen oder Hotel übernehmen.

Welchen Standort empfehlen Sie?

Inbegriff eines Urlaubs auf La Gomera ist das **Valle Gran Rey**. Romantiker, die mit vergleichsweise bescheidenen Wohnverhältnissen zurechtkommen, wählen dort eine Unterkunft in **La Calera**. Komfortablere Hotels und Apartmentanlagen gibt es in den Strandorten **La Playa** und **La Puntilla**. Wer sich das Nachtleben in **Vueltas** nicht entgehen lassen möchte, quartiert sich in der Nähe der dortigen In-Kneipen in

Erfreut sich großer Beliebtheit: die Playa del Valle Gran Rey

Abendliches Hermigua: Die weitläufige Ortschaft ist ein lohnendes Ziel im Inselnorden

einer Pension oder einem Apartment ein. Der Badeort **Playa de Santiago** ist vor allem für ein schön gelegenes, in einen tropischen Park einbezogenes Großhotel bekannt. Für den kleineren Geldbeutel gibt es dort aber auch mehrere einfachere Apartmenthäuser und eine Pension. **San Sebastián de La Gomera** bietet Stadthotels und Pensionen, die vor allem für einen Kurzaufenthalt – etwa in der Nacht vor der Rückreise nach Teneriffa – in Frage kommen, aber auch als Besonderheit den vornehmen Parador der berühmten spanischen Hotelkette. Ländliche Quartiere unterschiedlichster Kategorien, oft familiär geführt und idyllisch gelegen, finden Sie fast überall, insbesondere aber in **Hermigua**, **Agulo** und **Vallehermoso**.

Welches sind die schönsten Strände?

Im **Valle Gran Rey** ist der gleichnamige Hauptstrand zwar eher kiesig, nichtsdestotrotz aber relativ stark bevölkert. Idyllischer zeigt sich die etwas abgelegene **Playa del Inglés**, wo gern auch FKK praktiziert wird. Kinder baden weitgehend gefahrlos im **Charco del Conde** (»Baby Beach«) in La Puntilla oder an der sandigen, von der Hafenmole geschützten **Playa de Vueltas**. Der 800 m lange Strand von Playa de Santiago bleibt zwar dank einer Hafenmauer von den Atlantikwellen verschont, ist großenteils aber kiesig und bei Badenden nicht so beliebt. Wer nicht ohnehin den Hotelpool bevorzugt, sucht lieber die naturbelassenen Strände östlich des Ortes auf, vor allem die **Playa de Tapahuga** und die einsamere **Playa de En Medio**. San Sebastián de La Gomera verfügt mit der **Playa de San Sebastián** und der ruhigeren **Playa de la Cueva** über zwei akzeptable Stadtstrände. Attraktiver ist aber

Die schönsten Strände

La Gomera persönlich – unsere Tipps

ohne Zweifel die außerhalb gelegene, neu gestaltete **Playa de Ávalos**. An die Nordküste donnert die Brandung oft recht heftig, außerdem müssen Sie mit unberechenbaren Strömungen rechnen. Bester Strand weit und breit ist dort die **Playa de La Caleta** bei Hermigua.

Welche Wanderungen lohnen ganz besonders?

Allein schon das Valle Gran Rey bietet so gute Wandermöglichkeiten, dass Sie das Tal eigentlich gar nicht zu verlassen brauchen: etwa den sogenannten **Kirchenpfad**, den Abstecher zum Wasserfall **Salto de Agua** oder den aussichtsreichen Aufstieg nach **Arure**. Im Nationalpark Garajonay sind vor allem der Abstieg durch den Lorbeerwald nach **El Cedro** und die bequeme

Empfehlenswerte Wanderungen

Besteigung des **Alto de Garajonay**, des höchsten Inselgipfels, zu erwähnen. Spektakulär sind die Schluchtenwanderungen im Süden, bei **Imada** und **Benchijigua**. Beliebteste Wanderziele im Norden sind die windumtoste **Cumbre de Chijeré**, der zuckerhutförmige **Roque Cano** bei Vallehermoso und die **rote Wand** von Agulo.

Welche anderen Aktivitäten bieten sich an?

Neben dem Wandern erfreut sich auch **Mountainbiking** wachsender Beliebtheit. Örtliche Veranstalter offerieren Verleih, geführte Touren und auch Transfers in die Berge mit anschließender, schwungvoller Abfahrt zur Küste. Ab Vueltas starten verschiedene Boote zur **Wal- und Delfinbeobachtung** oder zu **Ausflügen entlang der Küste** zur bemerkenswerten, nur vom Meer aus zu würdigenden Felsformation Los Órganos. Wenn Sie in die durchaus beachtliche Unterwasserwelt abtauchen möchten, finden Sie **Tauchbasen** in San Sebastián und Playa de Santiago. La Gomera ist auch ein Eldorado für alle, die bei **Meditation, Yoga** oder **künstlerischer Betätigung** Entspannung suchen. Entsprechende Angebote gibt es im Valle Gran Rey und in El Cabrito.

Wie organisiere ich die Weiterreise auf andere Kanareninseln?

Teneriffa wird bei An- und Abreise ohnehin meist angesteuert, einige Tage zusätzlich lassen sich dort problemlos an einen La Gomera-Urlaub anhängen. Dank guter Fährverbindungen ebenfalls praktikabel ist ein Abstecher nach **La Palma** oder **El Hierro**. La Palma besitzt einen internationalen Flughafen. Ein Gabelflug etwa mit Hinreise nach Teneriffa-Süd und Rückreise ab La Palma lässt sich organisieren. Von El Hierro ist die Rückreise nur mit einem Inselflieger nach Teneriffa-Nord (Linienbusanschluss nach Teneriffa-Süd) oder wiederum mit der Fähre möglich. Etwas komplizierter gestaltet sich der Besuch der östlichen Kanareninseln **Gran Canaria**, **Fuerteventura** und **Lanzarote**. Hier geht nichts ohne das Drehkreuz Teneriffa, entweder per Binnenflug über Teneriffa-Nord oder mit der Fähre ab Santa Cruz de Tenerife, wohin ab Los Cristianos Linienbusse fahren.

La Gomera persönlich – unsere Tipps

Erhebender Blick von der roten Wand auf Agulo, wo die Wanderung begann …

Wann ist die beste Reisesaison?
Die deutschsprachige Szene verbringt vor allem die milden Wintermonate (etwa Oktober bis April) auf La Gomera. Dann beleben sich die einschlägigen Lokale, im Valle Gran Rey finden Musiksessions statt und es werden die verschiedensten Aktivitäten angeboten. Im Sommerhalbjahr ist in dieser Hinsicht weniger los. Dann urlauben vor allem spanische Familien auf der Insel. Badesaison ist im Prinzip ganzjährig. Zum Wandern kann es vor allem im Hochsommer schon einmal zu heiß werden, während andererseits im Winterhalbjahr in größeren Höhenlagen (Nationalpark Garajonay) häufiger mit Nebel und Regen zu rechnen ist.

Wie teuer ist ein Urlaub auf La Gomera?
Die Preise für Unterkünfte schwanken saisonal kaum, da La Gomera ein Ganzjahresziel ist. Etwas teurer wird es natürlich in den Ferienzeiten und über Feiertage. Generell liegen die Übernachtungskosten etwas niedriger als bei uns. Auch die »Nebenkosten«, etwa für Mahlzeiten, Getränke, Mietwagen oder Taxi, halten sich noch in Grenzen. Ein Billigreiseziel ist La Gomera allerdings nicht (mehr).

Und noch ein ganz persönlicher Tipp zum Schluss!
La Gomera bietet kulinarisch einige Spezialitäten, die wir bei unseren Aufenthalten auf der Insel immer wieder gerne genießen und auch als Souvenir mit nach Hause nehmen. Vor allem der **Palmhonig** hat es uns angetan. Er wird im entlegenen Nordwesten der Insel von den Kanarischen Dattelpalmen abgezapft, hat also mit Bienenhonig gar nichts zu tun. Müsli oder Obstsalat verleiht er genau die richtige, milde Süße. Auch **Almogrote** – eine Mischung aus gut durchgereiftem Ziegenkäse, Olivenöl, Paprika, Tomate und Knoblauch – ist typisch für die Insel. Uns schmeckt er besonders gut in der Bar des Restaurants La Laguna Grande, mitten im Nationalpark Garajonay.

NOCH FRAGEN?
Die können Sie gern per E-Mail stellen, wenn Sie die von Ihnen gesuchten Infos im Buch nicht finden:
info@dumontreise.de
Auch über eine Lesermail von Ihnen nach der Reise mit Hinweisen, was Ihnen gefallen hat oder welche Korrekturen Sie anbringen möchten, würden wir uns freuen.

Zum Picknick pilgern: Ermita San Isidro
südlich von Alajeró, S. 147

Sehen und gesehen werden:
Plaza de Las Américas, S. 116

Lieblingsorte!

Mitten im Lorbeerwald wandern:
Cañada de Jorge, S. 282

Die Hafenatmosphäre genießen:
im Puerto de Vueltas, S. 203

Sonne, Palmen, Wellenglitzern:
Uferpromenade in La Playa, S. 185

Kultlokal mit Bergpanorama:
Café-Bar Pedro bei Hermigua, S. 251

Von einem Tisch im Straßencafé neugierig das Geschehen in der Inselmetropole San Sebastián verfolgen oder einen lauen Abend in der wunderbaren Strandbar La Chalana verbringen. Wie auf der Pilgerfahrt die Ermita San Isidro erklimmen, um oben das Picknick auszupacken und den Panoramablick zu genießen. Im Valle Gran Rey an der Uferpromenade von La Playa in die ›Szene‹ eintauchen – vor oder nach einem Sonnenbad am schönsten Strand des Valle, der Playa del Inglés. Hafenluft schnuppern im Puerto de Vueltas oder in Hermigua bei Pedro ein paar Tapas probieren und auf der Terrasse die Seele baumeln lassen; eine wilde Schlucht im Lorbeerwald durchstreifen und dabei die feinen Nebeltropfen auf der Haut spüren.

Relaxt ein Sonnenbad nehmen:
Playa del Inglés bei La Playa, S. 188

Die ultimative Strandbar: La Chalana
in Playa de Santiago, S. 140

Schnellüberblick

Der Nordwesten
Einsamer geht es auf der Insel kaum. Palmenhaine wirken wie Oasen in wüstenhafter Umgebung. Die Orte Epina und Taguluche gefallen durch Ursprünglichkeit, Alojera weist bescheidene Ansätze von Tourismus auf – auch am beliebten Strand. In Tazo und Arguamul harren einige Landwirte aus, um Palmhonig zu gewinnen. Pisten erschließen diese Weiler. S. 210

Valle Gran Rey
Für viele der Inbegriff von La Gomera: das ›Valle‹. Spuren der Hippie- und Aussteigerwelle sind allgegenwärtig. Hotels und Apartmentanlagen ziehen aber auch eine neue Besucherschar an. Dazu schöne, teilweise naturbelassene Strände, gute Wandermöglichkeiten, eine bunte, alternative Infrastruktur und ein Nachtleben, in dem Spontanität ihren Platz hat. S. 162

Der Süden mit Playa de Santiago
La Gomeras größte Hotelanlage mit Golfplatz beherrscht an der sonnigen Südküste eine Anhöhe oberhalb des Fischerorts Playa de Santiago. Einsame Strände sind nicht weit. Oben in den Bergen liegen alte Bauernorte wie Alajeró, Chipude mit dem Tafelberg Fortaleza oder El Cercado, die Töpferhochburg der Insel. S. 130

Der Norden
Bananen und tropische Obstbäume gedeihen dort, wo Bewässerung möglich ist. An trockeneren Hängen erstrecken sich Weinberge. Auf eine lange Tradition blicken die drei ländlichen Städte des Nordens zurück: Vallehermoso, Agulo und Hermigua. Die Landschaft lädt zum Wandern ein, wegen starker Brandung aber weniger zum Baden. Ausnahme: die malerische Playa de La Caleta. S. 224

San Sebastián und der Südosten
Karge Landschaft prägt das Bild rund um die Inselhauptstadt. Diese punktet mit Kultur und Flair, schönen Plätzen, tropischem Park und lebendigem Hafen. An der Landspitze Puntallana verehren die Gomeros ihre Inselheilige. Üppig zeigt sich die Pflanzenwelt im Barranco de la Villa. Nur per Boot oder zu Fuß ist die Plantage El Cabrito zu erreichen. S. 92

Im Nationalpark
Der Parque Nacional de Garajonay ist La Gomeras Vorzeigelandschaft. Hier wird der Lorbeerwald bewahrt, ein dschungelartiger Pflanzenteppich mit viel Feuchtigkeit, knorrigen Bäumen und seltenen Blütenpflanzen. Wanderwege durchziehen die menschenleere Landschaft, urige Weiler und geheimnisvolle Kultplätze setzen Akzente. S. 260

Reiseinfos, Adressen, Websites

Durch Vulkane entstanden, von der Erosion geformt: das Bergland auf La Gomera

Informationsquellen

Infos im Internet

www.lagomera.travel/de/
Offizielle Website des Tourismusamts (Patronato de Turismo) von La Gomera. Viel Wissenswertes über die Insel, dazu Adressen von Unterkünften, Autovermietern usw. (auf Spanisch, Englisch und Deutsch).

www.insel-la-gomera.de
Kompletter deutschsprachiger Inselreiseführer mit aktuellen Fahrplänen für Busse und Fähren, außerdem Nachrichten und ein Forum.

www.gomeralive.de
Aktuelles deutschsprachiges Reisemagazin mit Nachrichten und Reportagen. ›Marktplatz‹ mit Angeboten zu Unterkünften und Aktivitäten.

www.lagomera.de
Informationen von A bis Z, großer Serviceteil mit Links zu deutschsprachigen Anbietern auf La Gomera (Unterkünfte, Sport usw.).

Internetzugang
WLAN (Wi-Fi): Wireless surfen kann man auf La Gomera in vielen Hotels, Cafés, Kneipen und auf öffentlichen Plätzen. Oft ist das Angebot gratis.
Internet-Points: Größere Hotels und Apartmentanlagen bieten ihren Gästen Internet-Points gegen Gebühr (ca. 2 €/15 Min.). Internetzugang über WLAN wie auch am PC (2–3 €/Std.) gibt es z. B. in San Sebastián: café.net ambigú, Plaza de Las Américas 8 und im Valle Gran Rey: Bar Internet, La Playa, Calle Normara 15, www.barinternet.de (auch beliebter Treffpunkt).

www.gomera.de
Website von Viajes La Paloma in Vueltas (s. S. 208). Viele Informationen und der allgemeine Service eines Reisebüros. Mit Fahrplänen der Busse und Fähren.

www.gomeracafe.de
Aktives deutschsprachiges Diskussionsforum, laufend mit interessanten Neuigkeiten über La Gomera.

www.valle-gran-rey.de
Sehr ausführliche, aktuelle Infos auf Deutsch zu allen Aspekten des Valle Gran Rey.

http://egomera.de
Ausführliche Programme aktueller Veranstaltungen, speziell im Valle Gran Rey, dazu Forum und Urlaubstipps, alles in deutscher Sprache.

www.la-gomera-online.com
Eine weitere deutschsprachige Website über La Gomera mit Tipps, Links und Webcams.

Informationsstellen

... in Deutschland

Informationen unter www.spain.info. Außerdem stehen die Büros der **Turespaña** für Privatkunden zu folgenden Zeiten zur Verfügung:

Berlin: 10707 Berlin, Litzenburgerstr. 99, Tel. 030 882 65 43, Mo–Do 10–14 Uhr
Düsseldorf: 40237 Düsseldorf, Grafenberger Allee 100, Tel. 0211 680 39 80, Mo–Fr 10–14 Uhr
Frankfurt/M.: 60323 Frankfurt, Myliusstr. 14, Tel. 069 72 50 33, Mo–Do 9–17, Fr 9–14.30 Uhr

Informationsquellen

München: 80051 München, Postfach 15 19 40, Tel. 089 53 07 46 11, Mo–Fr 9–13 Uhr (nur telefonische Beratung, kein Publikumsverkehr)

... in Österreich
1010 Wien, Walfischgasse 8/14
Tel. 01 512 95 80 11, www.spain.info

... in der Schweiz
8008 Zürich, Seefeldstr. 19, Tel. 044 253 60 50, Mo–Fr 9–17 Uhr

... auf La Gomera
Schriftliche und telefonische Auskünfte über die ganze Insel erteilt das Tourismuspatronat:

Patronato de Turismo
38800 San Sebastián de La Gomera
Calle Real 4
Tel. 922 14 15 12, turismo@lagomera.es, www.lagomera.travel/de/

Das Tourismuspatronat betreibt auf La Gomera drei Büros (Oficina de Información Turística): in San Sebastián de La Gomera, Playa de Santiago und La Playa (Valle Gran Rey). Außerdem unterhalten einige Gemeinden eigene Tourismusbüros (Oficina Municipal de Turismo), die jeweils für ihr Gebiet zuständig sind; es gibt sie in La Calera (Gemeinde Valle Gran Rey), Vallehermoso, Agulo und Hermigua. Alle Adressen s. Ortsbeschreibungen ab S. 90.

Lesetipps

Tier- und Pflanzenführer
Boehlke, Volker: Wale und Delfine bei den Kanarischen Inseln. La Laguna, 2006. Interessante illustrierte Einführung in die Welt der Großsäugetiere der Meere, gut als Begleitheft beim Whalewatching, im örtlichen Handel erhältlich.

Jager, Ernst H.: Gomeras Pflanzenwelt in Reimen, 3. Aufl. 2012. Im örtlichen Buchhandel oder unter www.gomeraflora.de. Humorvolle Vorstellung von 200 auf La Gomera lebenden Pflanzen in Reimform und mit Farbfotos.

Müller, Andrea und Thomas: Pflanzen auf den Kanaren. Edition El Fotógrafo, 2. Aufl. 1996. Im Laden El Fotógrafo in La Playa (Valle Gran Rey) erhältlich.

Schönfelder, Peter und Ingrid: Die Kosmos-Kanarenflora. Stuttgart 2012. Umfassendes Bestimmungsbuch zur Pflanzenwelt des Archipels.

Belletristik
Beckmann, Mani: Sodom und Gomera. Santa Cruz de Tenerife 2009. Humoristischer Krimi, der in der Esoterikszene von La Gomera spielt.

Blome, Lisa: Die schönsten Sagen und Legenden der Kanarischen Inseln. Editorial Globo 2001. Im örtlichen Buchhandel oder übers Internet erhältlich.

Janosch: Gastmahl auf Gomera. München 1999. Autobiografischer Roman. Janosch erzählt einem polnischen Journalisten auf Gomera drei Tage lang sein Leben.

Gumpert, Gregor (Hrsg.): Kanarische Inseln. Ein Reisebegleiter. Frankfurt am Main/Leipzig, 2004. In der Textsammlung kommen 26 verschiedene Autoren zu Wort, u. a. Agatha Christie, Olivia Stone und Miguel de Unamuno.

Vázquez-Figueroa, Alberto: Ikarus. Berlin, 2004. Abenteuerlicher Roman des kanarischen Bestsellerautors. Es geht um einen wagemutigen Pionier der Luftfahrt in Südamerika.

Geschichte der Kanaren
Concepción, José Luis: Die Guanchen. Ihr Überleben und ihre Nachkommen. Editorial Graficolor, 2008. Unterhaltsam geschriebene, illustrierte Schrift über die kanarischen Ureinwohner. Über das Internet oder im örtlichen Handel.

Wetter und Reisezeit

Schwankend frühlingshaft

Dank der südlichen Lage mitten im Atlantik ist das Klima auf La Gomera ganzjährig ausgeglichen. Extreme Temperaturschwankungen gibt es – zumindest in den Küstenbereichen – nicht. In den kältesten Monaten (Dez.–Feb.) werden dort tagsüber etwa 17 °C erreicht, nachts fällt das Thermometer auf ca. 12 °C. Im August und September, den wärmsten Sommermonaten, schwanken die Temperatur am Meer zwischen 23 °C am Tag und 17 °C in der Nacht. Mit der Höhe nimmt die Temperatur auf La Gomera deutlich ab. Schon oberhalb von 300 m über dem Meeresspiegel kann es vor allem nachts recht kühl werden. Als Faustregel gilt 1 °C Temperaturrückgang pro 150 Höhenmeter.

Temperaturextreme, wie sie für die nahe gelegene Sahara charakteristisch sind, werden durch den Kanarenstrom, einen relativ kühlen Ausläufer des Golfstroms, gemildert. Die Meteorologen vom Wetteramt Teneriffa rechnen aber für die nächsten Jahre – bedingt durch den Klimawandel – mit einer Tendenz zu stärkeren jahreszeitlichen Unterschieden. In den letzten Jahren maßen sie immer mehr sogenannte tropische Nächte mit Temperaturen von mehr als 25 °C. Demgegenüber werden etwas kühlere Winter als bisher erwartet. Bislang sind sommerliche Tagesspitzenwerte über 30 °C allerdings noch die Ausnahme. Sie werden vorwiegend dann erreicht, wenn der Schirocco weht, ein heißer Saharawind, der manchmal tagelang, im Extremfall wochenlang anhält.

In den Sommermonaten fallen in den Küstengebieten kaum Niederschläge. Dagegen können von Oktober bis April Tiefausläufer aus Nord- und Mitteleuropa starke Regenfälle bringen, die meist aus westlicher Richtung auf die Insel treffen. In den höheren Lagen – speziell im Nationalpark Garajonay – regnet es durchaus aber auch im Sommer. Schnee wird normalerweise nicht registriert. Allgemein gilt: Im Süden (zwischen San Sebastián und Playa de Santiago) und Südwesten (im Bereich Valle Gran Rey) von La Gomera ist es trockener und wärmer, im Norden (zwischen Vallehermoso und Hermigua) kühler und feuchter.

Klimadiagramm La Gomera

Kleine Windkunde

Nordostwind (Passatwind)
Stabiles Wetter mit kräftigem, aber gleichmäßig wehendem Wind. An die Nord- und Ostküste der Insel schlagen hohe Wellen und es bildet sich dort in mittleren Höhen eine mehr oder weniger geschlossene Wolkenschicht,

Wetter und Reisezeit

aus der es vor allem in den Lorbeerwaldgebieten oft regnet. In Leelagen, speziell also in Playa de Santiago und im Valle Gran Rey, entsteht ein Föneffekt, d. h. es ist dort warm und trocken.

Südostwind (Saharawind)
Heißes, sonniges Wetter auf der ganzen Insel. Der Wind bringt feinen, rötlichen Staub aus Afrika mit, der den Himmel verdüstert.

Westwinde
Warm- und Kaltluftfronten ziehen im Wechsel über die Insel. Sie bringen unbeständiges Wetter mit Regenschauern. An der windexponierten Westseite der Insel ist das Meer dann oft aufgewühlt.

Baden oder Wandern?

Prinzipiell ist Schwimmen im Meer ganzjährig möglich. In den Monaten November bis April kommen jedoch kühlere, regnerische Wetterlagen vor, die das Badevergnügen trüben können. Die Wassertemperaturen im Meer schwanken zwischen 18 °C (Feb./März) und 23 °C (Aug.–Okt.).

Viele mitteleuropäische Urlauber kommen nicht ausschließlich zum Baden, sondern auch oder sogar vor allem zum Wandern oder Mountainbiking. Beides ist ebenfalls das ganze Jahr über möglich, wird vorwiegend aber im Winter und in den Übergangszeiten praktiziert. Als Winterreiseziel empfiehlt sich La Gomera in diesem Fall nicht nur wegen des vergleichsweise milden Klimas, sondern auch, weil die Tage dann dank der Nähe zum Äquator länger sind als bei uns. Dies bedeutet in den Monaten Dezember und Januar bis zu zwei Stunden mehr Tageslicht, was sich sehr angenehm bemerkbar macht.

Gut zu wissen
Aktuelle Wettervorhersagen: www.wetteronline.de/wetter/la-gomera (Vorhersage für vier Tage mit Trend für weitere vier Tage); www.wetter.com (für drei, sieben und 16 Tage, Webcam in Vueltas).
Günstige Flüge buchen: Auf den Kanaren ist ganzjährig Saison. In den Schulferien und um Feiertage sind die Kosten für Flüge nach Teneriffa am höchsten. Deutlich günstiger wird es in den wenigen ›Saure-Gurken-Zeiten‹, etwa in den Monaten Dezember und Januar, allerdings nur außerhalb der Weihnachtsferien, sowie im Juni. Das gilt auch für Übernachtungskosten.
Beste Reisezeit: Wer das legendäre Flair von La Gomera, speziell im Valle Gran Rey, erleben möchte, sollte zwischen Oktober und Ostern reisen. Im Sommer sind viele einschlägige Szenelokale geschlossen und an den Stränden tummeln sich dann nicht die Freaks, sondern spanische Familien.

Kleidung und Ausrüstung

Für die Küstengebiete genügt im Sommer leichte Kleidung, für eventuelle kühle Abende empfehlen sich eine leichte lange Hose und ein Pulli. Im Winter und in den Übergangsmonaten gehören eine Jacke und ein Pullover sowie lange Hosen in jedem Fall mit ins Gepäck.

Wanderer sollten auch im Sommer Windjacke und Regenschutz mitführen, denn bei plötzlich aufziehender Bewölkung kann es sogar in den wärmsten Monaten in den Bergen feucht und klamm werden. Bei Passatnebel und Wind liegt die gefühlte Temperatur zudem deutlich unter der tatsächlichen.

Anreise und Verkehrsmittel

Einreisebestimmungen

Ausweispapiere
Zwar wird in Spanien bei Einreise aus Schengen-Ländern (z. B. Deutschland, Österreich, Schweiz) nicht kontrolliert, die Fluggesellschaften lassen sich aber beim Einchecken am Heimatflughafen Personalausweis oder Pass zeigen. Diese Papiere werden auch auf La Gomera von Hotels/Apartmenthäusern und Autovermietern verlangt. Ab drei Monaten Aufenthaltsdauer benötigen Schweizer ein Visum und EU-Bürger müssen sich in der Oficina de Extranjeros (Ausländerbüro) in Santa Cruz de Tenerife ins Registro Central de Extranjero (Ausländerzentralregister) eintragen lassen. Weitere Infos unter www.policia.es. Seit Juni 2012 benötigt jedes Kind, das ins Ausland reist, unabhängig vom Alter ein eigenes Reisedokument.

Zollvorschriften
Die Kanarischen Inseln sind zollfreies Gebiet und nicht voll in den Binnenmarkt der EU integriert. Daher gelten für Reisende aus Deutschland und Österreich wie auch aus der Schweiz die internationalen Freigrenzen: 200 Zigaretten oder 50 Zigarren oder 250 g Tabak, 1 l Wein und 0,75 l Spirituosen sowie Geschenke im Wert bis zu 175 € bzw. 300 CHF.

Mitnahme von Haustieren
Für Hunde, Katzen und Frettchen ist der **EU-Heimtierpass** (beim Tierarzt) mit Angabe des Datums, wann das Tier gegen Tollwut geimpft wurde (muss min. 30 Tage zurückliegen), und der Art des Impfstoffs vorgeschrieben. Als Kennzeichnung wird ein am Hals implantierter Mikrochip verlangt, eine Tätowierung genügt nicht mehr.

Tiere bis 6 kg Gewicht (inkl. Tragebox) fliegen in der Regel in der Fluggastkabine (ca. 30 € pro Strecke), größere Tiere im Frachtraum (ca. 75 € pro Strecke). Unbedingt rechtzeitig anmelden! Manche Ferienwohnungs- oder Ferienhausvermieter auf La Gomera akzeptieren Haustiere, das sollte vor der Reservierung erfragt werden.

Anreise und Ankunft

Flugverbindungen
La Gomera besitzt zwar einen Flughafen, ist aber nur mit kleinen Maschinen zu erreichen, die zwischen den Inseln pendeln. Die Anreise erfolgt daher in der Regel über den Flughafen Teneriffa-Süd (TFS) und weiter ab Los Cristianos per Fährschiff nach La Gomera. Flüge ab Mitteleuropa gehen auch nach Teneriffa-Nord (TFN), doch liegt dieser Flughafen recht weit vom Hafen Los Cristianos entfernt und ist nur interessant, wenn man nach La Gomera per Flugzeug weiterreisen möchte s. S. 23, was aber kaum üblich ist.

Beide Flughäfen auf Teneriffa werden von allen größeren Airports in Deutschland, Österreich sowie der Schweiz nonstop angeflogen. Infrage kommende Fluggesellschaften sind z. B. Air Berlin (www.airberlin.com), Condor (www.condor.com) oder TUIfly (www.tuifly.com). Die Flugzeit beträgt 4–5 Std., der Preis hin und zurück 400–800 €.

Wenn ein Pauschalarrangement gebucht wird (manchmal schon ab 500 € pro Woche), sind außer der Unterkunft in der Regel auch der Transfer zum Hafen von Los Cristianos und die Überfahrt nach La Gomera per Fähr-

Anreise und Verkehrsmittel

schiff eingeschlossen. Diese müssen ansonsten selbst organisiert werden. Die Taxifahrt vom Flughafen Teneriffa-Süd nach Los Cristianos dauert ca. 15 Min. und kostet etwa 25 €. Es ist durchaus üblich, sich ein Taxi mit anderen Gomera-Reisenden zu teilen. Außerdem verkehren häufig Busse der Linien 111, 343 und 450 (www.titsa.com).

Aeropuerto de La Gomera
Der Flughafen von La Gomera liegt im Süden der Insel in der Nähe des Ferienortes Playa de Santiago, etwa 30 km von San Sebastián de La Gomera und 50 km vom Valle Gran Rey entfernt. Propellermaschinen fliegen 2 x tgl. von/nach Teneriffa-Nord (Binter Canarias, Tel. 902 39 13 92, www.bintercanarias.com) Kosten pro Strecke ab 47 €. Die Flüge werden vorwiegend von Geschäftsleuten genutzt. Für Urlauber bedeuten sie keine Zeitersparnis, dafür aber höhere Kosten.

Wer Inselhopping per Flugzeug machen möchte, muss stets in Teneriffa-Nord umsteigen. Dort starten jeweils täglich Flüge der Gesellschaft Binter Canarias zu allen anderen Kanareninseln. Zu buchen sind sie über Internet oder über Reisebüros, sowohl zu Hause als auch auf den Kanaren.
Flughafen-Information: Tel. 902 40 47 04 oder 913 21 10 00, www.aena.es.
Taxi: Fahrpreis vom Flughafen nach
... Playa de Santiago ca. 6 €
... San Sebastián de La Gomera ca. 35 €
... Valle Gran Rey ca. 50 €
Linienbus: Ab Flughafen verkehren Linie 6 ins Valle Gran Rey und Linie 7 nach San Sebastián jeweils nach Ankunft der Flüge, pro Person 6 bzw. 4 €. Weitere Infos s. S. 24.
Mietwagen: In der Ankunftshalle unterhalten mehrere internationale und lokale Autovermietungen Büros: AVIS (www.avis.es), Cicar (www.cicar.com), Europcar (www.europcar.es).

Fährverbindungen
Zwischen Los Cristianos und San Sebastián de La Gomera bestehen drei bis vier tägliche Verbindungen mit einer Express-Autofähre von **Líneas Fred. Olsen Express** (Tel. 902 10 01 07, www.fredolsen.es, ab 32 € einfach, Fahrtzeit 40 Min.). Die langsameren, aber etwas preisgünstigeren Fährschiffe der **Naviera Armas** (Tel. 902 45 65 00, www.navieraarmas.com) befahren die Strecke 2–3 x tgl. (ab 22 € einfach, Fahrtzeit 1 Std.).

Express-Autofähren von Fred. Olsen fahren von San Sebastián de La Gomera außerdem nach Santa Cruz de La Palma (6 x wöchentl., Fahrzeit 105 Min., ab 45 €). Auch Naviera Armas bedient die Strecke San Sebastián de La Gomera–Santa Cruz de La Palma 6 x wöchentlich ab 24 € einfach, Fahrtzeit 2,5 Std.). El Hierro wird von Fred. Olsen Express 3 x wöchentlich ab San Sebastián de La Gomera angefahren (ab 45 € einfach, Fahrtzeit 1,5 Std.). Die drei östlichen Kanareninseln sind nur ab dem Hafen von Santa Cruz de Tenerife zu erreichen. Eine Personenschnellfähre bediente bis Januar 2012 die Strecke Los Cristianos (Teneriffa) – San Sebastían de La Gomera – Playa de Santiago – Valle Gran Rey. Die Verbindung wurde bisher nicht wieder aufgenommen.

Es ist auch möglich, bei der Anreise nach La Gomera gänzlich auf das Flugzeug zu verzichten, interessant vor allem für Langzeiturlauber, die das eigene Auto mitnehmen möchten. In der südspanischen Hafenstadt Cádiz legt einmal pro Woche eine Autofähre der Gesellschaft **Acciona Trasmediterránea** (Tel. 902 45 46 45, www.trasmediterranea.es) über Lanzarote und Gran Canaria nach Santa Cruz de Tenerife ab (Fahrtzeit 48 Std., einfache Fahrt pro Person ab 150 €, für zwei Personen mit Auto 500 €).

Reiseinfos

Verkehrsmittel auf der Insel

Busse

Fast alle Orte der Insel sind an das Liniennetz der Busgesellschaft **Guagua-Gomera** angeschlossen. Als Drehkreuz dient der **Busbahnhof in San Sebastián de La Gomera** (Avenida del Quinto Centenario, Tel. 922 14 11 01, www.guaguagomera.com). Busbahnhöfe gibt es außerdem im Valle Gran Rey (La Calera) und in Vallehermoso. Fahrpläne *(horarios)* online oder im Busbahnhof von San Sebastián.

An Wochentagen werden alle wichtigen Linien 4–5 x tgl. bedient, am Wochenende nur ca. 2 x tgl. Weitere Hinweise s. Ortsbeschreibungen im Reiseteil.

Haltestellen sind an den Wartehäuschen zu erkennen. Sie finden sich an den Landstraßen in größeren Abständen, an den Durchgangsstraßen der Ortschaften in dichterer Folge. Generell sind die Busse pünktlich. Gezahlt wird beim Fahrer. Eine Fahrt von San Sebastián ins Valle Gran Rey kostet 5 €.

Organisierte Busrundfahrten

Begegnet man unterwegs großen Reisegesellschaften, handelt es sich meist um Ausflügler aus den Ferienstädten auf Teneriffa, die mitsamt Bus per Autofähre für einen Tag nach La Gomera kommen und eine Inselrundfahrt machen. Auf La Gomera selbst bietet Timah in La Puntilla (s. S. 195) je einmal wöchentlich ab dem Valle Gran Rey und ab Playa de Santiago die Inselrundfahrt »La Gomera Highlights« an.

Taxis

Die Taxipreise liegen nur wenig unter den mitteleuropäischen. Sie variieren etwas je nach Gemeinde, außerdem gibt es innerörtliche und Überlandtarife sowie Flughafen-, Nacht- und Gepäckzuschläge. Pro Kilometer werden bei Überlandfahrten ca. 1 €, bei Rundfahrten, die im selben Ort wieder enden, nur ca. 0,50 € abgerechnet. Ein Mindesttarif von rund 3 € wird immer fällig. Taxistände und Rufnummern s. Ortsbeschreibungen ab S. 90.

Mietwagen

Die meisten Urlauber entscheiden sich für einen Mietwagen, wenn sie auf der Insel etwas unternehmen möchten. Ein Kleinwagen kostet inklusive Vollkaskoversicherung und Steuern 20–40 € am Tag bzw. ab 120 € pro Woche. Wer für die gesamte Aufenthaltsdauer einen Wagen wünscht, kann ihn von zu Hause aus im Reisebüro und per Internet anmieten und dann am Hafen von San Sebastián übernehmen oder zur Unterkunft bringen lassen. Auch Vorausbuchung für nur zwei oder drei Tage Mietdauer mit Auslieferung an der Unterkunft ist möglich. Vor Ort unterhalten verschiedene **Verleihfirmen** Büros am Hafen von San Sebastián, am Flughafen sowie in Playa de Santiago, Valle Gran Rey und Hermigua. Adressen finden Sie bei den Ortsbeschreibungen (ab S. 90). Auch Hotelrezeptionen und örtliche Reiseleitungen der Veranstalter übernehmen die Vermittlung von Leihwagen. Die Fahrzeuge sind in der Regel in einem guten Zustand.

Voraussetzung für das Mieten eines Wagens ist der nationale Führerschein. Dieser sollte mindestens ein Jahr alt sein. Außerdem verlangen die Vermieter ein **Mindestalter des Fahrers** (21 oder 23 Jahre) und oft auch **drei Jahre Fahrpraxis.** In der Regel ist eine Kreditkarte vorzulegen, manchmal genügt aber auch eine Kaution.

Anreise und Verkehrsmittel

Das Fahren auf La Gomera ist relativ unproblematisch, die Verkehrsdichte gering. Die **Verkehrsregeln** entsprechen im Wesentlichen denen in Mitteleuropa. Die erlaubte Promillegrenze liegt bei 0,5. Höchstgeschwindigkeit innerorts 40 km/h, auf Landstraßen 90 km/h, soweit nicht anders ausgeschildert.

Dank niedriger Steuersätze ist **Tanken** auf den Kanarischen Inseln relativ günstig. Der Benzinpreis liegt um ca. 0,50 € niedriger als z. B. in Deutschland (aktuelle Preise unter www.servirama.com). Tankstellen sind selten und oft an Sonn- und Feiertagen nur vormittags geöffnet oder ganz geschlossen.

Geländewagen

Wer Pisten befahren oder abgelegene Strände und Orte besuchen möchte, sollte sich einen Geländewagen mieten. Die Versicherungen für Pkw übernehmen keine Schäden, die beim Fahren auf unbefestigten Straßen entstanden sind. Das Angebot an Geländewagen ist knapp. Die Firma Oasis mit Büro in San Sebastián (www.oasisrentacar.com) bietet einen Suzuki Jimny für 60 € pro Tag und einen Jeep Wrangler für 85 € pro Tag an. Ansonsten gibt es Geländewagen meist nur auf Anfrage, wofür man sich am besten schon zu Hause an ein Reisebüro wendet.

Besonderheiten im Straßenverkehr

Wer links blinkt, will nicht unbedingt abbiegen. Oft zeigt der Vorausfahrende damit an, dass ein Hindernis naht und nicht überholt werden soll. Der Kreisverkehr hat Vorfahrt, falls nicht anders ausgeschildert. Halten im Parkverbot ist für maximal zwei Minuten erlaubt. Der Fahrer darf dabei keinesfalls aussteigen, auch nicht zum Be- oder Entladen.

Bereits von zu Hause, aber ebenso gut vor Ort, kann man einen Wagen anmieten

Übernachten

Welchen Standort wählen?

Der klassische Gomera-Urlaub findet im **Valle Gran Rey** statt. Hier ist das Hippie-Flair vergangener Tage durchaus noch lebendig und bildet mit dem Pauschaltourismus – einer noch neueren Erscheinung im Tal – eine interessante Mischung. Außer diesem ganz speziellen Ambiente hat das ›Valle‹, wie es liebevoll genannt wird, aber auch ein besonders angenehmes Klima und die besten Strände der Insel zu bieten. Zudem verfügt es über ein Netz von Wanderwegen, die ohne großen Aufwand zu erreichen sind.

In den Ortsteilen **La Playa, La Puntilla** und **Borbalán** finden sich die Komfortunterkünfte des Valle, also die beiden Hotels mit vier bzw. drei Sternen und eine Reihe gehobener Apartmentanlagen. Sie sind in der Hand von Reiseveranstaltern (s. S. 115). Doch ist daneben durchaus das ganze individuell zu buchende Spektrum von der Ferienvilla mit Pool bis hin zur einfachen Pension vertreten. Im belebten La Playa erweisen sich Zimmer zur Straße oder Meerespro-

Die größte Ferienanlage auf La Gomera: Hotel Jardín Tecina in Playa de Santiago

Übernachten

menade hin oft als laut. Das Leben spielt sich eben vorwiegend draußen ab. Gesetzter geht es in La Puntilla und im ein wenig strandferneren Borbalán zu.

Im etwas landeinwärts gelegenen, malerischen Hauptort des Valle Gran Rey, **La Calera,** werden vorwiegend Apartments in überschaubaren Häusern von privat vermietet. Als Urlauber nimmt man am Dorfgeschehen teil, alles in allem ist der Ort ruhig und beschaulich. Im Hafenviertel **Vueltas** wiederum wird vielfach die Nacht zum Tag gemacht. Dort überwiegen ebenfalls Apartments und Pensionen für Individualisten, das umfangreiche Angebot richtet sich

> **Preisangaben in diesem Buch**
> Bei den in diesem Reiseführer unter den jeweiligen Ortsbeschreibungen (s. Reiseteil ab S. 90) aufgeführten Preisen für Doppelzimmer (DZ) ist das Frühstück – in Hotels meist Buffet, in Pensionen Kontinentalfrühstück – für zwei Personen enthalten. Die Preise für Apartments oder Ferienhäuser gelten ohne Verpflegung.

aber eher an ein jüngeres, ausgehfreudiges Publikum.

Wer mehr Zeit mitbringt, sollte durchaus erwägen, einen Teil seines Urlaubs außerhalb des Valle Gran Rey zu verbringen. Die Hauptstadt **San Sebastián de La Gomera** ist der beste Standort, um die Insel per Linienbus zu erkunden und die in diesem Buch beschriebenen Wanderungen vom Nationalpark hinunter zur Küste (s. S. 260) zu unternehmen. Seit ein paar Jahren ist der Ort aus seinem Dornröschenschlaf erwacht und zeigt sich als attraktive Kleinstadt mit guten Einkaufsmöglichkeiten, Fußgängerzonen, kommunikativen Plätzen und einem exotischen Stadtpark. Das Angebot an Unterkünften erstreckt sich über alle Kategorien, wobei Hotels und Pensionen die Regel, Apartmenthäuser die Ausnahme sind. Selbstverpflegung kommt also kaum infrage, aber mehrere Restaurants bieten gehobene Küche zum akzeptablen Preis und auch für das schmale Reisebudget sind ausreichend Möglichkeiten vorhanden, auf stilvolle Weise satt zu werden. Die beiden Stadtstrände, Playa de San Sebastián und Playa de la Cueva, sind sauber und geschützt.

Oder man zieht in den nördlichen Teil der Insel, wo sich **Vallehermoso** mehr und mehr zur Travellerdestination mit kleinen Pensionen und

Reiseinfos

Apartmenthäusern entwickelt, denn das Preisniveau liegt eindeutig niedriger als im Valle Gran Rey. Allerdings ist hier abends so gut wie nichts los. Außerdem sind speziell im grünen Tal von **Hermigua** einige schöne Hotels, Apartments und Pensionen zu finden. Als Ausgangspunkt für Wanderungen ist der reizvoll gelegene Ort bestens geeignet. Wer hier die Nähe des Nationalparks sucht, wird in **El Cedro, Chipude** und **Las Hayas** mit einfachen Quartieren fündig. Ein Ruhe suchendes Publikum, das sich für Malen und Yoga, Wandern und Tauchen interessiert, zieht es in die Oase **El Cabrito,** die nur per Boot oder zu Fuß zu erreichen ist.

Eine Sache für sich ist La Gomeras mit Abstand größtes Hotel, das **Jardín Tecina** in **Playa de Santiago.** Viele Reiseveranstalter führen es im Programm. Wer hier wohnt, findet zunächst einmal den üblichen, von anderen spanischen Reisezielen bekannten Komfort eines 4-Sterne-Urlauberhotels. Den Unterschied, den viele Gäste zu schätzen wissen, macht die Alleinlage aus. Rundherum stört kein Massentourismus wie in den großen Ferienorten anderer Kanareninseln, sondern es locken einsame Strände und ein uriges Fischerdorf. Mit seiner flachen Bauweise und der ca. 70 000 m^2 großen Gartenanlage ist das Jardín Tecina zudem architektonisch ansprechend in die Landschaft integriert. Auf das Flair des Valle Gran Rey muss man allerdings verzichten. Im Jardín Tecina fühlt sich ein eher gesetztes Publikum, auch viele Familien, wohl. Sportliche Aktivitäten wie Golf oder Tennis auf den hauseigenen Plätzen oder Ausflüge per Mietwagen sind angesagt. Ansonsten genügt sich die Anlage mit zwei Poolbereichen, mehreren Restaurants, Bars und einer Ladenzeile selbst.

Darüber hinaus gibt es in den beiden alten Ortskernen von Playa de Santiago Pensionen und es werden Apartments vermietet. Diese Unterkünfte sind im Sommer fest in spanischer Hand, im Winter quartieren sich seit einigen Jahren auch viele Briten hier ein.

Wissenswertes für die Reservierung

Wer sichergehen möchte, sein Wunschquartier zu bekommen, sollte rechtzeitig vor Antritt der Reise buchen. Dies gilt insbesondere für die **Hochsaisonzeiten** zu Weihnachten, Karneval und über Ostern. Die Reservierung kann telefonisch oder vielfach auch via Internet direkt beim Vermieter erfolgen. Auch die **Zimmersuche vor Ort** ist in der Regel kein Problem. Im Valle Gran Rey warten meist Vermieter auf eintreffende Fähren oder Busse, um Touristen anzusprechen. Darüber hinaus vermitteln dort die deutschsprachigen Reisebüros Viajes Integrados (La Calera, s. S. 181) und Viajes La Paloma (Vueltas, s. S. 208) Unterkünfte. Die offiziellen Tourismusbüros informieren zwar über Unterkünfte, vermitteln aber nicht selbst.

Viele Gomera-Urlauber buchen heute über **Reiseveranstalter.** Das kann entweder über das Reisebüro zu Hause um die Ecke geschehen oder über ein Internet-Reisebüro (z. B. www.opodo.de, www.travelchannel.de). Preise und Leistungen sind in beiden Fällen vergleichbar. Veranstalter vermitteln Unterkünfte entweder im Pauschalpaket (mit Flug und Flughafentransfer) oder einzeln und tageweise. So kann sich jeder seine Reise auch individuell zusammenstellen.

Übernachten

Hotels und Pensionen

Die wenigen **Stadthotels** in San Sebastián de La Gomera sind auf Geschäftsreisende eingestellt, aber auch immer mehr Touristen quartieren sich hier ein, denn ein Aufenthalt in der Stadt liegt im Trend. Luxuriös und idyllisch präsentiert sich der Parador in San Sebastián. Er gilt als eines der schönsten Häuser der legendären staatlichen Hotelkette.

Das bei Weitem größte **Ferienhotel** der Insel ist das mit vier Sternen dekorierte Jardín Tecina in Playa de Santiago s. S. 28). Zwei weitere Komforthotels stehen im Valle Gran Rey. Kleinere, familiäre Hotels mit Landhauscharakter bieten sich in Playa de Santiago, in La Calera (Valle Gran Rey) und im Norden La Gomeras an.

Einige sehr einfache, preisgünstige **Pensionen** gibt es in San Sebastián, im Valle Gran Rey, in Vallehermoso und Hermigua. Ihre Zimmer haben teilweise kein Privatbad, dort steht dann ein Etagenbad zur Verfügung.

Apartments

Größere, mit Pool, Zimmersafe, Satellitenfernsehen, Telefon usw. gut ausgestattete Apartmentanlagen finden sich vor allem im Valle Gran Rey. Sie sind über Veranstalter buchbar. Ansonsten sind kleinere Apartmenthäuser in meist kastenförmiger Bauweise sehr verbreitet, in denen im Sommer spanische Familien urlauben. Sie können übers Internet oder vor Ort gebucht werden. Man findet sie vorwiegend in Playa de Santiago und Valle Gran Rey. Die Kategorien für Apartments reichen von einem Schlüssel (einfach) bis zu vier Schlüsseln (komfortabel).

Landhäuser

Im Rahmen des EU-Projekts **Turismo Rural** (›ländlicher Tourismus‹) wurden auf La Gomera leer stehender Bauernkaten im Norden der Insel und in den höher gelegenen Orten des Südens in Ferienhäuser verwandelt. Ein Mietwagen ist bei dieser Art der Unterbringung Voraussetzung, da die Landhäuser meist eher abseits gelegen sind. Etwa 20 dieser Unterkünfte sind über Isla Rural (Hermigua, Ctra. General, Tel. 686 95 01 71, www.islarural.es) zu buchen, weitere über Ecotural in Vallehermoso (s. S. 227).

Camping

Früher legte sich, wer wenig Geld hatte oder es romantisch mochte, mit oder ohne Zelt an die nächstbeste Playa. Doch inzwischen ist wildes Campen oder auch einfach nur das Schlafen am Strand auf La Gomera streng verboten. Dies gilt auch für das Übernachten im Auto oder Wohnmobil. Mit Polizeikontrollen ist häufig zu rechnen!

So bleiben Campern, die mit dem Zelt unterwegs sind, nur zwei Möglichkeiten. Es gibt einen kleinen, privat geführten und recht gut ausgestatteten Zeltplatz in El Cedro (s. S. 257). Außerdem betreibt die Gemeinde San Sebastián ein einfaches Zeltgelände an der Playa de Ávalos. Dessen Benutzung (max. 15 Tage) ist nur mit Genehmigung erlaubt, die im Rathaus von San Sebastián einzuholen ist (Plaza de Las Américas 4, Tel. 922 14 11 15). Ebenfalls genehmigungspflichtig ist das einmalige Übernachten im Zelt auf längeren Wanderungen sowie das Zelten auf Flächen, die der Inselrat bereitstellt. Wer sich dafür interessiert, kann sich an den Cabildo Insular (San Sebastián, Calle Profesor Armas Fernández 2, Tel. 922 14 01 00) wenden.

Essen und Trinken

Die gomerische Küche

Traditionell wird auf La Gomera deftig gekocht. In den meisten Familien gab es früher fast täglich Eintopf, der alles enthielt, was gerade Saison hatte. Neben Getreide (Weizen, Mais), Kartoffeln, *ñame* (einer stärkehaltigen Wurzel, die auf Deutsch Taro heißt), Hülsenfrüchten und verschiedenem Gemüse wie Kohl oder Möhren kamen je nach Geldbeutel Wurst, Fleisch oder Stockfisch hinein. Solche Gerichte essen die Gomeros nach wie vor eher zu Hause oder aber – in Form von *raciones* (Tellerportionen) – als Mittagessen in Bars und einfachen Restaurants. Die erforderlichen Zutaten werden in den Markthallen von San Sebastián und Vallehermoso verkauft.

Fleischgerichte

Fleisch – zu schmackhaften Schmortöpfen verarbeitet oder gegrillt – spielte auf La Gomera immer eine größere Rolle als Fisch, der in vergleichsweise geringen Mengen aus dem als fischarm geltenden Mittelatlantik gezogen wird. Vor allem im trockeneren Inselsüden, bis hinauf an die Grenze des Nationalparks, weiden immer noch große Ziegenherden. Die meisten Bauern halten Hühner und mästen ein Schwein. Jäger bringen Kaninchen und Rebhühner nach Hause. Stadtbewohner fahren daher an Wochenenden zum ausgiebigen Mittagessen aufs Land, beispielsweise nach Alajeró, Las Hayas oder El Cercado. Dort gibt es Restaurants, die keinen großen Aufwand in puncto Ambiente treiben, aber für riesige Portionen von kräftig mit Knoblauch gewürztem Fleisch bekannt sind.

Fisch und Meeresfrüchte

Fangfrischen Fisch isst man in den Fischerhäfen, speziell in Playa de Santiago und Vueltas (Valle Gran Rey). Meist wird er einfach in der Pfanne gebraten. Dazu gibt es die geradezu unverzichtbaren *papas arrugadas* (Schrumpelkartoffeln, s. S. 31) sowie *mojo*, eine pikante Knoblauchsauce. Es lohnt sich aber auch, einmal eine *paella* zu probieren. Dieses Reisgericht wurde zwar in Valencia erfunden und hat auf den Kanarischen Inseln noch keine lange Tradition, wird aber heute auch von den Gomeros gerne gegessen.

Bei den ebenfalls sehr beliebten Meeresfrüchten handelt es sich meist um Importware aus den nordspanischen Atlantikhäfen. Die auf den Kanaren heimischen Muscheln und Meeresschnecken sind stark gefährdet, Naturschützer raten auf ihren Verzehr zu verzichten. Gambas und Langusten waren ohnehin schon immer Mangelware auf den Inseln. Eine Ausnahme stellen die recht verbreiteten Tintenfische dar, die häufig in den verschiedensten Zubereitungsformen angeboten werden.

Kulinarische Informationen in diesem Reiseführer

Erläuterungen zu gomerischen Spezialitäten finden Sie auch in den **Restaurantbeschreibungen** im Reiseteil dieses Buches (ab S. 90). Die dort genannten **Essenspreise** beziehen sich – falls nicht anders angegeben – auf ein Hauptgericht ohne Getränke. Nützliche Vokabeln für Einkauf und Restaurantbesuch enthält das **Kulinarische Lexikon** (s. S. 286).

Essen und Trinken

Regionale Spezialitäten

Almogrote: Ein gut durchgereifter Ziegenkäse wird gerieben und mit Öl, Paprika, Tomate und Knoblauch vermischt. Diese Käsemischung isst man als Vorspeise oder Brotaufstrich.
Arepas: Ausgebackene Teigtaschen aus Maismehl, die mit Käse, Thunfisch, Huhn oder Fleisch gefüllt werden. Re-Emigranten aus Venezuela haben diese Spezialität auf die Insel gebracht.
Atún: Thunfisch, fast auf allen Speisekarten zu finden. Oft wird er als Steak gebraten. Besser, aber auch teurer sind die Filetstücke *(filete de atún)*.
Bienmesabe: ›Schmeckt mir gut‹ ist ein beliebtes kanarisches Dessert aus Eiern, Mandeln und Honig.
Cabrito en adobo: Das Fleisch junger Ziegen gibt es zur Schlachtzeit in den Wintermonaten. Es schmeckt hervorragend, wenn es vor dem Braten in Wein mit Kräutern, Knoblauch und Gewürzen eingelegt und dann langsam im Backofen gegart wird.
Conejo en salmorejo: Kaninchen ist ein beliebtes Jagdwild, aber die Restaurants verwenden meist Hauskaninchen. Es wird in einer kräftig mit Kräutern, Knoblauch, Safran und Chili gewürzten Brühe gegart.
Merluza: Seehecht, meist als Steak mit grüner und roter *mojo* serviert.
Mojo rojo: Rote Würzsauce besteht aus Knoblauch, Paprika, Olivenöl und Essig. Es gibt auch eine scharfe Variante *(mojo picón)*. Beide werden gern zusammen mit *papas arrugadas* zu Fisch serviert.
Mojo verde: Die mildere, grüne Variante mit Paprika und Kräutern (Petersilie, Koriander u. a.).
Papas arrugadas: Die berühmten kanarischen Schrumpelkartoffeln werden in stark gesalzenem Wasser (ursprünglich Meerwasser) gegart, bis dieses völlig verdunstet ist und sich

Plan de Mejora de la Gastronomía de Canarias

Der ›Plan zur Verbesserung der kanarischen Gastronomie‹ ist eine Initiative der kanarischen Regierung zur Verbesserung des gastronomischen Angebots. Unter http://plandemejora.hecansa.com sind die beteiligten Restaurants mit ihren Besonderheiten aufgeführt. Jedes Lokal benennt eine Spezialität, auf die besonderer Wert gelegt wird. Zuletzt nahmen auf La Gomera neun Gaststätten teil – alle im Valle Gran Rey. Damit die Qualität erhalten bleibt, werden die Lokale jährlich geprüft. Restaurant- und Hotelbesitzer sind sehr daran interessiert, in die Liste aufgenommen zu werden. Eine meist an der Tür angebrachte Plakette weist darauf hin.

eine Salzkruste gebildet hat. Man isst sie mit Pelle, zerbricht sie mit den Fingern und nimmt Saucen damit auf.
Plátanos flambé: Flambierte Bananen. Die Früchte werden in der Pfanne mit Cointreau, Cognac und Orangensaft abgelöscht. Dazu schmeckt z. B. Vanilleeis.
Puchero canario: Kräftiger Eintopf aus verschiedenen Gemüsen der Saison, meist mit Kürbis, Bohnen und Kichererbsen. Dazu kommen bis zu sieben Sorten Fleisch.
Queso blanco: Frischer, milder Ziegenkäse (im Gegensatz zu *queso amarillo*, gelbem Käse, bei dem es sich meist um importierten Gouda handelt). Als Zwischenmahlzeit auf einem *bocadillo* (Brötchen) bzw. gebacken oder gegrillt mit *mojo* als Vorspeise.
Ropa vieja: ›Alte Wäsche‹ heißt dieser beliebte Eintopf aus Kichererbsen, Suppenfleisch, Paprikawurst, Zwiebeln, Knoblauch, Tomaten und Paprikaschoten.

Reiseinfos

Appetitanregendes Farbenspiel: ein Abendessen, wie man es auf La Gomera gern isst

Sopa de berros: Deftige Brunnenkressesuppe, manchmal mit Fleisch und Kartoffeln zu einem Eintopf erweitert.
Sopa de garbanzos: Eine nahrhafte Vorsuppe aus Kichererbsen, die meist auch etwas Fleisch enthält und in typischen Restaurants auf der Speisekarte steht.
Sopa picadillo: Hühnerbrühe mit ein wenig Fleisch und Ei, dazu geröstete Weißbrotwürfel. Eine leichte Vorsuppe.
Vieja: Papageifisch, einer der begehrtesten Speisefische. Er wird gegrillt *(a la parilla)* oder auf einer flachen Herdplatte gebraten *(a la plancha)*. Andere, häufig angebotene Fischsorten sind Thunfisch *(atún)*, Goldbrasse *(dorada)*, Seehecht *(merluza)*, Zackenbarsch *(mero)* und Makrele *(caballa)*.
Zarzuela: Kanarische Variante der Bouillabaisse mit mehreren Fischsorten, Kartoffeln, Tomaten und Zwiebeln.

Aktuelle Restauranttrends

Traditionslokale sind vielfach – den veränderten Essgewohnheiten und dem knappen Geldbeutel von Einheimischen wie auch Touristen Rechnung tragend – dazu übergegangen, auch Pizza und Pasta anzubieten. In San Sebastián und im Valle Gran Rey gibt es preisgünstige Chinarestaurants. Charakteristisch für das Valle Gran Rey, in dem manche Lokale von Ausländern geführt werden, ist außerdem eine kreative deutsch-kanarische, manchmal arabisch angehauchte oder auch vegetarische Küche. Eine spannende Entwicklung zeichnet sich seit einigen Jahren ab. Ambitionierte einheimische Köche zaubern Trendiges auf den Teller, das auf bewährten Inselrezepten fußt – nach Möglichkeit unter Verwendung kanarischer Zutaten.

Essen und Trinken

Kulinarischer Alltag

Essenszeiten

Die Gomeros nehmen das Mittagessen üblicherweise gegen 13 oder 14 Uhr ein, am Sonntag kann es auch einmal 16 Uhr werden. Dann speisen in den Restaurants ganze Familien oft recht ausgiebig bis in den späten Nachmittag hinein. Abends geht man vorwiegend am Wochenende (Freitag, Samstag) aus und lässt sich selten vor 21 Uhr in einem Esslokal nieder. Speziell im Valle Gran Rey, wo viele Deutsche leben oder urlauben, füllen sich die Restaurants aber durchaus schon zu den in Mitteleuropa üblichen Zeiten.

Die Mahlzeiten

Hotels bauen in der Regel ein Frühstücksbuffet auf. Darauf finden sich unterschiedliche Brotsorten, Müsli, Obst und Salate, Variationen vom Ei sowie eine Auswahl an Wurst, Schinken und Käse – je nach Kategorie des Hauses in unterschiedlicher Fülle und Qualität. Bei den Einheimischen – wie in Spanien allgemein üblich – fällt das Frühstück dagegen sehr bescheiden aus. Zu einem Kaffee wird vor der Arbeit rasch ein Stück Zwieback oder ein *churro* (süßer Krapfen) gegessen.

Am Vormittag suchen Berufstätige gern in der Nähe ihrer Arbeitsstätte eine Bar auf, worunter in Spanien kein Nachtlokal, sondern eine Mischung aus Cafeteria und Kneipe zu verstehen ist, die vom frühen Morgen bis spät in den Abend hinein öffnet. Dort stillen sie den Hunger im Stehen oder auf einem Hocker am Tresen. Oft besteht in den Bars nur die Auswahl zwischen verschiedenen *bocadillos* (kalt oder warm belegte Brötchen). In den größeren Orten und an den Landstraßen halten Bars teilweise in einer Kühltheke *enyesques* bereit, die kanarische Variante der aus Spanien bekannten Tapas. Da dieser Begriff den meisten Touristen geläufiger ist, werben inzwischen auch viele Lokale auf La Gomera damit. Im Gegensatz zum Festland, wo

Gofio – ›die‹ kanarische Spezialität

Auf der Speisekarte ist *Gofio* nur selten zu finden, man bestellt ihn zum Essen einfach dazu. Serviert wird die mehlähnliche Substanz mit Wasser, Zwiebeln und Kräutern verknetet. Die Einheimischen rollen den Teig zu kleinen Kugeln und essen ihn zum Wein oder sie rühren *Gofio* als Pulver unter Suppen und Saucen, die dadurch recht gehaltvoll werden. Auch in Süßspeisen findet *Gofio* Verwendung.

Das vielseitige Produkt war schon wichtigste Ernährungsgrundlage der Ureinwohner, denen das Brotbacken unbekannt war. Um Gerste und Wildgetreide nicht roh essen zu müssen, rösteten sie die Körner in einer Tonschale über dem offenen Feuer und mahlten sie anschließend per Hand in einer Steinmühle. Vor dem Verzehr rührten sie das vorgegarte Getreidemehl mit Wasser oder Ziegenmilch an. Auch nach der Conquista blieb *Gofio* ein wichtiges Nahrungsmittel der Gomeros. Allerdings ersetzten sie die Gerste nun häufig durch Mais, Weizen oder Kichererbsen. In schlechten Zeiten mussten ärmere Bevölkerungsschichten auf zerriebene Farnwurzeln zurückgreifen oder getrocknete Pilze untermischen. Im 20. Jh. kam *Gofio* ein wenig aus der Mode. Es galt als schick, stattdessen Brötchen und Kartoffeln zu essen. Mit der Rückbesinnung auf kanarische Traditionen seit den 1980er-Jahren erlebte der *Gofio* jedoch eine Renaissance. Sein hoher Nährwert wird wieder geschätzt.

Reiseinfos

Optisch und kulinarisch etwas Besonderes: Restaurant La Cuevita, Playa de Santiago

die Einheimischen meist wirklich *tapas* (winzige Häppchen) als Snack zwischendurch zur Begleitung eines Getränks bestellen, bevorzugen die Canarios sättigende Mengen in Form einer *ración* (Portion auf großem Teller, kann ein Mittagessen ersetzen) oder *media ración* (halbe Portion). Nicht immer werden diese Bezeichnungen verwendet, oft zeigt der Wirt einfach verschieden große Teller, unter denen man auswählt. *Enyesques* werden entweder kalt serviert, z. B. Russischer Salat oder Tintenfischsalat. Oder die schon vorbereiteten Speisen werden kurz in der Mikrowelle erhitzt, wobei die Auswahl zwischen verschiedenen Eintopfgerichten, *albóndigas* (Hackfleischbällchen in Tomatensauce), paniertem Fischfilet, gegrillten Sardinen, *tortilla* (Kartoffelomelett) u. a. besteht. Übrigens verzehren Gomeros die Enyesques nicht ausschließlich zum zweiten Frühstück. Es gibt sie den ganzen Tag über bis spät in den Abend hinein. Nur am Sonntag werden sie oft nicht angeboten.

Getränke für jede Gelegenheit

Zum Essen trinken die Gomeros meist **Wein.** Er wird immer noch in großen Mengen vom spanischen Festland oder von anderen Kanareninseln importiert,

Essen und Trinken

obwohl La Gomera seit einigen Jahren auch sehr gute eigene Tischweine produziert. Sie tragen die kontrollierte Herkunftsbezeichnung »D. O. La Gomera«. Dazu bestellt man **Tafelwasser** ohne Kohlensäure *(agua sin gas)*. Wer stattdessen Mineralwasser mit Kohlensäure *(agua mineral con gas)* möchte, muss dies ausdrücklich sagen. Jüngere Einheimische gönnen sich auch schon einmal ein **Bier** *(cerveza)* zum Essen, während die Älteren ein solches eher zwischendurch in einer Bar trinken. Wer Bier vom Fass möchte, fragt nach einer *caña*. Die Marke Dorada wird auf Teneriffa gebraut. Das Dorada Especial ist etwas milder, das Dorada Pilsen etwas herber im Geschmack. Alkoholfreies Bier *(cerveza sin alcohol)* gewinnt immer mehr Marktanteile.

Zum Abschluss einer Mahlzeit gehört **Kaffee,** ein *café solo* (Espresso) oder *cortado* (Espresso mit viel süßer Kondensmilch). Eher für zwischendurch gedacht ist der *café con leche* (Milchkaffee). Wer einen großen schwarzen Kaffee bevorzugt, bestellt *café americano* (mit heißem Wasser aufgegossener Espresso). Schwarzen Tee *(té)* und Kräutertee *(infusión)* gibt es auch.

Die Auswahl an **Spirituosen** ist groß. Natürlich sind Brandys vom spanischen Festland, z. B. der Marke Osborne, gut vertreten. Rum *(ron)* kommt von Gran Canaria (Ron de Arehucas). Beliebte Mixgetränke sind *carajillo* (Kaffee mit Cognac) und *ron con miel* (Rum mit Honig). An **alkoholfreien Getränken** sind neben den international üblichen Softdrinks *Appletiser* (eine fruchtige Apfellimonade) und *Bitter Kas* (Mixgetränk aus Tonic und Orange, ähnelt geschmacklich dem Campari) zu nennen. Eine Besonderheit auf La Gomera sind die Fruchtsäfte, die aus allen Obstsorten frisch gepresst werden. Im Valle Gran Rey hat sich eine regelrechte Kultur der Saftbars *(zumerías)* entwickelt.

Restaurantbesuch
Viele Esslokale bieten ein günstiges dreigängiges Tagesmenü *(menu del día)* an, nach dem es sich zu fragen lohnt. Ein Getränk und ein kleiner Kaffee danach sind meist im Preis eingeschlossen. In der Rechnung wird immer ein Bedienungsgeld ausgewiesen. Dennoch ist bei gutem Service ein zusätzliches Trinkgeld (5–10 %) üblich. Speisekarten sind häufig auch in deutscher Sprache verfasst, in San Sebastián allerdings teilweise nur auf Englisch.

Aktivurlaub, Sport und Wellness

Baden

Für einen reinen Badeurlaub eignet sich La Gomera weniger, obwohl Baden im Meer möglich ist. Die schönsten Strände liegen im Valle Gran Rey: Die **Playa del Valle Gran Rey,** der Hauptstrand beim Ortsteil La Playa, der fließend in die **Playa de La Puntilla** übergeht, besteht aus einem schmalen, gut 1 km langen Sandstreifen. FKK-Freunde finden mit der **Playa del Inglés** nördlich von La Playa einen schönen schwarzen Sandstrand, der zum Baden allerdings als zu gefährlich gilt. Kinder können relativ gefahrlos in La Puntilla am **Charco del Conde** (›Baby-Beach‹) sowie an der **Playa de Vueltas** im Hafenbereich des gleichnamigen Fischerorts baden.

Die Hauptstadt San Sebastián verfügt zwar über einen großen Stadtstrand, schöner ist allerdings die durch einen Felsvorsprung vom Hafen getrennte **Playa de la Cueva.** Einsame Strände liegen östlich von Playa de Santiago: Die **Playa de En Medio** (dort wird FKK praktiziert) ist gut mit dem Pkw anzufahren. Weiter östlich folgt die nur zu Fuß erreichbare **Playa de Chinguarime,** wo sich einige Aussteiger in Höhlen niedergelassen haben.

Im Norden La Gomeras empfiehlt sich die **Playa de Alojera,** auch sie mit schwarzem Sand. Vallehermoso besitzt keinen wirklich brauchbaren Strand, dafür aber mit dem **Parque Marítimo** eine (nur im Sommer geöffnete) Meeresbadeanlage. Der Ortsstrand von Hermigua besteht eigentlich aus grobem Kies, wurde zuletzt aber durch Sandaufschüttung aufgewertet. Allerdings ist die Brandung meist zu stark zum Baden. In den Sommermonaten könnte das Meeresschwimmbecken **El Pescante** eine Alternative darstellen, bis auf Weiteres ist es aber wegen Steinschlaggefahr geschlossen. Die östlich von Hermigua gelegene, sandig-kiesige **Playa de La Caleta** ist derzeit der attraktivste Badeplatz des Ortes.

> **Hinweise für Schwimmer**
> Nur wenige Strände auf La Gomera sind bewacht. Vorsicht ist also stets angebracht. Allgemein unterschätzt wird der Tidenhub, der um 2 m beträgt und damit sehr viel ausgeprägter ist als z. B. am Mittelmeer. Bei Ebbe ist es schwierig, gegen den Strom anzuschwimmen. Wenn Brandung vor die Küste schlägt, kann es recht gefährlich werden, ins Wasser zu gehen. An den wenigen beaufsichtigten Strandabschnitten (vormittags meist erst ab 11 Uhr) wird sicheres Baden durch ein grünes Flaggenzeichen angezeigt. Gelb bedeutet ›Vorsicht‹, bei Rot oder Schwarz besteht Badeverbot.

Bootstouren und Whalewatching

Ab Vueltas (Valle Gran Rey) und einmal wöchentlich auch ab Playa de Santiago startet die »Tina« zu Ausflügen entlang der Küste bis zu der beeindruckenden Basaltformation Los Órganos, die von Land aus nicht einsehbar ist. Außerdem werden Ausfahrten zur Wal- und Delfinbeobachtung durchgeführt. Verpflegung und Getränke gibt es an Bord,

Aktivurlaub, Sport und Wellness

Badepausen sind ebenfalls vorgesehen. Speziell dem Whalewatching verschrieben hat sich der Anbieter Oceano Gomera in Vueltas, der zu diesem Zweck Halbtagestörns mit einem umgebauten Fischerboot und einer Segeljacht anbietet.

Auch mit dem traditionellen Holzboot von Excursiones Amazonia (ebenfalls in Vueltas ansässig), geht es – in Begleitung eines deutschen Guides – zur Beobachtung der großen Meeressäuger hinaus auf den Atlantik. Im Jachthafen von San Sebastián de La Gomera kann man bei Acuatic Service eine Motorjacht für beliebig lange, individuell geplante Ausfahrten zum Sightseeing oder zur Wal- und Delfinbeobachtung chartern. Einzelheiten finden Sie bei den Ortsbeschreibungen.

Golf

Der einzige Golfplatz von La Gomera befindet sich in der Nähe des Hotels Jardín Tecina bei Playa de Santiago. Auf einer Anhöhe mit reizvollem Panoramablick wurden zwischen Palmen und anderen exotischen Gewächsen die 18 Löcher, Driving-Range und Putting Green angelegt. Clubhaus, Golfshop und Golfschule sind ebenfalls vorhanden. Einzelheiten finden Sie im Ortskapitel Playa de Santiago.

Radfahren

Radwanderer und Mountainbiker haben es auf La Gomera aufgrund der erheblichen Steigungen nicht leicht. Aber genau darin besteht ja für viele der Reiz. In Playa de Santiago und im Valle Gran Rey gibt es Verleihstationen, die auch geführte Touren und als besonderen Service Transfers ins Gebirge anbieten, was eine anschließende flotte Abfahrt zum Meer ermöglicht. Im Valle Gran Rey lohnt sich die Anmietung eines Rades auch, wenn man ›nur‹ unten im Tal herumfährt. Wer sich das Strampeln bergauf ersparen möchte, kann in La Playa E-Bikes oder Scooter anmieten. Einzelheiten finden Sie bei den jeweiligen Ortsbeschreibungen.

Am besten fährt es sich natürlich mit dem eigenen Drahtesel. Gegen Aufpreis transportieren die meisten Fluggesellschaften Fahrräder, eine vorherige Anfrage ist obligatorisch. Auf La Gomera werden Räder nicht in Linienbussen mitgenommen.

Tauchen

In dem sehr sauberen Wasser rund um die Insel erschließt sich Tauchern eine

Unser Tipp

Meditation, Yoga & Co.
In der **Finca Argayall** in Vueltas (Valle Gran Rey) steht der ganze Urlaub unter dem Motto Meditation, Ruhe und Entspannung. Auf der Finca leben ständig ca. 25 Personen. Gäste wohnen in unterschiedlich eingerichteten Zimmern, Gartenhütten oder auch im Zelt. Täglich werden verschiedene Meditations- und Yogakurse veranstaltet. Eine Welt für sich ohne Straßenanschluss ist die **Finca El Cabrito** südöstlich von San Sebastián. Wer dort urlaubt, kann auch an verschiedenen Workshops (Yoga, Tanzen und auch Kunst) teilnehmen. Meditationskurse und auch Einzelsitzungen bietet auch die **Casa Blanca** in Vueltas an.

Reiseinfos

Hier wird wohl jeder zum Sportenthusiasten: Golfplatz von Lomada de Tecina

artenreiche Meeresfauna mit vielen tropischen Elementen. Die Küsten fallen überall steil ab. Ins Meer geflossene Lava bildet interessante Formationen, wo sich Barrakuda, Wrackbarsch und Papageifisch wohlfühlen; in Höhlen lauern Muränen.

Mit Dive art gibt es eine deutschsprachige Tauchbasis mit Schulung in San Sebastián. Sie bietet auch Nachttauchgänge und Schnorcheln an. Eine weitere deutschsprachige Tauchschule, Magmar Watersport, ist im Hotel Jardín Tecina in Playa de Santiago stationiert. Im Valle Gran Rey existierte bei Redaktionsschluss keine Tauchbasis. Bis auf Weiteres ist dort auch keine Wiederaufnahme von Tauchaktivitäten geplant. Weitere Informationen finden Sie im jeweiligen Ortskapitel.

Wandern

Die milden klimatischen Verhältnisse erlauben es ganzjährig, Berge, Täler und Küsten zu Fuß zu erkunden. Wanderer treffen ein gut ausgebautes und markiertes Wegenetz an. Zwei Fernwanderwege erschließen die gesamte Insel für besonders Hartgesottene: Der GR 131 führt von San Sebastián quer über das Inselgebirge zur Playa de Vallehermoso. Eine Runde um die Insel in Küstenhöhe dreht der GR 132 (beide weiß-rot markiert). Örtliche Wanderwege, oft als Rundwege konzipiert, sind weiß-gelb markiert und als PR LG mit einer entsprechenden Nummer ausgeschildert.

Wer auf eigene Faust unterwegs sein möchte, findet bei den Ortsbeschreibungen einige Vorschläge für

Aktivurlaub, Sport und Wellness

T-Shirts und Sweatshirts der inselweit angesagten, gleichnamigen Hausmarke. Markenware bekannter Hersteller findet man im Timah-Shop des gleichnamigen Wanderveranstalters in La Puntilla (Valle Gran Rey, s. S. 195).

Wellness

Zahlreich sind die Wellnessangebote auf La Gomera nicht. In den großen Hotels gibt es die üblichen Einrichtungen wie Pool und Sauna, und es werden Massagen offeriert. Eine Ausnahme stellt Panorama Wellness (s. S. 190) dar, die Saunalandschaft mit Whirlpool auf der Dachterrasse der Gomera Lounge. Im Angebot dort sind die verschiedensten Massagen und Kosmetikbehandlungen sowie Bachblütentherapie und Ernährungsberatung.

kürzere und längere Touren in den landschaftlich schönsten und interessantesten Gebieten. Besonders spektakuläre Wanderziele sind der Nationalpark Garajonay, der ›Dolomitensteig‹ (Barranco de Guarimiar) und die Fortaleza de Chipude.

Verschiedene Veranstalter bieten Wanderwochen auf La Gomera an (Wikinger, Hauser, Marco Polo u. a.). Tageswanderungen in kleinen Gruppen können auch vor Ort ab Valle Gran Rey und Hermigua gebucht werden (30–40 €/Pers.). Weitere Infos bei den Ortsbeschreibungen von Playa de Santiago, La Playa, La Puntilla, Vueltas und Hermigua.

Ausrüstung für Bergwanderer – Schuhe, Stöcke, Rucksäcke und manches mehr – hält Burrito La Gomera in San Sebastián (s. S. 118) bereit, dazu auch

Wanderkarten und Infotafeln
Eine Wander- und Radkarte La Gomera (GPS-geeignet) im Maßstab 1 : 30 000 gibt der Kompass Karten Verlag (www.kompass.de) heraus. Die Digitalausgabe ist bis zum Maßstab 1 : 10 000 zoombar. Außerdem verteilen die Touristeninformationsbüros der Inselregierung gratis die Mapa de Senderismo. Ebenfalls kostenlos erhältlich ist bei den Infostellen des Parque Nacional Garajonay eine Karte mit 18 kürzeren und längeren Routen im Park.
Die Nummern der als GR oder PR markierten Wege (s. S. 38) sind bisher auf keiner offiziellen Karte verzeichnet. Man ist auf die Infotafeln angewiesen, die vielerorts an Bushaltestellen oder zentralen Punkten stehen. Die Tafeln beschreiben diese Wege für die jeweilige Umgebung (u. a. in deutscher Sprache) und zeigen Höhenprofile.

Feste und Unterhaltung

Traditionelle Feste

Fiesta de los Reyes Magos
Traditionell ist nicht zu Weihnachten, sondern am 5. Januar, dem Vorabend des Dreikönigsfests, Bescherung für die Kinder. In den größeren Orten findet ein Umzug statt, bei dem die ›Heiligen Drei Könige‹ auf Mauleseln reiten und zur Freude der Kinder Bonbons unter die Zuschauer werfen. Im Valle Gran Rey beginnt am 6. Januar mit einer Pilgerfahrt zur Ermita de los Reyes eine dreitägige Fiesta.

Carnaval
Südamerikanisch lebhaft feiern die Gomeros den Straßenkarneval vor allem in der Hauptstadt San Sebastián mit bunten Umzügen, Samba und Salsa. Bei den Bällen *(verbenas)* geht es erst ab Mitternacht richtig los. Nicht nur beim Ball der Betttücher *(Verbena de las Sábanas)* kommen viele Männer als Frau verkleidet. Tränenreich gestaltet sich am Aschermittwoch die Feuerbestattung einer überdimensionalen Sardine aus Pappmaché. Zu diesem Anlass ist dunkle Kleidung angebracht.

Semana Santa
Besonders feierlich wird die Osterwoche in San Sebastián begangen. Düsterer Höhepunkt ist die nächtliche Karfreitagsprozession, zu der die Passion Christi in den Straßen der Stadt nachgespielt wird. In lange Kapuzenmäntel gehüllt, ziehen die Mitglieder der verschiedenen Bruderschaften mit Fackeln hinter den Figuren der Madonna und des Christus mit dem Kreuz her.

Día del Corpus
Fronleichnam schmücken die Gläubigen ihre Häuser mit Girlanden und Fahnen. Frauen legen in mühevoller Arbeit Blumenteppiche in den Straßen aus. Schon nach wenigen Stunden zerstört die abendliche Prozession die ganze Pracht.

Fiestas de San Juan
Der Johannistag (24. Juni) ist, wie in ganz Spanien, ein großes Ereignis. Böllerschüsse leiten am Vorabend in verschiedenen Orten die Feierlichkeiten ein. Gegen Mitternacht entflammen dann Johannisfeuer, um die ›Hexen‹ tanzen, begleitet von archaischer Musik. Dieses Ritual soll Zauberei und Magie vom Dorf fernhalten. Sprünge über die Flammen beugen Verwünschungen vor.

Fiestas del Carmen
Um den 16. Juli feiern die Fischer ihre Schutzheilige, Nuestra Señora del Carmen. Das aufwendigste Fest zu Ehren der Jungfrau vom Karmelberg, die auch den Beinamen *stella maris* (Stern der Meere) trägt, richtet Vueltas (Valle Gran Rey) mit einer bunt beflaggten Bootsprozession aus. Auch in San Sebastián, Playa de Santiago und Vallehermoso finden Prozessionen statt.

Fiestas Parroquiales
Jede Pfarrgemeinde feiert im Sommerhalbjahr ihre Kirmes, die normalerweise – ungeachtet des eigentlichen Ehrentags des Kirchenpatrons – in den August verlegt wird. Fast noch wichtiger als die feierliche Prozession mit der Statue des Heiligen ist das ausgelassene Volksfest am Vorabend. Ein Rahmenprogramm mit Sportveranstaltungen, kulturellen Ereignissen, Musik, Tanz und Feuerwerk zieht sich meist über mehrere Tage hin. Die Termine werden auf Plakaten und den

Feste und Unterhaltung

Feste im Jahresablauf

Januar
Fiesta de los Reyes Magos: Dreikönigsfest, um den 6. Jan., La Calera und Casa de la Seda (s. S. 40).
Romería de San Sebastián: Pilgerfahrt um den 20. Jan., San Sebastián.
Festival Internacional Valle Luna: Festival mit Musik in Bars und auf Plätzen, mit Straßenkünstlern, Vollmondparty, zehn Tage lang etwa Ende Jan., La Playa.

April/Mai
Fiestas de San Marcos Evangelista: Fest des hl. Markus, 24. April bis in den Mai, Agulo.
Fiestas de San Isidro Labrador: Fest des hl. Isidor, ein Wochenende um den 15. Mai, Alajeró.

Juni/Juli
Fiestas de San Juan: Johannistag, 24. Juni (s. S. 40).
Fiesta del Carmen: Fischerfest mit Bootsprozession, 16. Juli, vor allem in Vueltas (s. S. 40).
Fiestas Lustrales: Fünfjahresfest zu Ehren der Virgen del Carmen, 16. Juli (2015, 2020 usw.), Vallehermoso.
Festival Atlántico Sonoro: 24 Stunden Yoga, Meditation u. a., Ende Juli, Vallehermoso.

August
Fiestas de San Roque: Fest und Wallfahrt des hl. Rochus, erste Augusthälfte, Playa de Santiago.
Fiesta del Ramo (Fiesta de San Salvador): Patronatsfest, 6. Aug., Alajeró.
Fiestas de Santo Domingo de Guzmán: Fest des hl. Dominikus, um den 8. Aug., Hermigua.
Fiesta de la Candelaria: Patronatsfest, 15. Aug., Chipude.
Fiesta del Ramo: Erntedankfest, 16. Aug., Arure.
Fiestas de Santa Rosa de Lima: Patronatsfest, um den 23. Aug. Las Rosas.
Romería en honor a Nuestra Señora de Lourdes: Wallfahrt zur Ermita de Lourdes, 28. Aug. El Cedro.
Feria de Artesanía: Kunsthandwerksmesse, ein wechselndes Wochenende im Aug., Hermigua.
Fiestas Parroquiales: Pfarrgemeindefeste, mehrere Tage im Aug. (s. a. S. 40).

September
Fiesta Nuestra Señora de la Encarnación: Patronatsfest, 8. Sept. Hermigua.
Fiesta de El Paso: Herabführung der Madonna aus der Ermita de El Paso, erste Septemberhälfte, Alajeró.
Fiestas de Nuestra Señora de Las Mercedes: Fest der Gnadenmadonna, 24. Sept., Agulo.

Oktober
Fiesta de Nuestra Señora de Guadalupe: Fest der Inselheiligen, erstes Oktoberwochenende, San Sebastián de La Gomera und Punta Llana (s. a. S. 42). Wird alle fünf Jahre (2018, 2023 usw.) zur **Bajada** erweitert bis zum 13. Dez., mit Prozessionen auf der ganzen Insel (s. S. 76).
Fiestas de la Virgen de la Salud: Wallfahrt zur Ermita Virgen de Las Nieves, zweiter Oktobersonntag, ab San Sebastián de La Gomera.

November/Dezember
Fiesta de San Andrés: Winzerfest, 30. Nov. (s. S. 42).
Fiesta de Santa Lucía: Fest der hl. Lucia mit Wallfahrt, 13. Dez., Tazo.

Reiseinfos

Internetseiten der Gemeinden angekündigt bzw. sind in den Touristeninformationsbüros zu erfahren.

Fiesta de Nuestra Señora de Guadalupe

Das bekannteste Fest auf La Gomera steigt am ersten Oktoberwochenende zu Ehren der Jungfrau von Guadalupe, deren Statue in der gleichnamigen Ermita auf der Küstenebene Punta Llana bei San Sebastián aufbewahrt wird. Als Inselheilige genießt sie höchste Verehrung. Alle fünf Jahre (2018, 2023 usw.) wird das Fest zur **Bajada** ausgeweitet. Dann tragen Prozessionen die Madonnenfigur in jede Gemeinde der Insel, bis sie am 12. Dezember in ihre Kirche zurückkehrt (s. a. S. 76).

Fiesta de San Andrés

Am 30. November stechen die Winzer auf La Gomera ihren jungen Wein an, anschließend wird er in den örtlichen Bars ausgiebig getestet.

Navidad (Weihnachten)

In der Vorweihnachtszeit, die am 8. Dezember zu Maria Empfängnis beginnt, sind in den Kirchen, aber auch in Verwaltungsgebäuden und in Schaufenstern von Geschäften liebevoll hergerichtete Krippen zu besichtigen. Musikgruppen zogen früher von Haus zu Haus und trugen alte Lieder *(villancicos)* vor. Heute sind die Villancicos eher auf organisierten Veranstaltungen zu hören (auf Plakate achten). In San Sebastián wird am Samstag vor Heiligabend auf dem Platz vor der Hauptkirche ein Krippenspiel aufgeführt.

Das besinnliche Fest von einst ist Navidad nicht mehr. Überall ertönen aus Lautsprechern Weihnachtslieder in ihrer spanischen Version. Dekoriert wird sehr üppig mit bunten Girlanden und auf Fensterscheiben aufgesprühten Sternen. Der Brauch, Bäume zu schmücken, war früher nicht verbreitet. Inzwischen sind Plastiktannenbäume in Mode gekommen oder man behilft sich mit einheimischen, für Mitteleuropäer exotisch anmutenden Baumarten. Am Heiligabend *(nochebuena)* besuchen die Familien gemeinsam die Mitternachtsmesse. Anschließend steigt bis zur Morgendämmerung eine lebhafte *fiesta* mit Tanz auf dem Dorfplatz.

Noche Vieja

Zu Silvester machen sich die Gomeros besonders fein und feiern in Festsälen. Das Neue Jahr *(Año Nuevo)* begrüßen sie – wie allgemein in Spanien üblich – mit Weintrauben oder Rosinen. Die Feiernden versammeln sich auf dem

Feste und Unterhaltung

Kirchplatz und verzehren zu jedem Glockenschlag eine Beere. Danach gibt es in größeren Orten ein Feuerwerk.

Nachtleben

Im Valle Gran Rey hat der Hafenort Vueltas den Ruf, dass hier die Nacht zum Tage wird. Vergnügungstempel und Großraumdiscos wie auf den größeren Kanareninseln gibt es aber nicht. Das Nachtleben spielt sich in Kneipen ab. Gelegentlich finden dort Livemusik-Veranstaltungen statt. Später am Abend füllen sich die Cocktailbars, wo sich auch schon mal ein DJ bemüht. Eine Disco gibt es auch in Vueltas, dort ist aber eher am Wochenende ab Mitternacht etwas los, wenn die Einheimischen auf die Piste ziehen. Ansonsten ergeben sich immer wieder spontane ›Events‹. Denn es gibt sie noch: Aussteiger für immer oder auf Zeit, mit Rucksack und Gitarre oder afrikanischer Trommel ausgerüstet, die am Strand zu einer Session laden. Zum Sonnenuntergang füllt sich in La Playa oft die Plaza de San Pedro hinter dem Strand. Später dann erklingen nebenan in der Bar Maria kanarische Lieder, zwar nicht spontan, dafür professionell und nicht weniger beliebt.

Von der Hauptstadt San Sebastián hieß es früher, hier würden die Bürgersteige früh hochgeklappt. Doch seit einigen Jahren sorgen der Jachthafen und die ansprechend hergerichtete Innenstadt für eine gewisse Belebung.

Spontane Strandevents sind typisch fürs Valle Gran Rey: Feuerkünstler in La Playa

Reiseinfos von A bis Z

Apotheken

In jedem größeren Ort gibt es eine gut sortierte Apotheke *(farmacia;* weißes Kreuz auf grünem Grund). Die üblichen Öffnungszeiten sind Mo–Fr 9–13 u. 16 (17)–19, Sa 9–13 Uhr. Ein Schild an der Tür gibt an, welche Apotheke Notdienst hat.

Ärztliche Versorgung

Krankenhaus
Hospital Insular, San Sebastián, Tel. 922 14 02 05. Das Inselkrankenhaus befindet sich in El Langrero, nördlich von San Sebastián im Barranco de la Villa (zu erreichen über die GM-1/CV-1).

Gesundheitszentren
Einfacher ausgestattete Gesundheitszentren *(Centro de Salud),* in denen nicht mit Fremdsprachenkenntnissen zu rechnen ist, wo man aber Erste Hilfe leistet und unkomplizierte Fälle medizinisch betreut, finden sich in **Hermigua** (Ctra. General 105, zwischen Valle Bajo und Valle Alto, Tel. 922 88 19 29); **Playa de Santiago** (Calle de la Junta, Ortsteil Playa, an der Straße nach Alajeró, Tel. 922 89 51 60); **San Sebastián** (Calle Ruíz de Padrón 32, Tel. 922 87 02 05); **Valle Gran Rey** (an der Nordeinfahrt nach La Calera, Calle de las Orijamas, Tel. 922 80 70 05); **Vallehermoso** (Av. Pedro García Cabrera 1, nahe Pl. Constitución, Tel. 922 80 15 05).

Deutschsprachige medizinische Betreuung
Centro Médico Valle Gran Rey (Deutsche Arztpraxis): Ortsteil Borbalán, Residencial El Llano, Tel. 922 80 56 29, www.centro-medico.eu, Mo–Fr 9–13, 16–18, Sa 10–12 Uhr. Mehrere deutsche Ärzte. Allgemeinmedizin, Notfallmedizin, Hausbesuche.

Deutsche Praxis für Physiotherapie: Valle Gran Rey, Ortsteil La Puntilla, Residencial El Conde, Tel. 922 80 58 02, www.gomera-praxis.de, Anmeldung: Mo–Fr 9–14, 17–20 Uhr. Diagnostik und Behandlung von orthopädischen Problemen und Sportverletzungen, Akupunktur, Massagen. Mit Zweigstelle in San Sebastián, Plaza de la Constitución 14, Tel. 922 14 17 49.

Deutsche Zahnarztpraxis: ›La Salvia‹, Playa de Santiago, Ortsteil Playa, Calle de la Junta, Mo–Fr 9–13 Uhr; telefonische Voranmeldung: Tel. 922 89 56 76.

Behandlungskosten
EU-Bürger und Schweizer, die Mitglied einer gesetzlichen Krankenkasse sind, können sich bei Vorlage der Europäischen Krankenversicherungskarte (EHIC) im Krankheitsfall kostenlos behandeln lassen. In privaten Ärztezentren und Arztpraxen wird die EHIC allerdings nicht akzeptiert. Auch im öffentlichen Krankenhaus und in den Gesundheitszentren der Gemeinden sind unter Umständen nicht alle Leistungen abgedeckt. In solchen Fällen müssen die Behandlungskosten zunächst selbst bezahlt werden. Zu Hause werden die Kosten von der Krankenkasse erstattet, jedoch nicht immer in voller Höhe. Daher bewährt sich der Abschluss einer privaten Reisekrankenversicherung.

Privatversicherte zahlen Behandlungs- und Krankenhauskosten vor Ort und bekommen sie zu Hause gegen Vorlage der Rechnung erstattet (möglichst detailliert ausstellen lassen).

Reiseinfos von A bis Z

Diplomatische Vertretungen

Deutsches Konsulat Gran Canaria
35007 Las Palmas,
Calle Albareda 3 (2. St.),
Tel. 928 49 18 80, Fax 928 26 27 31,
Notfallnummer: Tel. 659 51 76 00,
www.las-palmas.diplo.de (mit Kontaktformular),
Mo–Fr 9–12 Uhr, Fei geschl.

Österreichisches Honorarkonsulat Teneriffa
38004 Santa Cruz de Tenerife,
Calle Costa y Grijalba 33,
Tel. 922 02 33 70, Fax 922 02 33 71,
info@consuladoaustriatenerife.com,
www.bmeia.gv.at/aussenministerium,
Di/Do 15–17 Uhr.

Regionales Konsularcenter der Schweiz
28001 Madrid,
Calle de Núñez de Balboa 35 A,
Tel. 914 36 39 60, Fax 914 36 39 80,
madrid@eda.admin.ch,
www.eda.admin.ch.

Elektrizität

Die Wechselstromspannung beträgt 220 Volt. Adapter werden in der Regel nicht benötigt.

Feiertage

In Spanien gibt es elf landesweite gesetzliche Feiertage:
1. Januar: Neujahrstag *(Año Nuevo)*
6. Januar: Dreikönigsfest *(Día de los Reyes)*
1. Mai: Tag der Arbeit *(Día Internacional del Trabajo)*
15. August: Mariä Himmelfahrt *(La Asunción)*
12. Oktober: Tag der Entdeckung Amerikas *(Día de la Hispanidad)*
1. November: Allerheiligen *(Todos los Santos)*
6. Dezember: Tag der Verfassung *(Día de la Constitución)*
8. Dezember: Mariä Empfängnis *(Inmaculada Concepción)*
25. Dezember: Weihnachten *(Navidad)*
Variable Daten haben **Karfreitag** *(Viernes Santo) und* **Ostersonntag** *(Domingo de Resurrección)*. Ein regionaler Feiertag ist der **Tag der Kanaren** (Día de las Canarias). Darüber hinaus bestimmt jede Gemeinde **zwei örtliche Feiertage**. Ostermontag, Christi Himmelfahrt, Pfingstmontag, Fronleichnam und der zweite Weihnachtstag sind keine Feiertage. Fällt ein Feiertag auf einen Sonntag, wird am darauffolgenden Montag nicht gearbeitet. Auch Brückentage zwischen Sonn- und Feiertagen können arbeitsfrei sein, für die Canarios oft Anlass für einen Kurzurlaub (den sogenannten *puente* = Brücke).

FKK und ›oben ohne‹

Die Gesetzeslage in puncto FKK ist in Spanien heute recht freizügig. Praktiziert wird es aber nur an einsameren Stränden, die nicht direkt einer Ortschaft vorgelagert sind. Auf La Gomera gelten zwölf Strände an der Küste von San Sebastián, bei Playa de Santiago und im Valle Gran Rey als FKK-freundlich (s. Reiseteil). ›Oben ohne‹ wird auch an Hotelpools weitgehend toleriert.

Geld

Währung in Spanien und damit auch auf den Kanarischen Inseln ist der Euro. Schweizer tauschen zum Kurs: 1 € = 1,23 CHF (2013).
Geldautomaten: Bei allen Bankfilialen stehen Automaten, an denen man mit

Reiseinfos

Reisekosten und Spartipps
La Gomera ist kein ausgesprochen billiges Reiseziel. In den kleinen Supermärkten der Kette Spar, die auf der Insel gut vertreten ist, ist das Preisniveau von wenigen Grundnahrungsmitteln abgesehen eher höher als in Deutschland. Recht günstig und qualitativ gut kauft man in den Markthallen von San Sebastián und Vallehermoso. Insgesamt etwas niedriger als in Deutschland liegen die Preise von Unterkünften, Restaurants und Taxis.
Restaurantbesuch: mittags Tagesmenü 8–12 €, Tapas *(media ración)* 4–5 €; abends Hauptgericht 8–15 €. Getränke: 0,5 l offener Hauswein im Restaurant 8–10 €, kleines Bier 1,50–2 €, Tasse Kaffee 1,50 €.
Verkehrsmittel: Taxi ca. 1 €/km; Busfahrten sind preiswert, z. B. San Sebastián–Valle Gran Rey 5 €; Mietwagen pro Tag 20–40 €; organisierte Tageswanderung 30–35 €; Ausflugsfahrt per Boot 35–40 €. Benzin: Eurosuper (95 Oktan) ca. 1,14 €/Liter (Stand Sommer 2013; vgl. auch S. 25).
Eintritt: staatliche Museen meist gratis, sonst 1–4 €, für Kinder frei oder stark ermäßigt.

Girocard (früher EC-Karte) und PIN maximal 200 € pro Tag abheben kann (ca. 5 € Gebühr). Sie können in deutscher Sprache bedient werden.
Kartenzahlung: Kreditkarten und Girocards werden von größeren Hotels/Apartmenthäusern, Tankstellen, vielen Restaurants und Geschäften angenommen. V PAY funktioniert nur, wenn ein Chiplesegerät vorhanden ist. In Autovermietungen kann man zwar meist per Girocard zahlen, sie verlangen aber in der Regel zusätzlich an Stelle einer Kaution die Vorlage einer Kreditkarte.

Kinder

Auf La Gomera gilt insbesondere das Valle Gran Rey als sehr kinderfreundlich. Hier urlauben seit jeher viele alleinerziehende Mütter, die beste Bedingungen antreffen, was Unterkünfte, Einkaufsmöglichkeiten und sichere Strände betrifft. Kinderbetreuung stunden- oder tageweise, mit viel Spiel und Spaß, bietet Claudia Huckenbeck im Kangorooh Kindertreff (La Playa, Valle Gran Rey, Tel. 659 68 14 69, www.kangorooh.com), pro Stunde 5,50 €, Zehnerkarte 50 €, Workshops 19–25 €.

Medien

TV und Radio
Hotels und besser ausgestattete Apartmenthäuser bieten ihren Gästen meist einen Fernseher im Zimmer. Wo viele Urlauber absteigen, besteht in der Regel die Auswahl zwischen mehreren deutschsprachigen Sendern.

Programm und Sendefrequenzen der Deutschen Welle (Radio und TV) unter www.dw.de.

Zeitungen
Die größeren deutschen Tageszeitungen und Zeitschriften sind in San Sebastián, Playa de Santiago und im Valle Gran Rey mit ein- bis zweitägiger Verspätung erhältlich.

In deutscher Sprache erscheint auf La Gomera der witzige »Valle-Bote« (www.valle-bote.com) mehrmals im Jahr »nach Bock und Wetterlage«: mit News aus der deutschsprachigen Szene, Restauranttipps und Veranstaltungshinweisen. Die auf Teneriffa herausgegebene Urlauberzeitung »Wochenblatt« (www.wochenblatt.es), die alle 14 Tage als Printausgabe erscheint, ist auch auf La Gomera erhältlich und berichtet aktuell von der Insel.

Reiseinfos von A bis Z

Notruf

Polizei, Feuerwehr, Ambulanz: 112, auch in deutscher Sprache.
Sperrung von Handys, Girocards und Kreditkarten: +49 116 116 (Liste der angeschlossenen Institute unter www.sperr-notruf.de).

Öffnungszeiten

Geschäfte: meist Mo–Fr 10–13/14 und 16/17–20, Sa 10–13/14 Uhr. Im ländlichen Raum sind Läden im Juli/August oft nachmittags geschlossen. In Playa de Santiago und im Valle Gran Rey hingegen öffnen manche Geschäfte ganzjährig auch über Mittag, abends bis ca. 21 Uhr und sonntags bis ca. 13.30 Uhr; z. T. gilt dies auch für San Sebastián.
Banken: Mo–Fr 8.30/9–14, Sa 8.30/9–13 Uhr; in den Sommerferien (Juni–Sept.) Sa geschl.

Post

Öffnungszeiten: Postfilialen *(correos)* öffnen in der Regel Mo–Fr 8.30–14.30 und Sa 9.30–13 Uhr.
Briefmarken *(sellos)* gibt es auch an Hotelrezeptionen und in jedem Tabakladen *(estanco)*. Entweder in die gelben Briefkästen mit Posthornzeichen einwerfen oder an der Hotelrezeption abgeben.
Porto: Briefe bis 20 g sowie Postkarten kosten nach Deutschland, Österreich und in die Schweiz 0,75 €.

Rauchen

Seit 2011 ist Rauchen in Spanien in öffentlichen Gebäuden (z. B. Fährterminal, Flughafen), Restaurants, Cafés, Bars sowie den allgemein zugänglichen Bereichen der Hotels komplett verboten. Gaststätten dürfen keine Raucherzonen mehr ausweisen. Hotels können jedoch Raucherzimmer anbieten. Auch in manchen Außenbereichen (vor Krankenhäusern, auf Spielplätzen u. a.) ist Rauchen untersagt. Erlaubt ist es derzeit noch generell am Strand, eine Trennung in Raucher- und Nichtraucherzonen ist aber in Vorbereitung.

Reisen mit Handicap

Barrierefreie Einrichtungen und behindertengerechte Zimmer bieten bisher nur das Hotel Jardín Tecina in Playa de Santiago und der Parador La Gomera in San Sebastián. Genauere Informationen erteilen Reisebüros. Allgemeine Informationen zu Gruppenreisen und zur Organisation von Individualreisen erhält man über die Bundesarbeitsgemeinschaft SELBSTHILFE e. V. (40215 Düsseldorf, Kirchfeldstr. 149, Tel. 0211 310 06-0, www.bag-selbsthilfe.de).

Sicherheit

Kriminalität

La Gomera gilt als verhältnismäßig sicher. Dennoch sind Wertsachen am besten im Zimmersafe (ca. 2–4 € pro Tag) aufgehoben, über den gehobene Unterkünfte in der Regel verfügen. Grundsätzlich empfiehlt es sich, nichts von Wert im Auto liegen zu lassen, auch nicht im Handschuhfach oder Kofferraum. An den Stränden des Valle Gran Rey ist mit Taschendieben zu rechnen. In den Häfen, speziell in Los Cristianos (Teneriffa), sollte das Gepäck nicht unbeaufsichtigt bleiben. Diebstähle sind bei der Guardia Civil anzuzeigen, die eine Bescheinigung für die Reisegepäckversicherung ausstellt. Die Guardia Civil unterhält Dienststellen in allen größeren Orten.

Reiseinfos

Gefährliche Tiere
Auf La Gomera gibt es keine wild lebenden Schlangen oder giftigen Skorpione. Haie kommen im Atlantik vor, Badeunfälle mit ihnen sind aber nie bekannt geworden.

Souvenirs

Kunsthandwerk
Drei kleine Werkstätten in El Cercado stellen **Keramik** nach Art der Ureinwohner her (s. Entdeckungstour S. 154). Im Kunsthandwerkszentrum Molino de Gofio in Hermigua kann man bei der Herstellung von **Flickenteppichen** *(traperas)* zuschauen und diese auch kaufen. Der Museumsshop im Museo Etnográfico de La Gomera (MEG) in Hermigua bietet **Stickereien** und **Flechtwaren** an. Traditionelle **Musikinstrumente**, z. B. kleine Trommeln *(tambores)* und Kastagnetten *(chácaras)*, ersteht man in Vallehermoso in der Venta de Rafael.

Im Valle Gran Rey gibt es zahlreiche Boutiquen, in denen **modernes Kunsthandwerk** (auch afrikanisches) und **Gomera-Mode** verkauft werden. Im Trend liegen T-Shirts mit stilisierten Guanchen-Motiven (Algo diferente in Borbalán) und Lavaschmuck (in mehreren Geschäften im Valle Gran Rey).

Kulinarische Spezialitäten
Auf Märkten, in Souvenirläden und Supermärkten ist **Mojo**, die berühmte kanarische Würzsauce (s. S. 31), in verschiedenen Varianten in kleinen Gläsern oder als Pulver erhältlich. Letzteres rührt man zu Hause mit Olivenöl an. **Almogrote** (s. S. 31) ist ebenfalls allgegenwärtig. Natürlich wird auch überall der auf La Gomera produzierte **Palmhonig** angeboten. **Gofio** führt jeder Lebensmittelladen. Wer bei der Produktion zuschauen möchte, kann ihn in der Gofio-Mühle Tasirche in Vallehermoso kaufen. Außerdem bekommt man ausgefallene **Konfitüren**, z. B. Kaktusfeige.

Spirituosen
Guter **Wein** von La Gomera ist eine Rarität. Produziert wird er z. B. von der Bodega Montesinos bei Hermigua, die ihn dort im Molino de Gofio und im Museo Etnográfico vertreibt. In der Tienda del Vino in Arure gibt es den Wein der ortsansässigen Bodega Las Cuevas. Ansonsten greift man gerne auf die exzellenten Tropfen von den Nachbarinseln zurück. Die Weiß- und Rotweine der Marke Viña de Frontera von El Hierro führt jeder Supermarkt auf La Gomera, ebenso wie Weine verschiedener Marken von Teneriffa und Lanzarote. Eine reiche Auswahl mit Probiermöglichkeit bietet die Weinhandlung Bodega Vino Tinto in Vueltas.

Weißer und brauner **Rum** *(ron)* kommt von Gran Canaria (Ron de Arehucas). Er steht in Supermärkten und Weinhandlungen im Regal. Eine Spezialität, die auf den Kanaren gern als Aperitif getrunken wird, ist *ron con miel* (Rum mit Honig). Auch diesen produziert die Firma Ron de Arehucas. **Kräuterschnäpse**, nach alten Rezepten hergestellt, und **Bananenlikör** von Teneriffa ergänzen das Angebot.

Telefonieren

Festnetz
Das Telefonieren mit Münzen von öffentlichen Fernsprechern ist relativ teuer. Günstiger wird es bei den Telefonzellen der Gesellschaft Telefónica mit einer Telefonkarte *(teletarjeta)*, die man z. B. in Tabakläden *(estancos)* erhält (6 oder 12 €). Das Telefonieren vom Hotelzimmer kann ins Geld gehen.

Reiseinfos von A bis Z

Mobilfunk

Das Mobilfunknetz ist auf La Gomera sehr gut ausgebaut. Ausländische Handys wählen sich problemlos in das spanische Netz ein. Man kann sich vor der Reise bei seinem Anbieter erkundigen, welcher spanische Netzbetreiber – die wichtigsten sind Vodafone, Movistar-Telefónica und Orange – günstiger ist und diesen vor Ort einstellen. Pro Minute zahlt man rund um die Uhr für Gespräche nach Deutschland, Österreich und in die Schweiz maximal 0,35 €, für ankommende Gespräche maximal 0,10 €, für eine SMS 0,11 €. Für Telefonate innerhalb Spaniens (Landesvorwahl 0034 mitwählen) werden 25 % Aufpreis auf die nationalen Gebühren verlangt.

> **Internationale Vorwahlen**
> **Deutschland:** 0049
> **Österreich:** 0043
> **Schweiz:** 0041
> **Gespräche nach Spanien:**
> Landesvorwahl 0034 plus neunstellige Teilnehmernummer. Ortsvorwahlen gibt es in Spanien nicht.

Trinkgeld

Im Hotel erhalten Zimmermädchen ca. 1 € pro Tag, Gepäckträger 0,50 € pro Gepäckstück. Andere Hotelangestellte (Restaurant, Rezeption) freuen sich ebenfalls über einen angemessenen Betrag. Taxifahrer erwarten meist kein Trinkgeld, man kann aber den Fahrpreis aufrunden.

In Restaurants wird von der Bedienung ein Trinkgeld in Höhe von 5–10 % des Rechnungsbetrags erwartet, in einfachen Bars oder Cafeterias ist hingegen kein Trinkgeld üblich.

Umgangsformen

Lebensart

Die Gomeros sind im allgemeinen eher zurückhaltend. Das öffentliche Leben spielt sich vor allem am Vormittag und in den frühen Abendstunden beim Einkaufen und in den Bars ab. Eine lange Mittagspause *(siesta)* ist immer noch üblich. Viele Geschäfte schließen am Nachmittag für mehrere Stunden. Dies gilt speziell für die Zeit der Sommerferien. Erst ansatzweise gibt es, wie andernorts in Spanien schon seit einiger Zeit, eine Tendenz zur Abschaffung der immer häufiger als unpraktisch empfundenen Siesta. Um sich unter Gomeros zu mischen, bieten sich vor allem Volksfeste sowie die Wochenenden an, wenn Familien die Strände, Ausflugslokale und Picknickplätze bevölkern.

Kleidung

Die früher recht deutlichen Unterschiede zwischen formell gekleideten Canarios und leger gewandeten Touristen sind wegen starker gesellschaftlicher Veränderungen in Spanien inzwischen verwischt. Im Berufsleben tragen die Einheimischen je nach Position korrekte Kleidung, aber in der Freizeit ist fast alles erlaubt. Auffällig fein machen sich die Einheimischen zum Ausgehen am Abend und für besondere Anlässe. Gehobene Hotels sowie Restaurants, in denen eher Einheimische verkehren, erwarten zum Abendessen bei den Herren lange Hosen.

Wasser

Das Leitungswasser gilt als hygienisch in Ordnung. Fürs Zähneputzen ist es unbedenklich. Da es jedoch manchmal mit Chlor behandelt ist, empfiehlt es sich, Trinkwasser im Supermarkt zu kaufen.

Panorama – Daten, Essays, Hintergründe

Geschickte Bodennutzung: Terrassenfelder prägen die Landschaft um Alojera

Steckbrief La Gomera

Daten und Fakten
Fläche: 370 km²
Hauptstadt:
San Sebastián de La Gomera
Amtssprache: Spanisch
Einwohner: 23 000
Währung: Euro
Vorwahl: 0034
Zeitzone: Westeuropäische Zeit (WEZ); die Uhr ist im Sommer wie im Winter um eine Stunde gegenüber Mitteleuropa zurückzustellen.

Geografie und Natur

La Gomera ist mit einer Fläche von 370 km² die zweitkleinste der Kanarischen Inseln. Sie liegt im Westteil des Archipels auf 17° westlicher Länge und 28° nördlicher Breite, etwa 25 km westlich von Teneriffa. Die Entfernung vom Fährhafen Los Cristianos (Teneriffa) nach San Sebastián de La Gomera beträgt knapp 40 km. Vom Flughafen Teneriffa-Nord zum Aeropuerto de La Gomera sind ca. 100 km zurückzulegen. Die kürzeste Distanz nach Afrika beträgt rund 400 km. Nach Cádiz auf dem spanischen Festland sind es ca. 1400 km Luftlinie. Die höchste Erhebung auf La Gomera ist der Alto de Garajonay (1487 m) im gleichnamigen Nationalpark, dessen Fläche (3984 ha) gut 10 % der Inseloberfläche entspricht.

Die Landschaft auf La Gomera wurde durch erosive Kräfte stark zerfurcht. Reißende Flüsse schnitten in den vergangenen Jahrtausenden tiefe Schluchten *(barrancos)* in den Inselkörper. Der Küstenstreifen ist relativ trocken. Je höher man kommt, desto üppiger wird die Vegetation. Lorbeerbäume bilden in den Bergen ausgedehnte Wälder und stehen im Nationalpark Garajonay unter Schutz.

Geschichte

Kastilien nahm La Gomera durch einen Titel des Papstes schon 1402 offiziell in Besitz. Allerdings begann die Unterwerfung der Ureinwohner erst 1445. Bis Spanien Ende des 15. Jh. endgültig die Macht errang, kam es immer wieder zu Aufständen. Der Hafen von San Sebastián wurde eine wichtige Station für Überfahrten nach und von Amerika. Christoph Kolumbus ankerte hier auf drei seiner Reisen. Später verhalfen Handelsschiffe, die Gold und Silber aus Amerika nach Europa transportierten, der Stadt zu etwas Wohlstand. Piratenüberfälle brachten diese Einnahmequelle aber bald zum Erliegen.

Nach der Conquista wurden Zuckerrohr und der purpurne Farbstoff Orseille exportiert. Auch die Zucht von Koschenilleläusen auf Feigenkakteen zur Gewinnung von rotem Farbstoff brachte Einnahmen. Als ab Mitte des 16. Jh. der Zuckerrohranbau wegen günstigerer Bedingungen in Süd- und Mittelamerika nicht mehr recht lohnte, geriet La Gomera immer mehr ins Abseits. Erst der Anbau von Bananen Anfang des 19. Jh. brachte wieder einen gewissen Aufschwung. Der Tourismus setzte in den 1960er-Jahren ein, als die ersten Hippies ins Valle Gran Rey kamen. Ende der 1980er-Jahre begann der Pauschaltourismus.

Staat und Politik

Seit 1982 bilden die Kanaren innerhalb Spaniens eine autonome Gemeinschaft. Sie wählen ein Parlament mit 60 Abgeordneten, von denen La Gomera vier stellt. Die Regierung wechselt ihren Sitz alle vier Jahre zwischen Gran Canaria und Teneriffa. Auf La Gomera ist der Inselrat (Cabildo Insular) für die Verwaltung zuständig.

Wirtschaft und Tourismus

Über nennenswerte Industrie verfügt La Gomara nicht. Bananen sind zwar ein wichtiges Exportprodukt, doch die Anbaufläche hat sich seit den 1990er-Jahren mehr als halbiert und liegt nun bei 800 ha. Noch ca. 5600 t werden pro Jahr erzeugt, davon über 90 % exportiert. Das entspricht ca. 2 % des gesamten Bananenexports der Kanaren. Wein wird auf einer Fläche von etwa 800 ha (davon Qualitätswein: 150 ha) angebaut, spielt aber für den Export kaum eine Rolle.

Die traditionelle Palmhoniggewinnung erfolgt heute vorwiegend für den Verkauf an Touristen. Lange war die Landwirtschaft der größte Arbeitgeber, doch heute verdienen die meisten Gomeros ihr Geld im Dienstleistungssektor und im Bauwesen.

Auf La Gomera stehen offiziell 5500 Gästebetten zur Verfügung, davon etwa 2000 in Hotels und Pensionen. Im Durchschnitt erzielten die Hotels zuletzt eine Belegungsquote von ca. 73 %. 2012 wurden rund 65 000 Urlauber registriert, davon etwa 37 500 Deutsche und 9 400 Briten. Der innerspanische Tourismus ging zuletzt wegen der wirtschaftlichen Schwierigkeiten des Landes stark zurück. Große Ferienzentren wie auf den anderen Kanarischen Inseln gibt es nicht. Im Valle Gran Rey ist die touristische Infrastruktur am besten ausgebaut.

Bevölkerung und Religion

Mit 62 Einwohnern pro Quadratkilometer ist La Gomera eher dünn besiedelt. Von den Kanareninseln ist nur El Hierro noch dünner besiedelt. Die meisten Gomeros leben in der Gemeinde San Sebastián (ca. 9100), gefolgt von der auf die Fläche bezogen am dichtesten besiedelten Gemeinde Valle Gran Rey (ca. 4800 Einw.). Etwa 20 % der Bewohner des Tals sind Ausländer, davon rund 660 Deutsche.

Durchschnittlich werden Männer auf La Gomera 75 und Frauen 82 Jahre alt. Eine Frau bekommt im Schnitt weniger als ein Kind (in Deutschland lag der amtliche Wert 2011 bei 1,36).

In einem Haushalt leben im Schnitt 2,6 Personen, die sich 1500 € Nettoeinkommen im Monat teilen. Die Arbeitslosigkeit ist auf den Kanarischen Inseln zuletzt stark gestiegen auf ca. 31 % (Jugendarbeitslosigkeit sogar 53 %). Nahezu ein Drittel (31,5 %) der Bevölkerung lebt kanarenweit unterhalb der Armutsgrenze (in Deutschland 15 %). Über 95 % der Einheimischen sind römisch-katholisch.

Kanarische Inseln

Geschichte im Überblick

Altertum

Um 1100 v. Chr. Vermutlich waren die Kanarischen Inseln bereits den Phöniziern bekannt.

8. Jh. v. Chr. Homer beschreibt in seiner Odyssee mit den »elysischen Gefilden« möglicherweise die Kanaren.

Um 500 v. Chr. Die Kanarischen Inseln werden endgültig von Nordwestafrika aus besiedelt. Sprachreste und archäologische Funde lassen die Abstammung der Ureinwohner von den Berbern vermuten. Ungeklärt bleibt, wie sie auf die Inseln gelangten. In spanischen Chroniken heißt es, sie hätten keine Boote gehabt. Neuere Forschungen belegen das Gegenteil. Vielleicht wurden sie aber auch von Römern oder Karthagern auf die Kanaren gebracht.

1. Jh. Plinius der Ältere berichtet über eine Expedition, die König Juba II. von Mauretanien etwa 100 Jahre zuvor zu den Kanaren unternommen haben soll.

2. Jh. Ptolemäus verzeichnet die Kanarischen Inseln auf seiner Weltkarte.

Held der Gomeros: Hautacuperche, der 1488 die Rebellion der Ureinwohner gegen den Inselherrscher Fernán Peraza el Joven anführte

Eroberungszeit

13./14. Jh. Händler aus Südeuropa kommen auf der Suche nach Naturfarbstoffen und zum Sklavenfang auf die Insel.

1344 Papst Clemens VI. in Avignon verleiht Luis de la Cerda, einem Sohn des kastilischen Königs Alfons, den Titel »König der Kanarischen Inseln«.

1402 Jean de Béthencourt aus der Normandie erobert Lanzarote. Ein Jahr später überträgt ihm König Heinrich III. von Kastilien, Erbe des Titels »König der Kanarischen Inseln«, die Lehnsherrschaft über den Archipel.

1405 Béthencourt nimmt Fuerteventura und Hierro ein, scheitert aber auf den anderen Inseln am Widerstand der Urbevölkerung, so auch auf La Gomera.

1430 Guillén de Las Casas erwirbt die Lehnsherrschaft über die Inseln durch Kauf und vererbt sie 1445 an seinen Schwiegersohn Fernán Peraza el Viejo (der Ältere). Dieser lässt sich auf La Gomera nieder. Die Unterwerfung der dortigen Ureinwohner, der Guanchen – *guan* bedeutet auf Altkanarisch so viel wie Mensch –, geht nur langsam voran, ebenso wie die Besiedlung mit kastilischen Einwanderern.

1447 Peraza entsendet Truppen nach La Palma, die sich nach erbittertem Widerstand der Urbevölkerung zurückziehen müssen. Sein Sohn Guillén kommt bei den Kampfhandlungen ums Leben.

1476 Die Katholischen Könige Isabella I. von Kastilien und Ferdinand von Aragón treten die Rechte auf Gran Canaria, Teneriffa und La Palma an die Familie Peraza ab. La Gomera bleibt weiterhin von den Perazas beherrscht.

1477 Eine neue Dimension nimmt der Sklavenhandel an, als Fernán Peraza el Joven (der Enkel von Fernán Peraza el Viejo) rund 100 schon getaufte Männer, Frauen und Kinder einfangen und auf das spanische Festland bringen lässt, um sie auf dem Sklavenmarkt von Sevilla illegal zu verkaufen. Königin Isabella verfügt die sofortige Freilassung der Christensklaven. Im Jahr 1478 kehren die Verschleppten zurück auf die Insel.

1488 Auf La Gomera wird Fernán Peraza el Joven, der wegen seiner despotischen Herrschaft berüchtigt ist, von aufständischen Ureinwohnern ermordet. Seine Witwe Beatriz de Bobadilla übt grausame Rache. Sie lässt zahlreiche Guanchen ermorden und verkauft 400 von ihnen in die Sklaverei. Königin Isabella macht auch diese Menschen ausfindig und verschafft ihnen die Freiheit. Vermehrt werden jetzt Siedler vom spanischen Festland nach La Gomera angeworben.

1492 Christoph Kolumbus macht auf seiner ersten Reise nach Amerika Station auf La Gomera. Angeblich hat er dort eine Liebesaffäre mit Beatriz de Bobadilla.

1496 Als Letzte der Kanarischen Inseln wird Teneriffa erobert. Gran Canaria, La Palma und Teneriffa unterstehen nun direkt der spanischen Krone, während La Gomera und El Hierro unter der Herrschaft der Familie Peraza bleiben.

1505 Mauren und Schwarzafrikaner werden nun häufiger als Sklaven angekauft. Die Zahl der Guanchensklaven hingegen geht zurück. Verstärkt passen sich die Altkanarier an die neuen gesellschaftlichen Verhältnisse an, auch durch Heirat mit Spaniern.

1514 Per Gesetz werden Guanchen den Spaniern gleichgestellt. Die Vermischung beider Bevölkerungsgruppen beschleunigt sich. Viele Guanchen lassen sich taufen und erhalten spanische Namen. Bis Ende des 16. Jh. verschwinden die vorspanische Sprache und Kultur fast gänzlich.

1516 Die Familie Peraza bekommt den Titel »Grafen von La Gomera« verliehen.

Stagnation der Grafeninsel

1. Hälfte 16. Jh. Auf La Gomera wird Zuckerrohr angebaut, wenn auch in geringerem Umfang als auf den größeren Inseln Teneriffa, Gran Canaria und La Palma. Kapitäne auf dem Weg nach Amerika legen oft in San Sebastián ein letztes Mal in Europa an. Der Hafen der Stadt gilt als einer der sichersten Naturhäfen der gesamten Kanaren. Diese Faktoren führen zu Wohlstand. Französische und englische Korsaren kreuzen in den Gewässern der Inseln, um mit Gold und Silber beladene spanische Schiffe zu kapern. Die Grafen von La Gomera verhalten sich gegenüber den Seeräubern zweideutig, manche empfangen sie sogar freundlich. Bald beginnen die spanischen Handelsschiffe daraufhin, den Hafen von San Sebastián zu meiden.

Ab 1554 Der Zuckerrohranbau auf den Kanaren lohnt immer weniger. Die Konkurrenz aus Mittel- und Südamerika kann günstiger produzieren. La Gomera gerät ins wirtschaftliche Abseits und exportiert bald nur noch den Farbstoff der Orseille-Flechte *(orchilla)*.

Landung einer englischen Schiffsflotte (Wandgemälde in der Iglesia de la Asunción, San Sebastián)

Um 1650	Die Grafen von La Gomera verlegen ihre Residenz nach Teneriffa. La Gomera wird, wie zuvor schon El Hierro, einem Verwalter unterstellt. Auf alle Güter, die eine der beiden kleinen Inseln verlassen oder nach dort verschifft werden, erhebt die Grafenfamilie hohe Abgaben. Das Land verpachten sie gegen Festzins an die örtliche Oberschicht, die sogenannten *caciques* (Kaziken), die es weiterverpachten und dafür von den Bauern die Hälfte des Ernteertrags verlangen (Halbpacht). Bis ins 19. Jh. hinein lebt die Mehrheit der Inselbewohner in einfachsten Hütten, besitzt meist nicht mehr als zwei Ziegen und eine Kuh und ernährt sich von dem Wenigen, was die kargen Äcker hergeben.
1743	Erfolgreich können englische Korsaren abgewehrt werden, die San Sebastián angreifen. Hintergrund für diesen Invasionsversuch ist der vier Jahre zuvor ausgebrochene Krieg zwischen England und Spanien.
1762	Es kommt zu einem Aufstand gegen die Feudalherren wegen Steuererhöhungen, die immer mehr Gomeros zur Auswanderung nach Lateinamerika zwingen.
1836	In Spanien tritt eine neue Verfassung in Kraft, die das Ende der Feudalherrschaft der Familie Peraza bedeutet. La Gomera wird direkt

der Krone unterstellt. Für die einfache Bevölkerung hat dies zunächst kaum Konsequenzen. Die meisten arbeiten weiter als Pächter oder Tagelöhner für die Großgrundbesitzer.

1852 Um die kanarische Wirtschaft zu beleben, erklärt Spaniens Königin Isabella II. die Inseln zur Freihandelszone, wovon allerdings La Gomera nur wenig profitiert.

Aufschwung durch Plantagenwirtschaft

Um 1900 Auf La Gomera werden erste Bananen- und Tomatenplantagen angelegt. Bald dehnen sie sich auf dem gesamten bewässerungsfähigen Land aus. Zunächst investieren britische Unternehmen, dann auch die norwegische Reederei Olsen in die Plantagen.

1912 Auf jeder der kanarischen Inseln wird ein Inselrat (Cabildo Insular) eingeführt. Damit erhält La Gomera gewisse Selbstverwaltungsrechte. Die Vorherrschaft Teneriffas innerhalb des Archipels ist gebrochen.

1927 Aufteilung der Kanaren in eine Ost- und eine Westprovinz. La Gomera gehört zur Provinz Teneriffa.

1936 Von Teneriffa aus beginnt mit dem Putsch General Francos der Spanische Bürgerkrieg. Auf den Kanarischen Inseln gibt es nur wenig Widerstand. Schon nach wenigen Tagen übernehmen die Faschisten die vollständige Kontrolle über den Archipel, während auf dem Festland der Bürgerkrieg bis 1939 dauert.

Ab 1950 Allmählich erholt sich die spanische Wirtschaft von den Folgen des Bürgerkriegs. In den 1960er- und 1970er-Jahren wird der Bananenanbau wieder gefördert. Importverbote und Subventionen schützen den spanischen Binnenmarkt für Bananen und sichern damit Arbeitsplätze auf den Kanaren. Nach und nach kehrt auch auf den kleineren Inseln ein gewisser Wohlstand ein. Ein Großteil des nicht bewässerungsfähigen Ackerlandes auf La Gomera fällt allerdings brach, weil sich auf den kargen, steinigen Böden der Feldbau nicht mehr lohnt. Sofern die jungen Leute nicht ihr Auskommen in den Bananenplantagen finden, wandern sie nach Gran Canaria oder Teneriffa aus, wo ihnen der Tourismus neue Beschäftigungsmöglichkeiten bietet.

Moderne Entwicklung

1960er-Jahre Auf La Gomera finden sich die ersten Hippies ein, die den Beginn des Tourismus im Valle Gran Rey einläuten.

1973	Das staatliche Luxushotel Parador Nacional wird in San Sebastián eröffnet. Ein Jahr später richtet die Reederei Olsen den ersten täglichen Fährverkehr zwischen Teneriffa und La Gomera ein.
1975/1976	Nach dem Tod Francos leitet König Juan Carlos in Spanien die Demokratisierung ein.
1981	Gründung des Parque Nacional de Garajonay.
1982	Die Kanarischen Inseln erhalten ein Autonomiestatut mit weitgehenden Selbstverwaltungsrechten. Der Regierungssitz befindet sich abwechselnd jeweils vier Jahre in Las Palmas (Gran Canaria) und in Santa Cruz de Tenerife (Teneriffa).
1984	Bei einem Flächenbrand rund um den Roque de Agando kommen 20 Menschen zu Tode, darunter der Zivilgouverneur der Provinz Teneriffa.
1986	Spanien tritt der Europäischen Gemeinschaft bei. Die Kanarischen Inseln bleiben auf eigenen Wunsch Freihandelszone und damit außerhalb des EU-Binnenmarktes. Dennoch erhalten sie reichlich Subventionen, die einen bis dahin nicht gekannten Wohlstand bringen. Der Nationalpark Garajonay findet Einzug ins Weltnaturerbe.
1987	In Playa de Santiago wird mit dem Hotel Jardín Tecina die erste und bis heute größte Ferienanlage La Gomeras eingeweiht. Weitere Hotels und Apartmenthäuser entstehen in den folgenden Jahren, immer mehr Pauschaltouristen kommen auf die Insel.
1999	Auf La Gomera wird der Flughafen eröffnet. Er kann allerdings nur von kleinen Maschinen im interinsularen Verkehr angeflogen werden.
2003	Die Firma Fred. Olsen S. L. eröffnet in Playa de Santiago einen Golfplatz mit eigener Meerwasserentsalzungsanlage.
2009	Die gomerische Pfeifsprache El Silbo wird von der UNESCO zum immateriellen Weltkulturerbe ernannt.
2012	Die UNESCO erklärt La Gomera zum Biosphärenreservat, dem nunmehr sechsten der Kanarischen Inseln.
2013	Trotz verheerender Waldbrände im August des Vorjahres, die 4200 ha Land erfassten, präsentierte sich die Insel nach den winterlichen Regenfällen wieder grün wie eh und je. Die bleibenden Schäden sind geringer als zunächst angenommen.

Naturschutz nicht nur im Märchenwald

Das Umweltbewusstsein hat auf La Gomera in den letzten Jahren stark zugenommen. Nicht nur private Organisationen wie Tagaragunche sondern auch die öffentliche Hand haben Natur- und Artenschutz auf ihre Fahnen geschrieben. Über ein Drittel La Gomeras steht heute unter Schutz, darunter der 1981 gegründete Parque Nacional de Garajonay.

La Gomera kann sich rühmen, den natürlichsten Lorbeerwald der Kanarischen Inseln zu besitzen. Doch ist der *Laurisilva* im Nationalpark tatsächlich so unberührt, wie mancher Hochglanzprospekt verspricht?

Keineswegs: Viele Jahrhunderte wurde der Lorbeerwald auf La Gomera vom Menschen intensiv genutzt. Erst heute, nachdem der Druck der Bevölkerung auf den Wald nachgelassen hat, kommt die Natur wieder zu ihrem Recht – wie zu Zeiten der Ureinwohner.

Offenbar tasteten die Guanchen den Lorbeerwald kaum an. In spanischen Chroniken aus der Zeit der Conquista ist zu lesen, dass der Wald im 15. Jh. sehr viel üppiger und ausgedehnter war als heute. Er dürfte etwa 20 % der Insel, also das Doppelte seiner gegenwärtigen Fläche, bedeckt haben. Dies änderte sich mit den Eroberern. Die tiefer gelegenen Teile der Insel sind – sofern sie nicht bewässert werden können – karg und relativ unfruchtbar. So spielte der *monte* oder *monteverde*, wie die Spanier die bewaldete Bergregion nannten, mit seinen Ressourcen für die stetig wachsende Bevölkerung bald eine wichtige Rolle.

Holz für alle Fälle

Eine schleichende Waldvernichtung setzte ein, die erst vor zwei bis drei Jahrzehnten ein Ende fand – seit die Gomeros nicht mehr gezwungen waren, von dem zu leben, was der Wald hergibt.

Früher gab es fast nichts, wofür Holz nicht genutzt wurde: Beim Hausbau kam es ebenso zum Einsatz wie in der Möbelherstellung. Auch landwirtschaftliches Gerät, Werkzeuge und allerlei Hausrat fertigten die Inselbewohner aus diesem Material. Die einfache Bevölkerung versorgte sich im Wald zudem mit Brennholz, für die Haushalte der Wohlhabenden wurde dagegen eigens Holzkohle von Köhlern produziert. Noch heute gibt es im Lorbeerwald Lichtungen, wo sich früher Köhlerstätten befunden haben. Manchmal sind sogar Reste von Meilern zu erkennen. Auch der Gemarkungsname La Carbonera (Kohlenmeiler), der auf La Gomera gleich zweimal vertreten ist (bei Las Hayas und oberhalb von Hermigua), deutet auf die Ausübung dieses Gewerbes hin.

Faszinierende Pflanzenwelt, die es zu erhalten gilt: La Gomeras Lorbeerwald

Seinem Wasserreichtum verdankt das Valle Gran Rey eine üppige Vegetation

Nahrungsquelle Wald

Der *monte* diente auch als Viehweide. Etliche Ziegen, Schafe und Schweine streiften halbwild durch das Bergland. Vor allem Ziegen bevorzugten junge Bäume und Büsche als Futter und behinderten damit die natürliche Verjüngung des Waldes. Im Sommer wurden außerdem die Herden aus den trockeneren Küstengebieten auf der Suche nach Grünfutter in die Berge getrieben. Bei Nacht sperrten die Hirten sie in eingezäunten Arealen ein, den *rasos*. Diese Ortsbezeichnung ist noch hier und da zu finden, etwa im Raso Grande bei Igualero. Damit nicht genug, schnitten die Bauern Kräuter und Zweige im Wald, um sie an das Vieh zu verfüttern. Ruinen von alten Schäferhütten und Pferchen *(goros)*, in die das Vieh zum Melken getrieben wurde, sind noch an manchen Stellen im Nationalpark anzutreffen.

Schließlich zwang die starke Bevölkerungszunahme Mitte des 19. Jh. die Menschen dazu, sogar Äcker im Bereich des nebelreichen *monte* anzulegen. Mit mehr oder weniger Erfolg pflanzten sie Kartoffeln, Hülsenfrüchte und Mais. In schlechten Jahren mussten sie jedoch auf Farnwurzeln zurückgreifen, die im Wald ausgegraben und zu Mehl verarbeitet wurden.

Der Lorbeerwald, so wie er sich uns heute darbietet, ist immer noch zu einem großen Teil das Ergebnis menschlicher Nutzung. Wer genau hinzuschauen versteht, wird bemerken, dass die Bäume in der Nähe menschlicher Siedlungen noch recht jung sind und die Artenvielfalt dort viel geringer ist als auf abgelegeneren Flächen. Zuweilen erstrecken sich in Ortsnähe noch Bestände der Esskastanie, die vor Jahrhunderten aus Südeuropa eingeführt wurde und lange Zeit eine wichtige Nahrungsquelle der ärmeren Bevölkerungsschicht darstellte.

Kampf für die Natur

Seit der Conquista gehörte der *monte* dem Grafen, der ihn als Jagdrevier für sich reservierte. Für die Bevölkerung war der Zugang streng reglementiert. Nach dem Ende der Feudalherrschaft im 19. Jh. erhielt jede Gemeinde einen Anteil am Bergland. Die Gemeindevertreter wurden in den 1940er-Jahren vom Franco-Regime zu einer konzertierten Aktion veranlasst, die vorsah, das gesamte Vieh aus dem *monte* zu entfernen – ein Vorgang, der sich bis in die 1970er-Jahre hinzog. Derweil begann die Forstbehörde mit einer noch tief greifenderen Umwandlung der Wälder, indem sie die von Natur aus vertretenen Bäume rodete und stattdessen Kiefern und Eukalyptus für forstwirtschaftliche Zwecke pflanzte. Diese Entwicklung wurde zum Glück durch starken Protest der ortsansässigen Bevölkerung sowie von internationalen Umweltschützern bald gestoppt. Dank der Initiative des deutschen Botanikers Günther Kunkel kam es schließlich 1981 zur Gründung des Parque Nacional de Garajonay. Heute werden die verbliebenen ›exotischen‹ Bäume im Nationalpark nach und nach durch einheimische Arten ersetzt.

Bürden der Vergangenheit

Bis 1995 war die staatliche Naturschutzbehörde ICONA (Instituto Nacional para la Conservación de la Naturaleza) für die Überwachung der nationalen Schutzgebiete, auf La Gomera also für den Nationalpark, zuständig. In den 1990er-Jahren geriet sie wegen ihrer Abhängigkeit vom Landwirtschaftsministerium zunehmend in die öffentliche Kritik. Die Behörde kümmerte sich nach Ansicht ihrer Gegner mehr um den Ausbau von Picknickplätzen und Aussichtspunkten sowie die Beschilderung von Wanderwegen als um den Naturschutz, sorgte sich also mehr um den Freizeitwert des Nationalparks. Seit 1995 ist das Umweltministerium mit der Behörde Parques Nacionales zuständig. Auch sie kümmert sich um Wanderwege, allerdings mit dem Ziel, die Touristenströme zu kanalisieren. So bleiben Flora und Fauna in abgelegenen Gebieten ungestört.

Ein Problem ist nach wie vor die Hauptverkehrsstraße GM-2 (Carretera Dorsal), die quer durch den Nationalpark verläuft und den Westteil der Insel an die Hauptstadt anbindet. Örtliche Umweltgruppen forderten immer

La Gomera ist Vorreiter

Bis auf den Nationalpark Garajonay unterstehen La Gomeras Schutzgebiete der autonomen Regierung der Kanaren. La Gomera wurde 2008 als erste Kanareninsel in die »Europäische Charta für Nachhaltigen Tourismus in Schutzgebieten« (www.european-charter.org) aufgenommen. In dieser Charta sind Gebiete mit Nationalparks und weiteren Schutzzonen vereint, die sich um einen bezüglich der Umwelt nachhaltigen Tourismus bemühen. Europaweit stehen bislang 107 Regionen auf dieser Liste. Die Gomeros sehen die Aufnahme in die Charta als Auszeichnung an und wollen ihre Insel zum Vorbild für die anderen Kanaren machen. Trotz angespannter Finanzlage arbeitet der Inselrat ständig an der Pflege und Weiterentwicklung eines Wegenetzes, das es Besuchern ermöglicht, ganz La Gomera bequem und sicher zu Fuß zu erkunden.

wieder die Sperrung der Straße – eine Maßnahme, die nicht so schnell realisiert werden dürfte, da seit Einstellung der Fährverbindung entlang der Südküste wieder der gesamte Verkehr von San Sebastián ins Valle Gran Rey über die Carretera Dorsal (GM-2) rollt.

Denkmäler der Natur

Neben dem Nationalpark existieren noch andere Naturschutzgebiete, etwa die Reserva Natural Especial de Puntallana (290 ha) nördlich von San Sebastián. Lange wurde diese auf La Gomera einzigartige Küstenebene als wilde Müllkippe missbraucht. Vor einigen Jahren hat die Inselregierung das Gebiet säubern lassen. Auch das Tal von Benchijigua mit seiner besonderen Flora steht als Reserva Natural Especial de Benchijigua (490 ha) unter Schutz. Der Parque Natural de Majona (1760 ha) zwischen San Sebastián und Hermigua wird nur noch in geringem Ausmaß landwirtschaftlich genutzt. Die Barrancos von La Rajita und La Negra südwestlich des Valle Gran Rey sind als Paisaje Protegido de Orone (Landschaftsschutzgebiet, insgesamt 1790 ha) ausgewiesen. Im Valle Gran Rey firmieren 1990 ha Fläche – 60 % der Gesamtgemeinde – als Parque Rural de Valle Gran Rey. Somit ist ein Großteil des Tals in seiner Siedlungs- und Landschaftsstruktur geschützt.

Sehenswert sind auch die acht ausgewiesenen Naturdenkmäler der Insel: Der nur zu Fuß erreichbare Barranco del Cabrito gilt wegen seiner endemischen Vegetation als Monumento Natural. Die gewaltigen Basaltsäulen Los Órganos im Inselnorden sind nur per Boot zu erreichen. Um ehemalige Vulkanschlote handelt es sich bei den steil aufragenden Felsen Los Roques (s. S. 264). Ein weiterer Felsen, der Roque Cano, beherrscht den Ort Vallehermoso. Der Roque Blanco ist zwar nicht ganz so steil, dafür bewachsen. Er liegt östlich des Stausees La Encantadora. Einreihen darf sich auch der Tafelberg Fortaleza de Chipude (s. S. 155), auf dessen Hochfläche viele endemische Pflanzen wachsen. Der beeindruckende Felsrücken Lomo del Carretón oberhalb von Taguluche gilt ebenfalls als Naturdenkmal. La Caldera an der Küste südwestlich von Alajeró ist ein gut erhaltener, über 2 Mio. Jahre alter Krater, vielleicht ein Zeuge der letzten Vulkaneruption auf La Gomera.

Aus den Tiefen des Meeres geboren – wie La Gomera entstand

La Gomera ist wie alle Kanareninseln vulkanischen Ursprungs. Doch diese Tatsache erschließt sich nicht auf den ersten Blick, denn aktive Vulkane oder solche, die erst in jüngerer Vergangenheit tätig waren, gibt es nicht. Längst hat die Erosion ihr Werk verrichtet und bizarre Landschaftsformen geschaffen.

Der bei den Kanaren 4000 m unter dem Meeresspiegel liegende Tiefseeboden wandert – bedingt durch die vom Mittelatlantischen Rücken ausgehende Kontinentaldrift – langsam aber stetig Richtung Osten. Dort allerdings legt sich ihm der afrikanische Kontinent in den Weg, vor dessen Küste die ozeanische Gesteinskruste gestaucht wird und zerbricht. Flüssiges Magma, also durch Erdwärme geschmolzenes Gestein, dringt an diesen tektonischen Bruchlinien aus dem Erdinneren empor. Wiederholte Eruptionen führten zunächst unter Wasser zum allmählichen Aufbau gewaltiger Vulkankegel, die später als Inseln über die Meeresoberfläche hinauswuchsen.

Lavagestein an der Küste – ständig wird es von der Brandung ›bearbeitet‹

Geoinfos vor Ort
Centro de Visitantes Juego de Bolas: Las Rosas, La Palmita s/n, Tel. 922 80 09 93, www.parques nacionalesdecanarias.es, tgl. 9.30–16.30 Uhr (außer 25.12. und 1.1.). Besucherzentrum des Nationalparks Garajonay mit Ausstellung u. a. zur Geologie der Insel.
Punto de Información: Laguna Grande, Di–So 8.30–16.30 Uhr, 25.12. und 1.1. geschl. Informationsstelle im Nationalpark mit Schautafeln zur Natur der Gebirgsregion.

Grünstein und Gabbro

Ein Zeuge dieser Prozesse ist auf La Gomera der Grünstein, den man an der Westküste bei Arguamul findet. Er ist durch Verwitterungsprozesse aus Kissenlava entstanden, die ihrerseits aus Vulkanausbrüchen unter Wasser resultiert. In den Tälern von Hermigua und Vallehermoso tritt hier und da Gabbro ans Tageslicht, ein dem Granit ähnelndes Gestein. Auch er bildete sich unterhalb des Meeresspiegels. Durch tektonische Hebung gelangten Kissenlava und Gabbro später an die Oberfläche. Sie bilden den Basalkomplex, also den geologischen Grundstock der Insel, den die Forschung auf ein Alter von mindestens 20 Mio. Jahren datiert.

Über die Meeresoberfläche hinaus stieg La Gomera spätestens vor etwa 10 Mio. Jahren und vergrößerte sich dann durch weitere Vulkanausbrüche. Die jüngsten datierten Gesteine sind 2,8 Mio. Jahre alt. Danach scheint sich im Gegensatz zu den anderen Kanareninseln, wo es großenteils noch in historischer Zeit zu Ausbrüchen kam, keine Eruption mehr ereignet zu haben.

Von Wind und Wasser gemeißelt

Die Erosionskräfte hatten somit reichlich Zeit, um auf La Gomera eine stark zerfurchte, unwegsame Landschaft zu formen. Vulkankegel verloren ihren Mantel aus Ascheschichten, zurück blieben lediglich ein paar bizarre Felsen *(roques)* und Schwärme von natürlichen Gesteinsmauern (s. Entde-

ckungstour S. 264). Reißende Bäche und Flüsse schnitten in vergangenen Jahrtausenden unter regenreicheren Bedingungen als heute tiefe Schluchten *(barrancos)* in den Vulkankörper. Dazwischen blieben breite Bergrücken *(lomos, tablados)* stehen.

In den steilen Wänden der Barrancos kann man die Abfolge der Gesteinsserien studieren, die sich bildeten, als die Insel bereits über den Meeresspiegel hinausgewachsen war. Erkaltete Lavaströme, die an grauen Farben zu erkennen sind, bestehen aus Basalt und dem ähnlichen, aber helleren Trachyt. Eine seltenere Besonderheit ist der Phonolith (Klangstein), der durch Verwitterung in Scherben zerbricht, welche – aneinander geschlagen – recht melodische Töne erzeugen. Diese relativ festen Gesteine wechseln mit rötlichem, weichem Tuff ab, also mit Asche und Schlacken, die bei explosionsartigen Ausbrüchen aus dem Vulkan geschleudert wurden. Besonders schön lassen sich diese Gesteine auf La Gomera in den wüstenartigen Schluchten der Ost- und Südseite erkennen, wo keine Vegetation die geologische Beschaffenheit kaschiert.

Auch in La Gomeras Norden ist der vulkanische Ursprung der Insel unverkennbar

Kein Stress für Meeressäuger

Wal- und Delfinbeobachtung liegen weltweit im Trend – nicht überall zum Wohl der Tiere. Auf La Gomera, wo es nur wenige Anbieter gibt, wird Nachhaltigkeit angestrebt.

Zahlreiche Wal- und Delfinarten leben ganzjährig rund um La Gomera oder ziehen zu bestimmten Jahreszeiten auf ihren Wanderungen durch die Meere an der Insel vorbei. Rund um den Globus gibt es etwa 85 verschiedene Arten von *Cetaceen,* so nennen Zoologen die biologische Ordnung der Wale und Delfine. Über 20 davon wurden immerhin schon bei La Gomera gesichtet. Damit zählen die Inselgewässer zu den artenreichsten im europäischen Raum. Speziell an der Südwestküste zwischen Valle Gran Rey und Playa de Santiago wird man bei Beobachtungsfahrten häufig fündig.

Moby Dick & Co.

Am lebhaftesten – und recht häufig – ist der Atlantische Fleckendelfin (auch Zügeldelfin). Das auffällig schlanke Tier begleitet gern die Boote. Ebenfalls zahlreich ist der Große Tümmler. Einige Exemplare halten sich ständig zwischen La Gomera und Teneriffa auf. Ein ausgewachsener Großer Tümmler kann bis zu 650 kg wiegen, damit ist er der weltweit größte Delfin. Auch er schwimmt oft neugierig an Boote heran, wirkt allerdings nicht ganz so zutraulich wie der Fleckendelfin. Besonders im Winter und frühen Frühling bekommt man außerdem den Gemeinen Delfin zu Gesicht. Gut zu erkennen ist er an seiner hellen Unterseite und dem schwarzen Rücken.

Der häufigste Wal auf den Kanaren ist der Pilotwal. Er wird bei vielen

Beobachtungsfahrten gesichtet. Im Süden Teneriffas leben ganzjährig rund 400 Tiere. Ebenso gibt es bei La Gomera einige Herden, die das Gebiet nicht verlassen. Man erkennt Pilotwale gut an ihrem gedrungenen Kopf. Oft dümpeln sie an der Wasseroberfläche herum, um dann ganz unvermittelt und blitzschnell zur Jagd abzutauchen. Andere Wale sind bei einer einmaligen Ausfahrt eher selten zu sehen. Mit etwas Glück zeigen sich Pottwal, Schwertwal und Schnabelwalarten. Meist wird man aber an einer ganzen Reihe von Fahrten teilnehmen müssen, um alle diese Tiere zu sichten.

Geschäftsinteresse und Artenschutz – ein Spagat

Wegen der großen Population von Pilotwalen bei Teneriffa hat das Whalewatching dort eine rasante Entwicklung genommen. Nicht immer werden Mindestabstände zu den Tieren eingehalten, der Motor wird oft zu spät ausgeschaltet und es sind gelegentlich mehr Beoabachtungsboote als Wale unterwegs. Der dadurch entstehende Lärm stresst die Meeressäuger. Auf La Gomera halten sich zum Glück die Touristenzahlen im Vergleich zu Teneriffa sehr in Grenzen. Whalewatching kann hier noch im Einklang mit der Natur stattfinden. Allerdings können die Anbieter angesichts des großen Aktionsradius der Wale nicht ausschließen, dass ihre Boote teilweise dieselben Exemplare sichten, die bereits den großen Beobachteransturm vor dem nahe gelegenen Teneriffa über sich ergehen lassen mussten. Seriöse Veranstalter erkennt man daran, dass sie mit Meeresbiologen zusammenarbeiten und meist auch Forschungsfahrten durchführen.

Walbeobachtungstouren
Oceano Gomera: www.oceano-gomera.de. Sanftes Whalewatching mit kleinen Booten; arbeitet mit dem Verein M.E.E.R. e.V. (s. u.) unter der Leitung des Meeresbiologen Fabian Ritter zusammen.

Lesetipp
Böhlke, Volker: Wale und Delfine bei den Kanarischen Inseln. La Laguna 2006. Interessante Einführung in die Welt der Meeressäuger mit schönen Bildern und fundierten Informationen. Sehr gut als Begleitheft bei Walbeobachtungen. Der Autor lebt schon lange auf Teneriffa und hat dort Meeresbiologie studiert. Im örtlichen Handel erhältlich.

Engagiert informieren

Durch Aufklärung sollen Bevölkerung und Besucher La Gomeras für die Meeressäuger sensibilisiert werden. Der deutsche Verein M.E.E.R. e. V. (www.m-e-e-r.de) kümmert sich seit 1998 um die Wale und Delfine in den Inselgewässern, organisiert Forschungsexkursionen und unterstützt Diplomanden. Der Verein gestaltete die dreisprachige Dauerausstellung (Spanisch, Englisch, Deutsch) in den Räumen von Oceano Gomera in Vueltas (s. S. 207). Dort führen Schautafeln in die Welt der Meeressäuger ein und eine Broschüre, die auch käuflich erworben werden kann, führt durch die Ausstellung. Außerdem werden die täglichen Sichtungsergebnisse von Oceano Gomera präsentiert und es finden regelmäßig Info- und Themenabende statt. So gibt es etwa jeden Montag einen Vortrag über die Wale und Delfine bei La Gomera.

Oft von Menschenhand entfacht – Waldbrände auf La Gomera

Ein Mahnmal an der Höhenstraße beim Roque de Agando hält die Erinnerung an den Waldbrand von 1984 wach, den verheerendsten in der Geschichte der Insel. Trotz aller seither ergriffenen Vorsichtsmaßnahmen brannten 2008 rund 370 ha Wald ab, 2012 waren es sogar 4200 ha.

Alles begann ganz harmlos: Am späten Abend des 10. September 1984 wurde auf La Gomera ein Brand gemeldet. Es war einer jener Brände, wie sie auf der Insel üblicherweise vorkamen – dieser war in einem Kiefernwald bei La Laja ausgebrochen. Da es auf den Kanaren jeden Sommer zwischen 70 und 150 Waldbrände gibt, nahm kaum jemand Notiz davon und es fand keine Feuerbekämpfung statt – eine funktionierende Löschinfrastruktur gab es damals auf La Gomera noch nicht. Allerdings reiste der 36-jährige Zivilgouverneur der Provinz Teneriffa am nächsten Tag an. Er war gerade 44 Tage im Amt. Vom Aussichtspunkt Roque de Agando wollte er das Feuer aus sicherer Entfernung betrachten.

Todeshölle

Plötzlich drehte der Wind, blitzschnell trieb er den Brand in Richtung Straße. Der Gouverneur und einige seiner Mitarbeiter konnten sich nicht mehr retten und starben in den Flammen. Nach vier Tagen erlosch das Feuer von selbst. Die einheimischen Waldformationen, Fayal-Brezal und Lorbeerwald (s. Entdeckungstour S. 276), hielten dem Brand stand. Dennoch wurden 10 % der Waldfläche La Gomeras zerstört. Die fremden Baumarten, mit denen man vor allem in den 1960er-Jahren große Flächen aufgeforstet hatte, waren für die Flammen eine leichte Beute gewesen. Beim australischen Eukalyptus hatten die ätherischen Öle, bei der kalifornischen Monterey-Kiefer das Harz für eine hohe Brennbarkeit gesorgt.

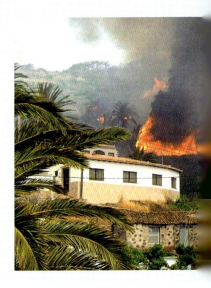

Neue Wege beschreiten

Inzwischen hat sich die Ausgangslage deutlich verbessert. Man bemüht sich heute um eine Aufforstung mit einheimischen Arten, worunter allerdings nicht nur die Bäume des Lorbeerwaldes zu verstehen sind, die kaum wirtschaftlichen Nutzen haben. Vielmehr erweitert die Forstbehörde nach wie vor das Areal der Kanarischen Kiefer. Künftig soll diese anspruchslose Baumart in den heutigen Kiefernforsten, die sich als Gürtel um den Nationalpark legen, die von anderen Kontinenten importierten und feueranfälligen sogenannten ›exotischen‹ Kiefernarten komplett ersetzen.

Der Kanarischen Kiefer können Waldbrände erstaunlich wenig anhaben. Eine mächtige Borke schützt sie vor den Flammen. Nadeln und Zweige verbrennen zwar, doch schon im nächsten Frühjahr treiben Stamm und dickere Äste erneut aus. Vermutlich lässt sich dies auf eine Anpassung an aktiven Vulkanismus zurückführen, der natürliche Brände auslösen kann. Das im Vergleich zu den anderen Kanaren seltene Vorkommen des Baums auf La Gomera hängt wahrscheinlich damit zusammen, dass die Insel schon lange vulkanisch erloschen ist. Die Kanarische Kiefer kam nur an einigen exponierten Felsstandorten im Monteverde vor, die sich für den Lorbeerwald nicht eigneten, etwa am Roque de Agando.

Besser gewappnet, aber dennoch …

Die Insel hat heute bessere Möglichkeiten der Brandbekämpfung als 1984. Regionale und nationale Feuerwehreinheiten arbeiten enger zusam-

Jeder Brand ist ein Schicksalsschlag für die Insel: 2007 im Weiler Chipude

men und es wird viel in die Prävention investiert. In den Monaten mit großer Brandgefahr werden Überwachungsmannschaften eingesetzt, um im Falle eines Falles schnell reagieren zu können und um die Bevölkerung im Vorfeld aufzuklären.

So wiegte man sich jahrelang in Sicherheit. Nach 1984 verursachten die alljährlichen Brände keine nennenswerten Schäden mehr – bis 2008, als sich ab dem 26. April im Norden der Insel rasend schnell Feuer ausbreiteten und insbesondere rund um Hermigua wüteten. An die 1000 Menschen mussten evakuiert werden. Man setzte alles daran, eine Ausweitung des Brandes auf den Nationalpark zu verhindern. Die Feuerwehrteams von La Gomera und die Forstarbeiter des Nationalparks waren mit der Situation überfordert. Zum Glück reagierte die Kanarische Regierung schnell. Noch am selben Tag übernahm sie die Koordination der Löscharbeiten. Hubschrauber, Löschfahrzeuge und Mannschaften wurden von Teneriffa nach La Gomera geschickt, außerdem der auf La Palma stationierte Hubschrauber und ein Löschflugzeug vom spanischen Festland. Aufkommende Winde erschwerten die Arbeiten. Erst nach vier Tagen waren alle Brandherde unter Kontrolle. Etwa 370 ha Wald zerstörte das Feuer, verletzt wurde niemand und der Nationalpark kam nicht zu Schaden. Weitere, weniger schlimme Waldbrände gab es in den Jahren 2010 und 2011.

2012 kam es dann erneut zur Katastrophe. Als es im Juli bei Vallehermoso brannte, mussten 60 Menschen evakuiert werden. Anfang August brachen an drei Stellen gleichzeitig Feuer aus, die mehr als ein Zehntel der Inseloberfläche erfassten und erst nach zehn Tagen unter Kontrolle gebracht werden konnten, obwohl die Feuerwehr mit elf Löschflugzeugen und Hubschraubern versuchte, die Flammen einzudämmen. 5000 Menschen in den Gemeinden Valle Gran Rey und Vallehermoso mussten evakuiert werden. Bilder von verkohlten Wäldern waren in ganz Europa zu sehen, Touristen stornierten ihren Aufenthalt, Hotels standen fast leer. Der entstandene Sachschaden wurde auf 70 Mio. € geschätzt. Erstmals war auch der Nationalpark Garajonay betroffen, allerdings blieben 90 % seiner Fläche und die wertvollsten Baumbestände verschont. Auch stellten sich die Schäden im Nachhinein als weniger gravierend heraus als zunächst befürchtet.

Feuerteufel

In der Regel bleiben die Ursachen für die Brände auf den Kanarischen Inseln im Dunkeln. Natürliche Phänomene wie Blitzschlag oder Selbstentzündung sind kaum der Erwähnung wert. Manche Feuer sind Unachtsamkeit zuzuschreiben. So soll den Brand von 2008 ein Bürger aus Hermigua verursacht haben, der Gartenabfälle verbrannte. In Vallehermoso soll im Juli 2012 ein Pyromane am Werk gewesen sein. Die meisten Feuer scheinen allerdings vorsätzlich gelegt zu werden. Im Falle der Brände von 2012 handelte es sich mit großer Sicherheit um Brandstiftung. Von »Umweltterroristen« sprach der Direktor des Nationalparks, Ángel Fernández López. Er hielt es für möglich, dass es sich bei den Tätern um Arbeitslose handelte, die hofften, bei den erforderlichen Aufräumarbeiten im Wald beschäftigt zu werden. Die Fahndung verlief jedenfalls im Sande.

Nachfahren der Saurier

Rieseneidechsen leben, wie Fossilfunde belegen, schon seit über 2 Mio. Jahren auf La Gomera. Allerdings galten sie seit dem 19. Jh. als ausgestorben. Doch 1999 fanden Biologen in den unzugänglichen Felswänden des Valle Gran Rey einige Exemplare. Seither stehen Schutz und Nachzucht auf dem Programm.

El lagarto gigante, wie die Einheimischen die bis zu 50 cm lange Gomera-Rieseneidechse *(Gallotia bravoana)* nennen, ist in ihrem Vorkommen ausschließlich auf die Insel beschränkt. Sie gilt weltweit als eine der am stärksten vom Aussterben bedrohten Tierarten. Einst besiedelte das eindrucksvolle Reptil alle Bereiche La Gomeras von der Küste bis in Höhenlagen von 800 m.

Fast verschwunden

Rieseneidechsen bereicherten wohl hin und wieder den Speisezettel der Ureinwohner, der Population schadete dies zunächst wenig. Nach der Conquista wurden die Echsen häufiger gejagt, denn sie fraßen den Bauern die Früchte vom Feld, zudem verringte sich ihr Lebensraum durch die Weidewirtschaft. Auch wildernde Katzen setzten den Tieren zu. Schon im 19. Jh. galt die Art als ausgestorben. Ende des 20. Jh. kam es zu sporadischen Sichtungen, die jedoch nicht wissenschaftlich belegt sind.

Aufgrund von Hinweisen aus der Bevölkerung machte sich 1999 eine Gruppe von Biologen der Universität La Laguna/Teneriffa auf die Suche und wurde im Valle Gran Rey in der Felswand oberhalb der Playa del Inglés,

Ziel erreicht: Der Fortbestand der Rieseneidechsen auf den Kanaren scheint gesichert

Rieseneidechsen auf den anderen Kanareninseln

Auch auf El Hierro, Teneriffa und Gran Canaria gibt es jeweils eine endemische Eidechsenart mit Riesenwuchs. 2007 tauchten überdies Fotos auf, die ein Vorkommen auf La Palma belegen sollen. Die Gran-Canaria-Rieseneidechse bleibt mit 40–50 cm Körperlänge am kleinsten, dafür ist sie noch recht häufig. Die Rieseneidechsen auf El Hierro (mit bis zu 75 cm am längsten) und Teneriffa hingegen galten bis vor wenigen Jahren bzw. Jahrzehnten als ausgestorben und werden heute mit großem Aufwand nachgezüchtet, um ihre dezimierten Bestände zu ergänzen. Riesenwuchs (Gigantismus) – und auch das Gegenteil, die Verzwergung – sind Eigenschaften, die auf Inseln nicht nur bei Eidechsen, sondern bei einer Vielzahl von Tier- und Pflanzenarten beobachtet werden. Biologen erklären diese Phänomene mit der Anpassung an Unter- oder Überbevölkerung.

Nur selten wagen sie sich zum Strand hinunter. Im Sommer ernähren sie sich vorwiegend vegetarisch, verschmähen aber auch kleine Insekten und Aas nicht. Hingegen fressen sie im Winter gar nicht, denn die ideale ›Betriebstemperatur‹ der wechselwarmen Rieseneidechsen liegt bei 36,5 °C, die sie in der kälteren Jahreszeit nur selten erreichen. Anhand älterer Skelettfunde stellten die Biologen fest, dass die Tiere bis zu 1 m lang und 50 Jahre alt werden können. Heute werden die auf La Gomera wild lebenden Exemplare nur um die 15 Jahre alt und bleiben viel kleiner.

dem sogenannten Risco de la Mérica, fündig. Nachdem sie zunächst sechs Exemplare gesichtet hatten, zählten die Forscher 2001 schon 45 Exemplare. Inzwischen wird die Population auf etwa 250 wild lebende Tiere geschätzt.

Ein Leben im Fels

Die Chance, eine Rieseneidechse in freier Natur zu sehen, ist gering. Die tagaktiven Tiere leben an unzugänglichen Stellen in Steilwänden, vorwiegend in Höhen zwischen 150 und 500 m. Bei Regen verkriechen sie sich in Höhlen.

Rettung der Riesen

Schon kurz nach der offiziellen Sichtung durch die Biologen aus La Laguna stellte die Inselregierung Geld für eine Zuchtstation bei Alajeró zur Verfügung. Die ersten sechs Rieseneidechsen, die man 1999 entdeckt hatte, waren eingefangen worden und hatten sich 2001 bereits vermehrt. Die Echsen erlangen im Alter von vier bis sechs Jahren die Geschlechtsreife. Im Schnitt legen die Weibchen nur alle zwei Jahre jeweils fünf Eier. Die Jungen schlüpfen in freier Wildbahn nach 90 Tagen, in der Zuchtstation schon nach 65 Tagen.

Mit Hilfe der EU konnte 2003 in La Playa (Valle Gran Rey) eine neue, besser ausgestattete Zuchtstation (Centro de Recuperación, www.gigantedelagomera.org) eröffnet werden. 2013 lebten dort bereits 326 Rieseneidechsen. Eine Auswilderung von 80 Exemplaren soll bald erfolgen. Das Centro de Recuperación ist normalerweise nicht zu besichtigen, manchmal gibt es aber Tage der offenen Tür (Infos in den Touristenbüros der Inselregierung). Ein Besucherzentrum (Centro de Interpretación) ist in Planung.

Legenden und Wunder – die Inselmythen

Wundersame Geschichten werden auf La Gomera erzählt, Generationen haben sie mündlich weitergegeben. Einige stammen aus der Zeit der Guanchen, andere sollen sich nach der Conquista zugetragen haben.

Die Guanchen kannten keine Schrift. So gaben sie ihre Mythen und Geschichten von Generation zu Generation durch Sprechgesänge weiter – meist wurden sie von älteren Frauen mit viel Lebenserfahrung vorgetragen. Vereinzelt ist diese Tradition auf La Gomera bis heute erhalten geblieben. Die Texte erinnern an mittelalterliche Balladen. Zwei Formen sind verbreitet: Romances thematisieren Liebesgeschichten, Familientragödien und Episoden aus der Inselhistorie und sind eher auf privaten Feiern wie Taufen oder Hochzeiten zu hören. Hingegen werden in den Loas (Lobliedern) Jesus Christus und die Muttergottes auf religiösen Fiestas gepriesen, etwa bei der berühmten Bajada zu Ehren der Virgen de Guadalupe. Spanische Missionare führten die Loas nach der Conquista ein, um die Ureinwohner zu christianisieren. Bis heute haben die Geschichten, die inzwischen natürlich auch in schriftlicher Form vorliegen, nichts von ihrer mythischen Kraft eingebüßt.

Liebesdrama

Die wohl bekannteste Geschichte, der La Gomeras höchster Gipfel und der Nationalpark ihre Namen verdanken, handelt von einem Liebespaar: Gara, die Tochter eines wohlhabenden Viehbesitzers, verliebte sich in den Hirten Jonay, der auf einem Floß aus Ziegenhäuten von Teneriffa gekommen war und jetzt in Diensten ihres Vaters stand. Als das Paar den Eltern offenbarte, sie gedächten gemeinsam ein Heim zu gründen, trafen sie auf heftigen Widerstand. Fortan mussten sich die jungen Leute, deren Liebe jetzt umso heftiger entbrannte, heimlich treffen. Bald schon erwartete Gara ein Kind und vertraute sich ihrer Mutter an. Doch diese verriet das Geheimnis dem Vater, der außer sich geriet und drohte, Gara einzusperren und den Hirtenjüngling zu züchtigen. Daraufhin floh das Mädchen mit ihrem Geliebten auf die höchste Stelle der Berge. Verzweifelt hockte das Paar auf den Felsen, während der Vater mit Hilfe der weithin hörbaren Pfeifsprache seine Stammesgenossen zusammenrief, damit sie ihm halfen, die Flüchtigen zu finden. Immer näher rückten die Verfolger. Da entschlossen sich die Liebenden zu einer Verzweiflungstat. In inniger Umarmung stürzten sie sich in den Abgrund, wo ihre Körper zerschmetterten.

Ob diese Legende ihren Ursprung in vorspanischer Zeit hat oder erst nach der Conquista entstand, lässt sich heute nicht mehr klären. Jedenfalls findet sich die Ortsbezeichnung Ga-ragonohe, aus der sich später der Name Garajonay entwickelt hat, bereits in Schriftstücken aus dem 16. Jh.

Höhere Wesen

In der Ermita de Guadalupe auf der Puntallana, nördlich von San Sebastián, verehren die Gomeros ihre Inselheilige, die Virgen de Guadalupe. Kunsthistoriker nehmen an, dass die Figur der Jungfrau in Flandern gefertigt wurde. Doch die Überlieferung auf La Gomera will es anders. Um die Sta-

---

Die ganze Insel feiert – Bajada de Nuestra Señora de Guadalupe
Alle fünf Jahre s. S. 41) feiern die Gomeros die Bajada de Nuestra Señora de Guadalupe, auch unter dem Namen Fiestas Lustrales bekannt (s. Abb.S. 75). Am Sonntag, der dem ersten Samstag im Oktober folgt, wird gegen 21 Uhr in einem allegorischen Spiel an der Playa de la Cueva in San Sebastián die wundersame Erscheinung der Virgen de Guadalupe nachgestellt. Am Montagnachmittag findet die eigentliche Bajada (Herabführung) statt. Die Gläubigen überführen die Madonnenfigur in einer Schiffsprozession mit Hunderten prächtig geschmückter Fischerboote von der Puntallana nach San Sebastián. Dort wird sie vor dem Rathaus von den städtischen Würdenträgern begrüßt und in die Iglesia de la Asunción gebracht. Am Dienstag zieht abends eine große Prozession durch San Sebastián. In den folgenden Wochen bereist die Jungfrau alle Kirchengemeinden der Insel, begleitet von den Klängen des Baile de tambor (s. S. 115). An ihrem Namenstag, dem 12. Dezember, wird die Figur abends noch einmal durch San Sebastián getragen. Am nächsten Tag kehrt sie auf dem Landweg in ihr Heiligtum zurück (*subida* = Hinaufführung). Zur Bajada reisen Tausende von nach Übersee emigrierten Gomeros an, so ist die Bajada auch ein Wiedersehensfest. Für weltliche Unterhaltung sorgt in San Sebastián ab August das Rahmenprogramm mit Kunsthandwerksmesse, Wahl einer Festkönigin, Ballett- und Folkloredarbietungen, Konzerten, Sportevents, Aufmarsch der ›Riesen‹ und ›Großköpfe‹, Feuerwerk u. v. m.

tue rankt sich folgende Legende: Als im 16. Jh. ein kastilisches Schiff auf dem Weg nach Südamerika La Gomera passierte, erblickte die Besatzung im Nordosten der Insel viele helle Lichter. Dadurch angezogen, gingen die Seemänner an Land, fanden in einer Höhle eine kleine Madonnenfigur mit Jesuskind und nahmen sie mit an Bord. Doch so sehr sie sich bemühten, das Schiff kam nicht von der Stelle. Schließlich brachten sie die Statue an den Fundort zurück und setzten die Autoritäten in San Sebastián von dem Wunder in Kenntnis. Bald darauf ließ die Grafenfamilie der Madonna an der Puntallana eine Ermita errichten.

Es ist noch eine zweite, plausiblere Version der Geschichte im Umlauf: Die Küstenebene an der Puntallana hatte wegen der Nähe zum Pico del Teide auf Teneriffa, dem heiligen Berg aller kanarischen Ureinwohner, offenbar schon lange vor der Conquista eine religiöse Bedeutung. So scheinen die Europäer diese Stelle mit Bedacht gewählt zu haben, um die Lehren des Christentums in den Köpfen der Guanchen zu verankern. Wie der weit gereiste portugiesische Geschichtsschreiber Gaspar Frutuoso Ende des 16. Jh. berichtete, näherten sich die kastilischen Seefahrer Juan Machín und Diego de Ayala gezielt auf drei reichlich mit Flaggen und Standarten geschmückten Schiffen der Küste an der Puntallana, die von den Guanchen als Ziegenweide genutzt wurde. Als zahlreiche Hirten auf die seltsame Flotte aufmerksam geworden waren, setzten die Kastilier die Madonna unter dem Getöse von Trommeln und Fanfaren an Land. Man stelle sich die erstaunten Gesichter der Ureinwohner vor, erwarteten diese doch gemäß ihrem alten Glauben die Ankunft ›höherer Wesen‹ in männlicher und weiblicher Gestalt übers Meer. Glaubhaft präsentierten ihnen die Spanier nun die Muttergottes und ihren Sohn als diese Wesen.

Pferd und Reiter

Im Jahr 1828 geschah es, dass sich ein Grundbesitzer aus Agulo auf den Weg machte, um seine Ländereien im Inselnorden zu besichtigen. Unterwegs fiel er auf dem Rücken seines Pferdes in einen tiefen Schlaf. Das Tier, das nun nicht mehr von seinem Herrn gelenkt wurde, wandte sich instinktiv nach Süden und folgte dem alten Camino Real (Königsweg) Richtung Alajeró. Als es an der Boquete de El Paso (Bresche von El Paso) ankam, drohte es in den tiefen Abgrund zu fallen. In diesem Moment wachte der Señor auf und konnte das Pferd gerade noch zurückhalten. Gemäß der mündlichen Überlieferung soll er ausgerufen haben: »Gütige Muttergottes, du hast mich errettet!« Eigenhändig fertigte er eine kleine Madonnenfigur und stellte sie an Ort und Stelle in einer Felsnische auf. Da ein Großteil des Verkehrs zwischen Norden und Süden der Insel damals diesen Weg nahm, kamen zahlreiche Menschen vorbei und die Madonna entwickelte sich mehr und mehr zu einem Objekt der Volksverehrung.

Ende des 19. Jh. gerieten Auswanderer von La Gomera auf der Überfahrt nach Kuba in ein Unwetter. Sie flehten die Virgen de El Paso an, sie vor Schiffbruch zu bewahren, und die anderen Passagiere taten es ihnen nach. Wohlbehalten trafen sie in Havanna ein. Die Emigranten schickten das erste in Kuba verdiente Geld nach La Gomera, damit dort ein Fest zu Ehren der Jungfrau gefeiert werden konnte. Seither steht die Fiesta de El Paso jedes Jahr auf dem Programm (s. S. 149).

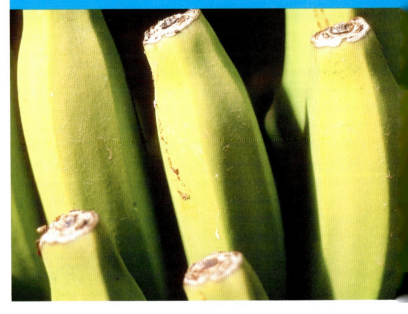

Portugiesische Seefahrer brachten die Banane oder Paradiesfeige, wie sie früher auch genannt wurde, bereits im 16. Jh. auf die Kanarischen Inseln. Vom Exportschlager des 19. Jh. hat sich die gelbe Frucht inzwischen zum Problemkind entwickelt, dem keine große wirtschaftliche Zukunft mehr beschieden scheint.

Lange Zeit war die Banane auf den Kanarischen Inseln nur als Zierpflanze bekannt. Doch im 19. Jh. führte der französische Konsul Sabin Berthelot die robuste, wenig windanfällige Zwergbanane auf den Inseln ein, deren Laguna) bis heute zu besichtigen. Für ihr eigenes Seelenheil investierten sie außerdem viel Geld in den Kirchenbau (s. Entdeckungstour S. 230).

Als England und Frankreich ab 1930 in ihren afrikanischen und mittelamerikanischen Kolonien selbst mit dem Bananenanbau begannen, ging der Absatz auf den Kanarischen Inseln zurück. Bananen blieben aber das wichtigste Exportgut. Der Spanische Bürgerkrieg und der Zweite Weltkrieg führten zu weiteren Einbußen. Ab den 1950er-Jahren verdrängten die billiger produzierten Früchte aus Südamerika die kanarischen Bananen

Die Banane – einst La Gomeras Exportschlager

Früchte sich rasch zu einem begehrten Handelsobjekt entwickelten. England und Frankreich waren die Hauptabnehmer kanarischer Bananen.

Boom und Niedergang

Auch La Gomera erlebte dank der Bananenexporte einen wirtschaftlichen Aufschwung, der allerdings nur einer kleinen Oberschicht zugute kam. Die Plantagenbesitzer leisteten sich herrschaftliche Stadthäuser. Diese sind in San Sebastiáns Prachtstraße Calle Real sowie in Vallehermoso, Agulo, Hermigua und Playa de Santiago (Ortsteil

Von der EU stark subventioniert: der Anbau von Bananen auf La Gomera

vom europäischen Markt. 1972 erließ das damals von Franco regierte Spanien ein Gesetz, das die Einfuhr ausländischer Bananen verbot. Jetzt war das Mutterland praktisch der einzige Abnehmer.

Die EU kommt ins Spiel

Trotz Spaniens Eintritt in die EU (damals EG) 1986 durfte das Importverbot als Übergangsregelung bis 1996 bestehen bleiben. Als die Öffnung des Binnenmarktes für Importe aus Drittländern absehbar war, erließ die EU 1993 auf Druck der europäischen Bananenproduzenten Spanien, Portugal und Frankreich Einfuhrbeschränkungen für Bananen aus Übersee. Außerdem wurde beschlossen, den europäischen Bananenanbau zu bezuschussen. Die Menge, die in der EU produziert und vermarktet werden konnte, wurde damals auf 854 000 t festgelegt. Davon entfielen 420 000 t, also etwa die Hälfte, auf die Kanaren. Der Rest wurde den französischen Karibikinseln Guadeloupe und Martinique sowie Madeira, den Azoren, der Algarve und Kreta zugeteilt. Die EU legte sowohl den Durchschnittspreis als auch den Erlös für Bananen fest. Erzielte eine Region diesen Erlös nicht, gab es entsprechende Zuschüsse aus Brüssel. Außerdem erhielten Plantagenbesitzer, die ihre Felder roden ließen, eine einmalige Prämie.

Im Streit mit der Welt

Gegen diese Bananenmarktordnung klagten die außereuropäischen Erzeuger vor der Welthandelsorganisation (WTO) und vor dem Europäischen Gerichtshof. Es folgte ein jahrelanges Gerangel, bis sich die EU entschloss, die Bananenmarktordnung zu kippen.

> **Plátanos con miel de palma – Bananen mit Palmhonig**
> Zwei wichtige Erzeugnisse La Gomeras, Bananen und Palmhonig, werden gern zu einer Süßspeise kombiniert:
> Vier geschälte Bananen der Länge nach halbieren. In einer Pfanne auf der Außenseite in neutralem Öl oder Butter bei mäßiger Hitze etwa fünf Minuten braten. Dabei keinesfalls wenden, die Früchte zerbrechen sonst. Etwa 4 EL flüssigen Palmhonig darüberträufeln, mit Zimt bestreuen.

2006 wurde die »GMO Banane« – so die offizielle Bezeichnung für die Bananenmarktordnung – durch eine reine Zollregelung ersetzt. Fortan wurden 176 € Zoll pro Tonne Bananen aus Nicht-EU-Ländern erhoben. Es handelte sich dabei fast ausschließlich um die ›Dollarbananen‹, die in Süd- und Mittelamerika produziert, von nordamerikanischen Gesellschaften gehandelt und in Dollar abgerechnet wurden. AKP-Länder (Afrika, Karibik, Pazifik) – vorwiegend ehemalige französische Kolonien – konnten bis zu 775 000 t zollfrei in die EU einführen. Dagegen klagten nun wieder die lateinamerikanischen Länder vor der WTO.

Ende 2009 wurde endlich eine einvernehmliche Lösung gefunden. Die EU muss die Zölle pro Tonne schrittweise senken, auf 114 € bis zum Jahr 2016. Die AKP-Länder erhalten Ausgleichszahlungen. Ob damit der Streit der EU mit der WTO um die Banane beigelegt ist, bleibt abzuwarten.

Weiter subventioniert?

Die Kanarischen Inseln fallen unter das POSEI-Programm der EU, das sich um die Landwirtschaft der Regionen in äußerster Randlage kümmert. Bei diesen handelt es sich um die französischen Überseegebiete La Réunion, Guadeloupe, Martinique und Guyana, die portugiesischen Atlantikinseln Madeira und Azoren – und eben um die Kanarischen Inseln. Von 2011 an wurden den französischen Gebieten 278 Mio. Euro, Madeira und den Azoren 106 Mio. und den Kanaren 268 Mio. Euro zugewiesen. Vom einstigen Exportschlager wurde die kanarische Banane damit zum subventionierten Problemfall. 2013 standen Verhandlungen über eine Neuregelung des

Schwerstarbeit: die Bananenernte auf den Plantagen bei La Dama

POSEI an, die Vereinigung der Bananenerzeuger der Kanarischen Inseln (Asprocan) befürchtet die Vernichtung von 12 000 Arbeitsplätzen.

Ökologische Bedenken

Auch aus Sicht des Umweltschutzes ist der Bananenanbau nicht unproblematisch. Um ein Kilogramm Bananen zu produzieren, werden etwa 400 l Wasser benötigt, die auf den Kanarischen Inseln vor allem im Sommer nicht so einfach zu beschaffen sind. Außerdem laugen die Pflanzen den Boden durch ihr schnelles Wachstum aus. So muss reichlich chemisch nachgedüngt sowie wegen Ratten und allerlei anderem Ungeziefer großzügig Gift gespritzt werden.

Trotz Zuschüssen wird heute kein Bananenproduzent mehr reich. Wer die Möglichkeit hat, auf seiner Plantage eine Ferienanlage zu errichten, tut dies in den meisten Fällen. Auch wenn die kanarische Banane besser schmecken mag als die Konkurrenz – wohl eine Folge des geringeren Wassergehalts –, ihre Tage sind vermutlich gezählt.

El Silbo – eine Sprache mit Pfiff

Eine Besonderheit auf La Gomera ist die Pfeifsprache El Silbo. Seit 1988 können traditionsbewusste Gomeros die alte Kunst in Kursen wieder erlernen, seit 1999 ist El Silbo in den unteren Schulklassen Pflichtfach.

Schon 1982 wurden Versuche unternommen, diese ungewöhnliche Sprache als Kulturgut der Menschheit anerkennen zu lassen. Damals sollen nur noch drei Gomeros den Silbo beherrscht haben. Aber erst 2007 nahm Spanien den Antrag von La Gomera an und kandidierte bei der UNESCO. 2009 war es dann so weit: Bei einer Versammlung in Abu Dhabi nahm die UNESCO El Silbo in die Liste des immateriellen Kulturerbes der Menschheit auf.

Wie Vogelgezwitscher

Der Silbo kann leicht mit dem Gesang von Vögeln verwechselt werden. Es werden vollständige Sätze artikuliert, wobei Laute direkt in Pfiffe umgewandelt werden. Daher ist die Pfeifsprache auch nicht ans Spanische gebunden. Professionelle *silbadores* machen sich dies bei Demonstrationen vor Touristengruppen zunutze. Sie verblüffen ihre Zuhörer damit, dass sie deutsche, französische und englische Sätze in die Pfeifsprache übertragen. Helle Vokale (e, i) werden hohen Tönen zugeordnet, dunkle Vokale (a, o, u) den tiefen Tönen. Vokale zieht man lang, Konsonanten kurz. Auch bei Letzteren gibt es hohe und tiefe Töne, dazu stimmlo-

Ideal zur Überbrückung großer Distanzen: El Silbo funktioniert auch im Funkloch

se und stimmhafte Laute. Lippen und Finger erzeugen die Tonhöhe, während die Zunge eine wichtige Rolle bei der Artikulation des Pfiffs spielt. Viele Buchstaben klingen ähnlich, sodass besonders das Verstehen von El Silbo eine schwierige Sache ist. Nur wer sein Gehör von Jugend an trainiert hat, kann anspruchsvolle Unterhaltungen führen. Gute Silbadores sind daher die alten Gomeros, die noch auf die Sprache angewiesen waren, sowie Gomeros, die nach 1999 zur Schule gegangen sind.

Besser als das Handy?

Um sich über größere Entfernungen hinweg verständlich zu machen, verstärkt der Silbador den Pfiff, indem er eine Finger in den Mund steckt und die andere Hand als Schalltrichter nutzt. Je nach Windrichtung ist er dann noch in 4–6 km Entfernung zu hören. In der zerklüfteten Landschaft Gomeras war El Silbo früher ein unverzichtbares Kommunikationsmittel. Silbadores wurden im Spanischen Bürgerkrieg 1936–39 sogar als Nachrichtenübermittler eingesetzt.

In der heutigen Zeit, wo man per Handy fast überall erreichbar ist, benötigt niemand mehr die Pfeifsprache zum Überleben. Doch praktisch ist sie allemal, vor allem in engen Tälern ohne Mobilfunkempfang. El Silbo erfreut sich inzwischen zunehmend größerer Beliebtheit. Auf Festen, bei Events mit vielen Menschen und in Kneipen hört man immer öfter das Gezwitscher, ganze Unterhaltungen werden gepfiffen.

Weltweit einzigartig

Pfeifsprachen gibt es auch anderswo. In Schwarzafrika findet man sie noch

El Silbo lernen
Schnell wird man nicht zur Meisterschaft in der Pfeifsprache gelangen, aber Grußformeln u. Ä. lassen sich in kurzer Zeit erlernen. Wer schon vor dem Aufenthalt auf La Gomera üben möchte, hat dazu unter www.busuu.com Gelegenheit. Dort wird das preisgekrönte »Silbo Gomero Video« gezeigt und wer sich registrieren lässt, erhält kostenlos Zugang zu einer interaktiven Lerneinheit. Videos und Hörproben gibt es auch unter www.insel-la-gomera.de. Eine professionelle Demonstration vor Ort sollte man sich aber nicht entgehen lassen. In manchen organisierten Wandertouren sind solche Vorführungen eingeschlossen. Im Restaurant Las Rosas (s. S. 243) finden sie fast jeden Mittag statt.

gelegentlich, insbesondere auf der Insel Bioko im Golf von Guinea. In Mexiko sollen sich die Indianer in vorspanischer Zeit durch Pfiffe verständigt haben. Diese Kunst wird bei den Zapoteken im Süden des Landes noch heute praktiziert. Dennoch bleibt El Silbo ein linguistisches Unikum, da nur ihm eine wirkliche Übertragung des gesprochenen Wortes gelingt. Aus alten Chroniken geht hervor, dass schon die Ureinwohner sich mit El Silbo verständigten. Wahrscheinlich war er früher auf allen Kanarischen Inseln verbreitet, vielleicht auch bei den nordafrikanischen Berberstämmen. Nur auf La Gomera und auf El Hierro blieb die Pfeifsprache – wahrscheinlich wegen der relativen Abgeschiedenheit und Unwegsamkeit beider Inseln – in Gebrauch.

Sport, Spiel, Spannung – kanarische Kampfsportarten

Einige archaisch anmutende Kampfsportarten sind auf den Kanarischen Inseln aus der Zeit der Ureinwohner erhalten geblieben. Heute bereichern sie auf La Gomera Volksfeste und ländliche Messen und erfreuen sich im Zuge einer Rückbesinnung auf vorspanische Traditionen vor allem bei den jüngeren Gomeros wieder großer Beliebtheit.

Am bekanntesten ist die Lucha Canaria, der kanarische Ringkampf. Die Ureinwohner trugen ihn regelmäßig aus, um den jeweils stärksten Mann ihres Stammes zu ermitteln. In einer spanischen Chronik wurde diese Kampfart schon 1420 erwähnt. Ein erstes schriftliches Regelwerk entstand 1872. Über die Jahrhunderte hat sich die Lucha Canaria auf allen Inseln in gleicher Form erhalten. Seit 2009 ist sie in Spanien eine offiziell anerkannte Sportart, was den Vereinen Fördergelder verspricht.

Strenge Regeln

Während es auf den anderen Kanareninseln semiprofessionelle Wettkämpfe und Ligen gibt, bekommt man die Lucha Canaria auf La Gomera nur auf Dorffesten zu sehen. Ab und an finden aber Kämpfe am Strand von La Playa (Valle Gran Rey) statt und Hermigua verfügt über eine Arena im Stadtpark.

Erfolgreiche Ringkämpfer sind auf den Kanarischen Inseln ebenso populär wie Fußballstars. Es gibt strenge Regeln – genau 43 Griffe sind erlaubt. Ein erfahrener Ringer beherrscht sie fast alle. Schläge, Kopfstöße oder Tritte sind nicht gestattet, ebenso wenig darf die Bewegungsfreiheit durch Klammern an den Gegner eingeschränkt werden. Eine Mannschaft setzt sich aus zwölf Ringern zusammen, die jeweils einzeln in einer kreisförmigen Sandarena mit mindestens 15 m Durchmesser gegeneinander antreten.

Es wird barfuß gekämpft. Die Kleidung der Ringer besteht aus einem Trikot aus grobem Stoff und einer knielangen Hose, deren Beine aufgerollt sind, damit sich der Gegner daran festhalten kann. Nun gilt es, den anderen zu Fall zu bringen. Gekämpft wird, bis jeweils einer der beiden Ringer zweimal zu Boden gegangen ist, wobei es ausreicht, wenn nur ein Köperteil den Boden berührt. Eine Runde dauert 90 Sekunden. Steht nach zwei Runden noch kein Sieger fest, folgt eine letzte, einminütige Runde. Gibt es auch dann nur ein Unentschieden, scheiden beide Ringer aus dem weiteren Kampf aus, ansonsten nur der Besiegte.

Der Sieger hilft dem Unterlegenen auf und führt ihn aus dem Ring. Dabei wird sehr auf Höflichkeit geachtet, aggressive Handlungen sind verpönt. Anschließend muss der erfolgreiche Ringer eine Runde durch die Arena drehen und bekommt von den Zuschauern ein ›Trinkgeld‹. Die Mannschaft, bei der zuerst alle zwölf Athleten ausgeschieden sind, hat verloren. Ein kompletter Kampf zwischen zwei Mannschaften kann bis zu 90 Minuten dauern.

Fechten einmal anders

Auch der Juego del Palo (Stockspiel) erlebte in den letzten Jahren eine Renaissance. In altkanarischer Zeit wurden Auseinandersetzungen zwischen Ziegenhirten, etwa um den Besitz eines noch nicht markierten Jungtiers, mit Steinen und Stöcken ausgetragen. Dabei standen sich die Männer zunächst auf zwei Felsbrocken gegenüber, jeder mit drei großen Steinen bewaffnet. Geschickt wichen die Kämpfer den Würfen des

Keine wilde Rauferei: Regeltreue und Höflichkeit sind bei der Lucha Canaria unerlässlich

Gegners aus, ohne die Füße zu bewegen oder gar das schmale Podest zu verlassen. Denn dies hätte ebenso wie ein Treffer den Sieg gekostet.

Dann erst folgte der eigentliche Stockkampf. Die Kontrahenten stiegen von den Felsen hinunter und nahmen, von ihren Stammesgenossen durch Zurufe angefeuert, den *banot* zur Hand, einen langen, mit Schweinefett geschmeidig gemachten Stock. Abwechselnd griffen sie an und wichen aus, wobei die Kunst darin bestand, den Körper möglichst wenig zu bewegen.

Drei kleine Steine, zwischen die Finger der linken Hand geklemmt, dienten als Schlagwaffe. Manches Mal kam es bei derartigen Auseinandersetzungen zu Knochenbrüchen. Verlor einer der beiden Gegner den Stock aus der Hand, war der Kampf beendet.

Waffen verboten

Ein spanisches Gesetz untersagte den Ureinwohnern gleich nach der Conquista das Tragen von Waffen. Die Ziegenhirten, darunter viele Guanchen, durften jedoch Stöcke *(palo)* bei der Arbeit benutzen. So trugen sie mit den Palos auch weiterhin ihre Streitigkeiten aus. Über die Jahrhunderte hinweg entwickelte sich der Stockkampf immer mehr zu einer rein sportlichen Betätigung mit festen Regeln und wurde nun Stockspiel genannt.

Nach der Demokratisierung Spaniens 1975 entstand auf den Inseln ein neues kanarisches Selbstbewusstsein, das seine Wurzeln in der Guanchenkultur suchte. Diese Entwicklung verhalf auch dem Juego del Palo zu neuen Ehren. Auf Volksfesten ist er wieder häufiger zu sehen und an den Universitäten von Gran Canaria und Teneriffa können Kurse belegt werden. ›Gespielt‹ wird mit unterschiedlichen Stocklängen. Darüber hinaus existieren in jeder Kategorie der Stocklängen verschiedene Stilrichtungen. Das Spiel gleicht einem Tanz mit dem Stock, auf den Körper des Gegners wird nicht gezielt. Es kommt auf Eleganz und Einhaltung der Regeln an. Der Verband der Stockspieler, Federación de Juego del Palo Canario, ernennt zwar Lehrer (Meister) und Trainer. Es gibt aber keine Wettkämpfe mit Siegern oder Verlierern wie in anderen Sportarten.

Der Trommeltanz

Von La Gomera nicht wegzudenken ist der Baile de tambor (Trommeltanz). Bei fast jedem Volksfest begleitet er die Prozession. Seine gemessene Schrittfolge ist höfischen spanischen Tänzen des Mittelalters und der Renaissance entlehnt, die sich im 18. Jh. überall in der Bevölkerung ausbreiteten und bald auch auf den Kanaren gepflegt wurden. Ein großer Teil der heutigen kanarischen Folklore geht auf diese Mode zurück. Männer und Frauen bilden bei dem auch Tajaraste genannten Tanz zwei sich gegenüberstehende Reihen und bewegen sich mit kurzen, rhythmischen Schritten. Begleitet werden die Tänzer von Tambores (mit Tierhäuten überzogenen Trommeln) und Chácaras (großen, tief klingenden Kastagnetten). Das Trommeln ist Männern vorbehalten, während Kastagnetten auch von Frauen geschlagen werden. Meist halten sie in der einen Hand eine dumpfer klingende, in der anderen eine heller tönende.

Die Olsens – La Gomeras ungekrönte Könige

Weit gehen die Meinungen über das Olsen-Imperium auf La Gomera auseinander. Jene, die der norwegischen Reederfamilie ihren Arbeitsplatz verdanken, sind des Lobes voll. Andere hingegen kritisieren die übermächtige Stellung der Olsens auf der Insel.

Tatsache ist, dass die Firma Fred. Olsen S. A. heute größter Arbeitgeber und wichtigster Großgrundbesitzer auf La Gomera ist. Doch wer ist Fred. Olsen, der oft als der ungekrönte König La Gomeras bezeichnet wird? Sein vollständiger Name lautet Thomas Fredrik Olsen. Der 1929 geborene Norweger führte jahrzehntelang die von Oslo aus operierende Olsen-Gruppe, zu der eine Tanker- und eine Kreuzfahrtschiffflotte, Erdöl-Bohrinseln in der Nordsee sowie eine Firma, die in erneuerbare Energien investiert, gehören. Inzwischen leitet seine Tochter Anette S. Olsen das Imperium.

Schon in fünfter Generation engagiert sich die Familie auf den Kanaren. Mit Fred. Olsen werden die Canarios immer den Namen des ebenfalls aus Norwegen stammenden Thor Heyerdahl (1914–2002) verbinden, mit dem er befreundet war. Er teilte mit ihm ein reges wissenschaftliches Interesse an den Inseln und finanzierte den von Heyerdahl angelegten Parque Etnográfico Pirámides de Güímar auf Teneriffa, das letzte große Projekt des Forschers und heute eine viel besuchte Touristenattraktion. Trotz dieser positiven Aspekte sieht sich die Familie Olsen häufiger Kritik ausgesetzt, was bei der rasanten Entwicklung der Firma zu einem für Inselmaßstäbe gigantischen Imperium nicht weiter verwundert. Urgroßvater Thomas Fred. (1857–1933) erwarb 1907 Land auf La Gomera, bei Benchijigua und Tecina. In den 1920er-Jahren kaufte sein Sohn Thomas, Großvater des heutigen Eigners, weitere Ländereien und erhielt gemeinsam mit seinem spanischen Geschäftspartner Alvaro Rodríguez López die Wasserrechte über den Barranco de Santiago. Da das Gebiet karg war und nur als Weideland diente, galten sie als ziemlich wertlos. Doch das sollte sich ändern.

Eine Erfolgsgeschichte

Englische Handelshäuser hatten bereits vor 1900 mit dem Export von Bananen und Tomaten von Gran Canaria, Teneriffa und La Palma begonnen. Nach dem Ersten Weltkrieg florierten die Geschäfte. An La Gomera aber war der große Boom fast spurlos vorbeigegangen. Doch Olsen und Rodríguez López ließen im Barranco de Santiago Tiefbrunnen bohren, trieben Wasserstollen in die Berge und bauten eine Talsperre. So konnten sie riesige Bananen- und Tomatenfelder bewässern. Hunderte von landlosen Gomeros wurden angeworben, um die Plantagen zu bewirtschaften. Die ehemals

> **Das Unternehmen Olsen im Internet**
> www.fredolsen.es
> www.fredolsen.com
> www.fredolsencruises.com
> www.fredolsen-energy.no
> www.fredolsen-renewables.com

winzigen Orte in der Umgebung vervielfachten ihre Einwohnerzahl. Thomas Olsen baute Häuser für seine Landarbeiter, in denen sie praktisch mietfrei wohnen durften, und firmeneigene Schiffe transportierten die Ernte nach Europa.

Das Imperium

Thomas Olsen vererbte seinem Sohn ein Imperium, das dieser wiederum stetig zu vergrößern trachtete. Unter der Leitung von Fred. Olsen engagierte sich die Reederfamilie nun auch im interinsularen Fährverkehr: Die Ferry Gomera S. A. (heute Fred. Olsen Express) richtete 1974 die erste tägliche Schiffsverbindung zwischen Teneriffa und La Gomera ein, was ihr etliche Pluspunkte bei der Bevölkerung einbrachte.

Als die Firma Rodríguez López 1978 in den Bankrott ging, erwarben die Olsens einen Großteil von deren Ländereien. Seither hat die Fred. Olsen S. A. immer weiter Land auf La Gomera aufgekauft und ist heute bedeutendster Großgrundbesitzer der Insel. Der nicht mehr sonderlich lukrative Tomatenanbau wurde allerdings längst aufgegeben. Auch der Bananenanbau neigt sich seinem Ende entgegen. Bananenplantagen wichen auf dem Bergrücken von Tecina einem 18-Loch-Golfplatz mit eigener Meerwasserentsalzungsanlage.

Standbein Nr. 1

Das Tourismusgeschäft ist heute das Hauptstandbein des Olsen-Imperiums auf La Gomera. Bereits 1987 eröffnete die Familie Olsen bei Playa de Santiago das 4-Sterne-Hotel Jardín Tecina (s. S. 137). Hier fanden viele junge Gomeros Arbeit. Die Einweihung des Golfplatzes 2003 gab dem Tourismus weitere Impulse. Oberhalb des Golfplatzes liegt die nach dem Großvater benannte Luxus-Wohnanlage Pueblo Don Thomas und an der Playa de Tapahuga ist seit Langem ein 5-Sterne-Golfhotel immer noch in Planung. Nicht allen Gomeros gefiel diese Ent-

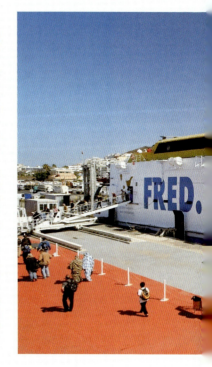

wicklung. Es hagelte Kritik wegen des Wasserverbrauchs und der Vernichtung landwirtschaftlicher Flächen. Doch inzwischen wurden auch die Vorteile offenbar: Der Golfplatz kann im Gegensatz zu Bananen mit entsalztem Meerwasser bewässert werden. Außerdem sind im Bananenanbau sehr viele Insektizide im Einsatz, was bei einem Golfplatz nicht nötig ist.

Zwar wohnt kein Mitglied der Olsen-Familie auf La Gomera. Doch lässt sich Fred. Olsen, der wegen seiner Publikumsscheu gern mit dem legendären amerikanischen Milliardär Howard Hughes verglichen wird, hin und wieder auf ›seiner‹ Insel blicken. Heute ist die Olsen-Company über La Gomera hinaus auch auf den anderen Kanareninseln äußerst aktiv. Die Fähren von Fred. Olsen Express erschließen inzwischen alle Inseln. Dabei kommen ausschließlich hochmoderne, mit Jettriebwerken ausgestattete Autofähren zum Einsatz, die doppelt so schnell fahren wie herkömmliche Schiffe. Den interinsularen Markt führt Olsen vor dem Konkurrenten Naviera Armas sowohl bei der Zahl der beförderten Passagiere als auch beim Frachttransport an. Außerdem machen die vier Kreuzfahrtschiffe der Olsen-Flotte auf ihren Törns durch die Weltmeere regelmäßig auf den Kanaren Station.

Untrennbar miteinander verbunden: das Olsen-Imperium und La Gomeras Tourismus

Unterwegs auf La Gomera

Von der Landschaft gefordert und belohnt: Mountainbiker im Nordwesten der Insel

Das Beste auf einen Blick

San Sebastián und der Südosten

Highlight !

San Sebastián: In der Inselhauptstadt pulsiert das Leben. Die Einheimischen treffen sich auf der Meerespromenade, in den Cafés, an den Plätzen, auf Märkten und in schicken Geschäften. Auch die meisten kulturellen Sehenswürdigkeiten der Insel sind hier versammelt. S. 94

Auf Entdeckungstour

Auf den Spuren von Kolumbus: Mehrfach ankerte der Entdecker auf dem Weg nach Amerika vor San Sebastián. Der Brunnen, aus dem er Wasser schöpfte, die Stelle, an der sein Wohnhaus stand, und die Kirche, in der er vor der Abreise betete, sind Pflichtstationen auf einem Spaziergang durch die Stadt. 2 5 11 12 S. 102

Park mit Tropenflair: Angesichts der wüstenhaften Umgebung von San Sebastián wirkt der Stadtpark beim Grafenturm wie eine Oase. Wer offenen Auges hindurchschlendert, lernt exotische Zierpflanzen von allen Kontinenten kennen. S. 110

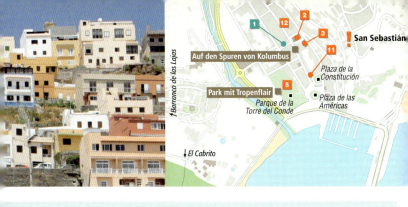

Kultur & Sehenswertes

Iglesia de la Asunción: Als bedeutendstes Gotteshaus von La Gomera ist die Himmelfahrtskirche in San Sebastián für Inselverhältnisse prächtig ausgestattet. 2 S. 98

Museo Arqueológico de La Gomera: Das archäologische Museum in San Sebastián gewährt interessante Einblicke in das Leben der vorspanischen Ureinwohner. 3 S. 101

Zu Fuß unterwegs

Wanderung durch den Barranco de las Lajas: Eine beliebte Wanderung erschließt den oberen, noch sehr ursprünglichen Teil des Tals, das weiter unten als Barranco de la Villa bei der Hauptstadt La Gomeras mündet. S. 125

Wanderung nach El Cabrito: Durch karge Küstenlandschaft geht es in stetem Auf und Ab zunächst zum einsamen Badestrand Playa de la Guancha, dann zur Oase von El Cabrito. S. 128

Genießen & Atmosphäre

Plaza de la Constitución: Seit jeher treffen sich die Bewohner von San Sebastián unter den ›Kommunikationsbäumen‹ auf dem schattigen Platz. Ein Art-déco-Kiosk bietet Getränke. S. 94

Shoppen: San Sebastián ist zwar kein Einkaufsparadies im klassischen Sinn, aber es gibt ein paar nette Geschäfte für Mode, Schmuck und Parfümerieartikel. Und man kauft zollfrei! S. 115

Abends & Nachts

Plaza de Las Américas: Abends flanieren die Einheimischen über die Plaza im Herzen von San Sébastian und genehmigen sich einen Cocktail in einer der angrenzenden Bars. S. 94, 116

Café Rincón del Poeta: Das schummrige Lokal in einer Seitenstraße bei der Kirche ist ein Szenetreff von San Sebastián. Zum Irish Coffee munden *bocadillos*. 1 S. 118

Kultur und Flair, wilde Küsten und karge Berghänge

In San Sebastían pulsiert das Inselleben. Der Hafen ist La Gomeras Tor zur Welt, denn hier legen die großen Autofähren an. Einheimische wie auch Touristen treffen sich auf schattigen Plazas, lassen es sich in Cafés und Restaurants gut gehen, flanieren auf der Meerespromenade oder an der Marina, stöbern auf Märkten und in Boutiquen. Auch die meisten kulturellen und architektonischen Sehenswürdigkeiten La Gomeras sind hier vereint. Dennoch schieben die Bewohner alles in allem eine ruhige Kugel – von städtischer Hektik keine Spur. In der kargen Umgebung von San Sebastián entdecken Individualisten manches Kleinod, so die Wallfahrtskirche der Inselheiligen, Ermita de Guadalupe, oder die imposante Christusfigur auf dem Mirador del Sagrado Corazón. Welten für sich sind die winzigen Bauerndörfer im fruchtbaren Barranco de la Villa oder die nur zu Fuß oder per Boot erreichbare Oase El Cabrito.

San Sebastián de La Gomera! ▶ J 5/6

In der Inselhauptstadt selbst leben etwa 7000 Menschen. Einschließlich der Siedlungen in der näheren und weiteren Umgebung, die zum Gemeindebezirk gehören, sind es 9100, also mehr als ein Drittel der Gesamtbevölkerung La Gomeras. San Sebastián ist Sitz des Inselrats *(cabildo insular)* sowie aller wichtigen Behörden und bietet auch die am besten sortierten Geschäfte auf La Gomera. Anspruchsvollere Einkäufe erledigen die Einheimischen allerdings auf Teneriffa. So darf man an das Shoppingangebot in San Sebastián keine zu hohen Erwartungen knüpfen. Wer das authentische La Gomera erleben möchte, sollte auf jeden Fall einen Tagesausflug in die Hauptstadt einplanen, sich den wenigen, aber interessanten Sehenswürdigkeiten widmen und anschließend einfach die Atmosphäre auf sich wirken lassen. Touristen übernachten hier, wenn überhaupt, meist nur eine Nacht auf dem Weg von oder nach Teneriffa. Dabei kann auch ein mehrtägiger Aufenthalt seine Reize haben und liegt durchaus im Trend.

Plaza de Las Américas

s. a. Lieblingsort S. 116
Die weitläufige Plaza in Hafennähe eignet sich gut als Ausgangspunkt für eine Erkundung von San Sebastián. Oft sind die Flamboyants auf dem Platz der erste bleibende Eindruck nach der Ankunft auf La Gomera. Im Sommer blühen diese Bäume, auf die man in San Sebastián sehr stolz ist, über und über feuerrot. Flamboyants säumen auch den Beginn der **Calle de Ruiz de Padrón.** An ihr reihen sich Restaurants, Geschäfte, Hotels und Pensionen.

Plaza de la Constitución

Nahtlos geht die großzügige Plaza de Las Américas in die intimere Plaza de la Constitución über. Diesem Platz spenden ein rundes Dutzend gewaltiger Birkenfeigen dichten Schatten.

San Sebastián de La Gomera

Die aus Indien stammenden, uns in jugendlichem Zustand als Zimmerpflanzen *(Ficus benjamina)* vertrauten Riesen sind auf den Kanaren allgemein als ›Kommunikationsbäume‹ bekannt, denn auf Dorfplätzen versammeln sich die Inselbewohner unter ihnen zu einem Schwatz. Zu diesem Zweck stellt der in einem Art-déco-Gebäude untergebrachte **Kiosco Las Carabelas** 12 (Plaza de la Constitución s/n, tgl. geöffnet) Tische ins Freie. Außerdem bauen fast jeden Tag ein paar Kunsthandwerker ihre Stände auf dem Platz auf.

Calle Real

Diese wohl schönste Straße von San Sebastián heißt auch Calle del Medio. Ihr Beginn an der Plaza de la Constitución wurde als Fußgängerzone mit altertümlichen Straßenlaternen, Blumenbeeten, Palmen und vielen Sitzbänken gestaltet. Hier stehen die ältesten erhaltenen Häuser der Stadt (s. a. Entdeckungstour S. 100). Sie datieren zumeist aus dem 18. Jh., sind ein- oder zweistöckig und mit kanarischen Holzbalkonen verziert. Einige besitzen einen *mirador,* einen kleinen Ausguckturm. Dieser ermöglichte es den hier ansässigen Kaufleuten, ein den Hafen anlaufendes Handelsschiff frühzeitig auszumachen, um möglichst vor der Konkurrenz ihre Geschäfte mit dem Kapitän abzuschließen. Manche Häuser haben auch einen *ajimez,* einen auf arabische Einflüsse zurückgehenden vergitterten Holzbalkon, von dem die Damen des

Infobox

Touristeninformation
In San Sebastián betreibt die Inselregierung ein zentrales Informationsbüro, das Auskünfte über ganz La Gomera erteilt. Außerdem gibt es einen städtischen Infopavillon und ein Büro des Nationalparks Garajonay (s. S. 118).

Anreise und Weiterkommen
Fähre: Alle Autofähren von und nach La Gomera legen in San Sebastián an. Es gibt häufige Direktverbindungen nach Los Cristianos (Teneriffa), tägliche zur Insel La Palma, seltenere nach El Hierro. Der Hafen von San Sebastián de La Gomera befindet sich unmittelbar vor der Stadt. Unterkünfte im Innenstadtbereich sind zu Fuß oder per kurzer Taxifahrt zu erreichen (Adressen der Fährgesellschaften und weitere Informationen s. S. 23).
Busse: San Sebastián besitzt einen Busbahnhof, an dem Linie 1 ins Valle Gran Rey, Linie 2 nach Vallehermoso über Hermigua und Linie 3 nach Playa de Santiago jeweils mehrmals täglich starten. Außerdem verkehrt rechtzeitig zu Abflügen ein Bus zum Flughafen bei Playa de Santiago. In San Sebastián befahren Stadtbusse mehrere Routen, auch in den Barranco de la Villa. El Cabrito ist nicht auf dem Landweg, sondern nur mit der hauseigenen Fähre des dortigen Hotels zu erreichen.
Taxis: Einen Taxistand gibt es an der Uferstraße von San Sebastián. Außerdem warten bei Ankunft der Fähren Taxis am Hafen.
Mietwagen: Büros mehrerer Anbieter befinden sich am Hafen von San Sebastián sowie in der Stadt.

San Sebastián de La Gomera

Sehenswert
1. Casa del Conde
2. Iglesia de la Asunción
3. Museo Arqueológico de La Gomera (MAG)
4. Ermita de San Sebastián
5. Torre del Conde
6. Centro de Visitantes
7. Mirador de la Antorcha
8. Mirador de la Hila
9. Molina de Gofio
10. Faro de San Cristóbal

Entdeckungstour S. 102
11. Casa de la Aguada/Pozo de Colón
12. Casa de Colón

Übernachten
1. Parador de La Gomera
2. Hotel Torre del Conde
3. Garajonay
4. Villa Gomera
5. Hespérides
6. Víctor
7. La Colombina

Essen & Trinken
1. El Bodegón
2. El Charcón
3. Cuatro Caminos
4. El Nilo
5. Casa del Mar
6. El Pajar
7. Breñusca
8. El Pejín
9. Baluarte
10. La Fortuna
11. Cafetería Estación Marítima
12. Kiosco Las Carabelas

Einkaufen
1. Mercado Municipal
2. Dulcería Isabel
3. Artesanía Santa Ana
4. Galería de Arte Luna
5. Burrito La Gomera
6. Numero Uno
7. Clemente
8. Esfera
9. Natural Optics Vermas
10. Manuela Moda
11. Pracan
12. M. Febles
13. Zona Zero
14. Encuentro

Aktiv
1. Dive art
2. Acuatic Service

Abends & Nachts
1. El Rincón del Poeta
2. La Salamandra
3. Enigmas Disco
4. Ambigú
5. Cuba Libre
6. Los Descubridores

San Sebastián und der Südosten

Hauses diskret das Geschehen auf der Straße beobachten konnten. Im Inneren verbirgt sich oft ein luftiger *patio* mit üppiger Bepflanzung, in den Außenstehende bei geöffneter Tür hier und da Einblick erhalten.

Ursprünglich war die Bebauung der Calle Real nicht geschlossen. Zwischen und hinter den Häusern betrieben die Bewohner Landwirtschaft. Erst in den 1920er-Jahren kamen neue Häuser hinzu, und zwar in einer der damals im europäischen Raum verbreiteten Stilrichtungen – Jugendstil oder Art déco. Etliche Gebäude wurden in den vergangenen Jahren mithilfe öffentlicher Gelder sorgfältig restauriert. So präsentiert sich die einstige Prachtstraße heute wieder in ihrem alten Glanz.

Casa del Conde [1]
Calle Real 38

Eines der auffälligsten Häuser in der Calle Real beherbergt heute die städtische Tanzschule *(Escuela Municipal de Danza)*. Ein nicht sonderlich großer, dafür durch seine ungewöhnliche Form umso mehr ins Auge fallender Holzbalkon schmückt seine ockerfarbene Fassade. Ansonsten wirkt die Casa, obwohl im 17. Jh. als Wohnsitz für die Grafen von La Gomera erbaut, eher bescheiden. Der ursprüngliche Bau aus dem 16. Jh., bei einem Piratenüberfall 1618 zerstört, soll aufwendiger verziert gewesen sein. Doch in der Zwischenzeit hatte sich die wirtschaftliche Lage verschlechtert und so waren beim Wiederaufbau die finanziellen Mittel knapp. Nachdem die Grafen ihren Wohnsitz nach Teneriffa verlegt hatten, quartierten sie hin und wieder illustre Gäste, die Zwischenstation auf La Gomera machten, in der Casa del Conde ein. Ansonsten stand das Haus leer, bis es der Inselrat im 20. Jh. übernahm.

Iglesia de la Asunción [2]
Calle Real s/n, tgl. geöffnet

Im zentralen Teil der Calle Real erhebt sich die wichtigste Pfarrkirche von San Sebastián, zugleich der bedeutendste Sakralbau La Gomeras. Bemerkenswert ist als ältester erhaltener Bauteil das spätgotische **Hauptportal** (Anfang 16. Jh.). Immerhin zeichnete hierfür kein Geringerer als Meister Juan de Palacios verantwortlich, der später den Bau der Kathedrale von Las Palmas auf Gran Canaria leitete. Er stammte vom spanischen Festland, aus der Region von Santander, die für ihre hervorragenden Steinmetze bekannt war. Der äußere Portalbogen, der ineinander verschlungenen Schiffstauen nachempfunden scheint, sowie das sich nach innen verjüngende Rundfenster über dem Portal erinnern an den zur gleichen Zeit in Portugal üblichen Emanuelstil. Spanische und portugiesische Einflüsse verschmolzen auf den zunächst von beiden Nationen beanspruchten Kanarischen Inseln zur sogenannten Atlantischen Gotik, für die es nur wenige Beispiele gibt.

1618 wurde die Iglesia de la Asunción durch nordafrikanische Piraten zerstört und musste anschließend fast vollständig erneuert werden. Bei dieser Gelegenheit kamen die Seitenschiffe hinzu, die fast genauso hoch und breit sind wie das Mittelschiff. Im Inneren fallen zunächst die schlichten, aus dem dunklen Kernholz der Kanarischen Kiefer geschnitzten Mudéjar-Decken auf. Der Mudéjar-Stil gelangte aus Andalusien auf die Kanaren und ging dort auf die *mudaijan* (Unterworfenen) zurück, wie sich die nach der Reconquista in Spanien verbliebenen Mauren nannten. Zeitgenossen rühmten vor allem deren Holzschnitzkunst. Am üppigsten

Abwechslungsreiche Straße mit den ältesten Häusern der Stadt: Calle Real

San Sebastián und der Südosten

präsentiert sich die Schnitzerei in der **Capilla Virgen del Pilar** im linken Seitenschiff, die zum Dank für den Sieg über den englischen Admiral Charles Windham 1743 erweitert und ausgeschmückt wurde. Der einheimische Maler José Mesa hielt die Landung der englischen Flotte in einem Fresko an der Seitenwand fest.

José Luján Pérez (1756–1815) aus Gran Canaria, den Kunsthistoriker gern mit dem berühmteren Bildhauer Salzillo aus der spanischen Stadt Murcia vergleichen, schnitzte die Figur des Gekreuzigten Christus und entwarf 1807 das spätbarocke **Retabel des Hauptaltars.** Solche aufwendigen Altarrückwände waren auf den Kanaren im 17./18. Jh. in Mode. Es handelt sich dabei um komplizierte Holzkonstruktionen, an deren Erstellung ein Architekt und mehrere Handwerker (Drechsler, Zimmermann, Maler, Bildhauer, Goldschmied) beteiligt waren.

Die Avenida de Colón führt geradewegs auf die Iglesia de la Asunción zu

San Sebastián de La Gomera

Hier ist das Retabel, der Bedeutung des Gotteshauses entsprechend, besonders prächtig mit Blattgold und Malereien verziert. Die Statue der **Señora de la Asunción** (Maria Himmelfahrt) links im Hauptaltar stammt – wie nicht wenige Kunstschätze auf den Kanaren – aus einer Werkstatt in Sevilla, wohin lange Zeit enge Beziehungen bestanden. Vermutlich datiert sie von 1786. Sie gilt als eine der schönsten sevillanischen Rokokoskulpturen überhaupt. Ebenfalls aus Sevilla wurden die Terrakottafigur des Erzengels Michael im rechten Seitenschiff sowie der Liegende Christus (Cristo Yacente) hinter dem holzgedrechselten Chorgitter geliefert.

Ein wenig rühmliches Ereignis aus der Zeit der Eroberung La Gomeras durch die Spanier wird mit der Iglesia de la Asunción in Verbindung gebracht: Nach der Ermordung des Inselherrschers Fernán Peraza el Joven 1488 durch aufständische Ureinwohner nahm Beatriz de Bobadilla, die Witwe des Ermordeten, bittere Rache. Listig sicherte sie jedem Rebellen Straffreiheit zu, der am Trauergottesdienst für Peraza teilnehmen und die Kirche durch die **Puerta del Perdón** (Gnadenpforte) an der linken Seite betreten würde. Doch bei dieser Gelegenheit wurden alle Männer, die über 15 Jahre alt waren, gefangen genommen und anschließend gehängt. Frauen und Kinder, etwa 400 an der Zahl, verkaufte die Inselherrin in die Sklaverei. Auf Anordnung von Königin Isabella wurden sie aber freigelassen und Beatriz de Bobadilla musste eine hohe Entschädigungssumme zahlen.

Vorbild der Puerta del Perdón war die gleichnamige Pforte der Kathedrale von Santiago de Compostela, wo jeder Jakobspilger Ablass von Sünden erhält, wenn er sie in einem Heiligen Compostelanischen Jahr durchschreitet, also einem Jahr, in dem der 25. Juli (Todestag des hl. Jakob) auf einen Sonntag fällt. Als die Jakobspilgerfahrt im 17. Jh. vorübergehend aus der Mode kam, wurde die Gnadenpforte in San Sebastián dann endgültig zugemauert.

Museo Arqueológico de La Gomera (MAG) 3
*Calle Torres Padilla 8,
Tel. 922 14 15 86,
www.lagomera.es,* ▷ S. 105

Auf Entdeckungstour:
Auf den Spuren von Kolumbus

Christoph Kolumbus wählte San Sebastián de La Gomera bei drei seiner Seereisen als letzte Station in der Alten Welt vor der Überquerung des Atlantiks. Noch heute spazieren Besucher der Stadt auf seinen Spuren.

Dauer: halber Tag

Startpunkt: Plaza de Las Américas

Casa de la Aguada: Plaza de la Constitución s/n, Tel. 922 14 15 12, Mo–Fr 8–20, Sa 9–13.30, 15.30–18, So 10–13 Uhr, Fei geschl., kurzfristige Änderungen vorbehalten, Eintritt frei.
Iglesia de la Asunción: tgl. geöffnet.
Casa de Colón: Calle Real 56, Mo–Fr 10–18 Uhr, kurzfristige Änderungen vorbehalten, Eintritt frei; Infos im Internet unter www.lagomera.es.

Von der Plaza de Las Américas lässt sich die Hafenbucht gut überblicken, in der am 12. August 1492 zwei der drei Schiffe vor Anker gingen, die Königin Isabella I. von Kastilien Kolumbus zur Verfügung gestellt hatte: die »Santa María« und die »Niña«. Das dritte Schiff, die »Pinta«, war nach Gran Canaria gesegelt worden, um dort repariert zu werden. Auf La Gomera hoffte Kolumbus – auf Spanisch Cristóbal Colón – von der Inselherrin Beatriz de Bobadilla deren 40-Tonnen-Karavelle als Ersatz für die »Pinta« zu erhalten. Doch Beatriz weilte gerade auf Gran Canaria. Als sie nach drei Wochen noch nicht zurückgekehrt war, fuhr Kolumbus dorthin, um die »Pinta« abzuholen.

Taufwasser für Amerika

Das alte Stadthaus **Casa de la Aguada** 11 ist nach einer Wasserstelle *(aguada)* im Innenhof benannt. Diese heißt auch **Pozo de Colón**, denn an diesem Brunnen *(pozo)* soll Kolumbus Wasser für seine Flotte geschöpft haben. Am 2. September 1492 war Christoph Kolumbus mit der gesamten Flotte noch einmal nach San Sebastián zurückgekehrt, die endgültige Abreise fand erst am 6. September statt. Vorher nahm er außer Wasser auch Brennholz und Lebensmittel an Bord. Neben dem Brunnen findet sich die Inschrift: »Con este agua se bautizó América. Año 1492« (Mit diesem Wasser wurde Amerika getauft. Im Jahr 1492). Ein anderer Name für das Haus lautet Casa de la Aduana (Zollhaus). Hier erfolgte die fiskalische Kontrolle der ein- und ausgeführten Waren und das Eintreiben von Zollgebühren. Heute befindet sich in den Räumen des seither mehrfach umgebauten Hauses die Ausstellung »La Gomera y el Descubrimiento de América« (La Gomera und die Entdeckung Amerikas). Im ersten Saal vermitteln alte Stiche, Seekarten und Hafenpläne einen Eindruck davon, wie Kolumbus La Gomera und die anderen Kanareninseln erlebte. Im zweiten Saal dreht sich alles um den Entdecker und die Flotte, mit der er 1492 den Atlantik überquerte.

Wo Kolumbus gebetet hat

Anschließend geht es durch die Calle Real landeinwärts. Dabei lohnt ein Blick auf die **Kanaldeckel** – sogar diese thematisieren die Fahrt des Kolumbus über den Atlantik. Sie tragen die Inschrift »De aquí partió Colón« (Von hier aus brach Kolumbus auf) und zeigen eine Abbildung der Flotte im Hafen von San Sebastián.

In der **Iglesia de la Asunción** 2 (s. S. 98) soll Kolumbus gebetet haben, bevor er 1492 zur ersten Atlantiküberquerung aufbrach. Im Inneren erinnert allerdings nichts Konkretes an den Entdecker. Dafür trägt ein recht unscheinbares Haus am Ende der Calle Real (Nr. 56) den Namen **Casa de Colón** 12: Kolumbus soll in einem älteren Vorgängerbau an dieser Stelle gewohnt haben. Das heutige restaurierte Gebäude stammt aus dem 17. Jh. Hin und wieder finden hier Ausstellungen statt.

Nur der Liebe wegen?

Auch 1493 auf der zweiten und 1498 auf der dritten Reise machte Kolumbus in San Sebastián Station. Eigentlich

waren die Versorgungsmöglichkeiten hier nicht optimal. Dies nährte später die Vermutung, er habe noch einen anderen Grund gehabt, La Gomera anzusteuern: Beatriz de Bobadilla. Mit der attraktiven Frau soll Kolumbus eine Liebschaft verbunden haben.

Die rothaarige Schönheit war die Witwe des berüchtigten, 1488 ermordeten Grafen Fernán Peraza el Joven und logierte seit dessen Tod im **Torre del Conde** 5 (s. a. S. 105). Nicht ganz freiwillig war sie Perazas Gattin und damit Bewohnerin der Insel La Gomera geworden. Vielmehr hatte Königin Isabella I. höchstpersönlich die Ehe mit dem Grafen arrangiert, um Beatriz möglichst weit weg vom Hofe zu wissen. Die hübsche junge Hofdame war ihr nämlich ein Dorn im Auge, weil König Ferdinand Gefallen an ihr gefunden hatte. Beatriz war am kastilischen Hof unter dem Namen La Cazadora (Jägerin) bekannt – vermutlich wegen ihrer zahlreichen erotischen Eroberungen. Schon bald nach ihrer Ankunft auf La Gomera soll Beatriz ihrem Gatten an Grausamkeit gegenüber den Guanchen kaum nachgestanden haben.

Der einzige schriftliche Hinweis auf eine mögliche Affäre zwischen Kolumbus und Beatriz de Bobadilla stammt aus den Aufzeichnungen des Italieners Michele Cuneo, der über die zweite Reise mit Kolumbus schrieb: »Am fünften des Monats (Oktober) erreichten wir La Gomera, eine der kanarischen Inseln. Es würde zu lange dauern, das aufzuzählen, was wir an jenem Orte sahen, die Triumphe und die Salven der Bombarden und der Feuerwerfer. Und all das wurde getan wegen der Herrin des genannten Ortes, in die unser Herr Admiral einmal heiß verliebt war.«

1498 – auf der dritten Reise – blieb Kolumbus nur wenige Tage auf La Gomera. Lag es daran, dass Beatriz inzwischen Alonso Fernández de Lugo geehelicht hatte, den Eroberer und Statthalter von La Palma und Teneriffa? 1502, auf der vierten und letzten Reise, versorgte sich der Entdecker jedenfalls auf Gran Canaria mit Vorräten, ohne La Gomera anzulaufen. Beatriz hielt derweil mit ihrem Gatten auf Teneriffa Hof, das sich nach der Eroberung durch Spanien 1496 rasch zur bedeutendsten Insel der Kanaren entwickelt hatte.

Ideales Sprungbrett

Auch völlig unromantische Gründe hatten für La Gomera als Sprungbrett über den Atlantik gesprochen. Will man sich diese vor Augen führen, sollte man einen Blick auf das in den Boden eingelassene **Mosaik an der Uferpromenade** werfen, das die Fahrt der Kolumbusflotte vom südspanischen Hafen Palos de la Frontera über die Kanaren zur Insel Hispaniola zeigt. Schnell wird klar: Die aus Nordosten wehenden Passatwinde hätten die Schiffe ohnehin in die Nähe des Archipels vorbeigetrieben. Zudem orientierte sich Kolumbus an dem kurz zuvor von dem Kartografen Martin Behaim entwickelten Globus, auf dem Japan (Cipangu) und Indien etwa auf gleicher Breite wie die Kanaren eingezeichnet waren. Deshalb hoffte er, diese Länder von dort aus mit stetem Westkurs zu erreichen. 1492 waren Teneriffa und La Palma noch nicht von den Spaniern erobert, kamen also nicht für die Versorgung in Frage. Von den übrigen Inseln besaßen nur Gran Canaria und La Gomera genug Wasser, Brennholz und Lebensmittel. Letzteres liegt 180 km weiter westlich, bot sich also schon deshalb als letzte Station an.

Ein passender Ort, um den Rundgang zu beenden, ist die Bar **Los Descubridores** 6 (Die Entdecker; Plaza de Las Américas s/n, tgl. geöffnet) mit ihrer beliebten Terrasse.

San Sebastián de La Gomera

Okt.–Mai Di–Fr 10–18 (Juni–Sept. bis 19), Sa/So 10–14, Juni–Sept. Di–Sa 10–19, So 10–14 Uhr, Fei geschl.; Eintritt frei

In der historischen Casa Echeverría y Mayora (18. Jh.) logiert heute das Archäologische Inselmuseum. Erbaut wurde das stattliche Herrenhaus vom gleichnamigen Kapitän der Miliz und Statthalter der Grafen von La Gomera, die selbst auf Teneriffa residierten. Der Standort neben der Pfarrkirche und die ungewöhnliche Größe des Hauses, das später unterteilt wurde, deuten auf die hohe soziale Stellung des Erstbesitzers hin.

Einheimischen wie Touristen bringt das recht neue Museum Leben, Kultur und Glauben der Ureinwohner La Gomeras auf anschauliche Weise nahe. So sind unersetzliche Originalfunde zu sehen und im Innenhof ein detailgetreuer Nachbau einer Ausgrabungsstätte. Auf Nachfrage ist an der Rezeption ein sehr hilfreicher Leitfaden in deutscher Sprache erhältlich. Geckosymbole auf dem Fußboden führen entsprechend der Reihenfolge der beschriebenen Exponate durch die Ausstellung.

Das erste Obergeschoss widmet sich der Besiedelung der Insel (Saal A), Handwerk und Gerätschaften (Saal B) sowie der frühen Gesellschaftsform (Saal C). Besonders interessant sind die Hörproben der Pfeifsprache El Silbo und der einzige in der Originalsprache der Ureinwohner erhaltene Satz. Im zweiten Obergeschoss steht Saal D ganz im Zeichen von Spiritualität und Glauben. Zu sehen ist u. a. die Nachbildung einer Grabhöhle.

Ermita de San Sebastián [4]

Calle Real/Ecke Calle de San Sebastián, tgl. geöffnet

Die kleine Kirche markierte früher das landwärtige Ende der Calle Real. Vermutlich ließ Fernán Peraza el Viejo dieses offiziell älteste Gotteshaus der Insel Mitte des 15. Jh. in der gerade von ihm neu gegründeten Siedlung errichten. Laut anderen Quellen stammt die Ermita aus dem Jahr 1424. Vom ersten, vermutlich äußerst einfachen Bau blieb nur das seitliche gotische Spitzbogenportal erhalten. Denn bei Angriffen französischer, holländischer und algerischer Piraten erlitt die schlichte Kirche zwischen 1571 und 1618 wiederholt schwere Schäden und musste jeweils erneuert werden. Ihre heutige Gestalt erhielt sie 1674. Vom Beginn des 18. Jh. stammt die Statue des Stadtpatrons, des von Pfeilen durchbohrten hl. Sebastian. Beachtung verdient auch die Kassettenholztür des Hauptportals.

Torre del Conde [5]

Parque de la Torre del Conde s/n, www.lagomera.es, Mo–Fr 10–18 Uhr, Fei geschl., kurzfristige Änderungen vorbehalten; Eintritt frei

Diesen einzigen noch erhaltenen mittelalterlichen Festungsturm der Kanaren ließ Fernán Peraza el Viejo ursprünglich unmittelbar am Meer errichten, um die Ankerbucht verteidigen und La Gomera von hier aus endgültig erobern zu können. Erst durch Landgewinnungsmaßnahmen im 20. Jh. vergrößerte sich die Entfernung zwischen Küste und Turm. 1960 wurde der damals recht verfallene Festungsturm gründlich restauriert. Er steht heute unter Denkmalschutz.

Vermutlich wurde der Torre del Conde zwischen 1445 und 1477 fertiggestellt. Seinen Namen erhielt der Grafenturm erst im 16. Jh., nachdem die Familie Peraza den Titel »Condes de La Gomera« verliehen bekommen hatte. Der im gotischen Stil nach dem Vorbild kastilischer Burgen errichtete Turm hat einen quadratischen Grundriss, über dem sich drei Stockwerke und eine Aussichtsterrasse in 16 m

San Sebastián de La Gomera

Höhe erheben. Die wehrhaften Wände sind an der Basis 2 m dick.

1484 verschanzten sich Fernán Peraza el Joven und seine Gemahlin Beatriz de Bobadilla vor aufständischen Ureinwohnern im Torre del Conde. Auch 1488, nach der Ermordung ihres Mannes, suchte Beatriz mit ihren Kindern Zuflucht im Turm, bis ihr Pedro de Vera, der Gouverneur von Gran Canaria, zu Hilfe eilte. Im 16. Jh. wurden angeblich Gold, Silber und andere wertvolle Waren im Turm zwischengelagert, wenn Handelsschiffe auf dem Weg von den amerikanischen Kolonien nach Spanien in San Sebastián Station machten. In dem Festungsbau waren die Schätze sicherer vor Piratenübergriffen als auf den ankernden Galeonen, die ohne gesetzte Segel manövrierunfähig und damit schwer zu verteidigen waren.

Im Jahr 1571 griffen französische Hugenotten San Sebastián an und beschädigten den Turm schwer. Daraufhin beauftragte der spanische König den bekannten italienischen Festungsbaumeister Leonardo Torriani mit Ausbaumaßnahmen. Torriani setzte einen Zinnenkranz auf das Dach und vier Aufsätze, deren Runderker noch immer zu sehen sind. Dennoch konnte der Torre del Conde mit seinen damals schon hoffnungslos veralteten Schießscharten und Pechnasen weder 1599 der Attacke holländischer Korsaren noch 1618 dem algerischen Überfall genug entgegensetzen.

Im Erdgeschoss des Turms werden heute historische Landkarten von La Gomera ausgestellt. Eine steile Holzstiege führt ins erste Obergeschoss, wo alte Stadtpläne und Stiche von San Sebastián hängen. Im zweiten Stock ist die Geschichte des Turms und

Wehrhafter Turm inmitten eines tropisch anmutenden Parks: Torre del Conde

Unser Tipp

Joggen in der Stadt
Auf Sport muss man während des Aufenthalts in San Sebastián nicht verzichten. Man kann sich unter die Jogger mischen, die am frühen Morgen ihre Runden durch den Parque Torre del Conde rund um den gleichnamigen Wehrturm drehen. Der breite Weg, der die zentrale Rasenfläche einrahmt, entspricht von der Länge her fast genau einer Stadionrunde (400 m). Im westlichen Teil des Parks laden die Ränge eines ›Theaters‹ zu Fitnessübungen ein. Gut geeignet ist auch die rund 1200 m lange Strecke am Meer entlang – vom Südostende der Uferpromenade, an Strand und Marina vorbei bis zum Ende der Playa de la Cueva.

anderer Verteidigungseinrichtungen auf La Gomera dokumentiert.

Hafen und Strand

Alexander von Humboldt beschrieb vor gut 200 Jahren die Bucht von San Sebastián de La Gomera als sichersten Ankerplatz der Kanarischen Inseln. Dennoch war es noch bis in die 1950er-Jahre hinein ein abenteuerliches Unterfangen, hier an Land zu gehen. Die Passagiere der weit draußen ankernden Schiffe wurden bei aufgewühlter See zur Felsküste gerudert und per Kran an Land gehievt. Nur bei ruhiger See konnten sie am Strand abgesetzt werden. 1957 wurde die Hafenmole des Puerto de La Gomera eingeweiht. Die erste regelmäßige tägliche Fährverbindung zwischen Teneriffa und La Gomera richtete jedoch erst 1974 die Reederei Olsen (s. S. 87) ein.

San Sebastián und der Südosten

Neben der **Marina La Gomera,** dem kurz vor dem Millennium in das große Hafenbecken hineingebauten Jachthafen, beginnt der Stadtstrand **Playa de San Sebastián.** Er ist etwa 500 m lang und sandig. Im Sommer baden hier recht viele Einheimische, obwohl die Playa wegen der Hafennähe nicht als sauber gilt. Dahinter erstreckt sich eine großzügige **Uferpromenade** mit mehreren *kioscos,* die kühle Drinks offerieren. Hohe Palmen schaffen exotisches Flair. Für kleine Besucher gibt es einen Kinderspielplatz.

Jenseits des Barranco de la Villa (s. S. 122) liegt hinter der Playa de San Sebastián das **Centro de Visitantes** 6 (auch Centro Cultural; Avenida Marítima s/n). Das nahezu fensterlose, betont futuristisch gestaltete ›Besucherzentrum‹, das im Jahr 2000 fertiggestellt wurde, fügt sich nicht so recht in das Stadtbild. Es war ursprünglich als Ausstellungszentrum gedacht, fungierte jedoch nie wirklich als solches. Manchmal finden hier aber kulturelle Veranstaltungen statt.

Playa de la Cueva

Ruhiger und sauberer als die Playa de San Sebastián ist die sandige Playa de la Cueva, die nördlich an den Hafen grenzt. Natürliche Felsbarrieren schützen sie vor der Brandung, daher gilt Baden hier als relativ gefahrlos. Manchmal ist der Strand auch bewacht.

Auf der Landzunge zwischen Hafen und Playa de la Cueva verläuft eine Promenade, an deren Beginn eine große Sonnenuhr aus Beton die Zeit anzeigt. Hier bietet sich eine Pause auf einer der Sitzbänke an, um die Aussicht nach Teneriffa zu genießen. Die noch recht niedrigen Palmen werfen allerdings wenig Schatten. Zu den beiden ›Gipfeln‹ der Landzunge – niedrigen Felskuppen – führen jeweils Treppenstufen hinauf. Von oben schweift der Blick über San Sebastián. Die Aussichtsplattform auf der vorderen Kuppe heißt **Mirador de la Antorcha** 7, denn in der Nähe ragt die Skulptur einer Olympischen Fackel *(antorcha olímpica)* auf. Das Denkmal erinnert daran, dass La Gomera 1968 Station des Fackellaufs war, weil ein Sportler von der Insel an den Olympischen Spielen in Mexiko teilnahm. Es war der damalige spanische Boxmeister im Leichtgewicht, Antonio Marcos Chinea aus Agulo. Die Fackel kam von Griechenland über Sevilla nach La Gomera und reiste dann per Schiff direkt nach Amerika weiter.

Am Stadtrand

Mirador de la Hila 8
Calle de la Pista
Der Aussichtspunkt in der Felswand über der Stadt bietet einen wunderschönen Hafenblick. Im Vordergrund dümpeln die Jachten in der Marina, dahinter am großen Kai legen Fähren, Fracht- und Kreuzfahrtschiffe an. Landeinwärts überschaut man große Teile von San Sebastián. Eine römisch anmutende Balustrade säumt die obere Terrasse, etwas tiefer liegen zwei schmalere Ebenen. Tropische Rankgewächse wie Bougainvillea und Goldkelch sorgen für ein stimmungsvolles Bild. Wer mit dem Auto (Einbahnstraße ab Pfarrkirche) hinauffährt, findet nur eingeschränkte Parkmöglichkeiten vor. Zu Fuß geht es ab Plaza de la Constitución durch die steile Treppengasse Calle de la Niña und rechts weiter durch den Camino de la Hila zum Mirador hinauf.

Molina de Gofio 9
Camino Vecinal a Lomo del Clavo s/n
Auf dem Bergrücken im Norden der Stadt, am Parador de La Gomera (s. S.

San Sebastián de La Gomera

Ohne Leuchtfeuer, aber dennoch mit Strahlkraft: der Faro de San Cristóbal

109) vorbei, gelangt man zunächst zu einer restaurierten Molina de Gofio. Die 1913 errichtete Windmühle war für die Herstellung der kanarischen Spezialität *Gofio* bestimmt. Heute dient sie als privates Wohnhaus und ist nur von außen zu bewundern. *Molinas* – im 19. Jh. auf La Palma entwickelt – stellten einen technischen Fortschritt gegenüber herkömmlichen Windmühlen *(molinos)* dar. Dank ihrer filigranen Konstruktion erbrachten sie schon bei geringen Windstärken die volle Leistung und konnten deshalb auch eingesetzt werden, wenn wenig Getreide anfiel.

Faro de San Cristóbal 10
Camino del Faro s/n
Die Straße gabelt sich in der Nähe der Mühle. Rechts führt der Camino del Faro zum Faro de San Cristóbal. Neben dem ehemaligen Haus des Leuchtturmwärters steht der alte Leuchtturm, der nicht mehr in Betrieb ist. Der neue, 1976 errichtete *faro* arbeitet automatisch. Ein Trampelpfad führt auf die vorgelagerte Felsnase. Um die dortige Gipfelsäule zu erreichen, muss man schwindelfrei sein. Von einer Plattform in 68 m Höhe über dem Meer ist die Hafenmole von San Sebastián zu sehen, gegenüber liegt Teneriffa.

Casa de la Aguada 11 und Casa de Colón 12
s. Entdeckungstour S. 102

Übernachten

Noble Atmosphäre – **Parador de La Gomera** 1: Cerro de la Horca s/n, La Lomada, Tel. 922 87 11 00, www.parador.es, DZ ab 80 €. Das vornehme Haus gilt als einer ▷ S. 113

Auf Entdeckungstour: Park mit Tropenflair

Im Parque de la Torre del Conde, dem Stadtpark, zeigt San Sebastián sich von einer seiner schönsten Seiten. Auf einem Rundgang begegnet man immer neuen tropischen und subtropischen Pflanzen, viele davon brachten spanische Seefahrer nach Europa.

Dauer: 1 Std.
Startpunkt: Parkeingang an der Meerseite (Paseo Fred. Olsen)
Öffnungszeiten: tgl. 9–20, im Sommer bis 21 Uhr, Eintritt frei.

In der ersten Hälfte des 20. Jh. beschränkte sich die Bebauung von San Sebastián auf die Calle Real und die Calle Ruiz de Padrón. In der Umgebung erstreckten sich ansonsten Bananenplantagen. Rund um den **Torre del Conde** 5 (s. S. 105) blieb ein Teil dieser Fläche bis heute unbebaut und lädt als Park zum Schlendern und Botanisieren ein. Dieser Rundgang beginnt am meerseitigen Eingang in den Park.

Etwas fürs Auge – und fürs Ohr
Ein breiter Ringweg trennt die große Rasenfläche in der Mitte mit dem Grafenturm von den äußeren Blumenbeeten und Gehölzpflanzungen. Auf ihm geht es rechts an einer Reihe von **Flamboyants** (Flammenbäumen) aus Madagaskar vorbei, die vor allem im Sommer dank ihres scharlachroten

Blütenkleids ins Auge stechen. Die eine oder andere Blüte lässt sich auch im Winter entdecken. Dann beeindrucken die Bäume aber durch ihre schirmförmigen Kronen, gefiederten Blätter und vor allem die an riesige Bohnen erinnernden Schoten. In reifem Zustand sind sie dunkelbraun und vertrocknet. Dann rascheln beim Schütteln die Samen, weshalb die Schoten in manchen Ländern Afrikas als Musikinstrumente verwendet werden.

Zwischen den Flamboyants gedeiht **Hibiskus.** Im Jahresverlauf überziehen sich die Büsche mit Blüten in den verschiedensten Farben. Auch der **Oleander,** aus den Mittelmeerländern eher als Sommerblüher vertraut, blüht hier im Winter, zu sehen hinter dem Kinderspielplatz. Gleiches gilt für den **Granatapfel,** dessen orangefarbene, trichterförmige Blüten weniger bekannt sind als seine apfelähnlichen Früchte.

Andere Kontinente lassen grüßen

Im anschließenden Teil des Parks fallen rechts am Wegrand zwei Pflanzen aus Australien auf: eine **Strahlenaralie** mit großen, handförmig gelappten Blättern und ein **Zylinderputzer,** der seine rötlichen, wie Flaschenbürsten wirkenden Blütenstände im Frühjahr entfaltet. Stets reihen sich die trockenen Samenkapseln mehrerer Jahrgänge an seinen Zweigen. In der Natur keimen die Samen erst nach sporadisch auftretenden Waldbränden, um abgebrannte Flächen vor der Konkurrenz zu besiedeln.

Jenseits des Durchgangs zur Calle de Ruiz de Padrón stehen an der Gartengrenze mehrere aus Brasilien stammende **Kapokbäume,** zu erkennen an den spitzen Stacheln, mit denen die dicken Stämme übersät sind. Im Frühjahr platzen die wie überdimensionale Avocados aussehenden Früchte auf und geben baumwollähnliche Fasern frei. Früher wurden Rettungswesten für die Seefahrt mit der Kapokwolle befüllt. Und noch heute findet die Wolle Verwendung bei der Herstellung von Matratzen.

Zwischen die Kapokbäume quetschen sich ein **Mangobaum,** im Herbst an seinen Früchten zu erkennen, und ein **Baum der Reisenden.** Letzterer wird oft für eine Bananenstaude gehalten. Im Gegensatz zu dieser sind seine Blätter jedoch wie ein großer Fächer angeordnet und deutlich in eine breite Blattspreite und einen schmalen, langen Blattstiel unterteilt.

Im Sommer entfaltet ganz in der Nähe der **Frangipani** seine wachsähnlichen, stark duftenden Blüten. Als die Spanier den Strauch in Mexiko entdeckten, gaben sie ihm den Namen eines im Mittelalter sehr populären, italienischen Parfüms. In der Nähe des Frangipani halten sich gern Vögel auf. Häufig turnt der kleine Zilpzalp durch die Baumkronen. In Mitteleuropa ist er nur im Sommer zu Gast, auf den Kanaren lebt er ganzjährig. Vereinzelt sind der Wiedehopf und – nicht

mit den auch hier recht häufigen Straßentauben zu verwechseln – die elegante Türkentaube zu sehen.

Wenn man jetzt zum Hauptweg zurückläuft, sieht man linker Hand ein riesiges **Fensterblatt** (Monstera), in Mitteleuropa eine beliebte Zimmerpflanze. Etwa auf Höhe des Restaurants vom Hotel Torre del Conde leuchten in den Wintermonaten die blassvioletten Blüten des **Orchideenbaums** (Bauhinie) aus China.

Die hintere Gartengrenze wird dicht von der brasilianischen **Feuer-Bignonie** mit auffälligen, orangefarbenen Blüten überrankt. Auch gedeiht hier die **Dattelpalme**, die der Kanarischen Palme sehr ähnelt, aber nicht auf den Inseln heimisch ist, sondern vor langer Zeit aus Nordafrika importiert wurde. Ihre reifen Früchte fallen im Spätherbst zu Boden, platzen auf und verströmen einen süßlichen Geruch. Im Westteil des Parks gibt es sogar einen Palmenhain. Dazwischen fühlen sich einige jüngere Exemplare des einheimischen **Drachenbaums** wohl (s. S. 149), dessen agavenähnliche Blätter silbrig schimmern.

Groß, größer – gigantisch

Vor einer Veranstaltungsbühne geht es auf schmalerem Weg wiederum durch einen waldartigen Bereich. Hier gedeihen **Wandelröschen** aus Lateinamerika, die auf La Gomera zu üppigen Büschen heranwachsen. Ihre Farbpalette reicht von Weiß über Gelb und Orange bis zu Rot und Blau. Dann kommt man an einem **Weihnachtsstern** vorbei. Auch er wird im milden Inselklima zu einem großen Strauch mit sparrigen Ästen.

Hält man sich nun rechts und schaut zurück zur Bühne, sieht man einen ganzjährig gelb blühenden **Afrikanischen Tulpenbaum** – eine Rarität, denn die Pflanze blüht in der Regel kräftig orangerot. Nun geht es wieder Richtung Meer. Rechts begleiten **Kasuarinen** aus der Pazifikregion, die viel Salz im Boden vertragen, sowie **Sukkulenten** (Wasser speichernde Pflanzen) den Weg – besondere Beachtung verdienen die **Balsam-Wolfsmilch** und die etwas größere, gut 3 m hohe **König-Juba-Wolfsmilch**. Beide sind wichtige Arten der Küstenmacchie La Gomeras.

Linker Hand steht vor einer dickstämmigen Palme eine **Meertraube** mit großen, lappenförmigen, von roten Adern durchzogenen Blättern. Der hohe Strauch kommt von Natur aus an Sandstränden in Mittelamerika vor. Seine beerenartigen, in reifem Zustand violetten Früchte sind zu Dutzenden an den Fruchtständen angeordnet.

An einem Brunnen vorbei trifft man auf die rot blühende Form des **Afrikanischen Tulpenbaums** (s. o.). Die harten, zu einem Kranz vereinten Knospen dienen in seiner Heimat Nektarvögeln als Landeplatz, um die äußeren, bereits geöffneten Blüten zu bestäuben.

Und noch einmal Neues

Biegt man nun Richtung Turm ab, sieht man links hinter zwei schlanken Palmen eine **Erdnusskassie** aus Ostafrika, deren Blätter und Knospen beim Zerreiben nach Erdnussbutter riechen. Sie beginnt gegen Jahresende zu blühen; die Blüte hält mehrere Monate an.

Jetzt folgt man wieder dem breiten Hauptweg Richtung Meer, bestaunt hier und da eine **Canna** oder eine **Strelitzie** und kann noch einen Abstecher nach rechts zu einem **Schraubenbaum** mit zahlreichen Stelzwurzeln und langen, spitzen Blättern machen. Während man sich schon der Uferstraße nähert, kann man rechts noch einen größeren **Drachenbaum** (s. o.) bewundern.

San Sebastián: Adressen

der schönsten Paradores (staatliche Hotels mit besonderem Flair) in Spanien. 1973 eröffnet, ist es in seiner Architektur einem alten kanarischen Gutshof nachempfunden. Vom schönen Garten mit Pool schweift der Blick weit über das Meer. Gediegene Einrichtung, gepflegte spanische Küche und dezenter Service zählen hier zu den Selbstverständlichkeiten.

Am Park – **Torre del Conde** 2 : Calle de Ruiz de Padrón 19, Tel. 922 87 00 00, www.hoteltorredelconde.com, DZ ab 63 €. Die beste Wahl in zentraler Lage. Das 3-Sterne-Hotel verfügt über ruhige, komfortable Zimmer mit Klimaanlage, Minibar und Fernseher. Am schönsten sind die Räume mit Gartenblick zum Parque del Conde. Sonnendeck auf dem Dach. Erwähnenswert ist das gehobene Restaurant (s. u.).

Praktisch – **Garajonay** 3 : Calle de Ruiz de Padrón 17, Tel. 922 87 05 50, www.hotelgarajonay.es, bei Redaktionsschluss wegen Umbau geschlossen. Mit zwei Sternen ausgezeichnetes, funktional eingerichtetes Stadthotel. Die Räume sind vergleichsweise klein. Das Frühstück (Buffet) wird im Nachbarhotel Torre del Conde eingenommen.

Angenehm – **Villa Gomera** 4 : Calle de Ruiz de Padrón 68, Tel. 922 87 00 20, www.hotelvillagomera.com, DZ 50 €. Modernes, gepflegtes 2-Sterne-Hotel mit 16 Zimmern und zehn Apartments. Im relativ ruhigen hinteren Teil der Geschäftsstraße, dennoch empfiehlt es sich, nach einem Zimmer nach hinten raus zu fragen.

Schnuckelig – **Hespérides** 5 : Calle de Ruiz de Padrón 24, Tel. 922 87 13 05, DZ 30–35 € ohne Frühstück. Gefällige 2-Sterne-Pension gegenüber vom Hotel Torre del Conde. Die verhältnismäßig einfach eingerichteten Zimmer verfügen zur Straße hin über Privatbalkone.

Einfach und gut – **Víctor** 6 : Calle Real 23, Tel. 922 87 13 35 od. 607 51 75 65, DZ 25 € ohne Frühstück. Schönes altes Stadthaus; die Pension ist nur mit einem Stern versehen, dementsprechend schlicht sind die Zimmer ausgestattet. Familiäre Atmosphäre. Bei mehrtägigem Aufenthalt gibt es Rabatt. Kleines Restaurant im Haus.

Funktional – **La Colombina** 7 : Calle de Ruiz de Padrón 83, Tel. 922 87 12 57, www.grupopinero.com, DZ 49 €. Renovierte Stadtpension, cool gestylt in schwarzen, weißen und grauen Tönen. Gut ausgestattet, freundliches Personal, relativ ruhig gelegen, allerdings im Inneren etwas hellhörig. Kontinentales Frühstück. Gehört der Mietwagenfirma Piñero, günstige Kombiangebote (Zimmer und Auto).

Essen & Trinken

Deftig ist Trumpf – **El Bodegón** 1 : Calle Real 51, Tel. 922 87 06 24, Mi–So 13–16, 20–23 Uhr, Mo/Di geschl., Steak um 13,50 €, Pasta um 6,50 €. Das Lokal ist seit vielen Jahren ein beliebter Treffpunkt der in oder bei San Sebastián lebenden Deutschen. Die Steakauswahl wird auf der ganzen Insel gerühmt. Jüngst in größere Räumlichkeiten umgezogen, mit überdachtem, kanarischem Innenhof. Weitere Infos bei Facebook.

Ganz speziell – **El Charcón** 2 : Playa de la Cueva, Tel. 922 14 18 98, Di–Sa 13–16, 19.30–23 Uhr, So/Mo geschl., Hauptgerichte 8–16 €. Klimatisierter Speisesaal in einer natürlichen Höhle, gehobenes Ambiente. Der Schwerpunkt der kreativen Küche liegt auf fangfrischem Fisch sowie Fleisch vom *canguro* (Känguruh), Letzteres wird mit Zitronensauce empfohlen. Exzellente Weinauswahl. Vor dem Haus sitzt man auch ›nur‹ bei einem Drink schön mit Strandblick.

San Sebastián und der Südosten

Urig – **Cuatro Caminos** 3 : Calle de Ruiz de Padrón 36/38, Tel. 922 14 12 60, tgl. 12.30–16, 19–24 Uhr, Hauptgerichte 8–12 €. Traditionell unterteiltes Lokal in einem alten Stadthaus: Unten befindet sich die stark frequentierte Bar, im ersten Stock der ruhigere, rustikale Speiseraum. Vielseitige kanarisch-spanische Küche, etwa Spanferkel oder Zicklein.

Klein und gemütlich – **El Nilo** 4 : Calle de Ruiz de Padrón 40, Tel. 922 87 03 05, Mo–Sa 12–16, 18.30–23 Uhr, So geschl., Hauptgerichte 8–12 €. Gehobene spanische und internationale Küche, oft mit einer pikanten Note, beispielsweise Pfeffersteak oder Kaninchen in scharfer Sauce. Die Spezialität ist Paella (für 2 Pers. 21 €, unbedingt vorbestellen).

Für Gourmets – **Torre del Conde** 2 : Calle de Ruiz de Padrón 19, Tel. 922 87 00 00, www.hoteltorredelconde.com, Mo–Sa 19–21.30 Uhr, So nur nach Voranmeldung, Menü um 15 €. Das Restaurant des gleichnamigen Hotels steht unter der Leitung von Fabián Mora, der auch die Casa Conchita in Arure (s. S. 166) führt. Kanarische Spezialitäten interpretiert er neu, so entstehen kreative Kreationen wie Brunnenkressecreme oder Hähnchen an Apfelsauce, gefüllt mit Datteln und Ziegenkäse. Nicht alles von der Karte ist immer verfügbar, dafür gibt es aktuelle Tagesgerichte und fangfrischen Fisch nach Marktlage. Erstaunlich gutes Preis-Leistungs-Verhältnis. Jeden Do um 20.30 Uhr Demonstration der Pfeifsprache Silbo Gomero.

Klassiker – **Casa del Mar** 5 : Paseo Fred. Olsen 2, Tel. 922 87 03 20, tgl. 12.30–15.30, 18.30–22.30 Uhr, Hauptgerichte 6–13 €. Hier in Hafennähe gibt es natürlich vorwiegend Fisch. Aufwendige Pfannen und Kasserolen wie *cazuela de Pescado*, *zarzuela* oder Paella setzen Akzente (je ca. 16–18 €, ab 2 Pers.). Viele einheimische Gäste, vom Fischer bis zum Regierungsbeamten.

Geschmacklich perfekt – **El Pajar** 6 : Calle de Ruiz de Padrón 26, Tel. 922 87 03 55, Di–So 13–16.30, 18–24 Uhr, Mo geschl., Hauptgerichte 6,50–12 €, Pizza 4–5 €, Tagesmenü 14 €. Urige Atmosphäre, mediterrane ›Hausmannskost‹ in veredelter Form, dazu ein sehr aufmerksamer Service. Sowohl Einheimische als auch Touristen wissen die Vorzüge des Lokals zu schätzen. Für den kleineren Geldbeutel gibt es Pizza.

Draußen zum Schauen – **Breñusca** 7 : Calle Real 11/13, Tel. 922 87 09 20, Mo–Sa 9–23 Uhr, So geschl., Hauptgerichte 6–10 €. Gomerische Spezialitäten in schlichtem Rahmen. Sehr beliebt sind die Tische in der Fußgängerzone, an denen nicht nur das Mittag- oder Abendessen, sondern nachmittags auch der hausgebackene Kuchen zu einer Tasse Kaffee schmeckt.

Eng und gemütlich – **El Pejin** 8 : Calle Real 14, Tel. 922 87 15 30, tgl. 12–16, 18.30–23 Uhr, Hauptgerichte 5–12 €. *Tasca* (Taverne) in renoviertem Stadthaus mit sympathisch knapper Karte, auf der vorwiegend Fisch, Meeresfrüchte und *solomillo* (Rinderlende) stehen. Oft begleitet ab 21 Uhr kanarische Livemusik das Essen.

Auf die Schnelle – **Baluarte** 9 : Avenida de Colón 28, Tel. 922 14 12 37, Mo u. Mi–So 13–16, 19–21.30 Uhr, Di geschl., Hauptgerichte um 6 €. Das Lokal neben der Markthalle erfreut sich bei den Einheimischen vor allem zur Mittagszeit großer Beliebtheit. Kleiner, schmaler Speiseraum, Metalltheke, typische kanarische Gerichte. Große Auswahl an Fisch, aber das Hühnchen mit Knoblauch ist ebenfalls einen Versuch wert.

Exotisch – **La Fortuna** 10 : Calle de Ruiz de Padrón 11, Tel. 922 14 12 65, tgl. 12–16, 18.30–23.30 Uhr, Hauptgerichte 5–8 €. Chinese mit der üblichen, recht umfangreichen Speisekarte. Man sitzt wahlweise auf der überdachten Terrasse oder im freundlichen Speisesaal. Ausgezeichneter und zügiger Service.

Ohne Aufwand – **Cafetería Estación Marítima** 11: El Muelle, Tel. 922 87 04 16, Mo–Fr 6–20.30, Sa 7–20.30, So 6.30–20.30 Uhr, Tapas *(raciones)* um 5,50 €. Die funktional eingerichtete Cafeteria im Hafengebäude hält für hungrige Fährgäste eine Auswahl an kleinen Gerichten aus der Kühltheke bereit. Selbstbedienung; mit Außenterrasse.

Art déco – **Kiosco Las Carabelas** 12: s. S. 95.

Einkaufen

Lebensmittelmarkt – **Mercado Municipal** 1: Avenida de Colón s/n. In der modernen Markthalle neben dem Busbahnhof sind Obst-, Gemüse- und Fischhändler ebenso vertreten wie Metzger und Bäcker. Auch Spezialitäten von La Gomera sind im Angebot, darunter Palmhonig, selbst gemachte Marmeladen (z. B. aus Papaya, Datteln, Feigen), *almogrote* und *mojos* der Marke »Carmita«. Die Stände haben unterschiedliche Öffnungszeiten, üblicherweise Mo–Fr 8–14, 17–20.30, Sa 8–14 Uhr.

Süße Kleinigkeiten – **Dulcería Isabel** 2: Calle Real 8, Mo–Fr 10–13.30, 16–19.30, Sa 10–14, So/Fei 11–14, 16.45–18 Uhr. Eine winzige Bäckerei, die nach alter Handwerkstradition hergestellte Süßigkeiten von der Insel verkauft.

Kunsthandwerk – **Artesanía Santa Ana** 3: Calle Real 41. Keramik, Stickereien und manches mehr; um die Weihnachtszeit werden auch traditionelle Krippenfiguren verkauft. Besu-

Unser Tipp

Shoppingtour durch die Inselmetropole

Die Kanarischen Inseln gelten als Shopping-Paradies, da sie den Status einer Freihandelszone genießen. Zwar findet man auf La Gomera keine Duty-Free-Läden wie auf den ›großen‹ Inseln, doch lohnt es sich, in San Sebastián nach Luxusartikeln Ausschau zu halten, auch wenn die Auswahl nicht übermäßig groß ist; manches ist deutlich preiswerter als zu Hause. Schräg gegenüber der Markthalle bietet **Numero Uno** 6 (Avenida de Colón s/n) das vielleicht beste Sortiment spanischer Markenmode in der Stadt. Jeans der Marke Diesel sowie Tommy Hilfiger und andere junge Mode führt **Clemente** 7 (Calle Ruiz de Padrón 34). Ein gut bestückter Juwelier und Uhrmacher ist **Esfera** 8 (Calle de Ruiz de Padrón 29). Gleich nebenan im Haus Nr. 27 hält **Natural Optics Vermas** 9 (www.naturaloptics.com/vermas) eine Riesenauswahl an Sonnenbrillen bereit. Für das immer besonders nett mit junger Damenmode und passenden Accessoires dekorierte Schaufenster erhielt die Boutique **Manuela Moda** 10 (Calle Real 33) sogar einen Preis der Inselregierung. Zu einer bekannten kanarischen Parfümeriekette gehört **Pracan** 11 (Calle Real 30). Der Modeladen **M. Febles** 12 (Calle Real 10) führt Lacoste und die flippige spanische Marke Desigual (www. desigual.com). Ein schickes Schuhgeschäft ist **Zona Zero** 13 (Plaza de la Constitución 8), und **Encuentro** 14 (Plaza de Las Américas 2) bietet eine gute Auswahl an Modemarken (Mo–Sa 9–20 Uhr, z. T. auch am So).

Lieblingsort

Plaza de Las Américas – Sehen und gesehen werden

Der schönste Ort, um nach einem Stadtbummel die Füße baumeln zu lassen, ist die Plaza de Las Américas, der Palmen reichlich Schatten spenden. An den Tischen, die das **Ambigú** 4 ins Freie stellt, nimmt man gerne Platz. Kaum jemand scheint dieses stylige Internetcafé zum Checken von E-Mails aufzusuchen. Vielmehr kommen die meisten, um zu sehen und gesehen zu werden. Nebenan laden weitere Lokale zum Träumen ein, etwa die szenige Fruchtsaft- und Cocktailbar **Cuba Libre** 5.

San Sebastián und der Südosten

chenswert außerdem wegen des Hauses, das aus dem Jahr 1535 stammt und früher als Kapelle diente.

Kunst – **Galería de Arte Luna** 4 : Calle Real 28, www.galerialuna.com. Die Kunstgalerie in dem kanariengelb gestrichenen Haus aus dem 17. Jh. verkauft neben Werken anderer Künstler Farbradierungen, Öl- und Acrylbilder von Guido Kolitscher (geb. 1950 in Wien), der seit 1972 auf der Insel lebt und inzwischen spanischer Staatsbürger ist.

Insellogo – **Burrito La Gomera** 5 : Plaza de la Constitución 5, www.burritolagomera.es. Mode mit dem typischen Eselchen als Logo: T-Shirts, Hosen, Wander- und Sportschuhe, Accessoires. Alles Original-Design von La Gomera.

Aktiv

Unter Wasser – **Dive art** 1 : Calle Real 48, Tel. 660 65 90 98, www.dive-art.com. Deutschsprachige Tauchschule. Der 4-tägige Grundkurs nach den Richtlinien von CMAS kostet um die 400 €, ein Tauchgang ab 31 € (auch Nachttauchgänge und Schnorcheln/Apnoe).

Über Wasser – **Acuatic Service** 2 : Calle la Cruz 12, Tel. 607 43 58 34. Francisco Villalobos verchartert seine Motorjacht für Ausfahrten nach eigenem Gusto, etwa zu Los Órganos (s. S. 206), zum Whalewatching oder zum Schnorcheln und Baden an einsamen Stränden. Geeignet für Paare, Familien und mit Freunden. Preisbeispiel: Ein sechsstündiger Törn mit Picknick kostet für 2 Pers. ca. 200 €, für 5 Pers. 400 €. Acuatic Service ist bei Facebook.

Abends & Nachts

Hier ist immer etwas los – **El Rincón del Poeta** 1 : Avenida de Colón 8. In diesem Café verkehrt die einheimische Szene, vom Frühstück bis in die Nacht. Nur an Feiertagen öffnet das Lokal meist erst am Abend. Internetzugang, Übertragungen von Fußballspielen wichtiger spanischer Mannschaften. Niemand muss sich nur an seinen Drink – beliebt ist Irish Coffee – festhalten, denn Kleinigkeiten zu Essen wie *bocadillos* oder Sandwiches gibt es auch.

Kleine Kneipe – **La Salamandra** 2 : Calle República de Chile 5, Tel. 626 22 33 01, Mo 19.30–23, Di–Sa 12.30–16, 19.30–23 Uhr, So geschl. In der kurzen Fußgängerzone kommt die winzige Tasca abends ganz groß raus. Gemütliche Kneipenatmosphäre. Wer mag, kann schmackhafte Tapas bestellen, etwa gefüllte kleine Paprikaschoten.

Ordentlich laut – **Enigmas Disco** 3 : Punta de la Playa (Südende der Hafenpromenade), Fr/Sa 22–6 Uhr. Von Juli bis Mitte Sept. Openair-Auftritte bekannter spanischer Rockgruppen, ansonsten viel Latino-Pop. Die derzeitige Top-Location von La Gomera! Vor Mitternacht lohnt das Kommen nicht.

Internetcafé – **Ambigú** 4 : s. S. 116.
Cocktails – **Cuba Libre** 5 : s. S. 116.
Mit Terrasse – **Los Descubridores** 6 : s. S. 104.

Infos & Termine

Tourismusbüros
Oficina Insular de Turismo: 38800 San Sebastián de La Gomera, Calle Real 4, Tel. 922 14 15 12, Fax 922 87 02 81, turismo@lagomera.es, www.lagomera.travel/de/, Mo–Sa 9–13.30, 15.30–18, So 10–13 Uhr, Fei geschl. Informationsbüro der Inselregierung.
Punto de Información Turística Municipal: 38800 San Sebastián de La Gomera, Paseo Fred. Olsen s/n, Tel. 922 14 10 72, www.sansebastiangomera.org. Informationspavillon der Stadt San Sebastián, vor dem auffälligen Rathaus mit der neokanarischen Fassade. Falls geschlossen, im Rathaus nachfragen.

San Sebastián: Adressen

Parque Nacional Garajonay: 38800 San Sebastián de La Gomera, Calle Ruiz de Padrón, Edificio Las Creces, Tel. 922 92 26 00, Fax 922 87 28 33, www.parquesnacionalesdecanarias.es, Mo–Fr 8–15 (Sommer bis 14) Uhr. Verwaltung des Nationalparks.

Feste und Veranstaltungen

Romería de San Sebastián: ein Wochenende um den 20. Jan. Anlässlich des Patronatsfests der Inselhauptstadt zieht am Samstag eine Prozession durch die Straßen der Stadt, an der regelmäßig Tausende von Menschen teilnehmen, darunter auch viele nach Teneriffa ausgewanderte Gomeros. Den Abschluss bildet ein großes Folklorefest auf der Plaza de Las Américas. Der Sonntag ist mit verschiedenen Veranstaltungen in der Calle Real und an anderen Plätzen in der Stadt als **Día de los Niños** den Kindern gewidmet.

Bajada de Nuestra Señora de Guadalupe: alle fünf Jahre (2018, 2023 usw.), das Anfangsdatum variiert (etwa Aug./Sept.), die Bajada endet am 12. Dez., s. S. 42 und s. S. 76.

Fiestas de la Virgen de la Salud: zweiter Oktobersonntag. Pilger machen sich von der Iglesia de la Asunción, wo die – angeblich von Christoph Kolumbus persönlich nach La Gomera gebrachte – Statue der Virgen de la Salud aufbewahrt wird, auf den Weg zu einer Wallfahrt zur Ermita de Las Nieves (s. S. 271).

Verkehr

Busse: Alle Überlandstrecken auf der Insel bedient ab San Sebastián die Gesellschaft Guagua Gomera (s. S. 24): Linie 1 ins Valle Gran Rey (2–5 x tgl.), Linie 2 nach Vallehermoso (2–5 x tgl.), Linie 3 nach Playa de Santiago/Alajeró (2–6 x tgl.). Ein Flughafenbus (Linie 7) startet jeweils 1 Std. 45 Min. vor Abflug. Der Busbahnhof (Estación de Guaguas) befindet sich an der Avenida del Quinto Centenario, neben dem Mercado Municipal. Fahrpläne für die gesamte Insel im Büro des Busbahnhofs oder unter www.guaguagomera.com.

Stadtbus: Kleinbusse (Transporte Urbano Colectivo de San Sebastián) befahren ab Estación de Guaguas drei Routen innerhalb des Stadtgebiets. Zum höher gelegenen Viertel La Lomada, wo der Bus u. a. vor dem Parador de La Gomera hält, geht es Mo–Fr 7 x tgl., Sa 5 x, in den Barranco de la Villa (Endstation La Laja) Mo–Sa 2 x tgl. Am Sonntag fahren keine Stadtbusse. Genauer Fahrplan unter www.sansebastiangomera.org.

Taxis: Ein Taxistand befindet sich am Paseo Fred. Olsen, Tel. 922 87 05 24.

Parken: Die Straßen in der Innenstadt sind eng und meist zugeparkt. Blau markierte Zonen sind gebührenpflichtig (Parkautomat). Der Parkplatz am Hafen ist in der Regel mit Dauerparkern belegt. Dagegen findet man entlang der Avenida del Quinto Centenario oder der Avenida de los Descubridores fast immer eine Parklücke (gebührenfrei).

Mietwagen: Die Anbieter Hertz (Tel. 922 87 15 44, www.hertz.de) und Cicar (Tel. 922 14 17 56, www.cicar.com) unterhalten Büros im Hafenterminal; Oasis (Tel. 922 87 28 98, www.oasisrentacar.com) und Piñero (Tel. 922 87 00 55, www.grupopinero.com) findet man in der rund 50 m entfernten Ladenzeile beim Jachthafen und das Büro von Autos La Rueda in der Calle Real 19 (Tel. 922 87 07 09, www.autoslarueda.es).

Fähren: Ab San Sebastián de La Gomera starten Autofähren zu den Nachbarinseln Teneriffa (Los Cristianos), La Palma und El Hierro. Einzelheiten s. S. 23.

Umgebung von San Sebastián

Mirador del Sagrado Corazón
▶ J 6

Etwa 2 km südwestlich von San Sebastián wurde 1958 auf einem Hügel die riesige Christusfigur **El Sagrado Corazón de Jesús** aufgestellt und ringsum der gleichnamige Mirador geschaffen. Die Abzweigung von der GM-2 ist nur an einer gepflasterten Parkbucht zu erkennen, ansonsten ist sie nicht beschildert. Von San Sebastián kommend wird sie daher leicht übersehen. Sie befindet sich zwischen Km 3 und Km 4 hinter einem Bergsattel. Man kann auf einer sehr holprigen Piste bis zu dem 500 m von der Straße entfern-

Die Marina La Gomera bietet Freizeitkapitänen einen sicheren Liegeplatz

Umgebung von San Sebastián

ten Monument hinauffahren. Besser lässt man den Wagen unten stehen und macht sich zu Fuß auf den Weg.

Der imposante, 7 m hohe Christus mit der Dornenkrone steht auf einem 10 m hohen Steinsockel. Zu seinen Füßen legen Gläubige in einer Nische Blumen ab und zünden Kerzen an. Von der breiten Aussichtsterrasse davor bietet sich ein ausgezeichneter Blick über San Sebastián und den Hafen.

Playa de Ávalos ▶ J 5

Die malerische Bucht 6 km nördlich von San Sebastián drohte Investitionsplänen zum Opfer zu fallen. Hier sollte eine Time-Sharing-Anlage entstehen. Seit den 1990er-Jahren wurde Bauland planiert, es entstanden von Laternen gesäumte Straßenzüge. Doch schon lange stehen die Bauarbeiten still. Gebüsch eroberte die Flächen inzwischen zurück. Der von Palmen gesäumte Naturstrand ist eine gute Alternative zu den Stränden der Hauptstadt. Ein befestigter Fahrweg führt zu einem Parkplatz hinter der Playa. Wer auf dem angrenzenden Zeltplatz übernachten möchte, benötigt eine Genehmigung (s. S. 29).

Ermita de Guadalupe ▶ J 4

Puntallana, www.santuariodepuntallana.com, geöffnet zur Messe jeden 1. So im Monat um 12.30 Uhr (außer bei schlechtem Wetter)

Auf einer einsamen Küstenebene an der **Puntallana**, nördlich von San Sebastián, steht die Wallfahrtskirche, in der die Inselheilige Virgen de Guadalupe verehrt wird. Die Grafenfamilie Peraza ließ die Ermita errichten. Erstmals schriftlich erwähnt wurde die kleine Kirche 1542, vermutlich ist sie aber noch etwas älter. Im 19. Jh. war sie in einem derart ruinösen Zustand, dass sie komplett erneuert werden musste. 2008 wurde sie ein weiteres Mal restauriert. Auch die in einer Felswand verlaufende Zufahrtsstraße wurde erneuert. Jetzt bestehen Pläne, eine neuere, größere Kirche zu errichten, die Platz für 350 Gläubige bieten soll. Die derzeitige Ermita ist dem Andrang der Pilger anlässlich der verschiedenen feierlichen Anlässe rund um die Señora de Guadalupe nicht mehr gewachsen.

San Sebastián und der Südosten

Bei der in der Ermita aufbewahrten, nur 25 cm großen **Figur der Virgen de Guadalupe** handelt es sich um eine schöne spätgotische Arbeit. Nach Ansicht der Kunsthistorikerin Constanza Negrín wurde sie in der flämischen Stadt Mecheln bei Antwerpen gefertigt, wo im 15./16. Jh. bedeutende Bildhauerwerkstätten existierten. Sie weist die für Skulpturen aus Mecheln typischen Merkmale auf: Die Jungfrau schaut den Betrachter mit mildem Gesichtsausdruck direkt an, während das Jesuskind im Profil dargestellt ist. Vor einigen Jahren versetzte ein Restaurator aus Teneriffa die Figur, die nachträglich weitere farbige Bemalungen erhalten hatte, in den Originalzustand zurück.

In der **Umgebung der Ermita de Guadalupe** wurden archäologische Funde gemacht. Ansammlungen aus Muschelschalen deuten auf religiöse Gemeinschaftsmahlzeiten hin, bei denen die Guanchen große Mengen von Meeresschnecken verzehrten. Ein weiteres wichtiges Ritual bestand darin, zur Sommersonnenwende das Vieh in den natürlichen Gezeitentümpeln der Puntallana zu baden. In christlicher Zeit lebte dieser Brauch noch lange fort.

Termine

Fiesta de Nuestra Señora de Guadalupe: Anfang Okt. (Sa–Mo). Schon am Samstag treffen sich Pilger aus allen Teilen der Insel in San Sebastián, wo sie durch die Straßen ziehen und einen Rosenkranz singen, der diesem Tag vorbehalten ist. Mit Opfergaben machen sie sich am Sonntag auf den Weg zum Marienheiligtum an der Puntallana, wo sie die Nacht verbringen. Am Montag zelebrieren sie die Messe mit Prozession und traditionellen Tänzen. Das Organisationskomitee übergibt vor der Tür der Ermita den *ramo*, eine überdimensionale Opfergabe aus Früchten, Blumen, grünen Zweigen und Brot, an die Organisatoren des nächsten Jahres s. S. 42).

Bajada de Nuestra Señora de Guadalupe (Fiestas Lustrales): alle fünf Jahre (2018, 2023 usw.), Anfang Oktober bis 13. Dezember. Am Montag nach dem ersten Oktoberwochenende erfolgt die eigentliche Bajada mit der Überführung der Madonnenfigur in einer Schiffsprozession mit prächtig geschmückten Fischerbooten von der Puntallana nach San Sebastián (s. a. S. 76).

Ausflüge ins Inselinnere

Barranco de la Villa

▶ G/H 5

Ein lohnender Ausflug mit dem Auto führt in den Barranco de la Villa, einen erstaunlich ursprünglichen Landstrich nordwestlich der Hauptstadt. Man fährt auf der GM-1 Richtung Vallehermoso und folgt am Stadtrand von San Sebastián der CV-1 (Beschilderung Chejelipes, La Laja). Auf dieser Nebenstrecke passiert man einen alten restaurierten Kalkofen (*horno de cal*) und ein Gewerbegebiet. Im weiteren Verlauf geht es an einem Kreisverkehr nicht auf der breiten Straße zum Hospital, sondern geradeaus über das Flussbett hinweg.

Nach Chejelipes

Hinter dem Weiler **El Langrero** verwandelt sich der Talgrund in eine regelrechte Oase mit Plantagen voller Orangen, Mangos, Bananen und Avocados. Dazwischen stehen herausgeputzte

Ausflüge ins Inselinnere

kleine Fincas, umgeben von den vielfarbigen Blüten der Bougainvillea und im Winter vom leuchtenden Rot der Weihnachtssterne. Es folgen das Palmendorf **San Antonio,** die Weiler **El Jorado** und **El Atajo,** wo sich unter Führung von Guido Kolitscher (s. S. 118) einige Künstler niedergelassen haben, sowie **Lomito Fragoso,** ein etwas größerer, weit auseinandergezogener Ort.

Bei **Chejelipes** verengt sich die Schlucht merklich. In diesem Gebiet befinden sich mehrere kleine Talsperren, die flussabwärts durch ganzjährige Bewässerung die subtropische Üppigkeit ermöglichen. Möwen tummeln sich auf den je nach Jahreszeit sehr unterschiedlich gefüllten Stauseen.

La Laja und Umgebung

Oberhalb von Chejelipes wird es einsamer. Die nun äußerst schmale Straße windet sich bis in den obersten Bereich des Tals, wo dieses **Barranco de las Lajas** heißt und sich noch einmal erweitert, beherrscht von der eindrucksvollen Kulisse des Roque de Agando. Dort vermittelt **La Laja** die Atmosphäre eines Bergdorfs. Steile Pflasterwege führen zu den Häusern, die meist nur zu Fuß erreichbar sind. Plötzlich ist nichts mehr von der Heiterkeit des unteren Tals zu spüren. Dunkelgrüner, schütterer Kiefernwald bedeckt die Hänge oberhalb von La Laja. So mancher Bauer hat die Landwirtschaft aufgegeben und La Laja verlassen. So stehen einige Casas zum Verkauf, andere befinden sich im Besitz von Ausländern oder werden als ländliche Unterkünfte vermietet. Die CV-1 endet 11 km von San Sebastián entfernt recht abrupt oberhalb der Siedlung, eine Wendemöglichkeit gibt es nicht! Besser also schon dort umkehren, wo die Asphalt- in eine Zementdecke übergeht. Oberhalb von La Laja erschließt sich die Gegend nur

> *Unser Tipp*
>
> **Rundwanderung vor den Toren der Stadt** ▶ H–J 4/5
> Eine schöne, etwa 4,5 Std. dauernde Tour auf dem **Rundweg PR LG 1** beginnt am Busbahnhof von San Sebastián. Die genaue Wegbeschreibung (auch auf Deutsch) mit Höhenprofil ist einer großen Infotafel zu entnehmen, die gegenüber vom Busbahnhof in der Avenida del Quinto Centenario steht. Es geht zunächst zum **Aussichtsgipfel Jaragán** (642 m) auf dem Höhenrücken nördlich der GM-1, dann nach **El Atajo** hinab und durch den **Barranco de la Villa** zurück in die Stadt. Über 700 Höhenmeter sind im An- und Abstieg zu bewältigen (keine Einkehrmöglichkeit).

noch Wanderern. Da es aber keinen Busanschluss und weder im Ort noch entlang der Zufahrtsstraße Parkmöglichkeiten gibt, empfiehlt sich für Mietwagenfahrer als Ausgangspunkt für eine Rundwanderung durch den Barranco de las Lajas (s. Beschreibung S. 125) die Degollada de Peraza. Wer mit dem Stadtbus aus San Sebastián angereist ist, kann die Wanderung auch in La Laja beginnen.

Übernachten

Abseits vom Geschehen – **Casa Lomo:** Chejelipes, Kontakt in Deutschland über Birgit Hübel, Tel. 0208 66 34 47, Haus für 2 Pers. ab 77 €. Vier individuell eingerichtete Ferienhäuser auf dem Gelände einer Finca. Jeweils eigene Terrasse, die Privatsphäre ist garantiert. Großartiger Ausblick in die Berge.

San Sebastián und der Südosten

Essen & Trinken

Landestypisch – **La Cabaña:** El Langrero, CV-1, Tel. 922 87 02 59, Mo–Mi u. Fr–So 12.30–16.30, 20.30–22.30 Uhr, Do geschl., Anf. Dez.–Anf. Jan. geschl., Hauptgerichte 8–15 €. Von den Gomeros sehr geschätztes Lokal mit klassischer Inselküche in einer schlichten Holzhütte. Eine Speisekarte gibt es nicht. Unter den Fischgerichten empfiehlt der Kellner gerne *cherne* (Wrackbarsch), wer Fleisch bevorzugt, wählt vielleicht *cabra* (Ziege) oder *conejo* (Kaninchen). Dazu schmecken *papas arrugadas, almogrote* oder frischer Ziegenkäse und *mojo picón.*

Jausenstation – **Bodegón de Lomo Fragoso:** Lomito Fragoso 2, CV-1, Tel. 922 14 12 62, Mo u. Mi–So ab 12 Uhr, Di geschl., Hauptgerichte um 8 €. Das kleine Lokal an der Hauptstraße ist auf Zicklein und Kaninchen spezialisiert, außerdem gibt es Tapas und Salate. Beliebt bei Wanderern – hier führt der Fernwanderweg GR 131 vorbei. Die Wirtin Soledad vermittelt Ferienhäuser im Tal.

Infos

Busse: Stadtbus ab San Sebastián Mo–Sa 2 x tgl. bis La Laja. Aktueller Fahrplan unter www.sansebastiangomera.org.

Degollada de Peraza

▶ F 5

Karges Land begleitet südwestlich von San Sebastián die Fahrt auf der GM-2 hinauf in die Berge (Abstecher zum Mirador del Sagrado Corazón s. S. 120). Hier gedeiht die andernorts selten gewordene, kakteenähnliche Kanarische Wolfsmilch mit ihren kandelaberförmigen Ästen. Die Einheimischen nennen sie *cardón.*

Beim gleichnamigen Restaurant ist die Passhöhe Degollada de Peraza erreicht. Etwa 150 m oberhalb des Restaurants ergibt sich vom **Mirador de La Laja** ein schöner Blick hinab in den grünen Barranco de las Lajas. Früher war der Pass für Fußgänger, Maultiertreiber und Reiter ein wichtiger Übergang zwischen San Sebastián und dem Süden der Insel. Sie kamen auf dem alten Verbindungsweg von La Laja herauf (heute ein Abschnitt des Wanderwegs PR LG 17, s. S. 125).

Die Degollada de Peraza wurde nach Fernán Peraza el Joven benannt. 1488 töteten rebellische Ureinwohner unter Führung des Hautacuperche s. S. 192) den Inselherrscher hier vor der Wohnhöhle seiner Geliebten, des Guanchenmädchens Iballa. Die Höhle, **Cueva de Guahedum,** befindet sich bei den Häusern in der Nähe des Restaurants Degollada de Peraza. Sie diente lange als Viehstall und wurde um 1940 herum mit Mauer und Tor verschlossen. Am 25. November, dem Jahrestag des Mordes, schmücken Anwohner die Höhle mit Palmzweigen. Ansonsten ist sie nicht zu besichtigen.

Oberhalb der Degollada de Perraza zweigt links die GM-3, auch Carretera del Sur genannt, nach Playa de Santiago ab. Geradeaus führt die GM-2 als Carretera Dorsal (Höhenstraße) durch den Nationalpark Garajonay Richtung Valle Gran Rey.

Essen & Trinken

Fernfahrerkneipe – **Degollada de Peraza:** GM-2, Tel. 922 87 03 90, Mo u. Mi–So 9–21 Uhr, Di geschl., Hauptgerichte 6–8 €. Hier treffen sich die Lkw-Fahrer auf dem Weg vom Hafen in San Sebastián ins Valle Gran Rey bzw. nach Playa de Santiago. Spezialität ist Fleisch vom Grill. Panoramablick zur Küste durch große Glasscheiben.

Ausflüge ins Inselinnere

Infos

Busse: Linie 1 San Sebastián–Valle Gran Rey (2–5 x tgl.), Linie 3 San Sebastián–Playa de Santiago/Alajeró (2–6 x tgl.).

Wanderung durch den Barranco de las Lajas ▶ F 5

Rundwanderung; Dauer: 4 Std.; anspruchsvoll; 800 Höhenmeter im An- und Abstieg; beschildert und markiert zunächst als GR 131 (weiß-rot), dann als PR LG 17 (weiß-gelb); Einkehrmöglichkeit am Ende der Tour; Start- bzw. Endpunkt per Bus erreichbar

Die beliebte Tour beginnt am **Mirador de La Laja** (Bushaltestelle Degollada de Peraza, Wandertafel). Man folgt zunächst dem Fernwanderweg **GR 131** sanft aufwärts entlang eines Höhenrückens nördlich der GM-2. Der Weg passiert die **Ermita de Las Nieves** (40 Min.; s. S. 271), führt durch Heidewald aufwärts und dann vorübergehend leicht bergab. Schließlich ist wieder die GM-2 erreicht (1 Std.). Rechts sind es etwa 100 m bis zum Abzweig des **PR LG 17** nach La Laja. Bevor man diesen Abstieg in Angriff nimmt, kann man geradeaus noch einen kurzen Abstecher zum Waldbranddenkmal am **Roque de Agando** machen.

Zur Degollada del Tanque

Dann wandert man auf dem weißgelb markierten PR LG 17 weiter. Die steilen Steinstufen zu Beginn gehen bald in einen gepflegten, sanft abfallenden Wanderweg über. Zur Linken ragen der spitze **Roque de la Zarcita** (1234 m) und der rundliche **Roque de Ojila** (1170 m) schroff und zugleich malerisch auf. Man folgt auf der nicht zu verfehlenden Route einem Bergrücken hinab zur ehemaligen Schutzhütte an der **Degollada del Tanque** (1.30 Std.), heute eine Ruine. Dort geht es rechts weiter, dann durch ein kleines Tal und an einem Staudamm vorbei. Bald kommen die ersten Häuser von **La Laja** (s. S. 123) in Sicht. Der Weg hält sich an der schattigen Nordseite des Barrancos de las Lajas. Stellenweise ist noch seine alte Pflasterung erhalten, wie sie früher für alle wichtigen *caminos* der Insel üblich war.

Das steilste Stück des Abstiegs ist nach gut 2 Std. bewältigt. Links ist die von San Sebastián heraufkommende Straße zu sehen. Dort startet Mo–Sa um 13.30 Uhr (aktuelle Abfahrtszeit unter www.sansesbastiangomera.org checken) der Stadtbus nach San Sebastián. Wer zur Degollada de Peraza zurückkehren möchte, geht nicht zur Straße hinüber, sondern folgt weiter dem PR LG 17 an der rechten Talflanke. Zwar gibt es weit und breit keine Einkehrmöglichkeit, doch dafür entschädigt die urwüchsige Atmosphäre des Dorfes. Im feuchten Talgrund pflanzen die Bauern noch Kartoffeln für den Eigenbedarf und den groß-

Wanderung durch den Barranco de las Lajas

blättrigen Taro, eine tropische Pflanze, die auf La Gomera *ñame* heißt und eine stärkehaltige, sättigende Wurzel liefert.

Zurück zum Mirador de La Laja

Im unteren Teil von La Laja knickt der PR LG 17 rechts ab (2.30 Std., Schild: Degollada de Peraza). Zunächst geht es recht steil auf Felstreppen aufwärts, dann in engen Serpentinen auf einem Pflasterweg durch einen Palmenhain. Später schraubt sich der Weg die steile Felswand hoch, die den Barranco de las Lajas nach Süden begrenzt. Ein Blick zurück ins Tal zeigt die zahlreichen für dieses Gebiet charakteristischen, mauerartigen Gesteinsgänge *(diques,* s. S. 265).

Eine schmale Passhöhe wird erreicht, wo eine Verschnaufpause gut tut. Der hier rechts abzweigende, steinige Pfad bleibt unbeachtet. Geradeaus folgt ein enger, mit Palmen bestandener Barranco. Jenseits des geröllübersäten Bachbetts schrauben sich Serpentinen steil bergan. Zwei kleinere Talmulden werden umrundet, wobei der Weg stetig weiter an Höhe gewinnt.

In einem größeren Barranco weist an einer Gabelung (3.20 Std.) ein Schild weiter bergauf. Im oberen Talbereich verlässt man die Schlucht bei einer Hausruine. Diese Stelle wird noch vereinzelt von Hirten zum Zweck der Schafschur aufgesucht. Hinter der nächsten Wegbiegung kommt schon die hohe Stützmauer in Sicht, über der das Ziel der Wanderung liegt. Bis dahin ist aber noch ein steiler Anstieg zu bewältigen. Schließlich steht man nach rund 4 Std. wieder auf der Aussichtsterrasse **Mirador de La Laja**. Wer mit dem Linienbus unterwegs ist, kann die Wartezeit im nahe gelegenen **Restaurant Degollada de Peraza** überbrücken.

El Cabrito ▶ H 7

Wie eine Oase liegt die Finca El Cabrito einsam an der gleichnamigen Playa, umgeben von kargen Berghängen. In der ersten Hälfte des 20. Jh. wurden hier im feuchten Talgrund Tomaten und später Bananen angebaut. Nach dem Tod des letzten Gutsherren in den 1970er-Jahren verfiel das Anwesen. Heute wird es wieder als landwirtschaftlicher Betrieb geführt und ist zugleich Ferienanlage wie Seminarhotel mit ökologischem Anspruch und kreativen Kursangeboten (s. S. 129).

Zwischenzeitlich erlebte die Finca bewegte Zeiten. Nach dem Reaktorunfall von Tschernobyl 1986 ging sie in den Besitz der »Kommune Friedrichshof« über. Ziel der vom österreichischen Aktionskünstler Otto Mühl (1925–2013) gegründeten experimentellen Gemeinschaft war es, durch freie Liebe Sexualneurosen zu heilen. Rund 50 Anhänger übersiedelten mit Mühl nach La Gomera. 1988 erschien im »Stern« ein spektakulärer Bericht über die Vorgänge in El Cabrito, u. a. war von Partnertausch und systematischer Zerstörung enger Zweierbeziehungen die Rede. 1991 wurde Otto Mühl in Österreich u. a. wegen sexuellen Missbrauchs Minderjähriger zu einer siebenjährigen Haftstrafe verurteilt. Seine Anhänger distanzierten sich von ihm. Mühl, dessen umstrittenes künstlerisches Werk nach der Haftentlassung eine gewisse Renaissance erlebte, kehrte nicht nach La Gomera zurück. Bis zu seinem Tod lebte er in Portugal. In El Cabrito erinnert an ihn nur noch sein ehemaliges Bürogebäude (heute Teil des Hotels und nicht zu besichtigen) in Form eines Schiffes, ein Entwurf des Mühl-Freundes und Architekten Adolf Krischanitz.

Naturdenkmal: Barranco del Cabrito

San Sebastián und der Südosten

Monumento Natural del Barranco del Cabrito
▶ G/H 7

Wer keine Gelegenheit hat, El Cabrito zu besuchen, kann die Oase aus der Vogelperspektive in Augenschein nehmen – von einem namenlosen **Mirador** mit langgestreckter Parkbucht an der GM-2, zwischen den beiden Abzweigungen nach El Polvorín. Von dem Aussichtspunkt schweift der Blick auch über den **Barranco de la Guancha** hinweg zu einem Bergrücken, dessen Hänge durch die niedrigen Mauern unzähliger verlassener Terrassenfelder gegliedert werden. Aus dem Rücken ragen bizarre Felsgrate und Roques heraus, darunter der wie ein Hut geformte **Roque del Sombrero** (672 m). Diese vielleicht wüstenhafteste und wildeste Gegend La Gomeras steht als Monumento Natural del Barranco del Cabrito unter Naturschutz. Neben verschiedenen Wolfsmilchbüschen sind hier zahlreiche selten gewordene krautige Blütenpflanzen zu Hause.

Wanderung nach El Cabrito ▶ H/J 6/7

Dauer: hin und zurück 5 Std.; mittelschwer, schattenlos; mehrere An- und Abstiege (insg. ca. 650 Höhenmeter); beschildert und weiß-rot markiert als GR 132; keine Einkehrmöglichkeit; Badegelegenheit; zum Rückweg s. a. »Infos«

Der steinige alte Verbindungsweg führt entlang der Küste über trockene Bergrücken und durch einsame Täler. In **San Sebastián** geht es gegenüber vom Busbahnhof los, zunächst entlang der Straße Richtung Playa de Santiago (Schild: GR 132 El Cabrito). Nach Überqueren des Barranco de la Villa biegt man in die erste Seitenstraße links ein (weiß-rote Markierung), kommt durch ein kleines Gewerbegebiet und findet dahinter, wo die Straße nach rechts abbiegt, geradeaus einen Wegweiser Richtung El Cabrito. Neben der Einfahrt zum Insel-Elektrizitätswerk geht es dort an einem Zaun entlang bergauf, nun schon auf dem alten Camino.

Zur Playa de la Guancha
Der Weg windet sich bald recht steil einen Berghang hinauf, bis zu einem Holzkreuz (15 Min.) mit schönem Blick über San Sebastián, und von dort weiter stetig aufwärts. Nach Passieren einer Hausruine steigt man sanft in den **Barranco del Revolcadero** hinunter und quert dessen meist ausgetrocknetes Flussbett (30 Min.). Auf der anderen Seite steigt der Weg wieder an, quert eine holprige Piste und streift aufgegebene Terrassenfelder. Von einem breiten Höhenrücken leiten Serpentinen in eine weitere, schmalere Schlucht hinunter. In deren Grund sind es nach links nur ca. 50 m bis zur **Playa de la Guancha** (1.15 Std.), einem at-

Wanderung nach El Cabrito

El Cabrito

traktiven dunklen Strand, der zu einer Badepause einlädt. Hier wird häufig FKK praktiziert.

Zur Playa de El Cabrito

Links an einem einsamen Haus vorbei setzt man den jetzt mit Kieselsteinen sorgfältig eingefassten Weg in den breiten **Barranco de la Guancha** hinein fort. Etwa 20 Min. später – vom Strand aus gerechnet – wird der Talgrund nach links verlassen. Schräg zum Hang steigt der Camino an einer immer steileren Felswand an. Dann ist der Höhenrücken erreicht (2 Std.), eine Weggabelung weiter kommt schon die Finca El Cabrito in Sicht. In engen Kurven geht es steil hinab zum Grund eines weiteren Barrancos und Richtung Meer, zur **Playa de El Cabrito** (2.30 Std.). Der 400 m lange Strand ist zwar kiesig, aber gut zum Baden geeignet. Am Südrand gibt es sogar etwas Sand. Später läuft man auf demselben Weg zurück nach San Sebastián.

Übernachten

Ökologisch – **Finca El Cabrito:** Tel. 922 14 50 05, www.elcabrito.es, kleines Haus 150 €, großes Haus 170 €, jeweils für 2 Pers. inkl. Vollpension (diese ist stets eingeschlossen), Obst und Getränke gibt es ganztägig, Mindestaufenthalt eine Woche. Ferienanlage und Seminarhotel für Menschen, die ihren Urlaub umwelt- und sozialverträglich gestalten möchten. Den besonderen Reiz macht die Lage ohne Straßenanschluss aus, die absolute Erholung und Ruhe verspricht. Kein Handyempfang, kein Fernseher! Unterbringung in hübschen, ehemaligen Plantagenarbeiterhäusern. Im Hotelrestaurant kommen Obst und Salat aus – bevorzugt eigenem – ökologischem Anbau, Joghurt und Käse aus der Milch eigener Ziegen auf den Tisch. Fleisch und Fisch stehen ebenfalls auf der Speisekarte. Wasser liefert ein eigener Brunnen. Der Stausee im Barranco dient der Landwirtschaft. Strand und Meer sind sauber, denn die Finca hat eine eigene Kläranlage. Müll wird umweltschonend entsorgt (Kompostierung) und man bemüht sich um Recycling (Pfandflaschen u. a.). Im Jahr 2011 hat El Cabrito die Europäische Charta für nachhaltigen Tourismus (ECNT) unterzeichnet. Die familienfreundliche Anlage (Kinderbetreuung und viele Spielmöglichkeiten) bietet starke Kinderermäßigungen.

Essen & Trinken

Das **Restaurant** der Anlage ist nicht öffentlich zugänglich. Allerdings stehen ein Getränkeautomat und Brunnenwasser zur Verfügung.

Aktiv & Kreativ

Yoga und Kunst – **Finca El Cabrito:** s. o. Regelmäßig finden in der Finca deutschsprachige Kurse in Yoga, Tanzen und Kunst statt. Infos über Termine und Konditionen s. Website des Hotels.

Infos

Fähre: Hausgäste der Finca El Cabrito werden mit einem der drei hauseigenen Boote in San Sebastián abgeholt und haben auch während ihres Aufenthalts die Möglichkeit, per Boot nach San Sebastián zu fahren (mehrmals täglich, gegen Gebühr); Fahrtzeit 15 Min. Bei stärkerem Seegang laufen die Boote nicht aus. Es handelt sich um einen Service exklusiv für Hotelgäste.

Das Beste auf einen Blick

Der Süden mit Playa de Santiago

Highlight !

Drago Centenario: Der einzige natürlich gewachsene Drachenbaum von La Gomera steht einsam in einer wildromantischen Schlucht. Nur wer sie erwandert, kommt in den Genuss seines Anblicks. Mit seinem Alter von schätzungsweise mehreren Jahrhunderten ist der Baum ein wahrer Methusalem. S. 149

Auf Entdeckungstour

Erinnerungen an die Ureinwohner: Auf dem Tafelberg Fortaleza de Chipude hinterließen die Altkanarier Ruinen einer Kultstätte, zu der eine Wanderung führt. Anschließend geht es nach El Cercado, wo sich die prähistorische Töpferkunst bis in unsere Tage erhalten hat. S. 154

Kultur & Sehenswertes

Iglesia de El Salvador: Die interessanteste Kirche im Inselsüden steht in Alajeró. Ihr Portal ist in dem – für La Gomera untypischen – Platereskstil gehalten. S. 145

Mirador de Igualero: Weit schweift der Blick von dem einsamen Aussichtspunkt über die grandiose Schlucht Barranco del Erque. S. 151

Zu Fuß unterwegs

Abstieg vom Roque de Agando: Ein steiler, spektakulärer Wanderweg – einst von Hirten und Holzsammlern genutzt – führt von der Carretera Dorsal abwärts zum Meer. S. 143

Wanderung durch den Barranco de Guarimiar: Als schönster der langen Abstiege vom Nationalpark hinab zur Küste gilt der sogenannte Dolomitensteig, der durch eine schroffe Schlucht über Imada nach Laguna de Santiago führt. S. 150

Genießen & Atmosphäre

Hüllenlos baden: An den Naturstränden Playa de Tapahuga, Playa de En Medio und Playa de Chinguarime östlich von Lomada de Tecina ist Freizügigkeit angesagt. Jeder findet dort ein ruhiges Plätzchen. S. 136, 137

Casa Efigenia: Schon die Hippies aus dem ›Valle‹ stiegen früher nach Las Hayas hinauf, um das einst von Doña Efigenia kreierte vegetarische Menü zu genießen – nichts scheint sich seither verändert zu haben. S. 161

Abends & Nachts

La Chalana: Unübertroffen ist die Atmosphäre der Strandbar in Playa de Santiago. Mit Blick aufs Wasser genießt man Tapas und Cocktails. S. 140

Die trockene Seite der Insel

Von der Sonne verwöhnt, dementsprechend karg, fast wüstenhaft, präsentiert sich der Südabhang der Insel. In dem aufstrebenden Ferienort Playa de Santiago gibt es bei allem Komfort auch noch ursprüngliche Hafenatmosphäre zu schnuppern. Ansonsten prägen sandige oder kiesige Strände mit einsamem, unverbautem Hinterland, oft nur auf holprigen Pisten zu erreichen, die Küste.

Erst in größeren Höhen, die von ein wenig mehr Niederschlägen profitieren, wird das Land fruchtbarer. Hier verteilen sich kleine, weiße Bauernsiedlungen über Palmentäler und windige Höhenrücken, allen voran das alte Zentrum des Südens, Alajeró. Vom Tourismus ist dieser Ort fast genauso unberührt geblieben wie Chipude, El Cercado und Las Hayas, drei Bergdörfer, denen die hier häufig vor den Himmel ziehenden Nebelschwaden etwas Geheimnisvolles verleihen. Ein Kontrastprogramm bieten an der Küste von Chipude die Bananenplantagen von La Dama sowie die grobkiesige Playa de La Rajita.

Playa de Santiago ▶ F 8

Die rund 1500 Bewohner des ehemaligen Fischerorts leben heute vom Tourismus. Zu dieser Entwicklung trug entscheidend die Eröffnung der riesigen Hotelanlage Jardín Tecina im Jahr 1987 bei. Die Einweihung des ersten und einzigen Golfplatzes auf La Gomera 2003 gab dem Tourismus auf der Insel einen weiteren Schub. Zwar bietet Playa de Santiago nicht das spezielle Flair des Valle Gran Rey, doch lockt es Urlauber durch seine sonnensichere Lage an.

Infobox

Touristeninformation
In Playa de Santiago informiert eine von der Inselregierung eingerichtete Oficina de Turismo (s. S. 142).

Anreise und Weiterkommen
Flughafen: Der Aeropuerto de La Gomera liegt auf dem Gemeindegebiet von Alajeró, nahe Playa de Santiago. Er wird mit Propellermaschinen 2 x tgl. ab Teneriffa-Nord von Binter Canarias (Tel. 902 39 13 92, www.bintercanarias.com) angeflogen. Passend zu den Flügen verkehren Busse von/nach San Sebastián und ins Valle Gran Rey.

Fähre: Derzeit besteht ab Playa de Santiago keine Fährverbindung.
Busse: Linie 3 verkehrt 2–6 x tgl. von San Sebastián über Playa de Santiago nach Alajeró. Chipude, El Cercado und Las Hayas sind 2–5 x tgl. durch Linie 1 mit San Sebastián und dem Valle Gran Rey verbunden. Linie 4 verkehrt von Vallehermoso über El Cercado/Chipude nach La Dama (Mo–Fr 2 x tgl.).
Taxis: Taxistände gibt es in Playa de Santiago und Alajeró.
Mietwagen: Büros mehrerer Anbieter befinden sich am Flughafen und in Playa de Santiago.

Playa de Santiago

Abendliches Lichterspiel in Playa de Santiago

Im Hafenviertel

Die Keimzelle von Playa de Santiago war der Hafen, in dem heute nur noch wenige traditionelle Fischerboote an den einstmals wichtigsten Erwerbszweig der Ortsbewohner erinnern. Stattdessen dümpeln an den Stegen moderne Motorboote, mit denen die Männer in der Freizeit zum Fischfang ausfahren. Auch Segeljachten legen häufig an.

Nach wie vor schlägt das Herz von Playa de Santiago in der an den Hafen grenzenden alten Fischersiedlung. Sie bildet auf engstem Raum den Mittelpunkt des weitläufigen Ortes mit allen zentralen Einrichtungen wie Bank, Post, Tankstelle und Supermärkten. Die Einheimischen treffen sich auf der Plaza El Carmen an den *kioscos,* die gekühlte Getränke und Eis bereithalten. Touristen flanieren auf der **Avenida Marítima,** an der sich kleinere Unterkünfte, Restaurants, Straßencafés und ein paar Boutiquen reihen.

Ermita de la Virgen del Carmen [1]

Av. Marítima s/n, tgl. geöffnet, Messe So 10 Uhr

Sehenswert ist am Hafenzugang die winzige, in eine Nturhöhle hineingebaute Kapelle, die im Jahr 2006 zu einer richtigen kleinen Kirche vergrößert wurde. Die Fischer von Playa de Santiago verehren hier ihre Schutzheilige, die Jungfrau vom Karmelberg, und schmücken ihre Statue stets mit frischen Blumen.

Laguna de Santiago

Ein schmaler Bergrücken trennt im Osten das Hafenviertel vom Mündungsbereich des Barranco de Santiago. Das Flussbett stellt die Grenze zwischen den Gemeinden Alajeró und San Sebastián dar, der östliche Teil des Ferienorts wird somit von der Inselhauptstadt aus verwaltet. Im relativ feuchten Talgrund des Barrancos gedeihen Bananen. Nebenan leben die Landwirte – wie eh und je strikt getrennt von den Fischern – im stillen Ortsteil Laguna de Santiago, der sich mit seinen weißen, würfelförmigen Häusern an einen Hang etwas abseits der Küste schmiegt. Hier errichteten in der ersten Hälfte des 20. Jh., der Blütezeit des Bananenanbaus, Agrarunternehmer und Händler ihre Häuser. Zwei Stockwerke galten damals als untrügliches Zeichen von Wohlstand. Während sich im Parterre die Geschäftsräume befanden, wohnte die Familie in der

Playa de Santiago

Sehenswert
1. Ermita de la Virgen del Carmen
2. Iglesia de Santiago Apóstol

Übernachten
1. Jardín Tecina
2. Santa Ana
3. Casa Doña Rosario
4. Tapahuga
5. Noda
6. Orone Gomera Playa
7. La Gaviota

Essen & Trinken
1. La Cuevita
2. Tagoror
3. Junonia
4. Bodegón del Mar
5. Rochila
6. Gasolinera La Junta

Einkaufen
1. Vista al Mar
2. Floristería El Patio Alegre
3. Mini-Market

Aktiv
1. Motorjacht »Tina«
2. Golf Tecina
3. Magmar Watersport
4. 1a Bicicleta

Abends & Nachts
1. La Chalana

Beletage. Die wohl schönste dieser Villen mit aufwendigen Stuckbalustraden steht an der zentralen **Plaza Ole Roed Thoresen**.

Iglesia de Santiago Apóstol 2
Calle La Iglesia s/n, meist nur zur Messe (Sa 18 Uhr) geöffnet
Die Pfarrkirche am oberen Ortsrand stammt wie die meisten der Herrenhäuser aus den 1920er-Jahren. Der dreischiffige Bau mit idyllischem Vorplatz wurde im damals auf den Kanaren verbreiteten Stil des Eklektizismus erbaut (s. Entdeckungstour S. 230). Recht unbekümmert vereinte der Architekt Klassizismus, Mudéjar und Pseudoromanik miteinander. Lange Zeit war die Kirche weiß gestrichen, heute erinnert sie mit ihren beigen und rosa Farbtönen an romanische Vorbilder. Beachtung verdienen die dekorativen Glasmosaikscheiben der ebenfalls der Romanik entlehnten Zwillings- und Drillingsfenster.

Der Süden mit Playa de Santiago

Lomada de Tecina

An Laguna de Santiago grenzt östlich, auf einer Anhöhe gelegen, der Ortsteil Lomada de Tecina. Dort spielt sich heute ein Großteil des touristischen Geschehens von Playa de Santiago ab. Mit dem Hotel Jardín Tecina steht hier die größte Ferienanlage La Gomeras (s. S. 137). An sie schließt ein 18-Loch-Golfplatz an. Oberhalb davon entstand das Pueblo Don Thomas, eine Siedlung mit exklusiven Villen und Apartments für zahlungskräftige Erholungssuchende; manche der Immobilien warten immer noch auf Käufer.

Baden und Beachen

Playa de Santiago ▶ F 8
Der für den Ferienort namengebende, etwa 800 m lange Strand erstreckt sich vom Hafen ostwärts über die Mündung des Barranco de Santiago hinaus bis unterhalb von Laguna de Santiago. Im Hafenbereich ist ein ca. 250 m langer Strandabschnitt durch die Außenmole gut gegen die Atlantikwellen abgeschirmt und ermöglicht so auch Kindern relativ gefahrloses Baden. Weiter Richtung Osten erfreut sich die dort völlig naturbelassene, grobkiesige Playa bei Badenden keiner wirklichen Beliebtheit. Sie ist weder gegen die Brandung geschützt noch sonderlich bequem. Dafür aber suchen Einheimische wie auch Touristen gern die dortigen, einsam und romantisch gelegenen Strandlokale auf. Die Gäste des Hotels Jardín Tecina vergnügen sich hinter dem östlichsten Abschnitt der Playa de Santiago in der **Poolanlage Club Laurel**, wohin sie die Steilküste hinab gut per Aufzug gelangen. Auch Nicht-Hotelgäste sind gegen Gebühr willkommen.

Playa de Tapahuga ▶ F 8
Östlich von Lomada de Tecina wird an mehreren einsamen Stränden gern FKK praktiziert. Zu erreichen sind sie über die Nebenstraße oberhalb des Hotels Jardín Tecina (Schild: Playa de En Medio). Erster dieser Strände – vom Hotel aus bequem in 15 Min. zu Fuß erreichbar – ist die 250 m lange, sehr grobkiesige Playa de Tapahuga. Derzeit steht dort noch eine Lagerhalle. Wann hier das seit Jahren geplante Luxushotel mit 700 Betten gebaut wird, steht in den Sternen. Baden im Meer gilt als verhältnismäßig sicher, sofern die Brandung nicht von Süden oder Südwesten einläuft. Am Westrand der Bucht wurde früher die Bananenernte auf Schiffe verladen. Heute sitzen oft Angler auf dem verfallenden Kai. Nebenan duckt sich die Ermita de San Roque, ein hübscher Schrein mit einer Figur des hl. Rochus, unter den Fels.

Playa de En Medio ▶ F/G 8
Zum Strand in der nächsten Bucht (auf Karten auch Playa del Medio) führt eine schmale Straße zunächst im Tal von Tapahuga landeinwärts und dann rechts über einen Bergrücken hinweg. Wer zu Fuß unterwegs ist, kürzt auf dem weiß-rot markierten und von Steinreihen gesäumten Fernwanderweg GR 132 ab. Dieser muss allerdings auf dem Bergrücken verlassen werden. Man geht dort auf der Straße rechts und biegt dann links in einen orange markierten Pfad ein, der in Serpentinen zum Strand hinunterführt (45 Min. ab Hotel Jardín Tecina). Die Playa de En Medio und ihr Hinterland sind naturbelassen. Der 250 m lange, kiesige Strand eignet sich zum Baden relativ gut und wird noch lieber von Freunden des FKK aufgesucht als die ortsnähere Playa de Tapahuga.

Playa de Santiago

Das Hafenviertel von Playa de Santiago hat den Charme des alten Fischerorts bewahrt

Playa de Chinguarime ▶ G 8
Von den Parkbuchten an der Playa de En Medio zieht sich oberhalb der Küste ein Trampelpfad den nächsten Bergrücken hinauf. Der Pfad ist anfangs mit einem roten Punkt markiert, später dann mit Steinmännchen. Wer schwindelfrei ist, kann hier zum nächsten Strand laufen, der Playa de Chinguarime (ca. 15 Min. Gehzeit pro Strecke). Diese sehr einsame Playa ist mit dem Auto nicht zu erreichen. (Die Straße ist im weiteren Verlauf Privatbesitz und für den öffentlichen Verkehr gesperrt.) Eine kleine Felsnase teilt den Strand in zwei ungleiche Hälften. Sein vorderer, längerer Teil ist recht grobkiesig, der hintere Abschnitt etwas sandiger und verhältnismäßig gut gegen die Brandung geschützt. Daher eignet er sich zum Baden. Dies wissen auch die ›Höhlenmenschen‹ zu schätzen, die sich dort hin und wieder einquartieren.

Übernachten

Eine Welt für sich – **Jardín Tecina** [1]: Lomada de Tecina, Tel. 922 14 58 50, www.jardin-tecina.com, DZ ca. 130 €. Die weitläufige, komfortable Hotelanlage, die in herausragender Lage über der Steilküste thront, wurde mit vier Sternen ausgezeichnet. In den tropischen Garten eingebettet liegen das Hauptgebäude mit Rezeption, Bar, zwei Restaurants und Ladenzeile sowie mehrere flache Wohnbauten und die Poollandschaft. Die meisten Gäste buchen über Reiseveranstalter, was in der Regel günstiger kommt.

Sehr ruhig – **Santa Ana** [2]: Las Trincheras, Finca Santa Ana s/n, Tel. 922 89 51 66, www.gomerarural.com, Apartment für 2 Pers. 43–61 €, Mindestenthalt zwei Nächte. Ferienwohnungen mit weitem Blick übers Meer im Neubaugebiet Las Trincheras, auf einer Anhöhe im Westen von Playa de Santiago. Ein steiler Fußweg (10 Min.)

Der Süden mit Playa de Santiago

Unser Tipp

›Tankstelle‹ für Mensch und Auto
Einem alten kanarischen Gutshof ist die originelle Raststätte rund 400 m oberhalb von Playa de Santiago an der Straße Richtung Alajeró nachempfunden. Ob im Speiseraum mit der schönen dunklen Holzdecke oder auf der Terrasse mit Blick zum Ort, hier wird man gut bedient. Die vielen einheimischen Gäste wissen das zu schätzen. Außer ›richtigen‹ Speisen zum Sattwerden gibt es auch Tapas, die man sich aus der Theke aussuchen kann. Wer möchte, kann nebenan gleich seinen Wagen betanken oder sich in der *tienda* mit Reiseproviant versorgen. **Gasolinera La Junta** 6 : GM-3 (Carretera del Sur), tgl. 7–23 Uhr, Tapas 4–5 €, Hauptgerichte 8–10 €.

führt direkt zum Hafen, dennoch empfiehlt sich ein Mietwagen. Kleiner Supermarkt im Haus.
Wunderschön – **Casa Doña Rosario** 3 : Laguna de Santiago, Calle Barranco Santiago 17, Tel. 922 89 51 88, www.donarosario.eu, Studio für 2 Pers. 45 €, Duplex-Apartment für 2 Pers. 55 €, Mindestaufenthalt eine Woche. Altes Herrenhaus mit kanarischem Holzschnitzwerk an Galerie und Balkonen; fünf Ferienwohnungen, unter holländischer Leitung. Bis zum Meer, auf das man vom Haus aus über Bananenplantagen blickt, sind es 300 m.
Unabhängig – **Tapahuga** 4 : Avenida Marítima 52, Tel. 922 89 51 59, www.tapahuga.es, Apartment für 1–2 Pers. 43–60 €. Mittelgroßes Apartmenthaus an der Strandpromenade hinter dem Hafen. Ein Teil der komfortabel ausgestatteten Wohneinheiten liegt zum idyllischen Innenhof in kanarischem Stil. Dachterrasse mit Pool.
Gepflegt – **Noda** 5 : Laguna de Santiago 73, Tel. 922 89 50 87, Fax 922 14 02 01, Apartment für 2 Pers. 20–40 €. Vier Ferienwohnungen für bis zu vier Personen in einem modernen, hellen Haus am oberen Rand des Ortskerns von Laguna. Am schönsten sind jene im Obergeschoss mit hervorragendem Ausblick.
Großzügig – **Orone Gomera Playa** 6 : Avenida Marítima 14, Tel. 922 89 56 10, www.oronegomera.com, Apartment für 2 Pers. ab 45 €. Geräumige, angenehm eingerichtete Apartments. Am schönsten sind jene mit großem Balkon oder Terrasse zum Meer hin. Sonnendeck auf dem Dach. Hausgäste erhalten im angeschlossenen Restaurant (s. S. 139) Rabatt. WLAN verfügbar.
Ohne Schnörkel – **La Gaviota** 7 : Avenida Marítima 35, Tel. 922 89 51 35, www.pensionlagaviota.es, DZ ohne Frühstück ab ca. 25 €. 2-Sterne-Pension mit zehn schlichten, relativ kleinen Zimmern, die alle über einen Balkon verfügen. Reservierung bei Teresa auf Englisch möglich. Infos im Erdgeschoss in der Cafetería Bodegón del Mar.

Essen & Trinken

In die Felsen gebaut – **La Cuevita** 1 : Avenida Marítima 60, Tel. 922 89 55 68, Mo–Sa 10–23 Uhr, So geschl., Hauptgerichte 10–12 €. Stilvoll eingerichtetes Höhlenrestaurant am Hafen, eines der renommiertesten Lokale der Insel mit viel einheimischem Publikum. Zu essen gibt es natürlich vorwiegend Fisch und Meeresfrüchte, gerne frisch vom Boot, aber auch Kaninchen. Immer eine Empfehlung wert sind die Gambas mit Knoblauchsauce.
Grandioser Blick – **Tagoror** 2 : Tecina 97, Tel. 922 89 51 95, tgl. geöffnet, Hauptgerichte ab 10 €. Eine Alternative zum Hotelrestaurant in der Nähe des

Playa de Santiago

Jardín Tecina, mit Aussichtsterrasse und geräumigem, rustikalem Speiseraum. Kanarische und spanische Küche mit viel Fisch und Fleisch. Auch schön für einen Cocktail zum Sonnenuntergang.

Gepflegter Rahmen – **Orone** 6 : Avenida Marítima 14, Tel. 922 89 56 10, tgl. geöffnet, Hauptgerichte 8–12 €. Im selben Haus wie die gleichnamigen Apartments (s. S. 138) befindet sich dieses Restaurant mit spanisch-kanarischer Küche. Auf der Speisekarte stehen je sechs oder sieben Fleisch- und Fischgerichte, außerdem gibt es frischen Tagesfisch (um 14 €). Besonderer Beliebtheit erfreut sich die etwas erhöhte Terrasse, von der man den Überblick über das Geschehen auf der Promenade behält.

Persönlicher Stil – **Junonia** 3 : Avenida Marítima 53, Tel. 922 89 54 50, Mo u. Mi–So 9–23 Uhr, Di geschl., Hauptgerichte um 9 €. Eine gute Adresse für frischen Fisch, dazu kann man ordentliche Salate bestellen. Dezenter Service. Von der gemütlichen, passend mit einem maritimen Wandgemälde geschmückten Terrasse blicken die Gäste über den Hafen.

Bei den Fischern – **Bodegón del Mar** 4 : Avenida Marítima 35, Tel. 922 89 51 35, Mo u. Mi–So 18.30–22 Uhr, Di geschl., Hauptgerichte 6–10 €. In einer ehemaligen Fischerkate neben der gleichnamigen Cafeteria und der Pension Gaviota. Außer typisch kanarischen Fleisch- und Fischgerichten gibt es hier ein großes Angebot an Snacks, wie Hamburger, *bocadillos* und Sandwiches.

Unkompliziert – **Rochila** 5 : Avenida Marítima/Ecke Plaza El Carmen, tgl. geöffnet, Tapas um 5 €. Bar und Cafeteria. Frisch gepresste Fruchtsäfte oder die Tapas des Tages kann man besonders gut auf der kleinen Terrasse mit Meerblick genießen.

Raststätte – **Gasolinera La Junta** 6 : s. Unser Tipp S. 138.

Einkaufen

Souvenirs, Souvenirs – **Vista al Mar** 1 : Avenida Marítima s/n (im selben Hauskomplex wie die Touristeninformation). ›Souvenir-Bazar‹ mit kunsthandwerklichen und kulinarischen Produkten der Kanarischen Inseln.

Es grünt so grün – **Floristería El Patio Alegre** 2 : Plaza El Carmen s/n. Blumenhandlung, die Samen und Jungpflanzen von kanarischen Arten und zahlreichen Zierpflanzen anbietet.

Tante Emma lässt grüßen – **Mini-Market** 3 : La Laguna, Plaza Ole Roed Thoresen. Trotz des banal klingenden Namens ist dieser Gemischtwarenladen, der restauriert und wieder in den Originalzustand von vor 100 Jahren zurückversetzt wurde, eine Sehenswürdigkeit der besonderen Art. Reichlich Stuck ziert das einstige Handelshaus.

Aktiv

Auf der Suche nach Walen – **Motorjacht »Tina«** 1 : Tel. 922 80 58 85, www.excursiones-tina.com. Das normalerweise in Vueltas (Valle Gran Rey) stationierte Boot legt jeden Montag im Hafen von Playa de Santiago zum halbtägigen Whalewatching ab – mit Badestopp und Mittagessen an Bord. Regulär um 10 Uhr, bei Bedarf zusätzlich um 14 Uhr, 43 € pro Pers., Kinder 5–12 Jahre 23 €, unter 5 Jahre gratis.

Greens über dem Meer – **Golf Tecina** 2 : Lomada de Tecina, Tel. 902 22 21 30, www.tecinagolf.com. 18-Loch-Anlage (Par 71) mit grandiosem Blick übers Meer. Driving Range, Putting Green, Clubhaus mit Restaurant und Golfshop sind vorhanden. Preis für Green Fee auf Anfrage, günstige Paketpreise mit Anreise per Fähre und Übernachtung gibt es im Hotel Jardín Tecina (aktuelle Angebote s. Website).

Lieblingsort

La Chalana 1 – die ultimative Strandbar

Das wohl stimmungsvollste Lokal von Playa de Santiago ist La Chalana am Strandabschnitt vor dem Ortsteil Laguna. Dezente Musik untermalt das lauschige, an die Karibik erinnernde Ambiente. Die Gäste sitzen unter einem tagsüber Schatten spendenden, abends Atmosphäre schaffenden roten Sonnensegel, umgeben von tropischen Pflanzen, und genießen frisch gepresste Obstsäfte zu hausgemachten Tapas. Abends darf es dann ein Cocktail sein, etwa eine Caipirinha. Samstags gibt es häufig Livemusik. La Chalana ist bei Facebook (Av. del Almirante Colón s/n, Tel. 922 89 59 69, tgl. 10–23 Uhr, Tapas 6–8 €, Hauptgerichte ab 11 €).

Der Süden mit Playa de Santiago

Tropische Unterwasserwelt – **Magmar Watersport** 3: Playa de Santiago, zum Hotel Jardín Tecina gehörig, Tel. 660 65 90 98, www.magmar-water sport.com. Deutschsprachige Tauchbasis unter der Leitung von Stefanie Schur. Für einen Tauchurlaub in Verbindung mit der 4-Sterne-Unterkunft Hotel Jardín Tecina.

Bunte Vielfalt – **Jardín Tecina** 1: s. o. Angebote für Tennis, Squash und Fitness sind auch Gästen, die nicht im Hotel wohnen, zugänglich (gegen Gebühr). Infos tgl. 11.30–12 Uhr im hoteleigenen Terrassencafé Patio.

Drahtesel – **1a Bicicleta** 4: Laguna de Santiago, Tel. 690 18 71 00, www.primerabicicleta.de. Mountainbike 10–12 € pro Tag je nach Mietdauer. Preise inkl. Zubehör und Haftpflichtversicherung. Auch verschiedene geführte Touren (je 33 €) sind im Angebot. Oder nur Transfer für min. 2 Pers. nach Igualero (pro Pers. mit Fahrrad 10 €).

Per pedes – **Timah:** La Puntilla (s. S. 195). Der bekannte Wanderveranstalter aus dem Valle Gran Rey bietet 5 x pro Woche geführte Wandertouren mit Abholung am Hotel Jardín Tecina an. Programm unter www.timah.net.

Abends & Nachts

In Playa de Santiago werden die Bürgersteige recht früh hochgeklappt. Wer nicht im Hotel **Jardín Tecina** 1 wohnt, wo es mehrere Bars gibt, trifft sich zum Cocktail im **La Chalana** 1 (s. Lieblingsort S. 140) oder sitzt in einem der Lokale an der Avenida Marítima, die allerdings gegen 22 oder 23 Uhr schließen.

Infos & Termine

Tourismusbüro
Oficina de Turismo de Playa Santiago: 38810 Playa de Santiago, Avenida Marítima s/n (Edificio Las Vistas, Local 8), Tel. 922 89 56 50, Fax 922 89 56 50, turismops@lagomera.es, www.lagomera.travel/de/, Mo/Di 9–13.30, 16–18, Mi–Fr 9–14.45, Sa 9–13 Uhr. Informationsbüro der Inselregierung.

Feste und Veranstaltungen
Fiestas de San Roque: erste Augusthälfte. Mehrtägiges Festprogramm mit Sportveranstaltungen, Ausstellungen, Konzerten und Tanzvergnügen. Eine Bootsprozession überführt die Statue des Heiligen aus ihrem Schrein an der Playa de Tapahuga nach Playa de Santiago. Alles gipfelt am 16. August (Tag des hl. Rochus) oder dem Sonntag davor in der **Romería de San Roque**, einer in ihrer Art auf La Gomera wohl einmaligen Wallfahrt. Gegen 10 Uhr versammeln sich die Pilger auf der Plaza de El Carmen, um in ausgelassener Stimmung und leicht bekleidet – durchaus auch in Badehose oder Bikini – tanzend der Statue des Heiligen zu folgen, die zurück zur Playa de Tapahuga getragen wird. Unterwegs

---

Unser Tipp

Gelungene Flughafenarchitektur
Wegen seiner Architektur ist das Terminal des Aeropuerto de La Gomera eine Sehenswürdigkeit für sich. Im überdachten Patio gibt es eine elegante Bar und einen Souvenirladen. Riesige Fenster mit getönten Scheiben lassen die bombastische Eingangshalle luftig wirken. Den Patio überspannt eine traditionelle kanarische Holzdecke. Neben der eleganten Bar, in der es sich die Passagiere der wenigen Flüge bequem machen, plätschert ein Springbrunnen unter Palmen.

fließt Sangría in Strömen, erst recht beim Paella-Essen am Strand mit der anschließenden *verbena* (Tanzball).

Verkehr

Busse: Linie 3 San Sebastián – Alajeró (2–6 x tgl.).
Taxis: Taxistände an der Avenida Marítima (Plaza del Carmen) und beim Hotel Jardín Tecina, Tel. 922 89 50 22 oder 922 89 53 00.
Mietwagen: Im Hotel Jardín Tecina befindet sich eine Filiale von Autos La Rueda (Tel. 922 80 51 97, www.autoslarueda.es), Kleinwagen 28–32 € pro Tag, 130–170 € pro Woche, Flughafenservice). Stationen am Flughafen unterhalten Cicar (Tel. 922 87 30 31, www.cicar.com), AVIS (www.avis.es) und Europcar (Tel. 922 87 30 30, www.europcar.es).
Fähre: Derzeit besteht ab Playa de Santiago keine Fährverbindung.
Flugzeug: Der Flughafen liegt 3 km außerhalb von Playa de Santiago an der Straße nach Alajeró. Busse ins Valle Gran Rey (Linie 6; 6 €) und nach Playa de Santiago/San Sebastián (Linie 7; 4 €) bei Ankunft der Flüge; ab San Sebastián 1 Std. 45 Min., ab Valle Gran Rey 2 Std. vor Abflug.

Abstieg vom Roque de Agando ▶ E 5–F 8

Dauer: 4 Std.; anspruchsvoll; 1100 Höhenmeter im Abstieg; beschildert und weiß-gelb markiert als PR LG 16, Bushaltestelle der Linie 1 am Roque de Agando; unterwegs keine Einkehrmöglichkeit

Zum Weiler Benchijigua

Der Wanderweg beginnt beim Waldbranddenkmal am **Roque de Agando** (s. Entdeckungstour S. 264), wo ein Schild Richtung Benchijigua weist. Sein

Mit dem Auto nach Benchijigua
Per Auto ist der Weiler Benchijigua auf einer rund 4 km langen, ab der GM-3 (Carretera del Sur) zwischen Degollada de Peraza und Playa de Santiago ausgeschilderten Piste zu erreichen, die sich eigentlich nur für geländegängige Fahrzeuge eignet. Je nach vorangegangener Wetterlage kann sie extrem ausgewaschen sein.

erster Abschnitt ist zugleich der steilste. Nach Passieren eines abgedeckten Wasser-kanals und Durchqueren eines feuchten, mit Weiden und Schilfrohr bestandenen Talgrunds lässt das Gefälle merklich nach. Dann verlässt der Pfad das Hochtal unterhalb des Roque de Agando und verläuft auf einem Höhenrücken teilweise über Felsplatten. Allmählich senkt sich die Route nach **Benchijigua**, einem in 600 m Höhe gelegenen Weiler, dessen winziges Zentrum die kleine **Ermita San Juan Bautista** (1.15 Std.) markiert. Er wurde nach der Conquista als eine der ersten europäischen Siedlungen auf La Gomera gegründet. Dank reichlich vorhandenen Wassers und des günstigen Höhenklimas konnten hier Weinstöcke, Palmen und Esskastanien gedeihen. Zunächst hieß der Ort, der eine Sommerresidenz der Grafen war, Corte del Señor Conde (Hof des Herrn Grafen). Im Auftrag eines Großgrundbesitzers aus Vallehermoso bewirtschafteten die früher rund 200 Bewohner das Land als Pächter bis weit ins 20. Jh. hinein. Dann gaben viele auf und wanderten aus. Kaum jemand wohnt noch ständig in Benchijigua. Das Land gehört heute der Reederfamilie Olsen, die einen Kanal von den Quellen bei Benchijigua bis nach Playa de Santiago bauen ließen, um ihre dortigen Bananenplantagen

Der Süden mit Playa de Santiago

Beste Bedingungen für Palmen: Der Weiler Benchijigua liegt in einem feuchten Tal

zu bewässern. Einen Straßenanschluss gibt es nicht (s. Kasten S. 143).

Pastrana und Taco

An der Kirche endet die Piste nach Benchijigua. Um die Wanderung fortzusetzen, geht man auf dieser ein Stück zurück und findet nach ca. 100 m die Fortsetzung des PR LG 16 auf der rechten Seite. Der Camino hält sich jetzt talabwärts und trifft bald auf eine schmale Straße, die von Benchijigua nach Lo del Gato führt. Auf der Straße läuft man etwa 100 m nach links, also bergauf (!), um dann rechts wiederum in den Wanderweg einzuschwenken. Zügig geht es nun abwärts, zuerst entlang der Flanke des **Barranco de Santiago,** später in seinem Talgrund, wo Bananen, Orangen und Papayas gedeihen. Beim Palmendorf **Pastrana** wird wiederum eine Straße erreicht (2.30 Std.). Dieser kann man nun im weiteren Verlauf folgen oder man richtet sich nach den Markierungen des PR LG 16, die noch einmal rechts in den Barranco hinunterweisen. (Die zweite Möglichkeit ist etwas länger und umständlicher.) Über den Weiler **Taco** (3 Std.) kommt man schließlich an die Landstraße bei **Playa de Santiago**. Von dort ist es nicht mehr weit zum gleichnamigen Strand beim Ortsteil Laguna (4 Std.).

Alajeró ▶ D/E 6/7

Bis vor wenigen Jahrzehnten zählte Alajeró als landschaftliches Zentrum des Südens zu den bedeutendsten Orten auf La Gomera. Hier, rund 800 m über

Alajeró

dem Meer, bildet sich relativ häufig Nebel und es gibt genügend Feuchtigkeit für den Anbau von Wintergetreide. Dennoch lohnte in den 1960er-Jahren die Feldarbeit immer weniger. Landflucht setzte ein, zahlreiche Menschen verließen den Ort.

In jüngerer Zeit kam es, bedingt durch den Tourismus an der Küste, zu einer erstaunlichen Wiederbelebung des Ortes. Der westliche Teil von Playa de Santiago wird vom Rathaus in Alajeró verwaltet und so fließen vergleichsweise üppige Steuereinnahmen in die Kassen. Viele der knapp 600 Bewohner pendeln heute zur Arbeit in den Ferienort. Mitteleuropäische Zuwanderer kauften leer stehende Häuser auf und restaurierten sie, andere werden im Rahmen des ländlichen Tourismus vermietet. Das recht komfortable El Paso Hotel Suite am Südrand von Alajeró ist allerdings seit einigen Jahren geschlossen.

Iglesia de El Salvador
Plaza de la Iglesia, vormittags meist geöffnet

Die einschiffige Pfarrkirche gilt als eines der interessantesten Gotteshäuser der Insel. Sie wurde bereits um 1550 errichtet und erhielt eine Fassade im Platereskstil, einer spanischen Variante des Renaissance-Stils, die von der Mitte des 16. Jh. bis ins 17. Jh. hinein verbreitet war und spätgotische sowie maurische Elemente aufwies. Finanziell möglich geworden war der Bau, weil der erste Graf von La Gomera der Gemeinde 1532 zu diesem Zweck in seinem Testament sechs Prozent vom Wert des weißen Bruch-

Lieblingsort

Ermita San Isidro – zum Picknick pilgern ▶ D 7

Auf der Montaña de San Isidro (808 m) südlich von Alajeró wachte in Kriegszeiten oder bei Piratengefahr ein Posten. Heute steht dort die hübsche Ermita de San Isidro. Bei sonnigem Wetter kann man wunderbar auf dem Picknickplatz neben der kleinen Kirche (meist geschl.) vespern und den grandiosen Ausblick über die Südküste genießen. Angelegt wurde der Platz für die Pilger, die im Mai eine Wallfahrt hierher veranstalten (s. S. 148). Von einer Wendeschleife am Fuß des Berges, den man über einen asphaltierten Fahrweg am (geschlossenen) El Paso Hotel Suite vorbei erreicht, führt ein bequemer Pflasterweg zur Ermita hinauf (10 Min.). Schon die Altkanarier betrachteten den Berg als heilig. Archäologen fanden am Gipfel prähistorische Steinsetzungen und weiter unterhalb einen gepflasterten *tagoror* (Versammlungsplatz) sowie Wohn- und Begräbnishöhlen.

Der Süden mit Playa de Santiago

steins vermacht hatte, der zur damaligen Zeit zwischen Chipude und dem Valle Gran Rey abgebaut wurde.

Der Baumeister spielte farblich mit verschiedenen Natursteinen. So ist die Fassade an den Außenseiten dunkel, in der Mitte – das Portal und ein Rundbogenfenster einschließend – jedoch hell. In Rosetten und einem Kranzgesims auslaufende Halbsäulen flankieren das Portal. Zentral sitzt der Fassade ein Zwillingsglockengiebel auf. Der Innenraum zeigt sich sehr schlicht, abgesehen von der vor einigen Jahren erneuerten, typisch kanarischen Holzdecke. Kürzlich restauriert und in den Originalzustand versetzt wurden die kunsthistorisch wertvollen Skulpturen des Gekreuzigten Christus, der Schmerzensmadonna und des Evangelisten Johannes (alle 17./18. Jh.).

An die Kirche grenzt die weitläufige, mit Zypressen und Pfefferbäumen bepflanzte **Plaza de la Iglesia**. Auch die für Plätze dieser Art auf der Insel fast schon obligatorische Birkenfeige fehlt nicht.

Übernachten

Im eigenen Haus – **Casa Don Pedro II:** Plaza del Ayuntamiento, donpedro2.casasruralesdelagomera.es, Haus für 2 Pers. ab 55 €. Typisches, hübsch renoviertes Dorfhaus mitten im Zentrum von Alajeró. Kontakte mit Einheimischen sind hier geradezu garantiert. Für bis zu 5 Personen geeignet.

Essen & Trinken

Gehoben rustikal – **Las Palmeras:** GM-3 (Carretera del Sur), Tel. 922 89 54 71, Di-So 11.30–22.30 Uhr, Mo geschl., Menü 15 €. Das Lokal im kanarischen Stil wird inselweit gerühmt. Natürlich gibt es gomerische Spezialitäten – hier dank der Kochkünste von Margarita und der Verwendung qualitativ hochwertiger Produkte durchaus mit dem gewissen Etwas. Wie eigentlich überall fernab der Küste liegt der Schwerpunkt auf Fleischgerichten wie Zicklein und Huhn. Vorneweg empfiehlt sich eine Brunnenkressesuppe. Auch die Weinauswahl kann sich sehen lassen.

Schöner Ausblick – **El Mesón de Clemente:** Las Cruces 6, GM-3 (Carretera del Sur), Tel. 922 89 57 21, Do-Di 11–17, 19–23 Uhr, Mi geschl., Mitte Jan.–Mitte Feb. Betriebsferien, Menü 10–11 €. Am südlichen Ortsrand an der Straße nach Playa de Santiago gelegenes Lokal mit Sonnenterrasse und freundlich eingerichtetem Innenraum. Hier wie dort schweift der Blick weit über den Atlantik. Fleisch und Geflügel vom Holzkohlengrill sind die Spezialitäten des Hauses, gut sortierte Bodega.

Authentisch – **Columba:** Calle Columba s/n, Tel. 922 89 53 60, Mo-Sa 8–16, 18–22.30 Uhr, Hauptgerichte 7–9 €. Unterhalb der Kirche beim Sportplatz. Uriges Ambiente, gute Auswahl an einheimischen Fleischgerichten wie Ziege oder Kaninchen, tagesfrischer Fisch. Tapas (3–4 €) werden an der Bar eingenommen, wo sich regelmäßig viele Einheimische einfinden.

Infos & Termine

Tourismusbüro
Oficina de Turismo: Der Sitz des Tourismusbüros von Alajeró befindet sich in Playa de Santiago (S. 142). Infos im Internet: www.alajero.es.

Feste und Veranstaltungen
Fiestas de San Isidro Labrador: ein Wochenende um den 15. Mai. Wallfahrt zu Ehren des hl. Isidor, des Schutzheiligen der Bauern, zur Ermita San Isidro (s. Lieblingsort S. 147); außerdem abendliche Tanzveranstaltungen mit Livemusik und ein Fußballturnier.

Alajeró

Fiesta de El Paso: erste Septemberhälfte. Am Sonntag nach dem 11. September, dem Ehrentag der ›Retterin aus Wegenot‹, beginnt mit einer Messe in der Ermita de El Paso (s. S. 151) die *bajada* der dort verehrten Madonnenfigur. Eine Prozession begleitet sie zur Pfarrkirche von Alajeró. Unterwegs singen die Gläubigen *romances* (balladenhafte Lieder), begleitet von *chácaras* (große Kastagnetten) und *tambores* (Trommeln). Einen Tag später führen die Gläubigen die Jungfrau feierlich in ihre Kapelle zurück *(subida)*. Das Fest beginnt schon 14 Tage zuvor mit Sportveranstaltungen, Wanderungen und Freilichtkino. In den Tagen um den eigentlichen Höhepunkt kommen Konzerte, Tanzveranstaltungen und Feuerwerk hinzu (Programm im Touristenbüro von Playa de Santiago).

Verkehr
Busse: Linie 3 nach Playa de Santiago/San Sebastián 2–5 x tgl. Außerdem passiert Linie 6 ins Valle Gran Rey kurz nach Ankunft von Flügen den Aeropuerto de La Gomera. Die Endstation (Busbahnhof) befindet sich oberhalb des Ortes, die Busse halten aber auch im Ortszentrum. **Taxis:** Plaza del Ayuntamiento (nahe Kirche), Tel. 922 89 50 22. Falls nicht besetzt, kann man sich ein Taxi aus Playa de Santiago kommen lassen.

Kurzwanderung zum Drago Centenario!
▶ D/E 6

Dauer: hin und zurück 1 Std.; mittelschwer, Trittsicherheit und festes Schuhwerk (Trekkingstiefel) zu empfehlen
Ausgangspunkt ist eine Parkbucht etwa 200 m oberhalb der Straßenabzweigung nach Imada, in die zwei alte Pflasterwege münden. Man wählt den rechten, breiteren (Schild: Drago Centenario). Er ist mit niedrigen Natursteinmauern begrenzt und führt zunächst an einem großen Wasserbehälter vorbei. Am Rand eines Barrancos beschreibt er dann einen weiten Linksbogen. Auf dem Bergrücken links sieht man den Weiler **Agalán**. Es geht nun steiler bergab bis zu einer Kreuzung, dort geradeaus auf einem Pfad halten. Nach ca. 50 m mündet von links ein Pflasterweg ein. Jetzt bietet sich zunächst ein kurzer Abstecher geradeaus zu einem Mirador an (10 Min.). Tief unten im Tal ist von dieser Aussichtsplattform der Drachenbaum bereits zu sehen. Wer keine Lust auf den weiteren, steilen Abstieg hat, kehrt hier um.

Ansonsten geht es zu dem Pflasterweg zurück und auf diesem die Natursteinstufen hinunter in weiteren 20 Min. zum Drago Centenario. An ihn heranzutreten ist nicht erlaubt. Da sich immer wieder Besucher in seiner Rinde verewigt haben, hat man den Baum eingezäunt. Er darf nur noch von einer Terrasse aus der Nähe betrachtet werden.

La Gomeras ›Methusalem‹
Bei dem imposanten Baum, der sogar das Stadtwappen von Alajeró ziert, handelt es sich um das einzige wild wachsende Exemplar eines Drachenbaums auf La Gomera. Es ist auch unter den Namen Drago de Agalán und Drago de Magaña bekannt. Da die urtümliche Pflanzenart keine Jahresringe ausbildet, ist das Alter des Baums schwer zu bestimmen. Biologen schätzen es anhand der Zahl der Verzweigungen auf mehrere Jahrhunderte *(centenarios)*.

Drachenbäume waren früher eine der Charakterarten des Trocken-

Der Süden mit Playa de Santiago

buschs. Die der mediterranen Macchie ähnliche Vegetationsform war früher auf La Gomera im Übergangsbereich zwischen trockener Küstenzone und Gebirgswäldern verbreitet. Da dieses Gebiet schon von den Guanchen und erst recht von den Konquistadoren als besonders wertvoll für die Landwirtschaft angesehen wurde, blieb die Vegetation nur an wenigen Stellen von Rodung verschont. Überdies hat man den Drachenbaum bis gegen Ende des 19. Jh. regelmäßig ›ausgeblutet‹ und damit fast ausgerottet. Das abgezapfte Harz lieferte einen damals kostbaren roten Farbstoff.

Wanderung durch den Barranco de Guarimiar

Wanderung durch den Barranco de Guarimiar

▶ D/E 5–F 8

Dauer: 5 Std.; anspruchsvoll; 1400 Höhenmeter im Abstieg; Schwindelfreiheit und Trittsicherheit erforderlich; beschildert und weiß-gelb markiert als PR LG 15; Bushaltestelle der Linie 1 am Cruce de Pajaritos; Einkehrmöglichkeit in Imada

Diese eindrucksvolle Tour führt über steile, alte Verbindungswege stetig abwärts nach Playa de Santiago. Deutschsprachige Wanderveranstalter auf La Gomera bieten die Tour unter der Bezeichnung ›**Dolomitensteig**‹ an.

Zum Dorf Imada

Ausgangspunkt ist der Parkplatz an der Straßengabelung **Cruce de Pajaritos**, wo von der GM-2 eine Verbindungsstraße zur GM-3 abzweigt. Dort quert der Fernwanderweg **GR 131.** Seinen weiß-roten Markierungen folgt man auf einer Piste zunächst Richtung San Sebastián. Schon nach 5 Min. biegt der GR 131 links ab. Man läuft aber geradeaus auf dem Fahrweg weiter, der nun als **PR LG 15** weiß-gelb markiert ist (Schild: Imada). Auf Forstpisten geht es durch Kiefernwald bergab. Bei einer Informationstafel verlässt der PR LG 15 den Nationalpark und hält sich an einem felsigen Rücken steil abwärts.

Von rechts mündet ein weiterer Camino ein, der von der Straßengabelung Las Paredes bei Igualero herabkommt. Ihn ignorierend, läuft man weiter bergab und erreicht nach 1.30 Std. das malerische Dorf **Imada,** das mit seinen weißen, kubischen Häusern und vielen Palmen wie eine nordafrikanische Oase wirkt. Dort führt eine schmale Straße hinab zum kleinen Zentrum an der Hauptstraße, wo sich die **Bar Arcilia** (Tel. 922 89 53 95, Fr geschl.), ein einfaches Dorflokal mit ein paar Tischen vor der Tür, für eine Rast bei einem Getränk und einem *bocadillo* anbietet. Es lohnt sich, nach dem örtlichen Ziegenkäse und nach Gebäck aus lokaler Herstellung zu fragen.

Guarimiar und El Rumbazo

Der selten begangene, manchmal verschüttete PR LG 16.1 Richtung Benchijigua zweigt am Gasthaus ab. Um in den Barranco de Guarimiar zu gelangen, läuft man jedoch die Hauptstraße von Imada hinab (Schild: **PR LG 15 Playa de Santiago**). Sie führt in eine Senke und beginnt dann wieder anzusteigen. Genau dort geht es links eine Treppe hinab (weiß-gelbe Markierungen) zu einer Gabelung, dort rechts halten.

Kurze Zeit folgt man einem ausgetrockneten Bachbett und passiert mehrere Feldterrassen. Immer einsamer wird das Tal, die Felswände zu beiden Seiten rücken näher zueinander. Stets hält sich der Weg am rechten Talrand, verläuft abschnittsweise in engen Serpentinen abwärts, dann wieder fast höhenparallel. Nach gut 2.30 Std. Gehzeit quert man einen stillgelegten Wasserkanal. Dann werden die Terrassenfelder des Weilers **Guarimiar** erreicht (3 Std.). Dort nicht links zur Straße hinübergehen, sondern auf dem alten Saumpfad bleiben. Kurz darauf kommt man an eine Gabelung mit Wegweisern. Hier nicht rechts Richtung Targa einschwenken, sondern geradeaus auf dem PR LG 15 weiterlaufen. Dieser führt nach **El Rumbazo,** wo man auf eine Straße gelangt (4 Std.). Auf dieser wandert man weiter hinab und kommt nach einer weiteren Stunde nach **Laguna de Santiago.** Alternativ kann man sich in El Rumbazo per Taxi abholen lassen.

Unser Tipp

Mirador de Igualero ▶ D 5
Die grandiose Aussichtsterrasse liegt beim winzigen Dorf Igualero an der GM-3. Aus rund 1200 m Höhe überblickt der Besucher den tief eingeschnittenen Barranco del Erque und schaut zur Fortaleza de Chipude sowie zu den Nachbarinseln La Palma und El Hierro hinüber. Unten an der Küste sind die Bananenplantagen von La Dama auszumachen. Unmittelbar am Mirador erhebt sich die Ermita San Francisco.

Westlich von Imada

Ermita de El Paso ▶ D 6
GM-3, in der Regel verschlossen
Eine besonders hübsche kleine Wallfahrtskirche erhebt sich 5 km oberhalb von Alajeró am Abschnitt der GM-3 nach Chipude. Von einer Parkbucht führt ein breiter Steinplattenweg (Schild: *zona recreativa*) an einem überdachten Picknickplatz vorbei hinauf (3 Min.). Die Ermita wirkt neben einem ausladenden, dickstämmigen Eukalyptusbaum geradezu zierlich. Das Gegenteil trifft auf den geräumigen Festplatz vor dem Gebäude zu, der sich reichlich überdimensioniert ausnimmt. Aber einmal im Jahr zur großen Fiesta de El Paso (s. S. 149) drängen sich hier die Feiernden.

Die Verehrung der Virgen de El Paso (auch Virgen del Buen Paso) geht auf das Jahr 1828 zurück (s. S. 77). Doch die Ermita, über deren Entstehungsgeschichte wenig bekannt ist, datiert erst aus der Zeit nach 1905. Damals erteilte der Bischof von Teneriffa einer gewissen Doña Felipa Lasso die Er-

Der Süden mit Playa de Santiago

laubnis, eine neue, größere Statue der Virgen de El Paso zu stiften. Daraufhin wurde die Kirche gebaut, um einen älteren Schrein zu ersetzen. Heute birgt die Ermita übrigens schon die fünfte Madonnenfigur, da die Vorgängerinnen aus Gips in dieser nebelreichen Gegend schnell von der Feuchtigkeit zerstört wurden. Die aktuelle Statue ist aus Holz und stammt von dem weit über die Kanaren hinaus bekannt gewordenen Bildhauer Ezequiel de León y Domínguez (1926–2008) aus La Orotava auf Teneriffa.

Arguayoda ▸ C/D 6/7

Die aussichtsreiche, aber sehr schmale und wenig befahrene Stichstraße nach Arguayoda beginnt gut 500 m oberhalb der Ermita de El Paso. Nach rund 2 km passiert sie die **Ermita San Lorenzo** (16. Jh.), anscheinend die erste und somit älteste Kirche in der Gemeinde Alajeró. Der ockerfarbene heutige Bau dürfte allerdings jüngeren Datums sein, insbesondere der überdachte Vorhof mit Giebelkreuz. Auf der kleinen Plaza davor laden Sitzbänke zur Rast ein, auch Grillstellen und ein Wasseranschluss fehlen nicht. Am 10. August feiern die Bewohner der Umgebung hier das Fest des Märtyrers Sankt Laurentius (Lorenz). Großartig ist vom Aussichtsbalkon neben der Ermita der Blick hinab in den gewaltigen **Barranco de Erque.**

Malerisch auf einem Bergsattel gelegen und von Palmen überragt, ist das winzige Hirtendorf Arguayoda eine Oase in karger Landschaft und eine wichtige Station auf dem Fernwanderweg GR 132 zwischen Alajeró und La Dama. Eine Variante des GR 132 zweigt hier Richtung Igualero ab. Dennoch gibt es (noch?) keine Einkehr- oder Versorgungsmöglichkeiten. Dafür entschädigt das unverdorbene Ambiente. Nichts Spektakuläres wartet auf den Besucher, aber der beschauliche Dorfkern mit kleiner Kirche und Plaza wurde sichtlich herausgeputzt. Ein kurzer Gang durch die frisch gepflasterten Fußgängergassen lohnt, um sich ein Bild von den Lebensumständen der Bewohner zu machen, die früher mit der Koschenillezucht ihr Geld verdienten s. S. 52). Zahlreiche Opuntien zwischen den Häusern, an denen man den typischen weißen Belag – eben die Schildläuse – beobachten kann, bezeugen es. Heute widmet man sich in Ermangelung von Alternativen

vorwiegend der weniger lukrativen Haltung von Ziegen und Geflügel oder geht auf den kargen Berghängen auf die Jagd nach Rebhühnern. Vom westlichen Rand der sehr überschaubaren Siedlung ergibt sich ein weiterer grandioser Blick hinab in den Barranco de Erque.

Chipude ▶ C 5

Der Name Chipude war früher keine Orts-, sondern eher eine Landschaftsbezeichnung, unter der mehrere kleine Siedlungen auf einem Bergrücken in 800 bis 1100 m Höhe zusammengefasst wurden. Heute wird der Hauptort Temocodá (250 Einw.) als Chipude bezeichnet und ist auch so ausgeschildert. Einst war Chipude von großen Waldflächen umgeben. Im 19. Jh. wurden sie jedoch abgeholzt, was zu erheblichem Wassermangel führte, denn die Quellen in der Umgebung versiegten.

Die Zeiten, als die Landwirtschaft in Chipude noch für ein Auskommen sorgte, sind vorbei und die meisten früheren Bewohner haben die Gegend längst verlassen. Heute bringt der Tourismus wieder etwas Leben ins Dorf. Am Kirchplatz gibt es ein kleines Hotel, einige Bars, eine Bank mit Geldautomat und sogar eine Apotheke.

Feigenkakteen in Chipude – früher dienten die Pflanzen der Koschenillezucht

Auf Entdeckungstour:
Erinnerungen an die Ureinwohner

Die Altkanarier hinterließen auf La Gomera nur wenige greifbare Spuren. Diese Tour führt zur wichtigsten archäologischen Stätte, die sich nur Wanderern erschließt. Lebendig wird die Prähistorie anschließend in den traditionellen Töpfereien von El Cercado.

Reisekarte: ▶ C 4/5

Dauer: halber bis ganzer Tag
Planung: mit Leihwagen oder Bus Linie 1 San Sebastián – Valle Gran Rey 2–4 x tgl., Linie 4 Vallehermoso – La Dama Mo–Fr 2 x tgl. bis Chipude; Start: Plaza de la Candelaria (vor der Kirche).
Charakter: mittelschwere zweistündige Wanderung, eine Kletterpassage erfordert Trittsicherheit; anschließend Besuch eines Informationszentrums (Öffnungszeiten s. S. 160) sowie von Töpferwerkstätten.

Bei **Chipude** lag einer der Siedlungsschwerpunkte der Ureinwohner, denn die Gegend ist fruchtbar und reich an Wasser. Auch wenn sie sich vollkommen mit den spanischen Einwanderern vermischt haben, ist davon auszugehen, dass viele Bewohner von Chipude Guanchen unter ihren Vorfahren haben. Mit dieser Vorstellung im Hinterkopf bietet es sich an, vor der Wanderung auf einen Kaffee oder ein paar Tapas in der **Bar Candelaria** am zentralen Platz des Ortes einzukehren – eine bessere Gelegenheit, Einheimischen zu begegnen, gibt es wohl kaum.

Der ›heilige Berg‹ ruft

Gut gestärkt fährt man mit dem Leihwagen noch ein kurzes Stück bis zum Weiler **Pavón,** dem Ausgangspunkt der Wanderung an der CV-12 von Chipude nach La Dama. Wer nicht motorisiert ist, läuft ab Chipude ca. 20 Min.

Die 1241 m hohe **Fortaleza de Chipude** ist nur zu Fuß zu erreichen. Im Glauben der Ureinwohner La Gomeras hatten Berge eine besondere Bedeutung. Sie stellten eine Verbindung vom Irdischen zum Himmlischen dar. Aufgrund der ungewöhnlichen Form und der Tatsache, dass das Gipfelplateau schwer zugänglich ist, war der Tafelberg bei Chipude den alten Gomeros heilig. Sie nannten ihn Argoday, was – ebenso wie der spanische Name Fortaleza – Festung bedeutet. Während der Eroberung durch die Spanier verschanzten sich die Ureinwohner nämlich auf dem Gipfel.

An einer Trafostation auf der linken Straßenseite geht es – den weiß-roten Markierungen des **Fernwanderwegs GR 131** folgend – auf einem Pflasterweg los und an einigen Häusern vorbei. An einem Bauernhof außerhalb des Weilers gelangt man an eine Weggabelung (10 Min.). Links führt der GR 131 zum Garajonay. Um aber die Fortaleza de Chipude zu besteigen, läuft man zunächst ein kurzes Stück rechts und biegt gleich darauf in einen steilen Pfad ein, den weiß-gelb markierten **GR 131.1**. Auf ihm steigt man schräg links hinauf und gelangt an einen zunächst breiten Pfad, der mit Steinmännchen markiert ist. Bald beginnt die leichte Kletterei, erst hinauf zu einem Felsgrat und auf diesem weiter ansteigend. Der Fels ist griffig, doch müssen gelegentlich die Hände zu Hilfe genommen werden. Der Felsrücken führt auf das **Gipfelplateau** (45 Min.), wo man wieder normal gehen kann.

Geologisch betrachtet handelt es sich bei der Fortaleza um eine Quellkuppe, die ähnlich wie Los Roques (s. S. 264) entstand. Hier drang das Magma allerdings bis an die Oberfläche vor und breitete sich dort aus. Die Erosion formte das Gebilde später zu einem regelrechten Tafelberg.

Wo einst Tiere geopfert wurden

Auf dem Plateau entdeckten Ende des 19. Jh. der französische Archäologe René Vernau und sein kanarischer Kollege Bethencourt Alfonso Überreste einer prähistorischen Kultstätte. Diese bestand damals noch aus einem doppelten Steinkreis, um den sich weitere Steinkreise reihten. In ihrer Mitte befanden sich Vertiefungen, in denen Tieropfer dargebracht wurden. Menhi-

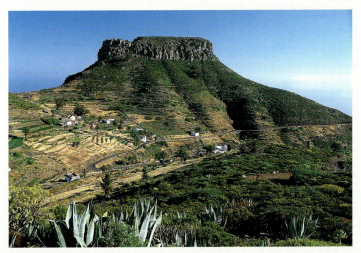
Fortaleza de Chipude – natürliche Festung der Ureinwohner während der Conquista

re, heilige Steine von bis zu 1 m Höhe, standen in den Steinkreisen. Nebenan lagen wabenähnlich angelegte Pferche für Opfertiere sowie Brandopferherde. Von alldem ist heute allerdings kaum noch etwas zu erkennen.

Ein **weißes Kreuz** (1 Std.) markiert zwar nicht den Gipfel, doch eine Stelle mit einer besonders schönen Aussicht. Nachdem man die Hochfläche umrundet hat, läuft man auf demselben Weg zurück nach **Pavón** (2 Std.).

Handel und Wandel

Nun geht es mit dem Auto oder per Linienbus (ab Chipude) ins benachbarte **El Cercado**. Dort lädt an der modernen Plaza de El Cercado (Bushaltestelle) das **Centro de Interpretación Las Loceras** (s. S. 160) zur Information über die Töpfertradition des Ortes ein. Sollte das Zentrum geschlossen sein, hilft gegenüber eine Infotafel mit ausführlichen Erläuterungen (u. a. auf Deutsch) weiter.

Seit jeher ist El Cercado ›das‹ Töpferdorf von La Gomera. Da es zu den sogenannten *pueblos altos* (hoch gelegenen Dörfern) gehört, in denen die Bedingungen für die Landwirtschaft wegen des rauen Klimas nicht die besten waren, konzentrierten sich die Menschen auf das Handwerk. Bis ins 18. Jh. hinein hatte es auch in anderen Orten Töpfereien gegeben. Doch danach versorgten die Bewohner von El Cercado die gesamte Inselbevölkerung bis vor wenigen Jahrzehnten mit Koch- und Essgeschirr. Trotz seiner abgeschiedenen Lage war das Dorf in ein reges Handelsnetz eingebunden.

Ob es auf La Gomera eine ungebrochene, bis zu den Guanchen zurückreichende Tradition der Keramikherstellung gibt, ist umstritten. Feststeht, dass die Methoden der Ureinwohner in einem wesentlichen Punkt erhalten geblieben sind: Bis heute töpfert man – wie in weiten Teilen Afrikas – per Hand nach der Wulsttechnik. Dabei werden Tonrollen aufeinandergesetzt und die Fugen verstrichen. So entstehen glatte Gefäßwände auch ohne Drehscheibe. Diese gab es nämlich vor der Conquista auf den Kanarischen Inseln nicht, obwohl sie schon im 3. Jt. v. Chr. in Ägypten erfunden worden war und sich von dort aus im gesamten Mittelmeerraum und in Europa verbreitet hatte. Auch nach der spanischen Eroberung konnte sie sich auf der Insel nicht durchsetzen.

Töpferkunst statt Touristenkitsch
Ein Stück weiter an der Hauptstraße Richtung Westen liegen die drei Töpfereien **Cerámica Gomera tradicional María del Mar**, **Cerámica Rufina** und **Cerámica de La Gomera** dicht beieinander – dank der auffälligen Reklameschilder sind sie nicht zu verfehlen. In den Werkstätten dürfen Besucher den Töpferinnen und Töpfern bei der Arbeit über die Schulter sehen. Sie fertigen heute vorwiegend für den Verkauf an Touristen. Aber auch der einheimische Bedarf nimmt nach Jahren des Niedergangs wieder zu, da viele Gomeros heute zurück zu ihren Wurzeln finden möchten und sich stark mit der Keramik aus El Cercado identifizieren. Während früher deren Funktion im Vordergrund stand, ist es heute der ästhetische Wert. Inzwischen ist der Beruf des Töpfers auch für Männer attraktiv geworden. In der Vergangenheit war die Herstellung von Tonwaren fast ausschließlich Frauensache.

Geheime Zutaten
Früher wurde der Ton mit ungesiebtem Sand gemagert. Daher war es nicht möglich, Gefäße mit Durchmessern von mehr als 15–20 cm zu brennen. Heute wird der Sand gesiebt, weshalb der Ton eine bessere Festigkeit hat als in prähistorischer Zeit. Vor allem aber die Einführung des Brennofens ermöglichte das Herstellen größerer Tongefäße. Die Ureinwohner nutzten noch Höhlen oder Bodengruben als natürliche Öfen oder sie brannten die Gefäße auf einer offenen Feuerstelle.

Auf den Ostinseln des Kanarenarchipels waren die Techniken schon vor der Conquista raffinierter. So wurden dort die Gefäßwände mit Rotocker bestrichen, um ihnen ein dekoratives ›Finish‹ zu geben, was heute auch in El Cercado praktiziert wird. Diese Schicht ersetzt die Glasur und macht die Behältnisse recht wasserdicht. Rotocker gewinnen die Keramiker aus bunten vulkanischen Tuffen, die auf La Gomera zwischen den dunklen Basaltschichten eingeschlossen sind. Sie zerkleinern das Material in einer Steinmühle und geben dem mit Wasser vermischten Pulver diverse Substanzen (Öl und Petroleum) bei, um eine ganz bestimmte Farbwirkung zu erzielen. Jede Werkstatt hat eine spezielle Rezeptur, die sorgfältig gehütet wird.

Natürlich stehen die erstaunlich authentischen Tonwaren in den jeweiligen Werkstätten zum Verkauf. Die Nachfrage ist groß, die Regale sind immer gut gefüllt. Als charakteristische Gefäße gelten der *tarro* (Krug für Ziegenmilch), die *bandeja* (Wasserkrug) und die *tostadora* (Schale, in der das Getreide für den Gofio geröstet wurde). Außerdem gibt es verschiedene Varianten der *olla* (Topf) und den *plato de las papas*, eine eigens für Kartoffeln gefertigte Schale. Typisch sind nach unten spitz zulaufende Vorratsbehälter, die man einfach in den kühlen Erdboden drücken konnte. Alles wird heute auch in verkleinertem Format hergestellt, um die Mitnahme im Fluggepäck zu erleichtern.

Der Süden mit Playa de Santiago

Iglesia Nuestra Señora de la Candelaria

Plaza de la Candelaria, nur vor der Messe geöffnet (So 12.30 Uhr)

Bei der Pfarrkirche von Chipude handelt es sich um eine der ältesten Kirchen der Insel. Der Bau wurde schon im Jahr 1540 begonnen. Bis ins 19. Jh. war in der Gemeinde genügend Geld vorhanden, um das Gotteshaus mehrfach vergrößern zu können, dennoch zeigt es sich eher schlicht.

Übernachten

Bei Wanderern beliebt – **Sonia:** Plaza de la Candelaria s/n, Tel. 922 80 41 58, www.chipude.es, DZ ca. 50 €. In dem kleinen Hotel am zentralen Platz steigen recht häufig Wandergruppen ab. Alle 19 Zimmer besitzen Bad, die meisten auch Balkon. Im Winter kann es wegen der Höhenlage kalt werden, dann bekommt man ein kleines Elektroheizgerät. Bar mit ein paar Tischen und mit typischer Inselküche im Haus.

Essen & Trinken

Zentraler Treff – **La Candelaria:** Plaza de la Candelaria, Tel. 922 80 41 13, tgl. 5.30–23 Uhr, Hauptgerichte um 7 €, Tapas um 4 €. Hier finden sich die Einheimischen, speziell die Männer, im Verlauf des Tages immer irgendwann ein. Deftige gomerische Küche, auch für den Hunger zwischendurch.

Infos & Termine

Feste und Veranstaltungen

Fiesta de la Candelaria: 15. Aug. Anlässlich der Kirchweih treten auf dem Dorfplatz Folkloregruppen auf, es gibt Tanz bis in den frühen Morgen und reichlich zu essen und zu trinken.

Verkehr

Busse: Linie 1 San Sebastián – Valle Gran Rey (2–5 x tgl.), Linie 4 Vallehermoso – La Dama (Mo–Fr 2 x tgl.), Linie 6 Alajeró – Valle Gran Rey als Zubringer zum Flughafen (s. S. 143).

Von Chipude an die Küste ▸ B/C 5–7

Von Chipude lohnt der Abstecher zur Küste eigentlich nur, wenn man ansonsten auf La Gomera schon alles gesehen hat. In weit ausgezogenen Kurven führt die Straße trockene Bergrücken hinab, die einst intensiv mit Getreide bebaut wurden, wovon die halb verfallenen Terrassenmauern Zeugnis geben. Die locker über die Landschaft verstreuten kleinen Bauernhäuser mit Natursteinwänden und roten Ziegeldächern sind heute zum großen Teil unbewohnt.

Sobald sich die Straße auf einem felsigen Bergrücken fast schnurgerade abwärtszuziehen beginnt, kann man vor einer Gesteinskuppe links anhalten und einen Blick in den gewaltigen **Barranco de Santa Catalina** werfen, mit dem winzigen Ort **Erquito** zwischen grünen Terrassenfeldern und Palmen.

La Dama ▸ B/C 7

An den ersten Häusern des Bauernorts vorbei windet sich die Straße in engen Serpentinen einen flachen Bergrücken hinunter. Wasserspeicherbehälter und Terrassenfelder, auf denen Süßkartoffeln, Mais oder anderes Gemüse für den Eigenbedarf kultiviert werden, prägen das Bild. Weiter unten liegen die Bananenplantagen, von denen die Bevölkerung heute lebt. Die Com-

Von Chipude an die Küste

pañía Agrícola La Dama sorgt für die Organisation und Vermarktung. Offenbar wird das Geschäft mit der Banane hier noch nicht als allzu schlecht eingestuft, denn es entstehen laufend neue Plantagen. Die Landschaft erinnert – und das ist einmalig für La Gomera – an die weitaus größeren Bananenanbaugebiete auf Teneriffa und La Palma.

La Dama hat keine lange Tradition. Erst im 20. Jh. kam es zur Ortsgründung, zuvor galt das Gebiet als zu trocken für den Feldbau. Dank moderner Tiefbrunnen und Wasserleitungen aus dem oberen, feuchteren Teil des Tals wurde ab 1912 der Anbau von Tomaten möglich. Später wurden sie durch Bananen ersetzt, zwischen die man hier und da Avocados, Papayas oder Japanische Mispeln pflanzte. Die Ernte wurde von La Rajita (s. u.) verschifft.

Etwas unterhalb des Zentrums steht die kleine Kirche von La Dama, **Ermita de las Nieves,** vor der sich eine geräumige, von Birkenfeigen beschattete Plaza mit Sitzbänken und schönem Blick hinunter zur Playa de La Rajita ausdehnt. Hier trifft sich die Jugend des Ortes.

Playa de La Rajita ▶ B/C 7

Von der Ermita de las Nieves verläuft eine Asphaltstraße weiter abwärts zur 4 km entfernten Playa de La Rajita. Fußgänger finden gleich unterhalb der Ermita den Einstieg in den ausgeschilderten Fernwanderweg GR 132, der sehr viel direkter in wenigen Minuten hinab zum Strand führt.

Die Playa ist grobkiesig und verschwindet im Winter fast ganz in der Brandung, wird aber an Sommerwochenenden von Einheimischen gern zum Baden aufgesucht. Wer es ihnen gleichtun will, muss sich allerdings mit der gewaltigen Kulisse einer ehemaligen Fischfabrik unmittelbar hinter dem Strand abfinden. Hier wurde bis 1983 Thunfisch eingedost und von der angrenzenden Mole auf das spanische Festland verschifft. Bereits in früheren Jahrhunderten hatte man den Fischreichtum der Südküste La Gomeras genutzt und den Fang in einfachen Vorrichtungen eingesalzen. Erst in den 1920er-Jahren jedoch gründete eine Firma aus Alicante die Fabrik. Damals gab es außer der Produktionshalle auch Wohnhäuser für die Arbeiter, dazu Schule, Kirche, Fußballplatz und sogar ein Kino. Heute ist davon kaum noch etwas zu erkennen.

Am Strand gibt es keinerlei touristische Einrichtungen. Ob der geplante Bau eines Feriendorfs jemals verwirklicht wird, steht in den Sternen. Bislang jedenfalls bleibt man hier, insbesondere außerhalb der Badesaison, fast immer allein und kann ungestört – vielleicht bei einem kleinen Picknick – das Spiel der Wellen genießen. Wer keinen Proviant mitgebracht hat, kann sich zuvor in La Dama in einem der dortigen Tante-Emma-Läden *(Viveres)* eindecken.

Essen & Trinken

Fernab vom Geschehen – **Roque Iguala:** Carretera General La Dama, tgl. geöffnet, Hauptgerichte um 8 €. Gemütliches kleines Restaurant mit Bar, in der sich die *plataneros* (Plantagenarbeiter) die Freizeit vertreiben. In akzeptablem Rahmen kann man hier wirklich inseltypisch speisen, Touristen werden fast nie gesichtet.

Infos

Busse: Linie 4 La Dama – Chipude/Vallehermoso (Mo–Fr 2 x tgl.).

Der Süden mit Playa de Santiago

El Cercado ▸ C 4

Die meisten Besucher des 200-Seelen-Dorfs El Cercado kommen wegen der traditionellen Töpfereien (s. a. Entdeckungstour S. 154). Neben den Werkstätten lohnen aber auch die alten Bauernhäuser unterhalb der Durchgangsstraße einen Blick. Viele verfallen, andere wurden liebevoll renoviert. Trend ist es seit einigen Jahren, die Häuser nicht mehr komplett weiß zu streichen, was früher Prestige brachte. Jetzt lassen manche Bauherren wieder wie früher an einigen Stellen den dunklen Basalt herausschauen und sind stolz auf die ehedem als zu bäuerlich angesehenen Natursteinmauern. Andere lassen ihre Häuser dagegen in knalligen Farben erstrahlen.

Centro de Interpretación Las Loceras
Plaza de El Cercado, Tel. 922 80 41 04, www.vallehermosoweb.es, Di–Sa 10.30–15.30 Uhr; Eintritt frei
Das Interpretationszentrum widmet sich mit einer Dauerausstellung dem Töpferhandwerk, das in El Cercado auf eine lange Tradition zurückblickt (s. a. Entdeckungstour S. 154). Auch touristische Auskünfte werden erteilt.

Essen & Trinken

Deftige Küche – **Bar Victoria**: Carretera General s/n, Tel. 922 80 41 46, Mo/Di u. Do–So 12–22 Uhr, Mi geschl., Hauptgerichte 8–10 €. Einfaches Landrestaurant mit sättigenden traditionellen Fleischgerichten wie Kaninchen in würziger Sauce oder Ziege in Knoblauch.

Ohne Schnörkel – **Bar María**: Carretera General s/n, Tel. 922 80 41 67, tgl. 12–21 Uhr, Hauptgerichte ab 7 €. Auch hier herzhafte Küche, das Ambiente ist aber schlichter als bei Victoria. Etwas Wartezeit sollte man einkalkulieren.

Einkaufen

›Archaische‹ Keramik – **Cerámica Tradicional**: El Cercado, Carretera General s/n, drei Töpfereien ohne feste Öffnungszeiten, tagsüber meist geöffnet (s. a. EntdeckungstourS. 154).

Las Hayas ▸ C 4

Die Bewohner des kleinen Bergbauerndorfs (300 Einw.), dessen Häuser sich weit über ein Palmental verteilen, leben bis heute mehr schlecht als recht von der Landwirtschaft. Auf den umliegenden Terrassenfeldern bauen sie robuste Feldfrüchte wie Kartoffeln, Mais und andere Gemüsesorten an. Das raue Klima in rund 1000 m Höhe über dem Meer lässt keine anspruchsvolleren Kulturen zu. Wohlhabende Einheimische aus dem Valle Gran Rey unterhalten in Las Hayas Wochenendhäuser. Sie genießen im Sommer die Kühle und die Ruhe der Landschaft.

Ermita de Las Hayas
GM-3, meist geschlossen
Die kleine Dorfkirche (ausgeschildert) steht am Ortsausgang Richtung Chipude. Die Zufahrt endet bei der Ermita an einer Stufe, die leicht zu übersehen ist. Versuchen Sie nicht, auf den Kirchplatz zu fahren, ein Totalschaden könnte die Folge sein!

Die Ermita mit dem zentralen Glockengiebel über der Fassade wurde im kanarischen Stil erbaut. Recht nett ist der stille Platz davor. Nebenan bietet sich ein Picknickplatz mit Tischen, Bänken und sogar einer Wasserstelle zur Rast an. Von hier genießt man einen wunderbaren Blick über den Ort.

Las Hayas

Nach alter handwerklicher Tradition hergestellt: Ziegenkäse aus Las Hayas

Übernachten

Szenemäßig – **Jardín Las Hayas:** GM-3, Tel. 922 80 74 58, www.gomeranatural.com, DZ 55 €, Häuser für 2 Pers. jeweils ohne Verpflegung 65–80 €. Ferienhauskomplex mit fünf Häusern (für 2, 3 oder 4 Pers.) und drei Zimmern, rustikaler Stil, gefällig dekoriert. Halbpension (ca. 16 € pro Pers.) im angeschlossenen Restaurant La Montaña (s. u.) ist möglich.

Essen & Trinken

Eine Institution – **La Montaña (Casa Efigenia):** Carretera General, Tel. 922 80 40 77, Di–So 12–20 Uhr, Mo geschl., Menü ohne Wein und Wasser 12 €. ›Die‹ Anlaufstelle für deutsche Wanderer. In einfachstem Rahmen serviserte Efigenia seit Ende der 1940er-Jahre ein unverändertes vegetarisches Menü; nach wie vor wird das inzwischen vergrößerte Lokal von ihrer Familie geführt. Mit Zutaten aus eigener Produktion: Avocado-Bananen-Salat, Ziegenkäse, Gofio mit *mojo rojo* und einen sehr kräftigen Gemüseeintopf. Als Dessert gibt es ein Stück Mandelkuchen mit Palmhonig, danach einen selbst gemachten Orangenlikör. Etwa zwei Stunden Zeit sollte man mitbringen!

Die Alternative – **Amparo:** Carretera General, Tel. 922 80 42 01, Mo–Sa ab 12 Uhr, So geschl., Hauptgerichte 6–7 €. Bei den Gomeros vor allem als Ausflugsziel am Wochenende beliebtes, von der Einrichtung her recht einfaches Lokal. Samstags gibt es oft frisches Ziegenfleisch.

Infos

Busse: Linie 1 San Sebastián – Valle Gran Rey (2–5 x tgl.), Linie 4 Vallehermoso – La Dama (Mo–Fr 2 x tgl.), Linie 6 Alajeró – Valle Gran Rey als Zubringer zum Flughafen (s. S. 143).

Das Beste auf einen Blick

Valle Gran Rey

Highlights !

Mirador César Manrique: Spektakuläre Aussichten bietet die vom berühmten Künstler aus Lanzarote gestaltete Terrasse hoch über dem Valle Gran Rey, wo sich das Tal zum Amphitheater aus Felswänden erweitert. S. 169

La Calera: Der Hauptort des Valle Gran Rey hat sich viel Flair aus der großen Zeit der Hippies bewahrt. Weiße kubische Häuser säumen enge Gassen mit urigen Lokalen. S. 176

Vueltas: Der Hafen des ›Valle‹ glänzt mit Fischlokalen, die den frischen Fang gleich neben dem Boot verarbeiten. In den Boutiquen hängt bunte, flatterige Gomera-Mode und Cafés und Bars sind von früh bis spät auf ein alternatives Publikum eingestellt. S. 200

Auf Entdeckungstour

Zu Kultstätten der Hippies: Mancher Szenetreff im Valle strahlt noch die Atmosphäre der sorglosen Blumenkinderzeit aus. Bei der Tour, die u. a. zur legendären Casa María in La Playa, ins ›Bermuda-Dreieck‹ der Nachtschwärmer in Vueltas und zur ›Schweinebucht‹ führt, leistet ein Mietfahrrad gute Dienste. S. 196

Kultur & Sehenswertes

Ermita de los Reyes: Die hübsche Wallfahrtskirche, die den Grafen von La Gomera einst als Hauskapelle gedient haben soll, ist Dreh- und Angelpunkt zwischen oberem und unterem Tal. S. 172

Escultura de Hautacuperche: Heroisch blickt ein überlebensgroßer Ureinwohner aus Bronze über den Strand von La Puntilla. Das Denkmal erinnert an eine der turbulentesten Episoden der Inselgeschichte. S. 192

Zu Fuß unterwegs

Wanderung zum Salto de Agua: El Guro, das malerische Künstlerdorf, ist Ausgangspunkt für eine Wanderung in den wasserreichen Barranco de Arure. S. 173

Wanderung zum Teguergenche: Steil führt der ›Kirchenpfad‹ hinauf zu einem wilden Bergrücken mit Panoramablick über das Meer. S. 174

Genießen & Atmosphäre

Sunset: Den Sonnenuntergang an der Plaza de San Pedro am Strand von La Playa zu feiern, gehört im Valle einfach dazu. Spontan finden sich Trommler, Jongleure und Tänzer ein. S. 182

Im Hafen: Die Fischerkneipe Cofradía de Pescadores neben den Anlegestellen der Boote bietet immer noch das urwüchsigste Ambiente in Vueltas, auch wenn Urlauber sie natürlich längst entdeckt haben. S. 205

Abends & Nachts

Bodeguita del Medio: Dem Vorbild auf Kuba nachempfunden, entwickelte sich die Cocktailbar in La Puntilla mit häufiger Livemusik rasch zu einer ›der‹ Adressen im nächtlichen Valle. S. 195

Cacatúa: Der Dauerbrenner im ›Bermudadreieck‹ von Vueltas, hier schmecken die Cocktails einfach wunderbar und die Atmosphäre stimmt. S. 208

Das Flair der Hippiezeit

Noch immer zieht das ›Valle‹, wie es Insider liebevoll nennen, die meisten Besucher La Gomeras in den Bann. Das Bergdorf Arure ist so etwas wie das Eingangsportal zu diesem paradiesischen, früher sehr abgeschiedenen Idyll. Gewaltige Felswände rahmen den wie ein Amphitheater gestalteten Talkessel ein, der sich zum Meer hin stark verjüngt. Während das obere Tal landwirtschaftlich geprägt ist, herrscht in den Küstenorten Ferienstimmung. Dennoch präsentieren sich auch dort die Kultdörfer La Calera und Vueltas noch recht ursprünglich. Dazwischen sind in den vergangenen Jahren kleine Hotels und Apartmenthäuser wie Pilze aus dem Boden geschossen, doch von einer Betonwüste, wie andernorts in Urlauberregionen, kann keine Rede sein. Palmen, tropische Obstbäume und exotische Zierpflanzen sorgen hier für reichlich Abwechslung. Ihren üppigen Wuchs verdanken sie dem Wasserreichtum des Valle Gran Rey. Mit dem Barranco del Agua und dem Barranco de Arure münden immerhin zwei ganzjährig Wasser führende Flüsse ins Haupttal – nicht nur auf La Gomera, sondern im gesamten Kanarenarchipel eine Seltenheit. Im Valle selbst fällt allerdings nur selten Regen, ganz im Gegenteil: Das Tal gilt als äußerst sonnensicher. Das wussten schon die legendären Blumenkinder zu schätzen, die das Valle Gran Rey in den 1960er-Jahren, wenn man so will, touristisch erschlossen. Bis heute weht das Flair der damaligen Zeit durch das Tal.

Zur Zeit der Conquista herrschte in Orone (heute Valle Gran Rey), einem der vier Stammesgebiete La Gomeras, der weise alte Hupalupa. Er leistete den Spaniern hartnäckig Widerstand, weshalb die vollständige Unterwerfung der Insel nur langsam voranschritt. 1487 plante Hupalupa, den damaligen Anführer der Eroberer, Fernán Peraza el Joven, ermorden zu lassen. Dieser wurde allerdings von Calabuige, dem Sohn des Stammesführers, gewarnt. Zur Strafe erstach Hupalupa den eige-

Infobox

Touristeninformation
Ein Büro der Inselregierung informiert in La Playa. Die Gemeinde Valle Gran Rey betreibt einen Informationskiosk in La Calera.

Anreise und Weiterkommen
Busse: Am Busbahnhof in La Calera startet 2–5 x tgl. Linie 1 zu einer Runde durch das untere Valle Gran Rey über La Playa, La Puntilla und Vueltas, um anschließend durch das obere Tal und über Arure/Chipude nach San Sebastián de La Gomera zu fahren. Außerdem verkehrt Linie 6 über Alajeró als Flughafenbus zeitlich passend zu den Flügen.
Fähre: Derzeit besteht keine Fährverbindung ab dem Hafen von Vueltas (Valle Gran Rey).
Taxis: Der zentrale Taxistand des Valle Gran Rey befindet sich in La Calera. Einen weiteren Taxistand (nicht immer besetzt) gibt es in La Playa.
Mietwagen: In La Playa, La Puntilla und Vueltas gibt es mehrere Anbieter.

Arure

Ferienidyll unter Palmen im Valle Gran Rey, einer der schönsten Regionen der Insel

nen Sohn vor den Augen seines Volkes. Das brachte ihm bei den Seinigen den Ruf ein, der größte ihrer ›Könige‹ zu sein. So nannten die spanischen Chronisten die Herrscher der Ureinwohner, worauf auch der Name Valle Gran Rey (Tal des Großen Königs) zurückgeht.

Arure ▸ B 4

Die meisten Häuser von Arure (300 Einw.), dem nördlichen Tor zum Valle Gran Rey, säumen die Durchgangsstraße. Noch zu Beginn des 20. Jh. erwirtschafteten die Bewohner durch Ackerbau und Viehzucht einen gewissen Wohlstand. Doch in den 1940er-Jahren verließen wegen einer Dürreperiode zahlreiche Bauern ihre Höfe. Sie emigrierten nach Teneriffa oder gar Venezuela. Heute ermöglicht der Weinbau den verbliebenen Landwirten wieder ein Auskommen.

Im oberen Teil des Dorfes fallen die vielen in Pastelltönen gestrichenen Neubauten ins Auge. Rückkehrer aus Venezuela errichteten sie in einem für Südamerika typischen Stil. Hingegen blieben im älteren, unteren Dorf viele traditionelle Steinhäuser erhalten, sie sind aus dunklem Vulkangestein gemauert. Eine besonders interessante Häusergruppe steht unten am Ortsrand, an der Zufahrt zur **Ermita Virgen de la Salud** (ab GM-1 nahe Einmündung GM-3). Die kleine, typisch kanarische Kirche zeigt sich sehr schlicht. Nebenan erhebt sich – umgeben von einem Garten mit Apfelbäumen – ein restauriertes Gebäude aus Naturstein, das ehemalige Lager- und Gemeindehaus.

Valle Gran Rey

Mirador Ermita del Santo
Am Ortsausgang von Arure Richtung Valle Gran Rey weisen Schilder den Weg zum Mirador Ermita del Santo, vorbei an einem kleinen Stausee *(embalse)* im Barranco. Von der Stichstraße zum See führt nach etwa 100 m rechts unter dem Bogen eines Aquädukts hindurch ein gepflasterter Treppenweg zu der kleinen, aus Naturstein gemauerten **Ermita del Santo** mit der gleichnamigen Aussichtsplattform. Der Blick auf das tief unten gelegene Palmendorf Taguluche und die zerklüftete Felslandschaft dahinter beeindruckt. Vom Mirador abwärts verläuft der weiß-rot markierte Fernwanderweg GR 132, allerdings nicht nach Taguluche, sondern nach Alojera.

Essen & Trinken

Bewährtes ganz neu – **Casa Conchita:** Carretera General 40, Tel. 922 80 41 10, www.casaconchita.com, tgl. 8–20 Uhr, Menü ca. 20 €. Der Klassiker im Ort seit 1948, zentral an der Durchgangsstraße gelegen, bietet Autorenküche des gomerischen Spitzenkochs Fabián Mora. Kleine, aber feine Auswahl an frischen Salaten. Unter den Hauptgerichten ragen *atún en salsa a la antigua* (Thunfisch nach traditioneller Art) und *carne de ternera en salsa* (Kalbfleisch in pikanter Sauce) heraus. Die Weine stammen zum großen Teil von La Gomera und Teneriffa. Zertifikat des »Plan de Mejora de la Gastronomía de Canarias« (s. S. 31).

Geräumig – **El Jape:** Carretera General s/n (GM-1 nahe Abzweigung GM-3), Tel. 922 80 42 26, www.chorrosdeepina.com, tgl. 7.30–21.30 Uhr, Menü um 10 €. Am Ortsausgang Richtung Valle Gran Rey serviert das auf große Gesellschaften eingestellte Lokal kanarische Hausmannskost. Man sitzt

auf der Terrasse an der Straße, im Speisesaal oder – auf einen Drink – an der Bar. Mit Souvenirverkauf.

Einkaufen

Wein und mehr – **Tienda del Vino:** Carretera General 64 (Ortsausgang Richtung Valle Gran Rey), Tel. 922 80 40 79, Sa–Do 11–19 Uhr. Die urige, in einer unscheinbaren Garage untergebrachte Weinhandlung verkauft die Weine der ortsansässigen Bodega Las Cuevas sowie typische kulinarische Souvenirs von La Gome-

Arure

Für Schwindelfreie ein Genuss: die Aussicht vom Mirador Ermita del Santo

ra: Ziegenkäse, diverse Sorten *mojo* und Palmhonig.

Infos & Termine

Feste und Veranstaltungen
Fiesta del Ramo (Fiesta de San Salvador): 16. Aug. Im Mittelpunkt der Feierlichkeiten steht *el ramo*, eine üppig mit Früchten der Region (Bananen, Maiskolben, Avocados, Mangos und Weintrauben) dekorierte Opfergabe. Jedes Jahr ist eine andere Familie aus dem Ort mit der Anfertigung an der Reihe. Pünktlich um 12 Uhr mittags wird *el ramo* – begleitet von traditioneller Musik – zur Kirche getragen, und nach der Messe an die im nächsten Jahr zuständige Familie übergeben. Auch zur **Fiesta Virgen de la Salud** (15. Juli) wird *el ramo* angefertigt. Die Warteliste der interessierten Familien, die damit Gelübde einlösen können, soll lang sein. Wer sich heute einträgt, ist erst in zehn Jahren an der Reihe.

Verkehr
Busse: Linie 1 San Sebastián – Valle Gran Rey (2–5 x tgl.).

Valle Gran Rey

Wanderung von Arure nach La Calera ▸ B 4–A/B 5

Dauer: 2.30 Std.; anspruchsvoll; 850 Höhenmeter im Abstieg; beschildert und weiß-rot markiert als GR 132

Der alte Verbindungsweg ins untere Valle Gran Rey folgt einem kargen Höhenrücken und senkt sich zuletzt in Serpentinen steil hinab. Ausgangspunkt ist der untere Ortsausgang von **Arure,** wo die schmale Stichstraße Camino del Santo zum **Mirador Ermita del Santo** (s. S. 120) beginnt. Nach einem kurzen Abstecher zum Mirador läuft man auf dem Fahrweg weiter, der Beschilderung GR 132 Valle Gran Rey folgend. Bald geht er in eine Erdpiste über und wechselt auf die nördliche Seite des Höhenrückens.

Schöne Ausblicke vom Bergkamm

Rechts zweigt ein Pflasterweg Richtung Taguluche (s. S. 212) ab, der im Zickzack steil abwärts führt. Richtung Valle Gran Rey bleibt man jedoch auf der Piste, die noch etwas an Höhe gewinnt, um dann auf dem Bergkamm sanft abfallend auf einen Sattel zuzuhalten. Hier gab es einst ein paar kühn angelegte, aber längst aufgegebene Terrassenfelder, die durch einen schmalen Kanal bewässert wurden. Auf dem Sattel gabelt sich der Weg, weiter geht es auf der linken Spur. 5 Min. später biegt man rechts in einen Treppenweg ein. Dieser steigt zunächst leicht an und schlängelt sich dann an dem kargen, zerklüfteten Bergkamm entlang. Zur Linken eröffnen sich immer wieder schöne Ausblicke ins Valle Gran Rey. Kühner wird die Wegführung in einer steilen Felswand. Waghalsig ist auch die Konstruktion des parallel zum Weg verlaufenden alten Wasserkanals. Früher versorgte er eine Kalkbrennerei auf der vorausliegenden Hochfläche.

Zeugen vergangener Zeiten

Rechts zweigt ein schmaler Pfad ab (1 Std.), auf dem ein kurzer Abstecher zum Gipfel **La Merca** (857 m) lohnt. Eine Vermessungssäule krönt die Felsnase. Bei der hellen Schicht, die hier das ansonsten dunkle Gestein überzieht, handelt es sich um verfestigte, kalkhaltige Flugsande aus früheren Jahrtausenden. Dann geht es auf dem Hauptweg weiter zu der zum Meer hin geneigten Hochfläche, die heute als Ziegenweide dient. Zahlreiche aufgelassene Terrassenfelder zeugen von einstmals intensivem Ackerbau. Von der Kalkbrennerei blieben die Ruinen einiger Öfen und eines Wohnhauses.

Weiter nach La Calera

Nachdem die Hochebene gequert ist, läuft man sanft bergab auf die Ruine eines Bauernhauses mit Ziegeldach zu (1.20 Std.). 10 Min. später zweigt am meerwärtigen Rand des Plateaus rechts ein hangparalleler Pfad ab, der unbeachtet bleibt. Man folgt vielmehr geradeaus dem markierten Abstiegsweg. Dieser zieht sich in zahlreichen Serpentinen bis zu den ersten Häusern von **La Calera** hinunter, wo sogleich die obere Dorfstraße erreicht wird. Auf ihr wendet man sich rechts. An der nächsten Gabelung bietet sich die Möglichkeit, links direkt zur Hauptstraße (2.30 Std.) hinunterzugehen (Taxistand, Bushaltestelle) – oder man schlendert beliebig weiter durch den langgezogenen Ort.

Wanderung von Arure nach Las Hayas ▸ B/C 4

Dauer: 1.30 Std.; einfach bis mittelschwer

Wer in der legendären Casa Efigenia in Las Hayas einkehren möchte, aber den steilen Aufstieg ab La Vizcaína

(s. S. 170) scheut, fährt stattdessen vielleicht mit dem Linienbus vom Valle Gran Rey nach Arure und läuft von dort auf dem weiß-gelb markierten **PR LG 11** nach Las Hayas. Dazu folgt man am unteren Ortsrand von Arure zunächst der schmalen Straße nach Las Hayas, von der schon bald links der ausgeschilderte Wanderweg abzweigt. Er passiert den **Embalse de Arure** (30 Min.), einen kleinen Stausee oberhalb des Orts, und trifft dann auf eine Gabelung mit Wegweisern (45 Min.). Links würde es hier zur Cañada de Jorge gehen (s. S. 280). Um nach Las Hayas zu gelangen, wendet man sich aber nach rechts und folgt weiter dem sanft ansteigenden Talgrund des **Barranco de Arure**.

Einkehr in Las Hayas
Ein letzter Blick zurück in das malerische Tal und man kommt an einen Sattel, wo schon der Ort **Las Hayas** zu sehen ist. Eine Senke hinab geht es auf die ersten Häuser zu und weiter ins Zentrum (1.30 Std.), wo sich das Restaurant La Montaña (s. S. 161) rechter Hand hinter ein paar Bäumen versteckt. Nach der Einkehr gibt es drei Möglichkeiten: Man läuft zurück nach Arure oder steigt auf dem PR LG 12 (s. S. 170) ins Valle Gran Rey zurück; oder man nimmt ab Las Hayas den Bus (Linie 1).

Mirador César Manrique! ▶ B 4

Ganz oben erinnert das Valle Gran Rey an ein Amphitheater, eingerahmt von steilen Felswänden. Dort schwebt an der Zufahrtsstraße eine Aussichtsanlage hoch über dem Tal, die César Manrique (1919–92) gestaltete, der weltberühmte Maler, Bildhauer und Architekt aus Lanzarote. Auf seiner Heimatinsel Lanzarote setzte er sich für einen landschaftsbezogenen touristischen Ausbau ein. Seine Vision war die Symbiose zwischen Architektur und Natur. Jeder Kanareninsel wollte er ein Werk schenken. So schmückt sich La Gomera heute mit dem Mirador César Manrique. Die Anlage bietet spektakuläre Ausblicke und fügt sich zugleich dezent in die Landschaft – wie der Mirador del Río auf Lanzarote, Manriques Hauptwerk.

Windspiele und Aussichtsterrassen
Vor dem Bauwerk, das von der Straße aus unscheinbar wirkt, lässt ein Mobile eindeutig die Handschrift des vielseitigen Künstlers erkennen. Derartige Windspiele *(juguetes del viento)* waren eine von Manriques Spezialitäten. Seiner Idealvorstellung, Kunst und Natur miteinander in Einklang zu bringen, kam er damit sehr nah, denn die Mobiles verändern sich ständig durch die Richtung und Stärke des Windes.

Im Vorgarten der Anlage gedeihen Sukkulenten (wasserspeichernde Pflanzen) aus verschiedenen Kontinenten. Von dort gelangt man auf zwei öffentlich zugängliche Aussichtsterrassen. Links beeindruckt der Panoramablick ins obere Valle Gran Rey, rechts die Sicht tief hinab bis zur Küste mit den Orten La Calera und La Puntilla.

Essen & Trinken

Gewaltige Aussichten – **Mirador César Manrique:** Tel. 922 80 58 68, www.cesarmanriquelagomera.com, Di–Do 11–19 (Sommer bis 20), Fr/Sa 11–22, So 11–16 (Sommer bis 17) Uhr, Mo geschl., Menü um 12,50 €. Auf der unteren Ebene des gleichnamigen Miradors, von César Manrique mit den für seine Architektur typischen,

Valle Gran Rey

riesigen und schräg eingesetzten Glasscheiben versehen. Minimalistische Küche mit einheimischen Zutaten. Zertifikat vom »Plan de Mejora Gastronomía de Canarias«, s. S. 31.

Das obere Tal ▶ B/C 4/5

Unzählige Terrassenfelder prägen das Bild im oberen, touristisch wenig erschlossenen Teil des Valle Gran Rey. Dazwischen stehen verstreut die kleinen, weiß getünchten Häuser der Landwirte. In einer engen Straßenkurve bei den obersten Häusern begrüßt die **Ermita de San Antonio** Besucher des Tals.

Dicht aneinander reihen sich auf einer sehr schmalen Nebenstrecke am östlichen Talrand mehrere Weiler, u. a. **La Vizcaína, Guadá** und **Chelé.** Diese Bauerndörfer gründeten die europäischen Siedler schon kurz nach der Conquista, um sich die Fruchtbarkeit der Gegend zunutze zu machen. Sie terrassierten die Landschaft und bewässerten ihre Kulturen aus dem ganzjährig Wasser führenden **Barranco del Agua,** der – dicht mit Schilfrohr bewachsen – in La Vizcaína ins Valle Gran Rey mündet.

Wanderung nach El Cercado ▶ B/C 4

Dauer: 4 Std.; anspruchsvoll; 700 Höhenmeter im Auf- und Abstieg; beschildert und weiß-gelb markiert als PR LG 12

Die wichtigste Verbindung zwischen dem Valle Gran Rey und dem Rest der Insel stellte früher ein Saumpfad dar, der sich zwischen La Vizcaína und El Cercado eine steile Felswand hinaufwindet. Heute erfreut er sich als Wanderweg großer Beliebtheit.

Von La Vizcaína nach El Cercado
Der Einstieg befindet sich an der schmalen Durchgangsstraße von **La Vizcaína,** an einem kleinen Parkplatz mit Wandertafel. Ein als **PR LG 12** ausgeschilderter und im weiteren Verlauf weiß-gelb markierter Pflasterweg führt dort aufwärts, zunächst schräg durch aufgegebene, von Opuntien überwachsene Terrassenfelder, dann durch die Steilwand des oberen Valle Gran Rey. Nach einem Anstieg von ca. 1.45 Std. ist die Hochfläche oberhalb des Tals erreicht und nach rund 2 Std. steht man auf der Dorfstraße von **El Cercado.** Gegenüber befindet sich die Bar María, ein paar Schritte weiter rechts die Bar Victoria (s. S. 160). Beide bieten sich für eine Rast an.

An Las Hayas vorbei
Anschließend folgt man dem PR LG 12 weiter Richtung **Las Hayas.** Unterhalb des Orts, den die Route nach 2.30 Std. streift, geht es weiter, nun erneut zur Kante der Hochebene. Bald überblickt man von dort wieder das gesamte obere Valle Gran Rey. Jetzt führt die von deutschen Wanderern ›Mastenabstieg‹ getaufte Strecke in steilen Serpentinen hinab. Der Weg orientiert sich mehr oder weniger an einer Stromleitung, daher der Name.

Nach rund 4 Std. wird der Weiler **Los Descansaderos** im oberen Valle Gran Rey erreicht. Wer das Auto in La Viscaína geparkt hat, folgt der Straße nach links ca. 400 m zurück zum Ausgangspunkt. Andernfalls gelangt man rechts zur 500 m entfernten Carretera General, wo Busse der Linie 1 halten.

Essen & Trinken

Wanderstopp – **Bodegón La Vizcaína:** La Vizcaína, Calle San Antonio 84, Tel.

Das obere Tal

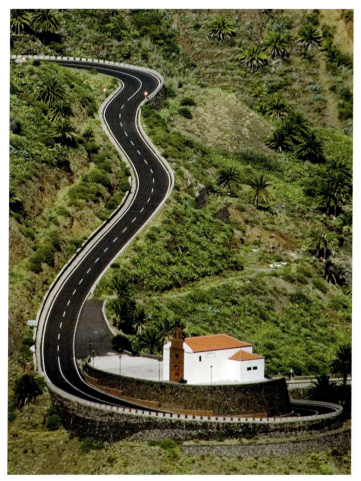

Gute Straßenanbindung: Ermita de San Antonio im oberen Valle Gran Rey

922 80 57 99, in der Regel tgl. geöffnet, Tapas und Salate 4–5 €, Hauptgerichte um 11 €. Urig mit nur wenigen Tischen und schöner Aussichtsterrasse; stilvoll mit landwirtschaftlichem Gerät dekorierter Speisesaal. Einfache, nach einer Wanderung wohltuende Kost wie *potaje de berros* (kräftige Brunnenkressesuppe) oder Thunfischsalat. Spezialität ist *carne de cabra* (Zicklein). Außerdem ist dies der Ort, um eines der typischen gomerischen Mixgetränke zu probieren: *gomerón*, *mistela*, *montañero* …

Klein & fein – **Macondo:** Lomo del Balo 2, Tel. 922 80 59 14, Sept.–März/

Valle Gran Rey

April tgl. 10–22 Uhr, Tapas und kleine Gerichte 4–10 €. Winziges Lokal, von der Hauptstraße ab Retamal ausgeschildert. Wunderschöner Blick über das Tal, den man bei Tapas, Kuchen oder Eis genießt, dazu vielleicht ein frisch gepresster Fruchtsaft oder eine Kaffeespezialität. Für Wanderer eine ungemein praktische Adresse quasi am Fuß des ›Mastenaufstiegs‹.

Infos

Busse: Linie 1 San Sebastián – Valle Gran Rey (2–5 x tgl.). Mehrere Haltestellen an der Hauptstraße, u. a. an beiden Abzweigungen der Nebenstrecke durch das obere Tal (s. S. 170).

Casa de la Seda und El Guro ▶ B 5

Auf dem Weg ins untere Valle Gran Rey passiert die Hauptstraße den zur gleichnamigen Gemeinde gehörenden Ortsteil **Casa de la Seda**. Die Grafen von La Gomera unterhielten im 16. Jh. in Casa de la Seda einen heute nicht mehr existierenden Sommersitz. Etwas abseits der Straße liegt das malerische Künstlerdorf **El Guro** mit restaurierten alten Bauernhäusern, engen Treppengassen und viel Blumenschmuck. Hier hat sich ein buntes Völkchen von Aussteigern, Künstlern und Esoterikern niedergelassen (s. Entdeckungstour S. 196).

Ermita de los Reyes
GM-1, nur Sa 16.30 Uhr zur Messe geöffnet
Ein langer Parkstreifen begleitet in Casa de la Seda die Straße. An seinem unteren Rand zweigt über den dicht mit Schilf bewachsenen Talgrund hinweg ein Fußweg zur Ermita de los Reyes ab (mit Rückweg 20 Min.). Die im Jahr 1515 errichtete, den Heiligen Drei Königen geweihte Kirche gilt als ältestes Gotteshaus im ›Valle‹. Vermutlich diente sie der Grafenfamilie als Hauskapelle.

Übernachten

Wandereinstieg – **Casa Nelly:** Cañada de la Rosa 175, Tel. 922 80 50 84, Studio/ Apartment für 2 Pers. um 40 €, Mindestaufenthalt 1 Woche. Acht schöne, unterschiedlich große und individuelle Ferienwohnungen, 3 km vom Meer entfernt an der Hauptstraße von Casa de la Seda. Sie liegen auf Höhe der Ermita de los Reyes und gegenüber von El Guro, wo sich wichtige Wanderwege kreuzen. Familiär geführt; gepflegter Garten mit Pool.

Essen & Trinken

Kunstcafé – **El Guro:** El Guro s/n, Tel. 699 56 40 62. Uriges Café im Künstlerdorf, von Monika geführt. Jeden Mo 14–19 Uhr Livemusik auf der Terrasse, sonst unregelmäßig geöffnet. Musiker von der Insel und Gäste improvisieren gemeinsam. Um 17 Uhr wird der Kurzfilm »Gomera Percussion« gezeigt.

Kreativ

Malkurse – **Kreativ-Atelier El Guro:** El Guro s/n, Tel. 660 03 60 28, www.gomera-kreativ.de. Die freischaffende Künstlerin Dorothea Blöink, die von Oktober bis April auf La Gomera lebt, erteilt Malkurse für Erwachsene (3 Termine pro Woche) und Kinder (2 Termine pro Woche), Vorkenntnisse sind nicht erforderlich. Ziel ist es, dass die Teilnehmer frei gestalten und den Inspirationen des Augenblicks folgen. Auch Einzeltermine zur Kunst-Therapie.

Casa de la Seda und El Guro

Termine

Fiesta de los Reyes Magos: drei Tage um den 6. Jan. Eine Prozession zieht am Dreikönigstag von La Calera zur Ermita de los Reyes, begleitet von traditionellen Tänzen und Musik. Die Gläubigen führen *el Ramo* mit, eine kunstvoll aus Obst und Gemüse kreierte Opfergabe. Jede Nacht gibt es Tanzvergnügen mit Salsa- und Popmusik (s. a. S. 40).

Wanderung zum Salto de Agua ▶ B 4/5

Dauer: hin und zurück 2 Std.; mittelschwer, Trittsicherheit und guter Orientierungssinn erforderlich

Ziel dieser Tour ist ein erfrischender Wasserfall im engen Talschluss des Barranco de Arure. Die Wanderung empfiehlt sich vor allem im Sommer, denn nach winterlichen Regenfällen kann der Wasserstand in der Schlucht zu hoch sein. Wenn nach Starkregen im oberen Talbereich meterhohe Wasserwände die Schlucht hinunterschießen, wird es sogar richtig gefährlich! Im Zweifelsfall vorher erkundigen und einen Wetterbericht einholen.

Von Casa de la Seda nach El Guro
Gestartet wird in **Casa de la Seda,** auf dem langen Parkstreifen an der Hauptstraße. Ungefähr gegenüber der Abzweigung zur Ermita de los Reyes, beim Haus Nr. 254, weist ein Schriftzug auf Deutsch Richtung »Wasserfall«. Dort geht es Stufen steil aufwärts durch den Ortsteil **El Guro**. An einer Wegkreuzung in dem kleinen Weiler hält man sich geradeaus. An aufgelassenen Terrassenfeldern mit verwilderten Feigenkakteen vorbei verläuft der Weg eben, später leicht bergab. Nach Durchquerung eines kleinen Seitentals hält man rechts abwärts auf eine Wasserleitung zu, folgt dieser nach links und passiert wenig später eine Wand mit gewaltigen Basaltsäulen. Dann geht es von der Wasserleitung weg und links hinauf auf steinigem Pfad, oberhalb von weiteren Feldterrassen. Farbmarkierungen weisen in den Talgrund des Barranco de Arure. Bevor dieser erreicht ist, biegt man links ab, quert ein kleines Geröllfeld und steigt über Felsstufen weiter abwärts. Ein felsiges Seitental ist zu überwinden, dann steht man auf dem Talboden und folgt diesem aufwärts, stets mehr oder weniger am Bach entlang.

Barranco de Arure
Der Barranco führt ganzjährig Wasser. Je nach Wasserstand kann der Wegverlauf stark variieren. Steinmännchen sind hier und da eine Orientierungshilfe, ansonsten sucht man sich die bequemste Spur. Schmale Abzweige nach links führen meist zu Feldern. Stellenweise ist der Talgrund stark mit Schilf zugewachsen. Oft ist es einfacher hindurchzupreschen, als zu versuchen außen herum zu kraxeln.

Ein kleiner Wasserfall versperrt nach knapp 45 Min. Gehzeit den Weg. Nach einem trockenen Sommer kann man ihn überklettern. Meist muss man aber etwa 30 m zurückgehen und den Talgrund dort über Felsen verlassen, wobei man kaum umhin kommt, die Hände zu Hilfe zu nehmen. Es geht eine steile Serpentine hinauf, dann wird es wieder bequemer. Die Umgehung dauert ca. 5 Min., dann steht man wieder im Talgrund. (Für den Rückweg diese Stelle merken!)

Abkühlung am Wasserfall
Über Stock und Stein, große Felsbrocken und an Weidengebüsch vorbei geht es dann mal links, mal rechts des Bachs weiter. Das Bachbett wird nicht

Valle Gran Rey

mehr verlassen, auch dort nicht, wo ein roter Pfeil nach links oben weist. Schließlich öffnet sich ein enger Felskessel (1 Std.), in den sich der **Salto de Agua** ergießt. Der Wasserfall bietet eine willkommene Abkühlung, bevor es auf derselben Route zurück zum Ausgangspunkt an der Hauptstraße bei **Casa de la Seda** (2 Std.) geht.

Wanderung zum Teguergenche ▶ B 5/6

Dauer: hin und zurück 8 Std.; anspruchsvoll; mehrere Auf- und Abstiege von insgesamt etwa 900 Höhenmetern; unterwegs keine Einkehrmöglichkeit; zu beachten ist die auch im Sommer recht kurze Tageslänge auf La Gomera

Die Route folgt zunächst steil aufwärts dem bei deutschen Wanderern als ›**Kirchenpfad**‹ bekannten Weg, der seit alters her die Ermita de los Reyes mit der einsam weiter ostwärts gelegenen Ermita de Guadalupe verbindet. Zu dieser geht es allerdings nicht, sondern auf einem Panoramaweg hoch über dem Valle Gran Rey einen wilden Bergrücken entlang bis zu einem natürlichen Mirador hoch über dem Meer.

Zur Degollada de Cerrillal

Von **Casa de la Seda** läuft man zunächst zur **Ermita de los Reyes** hinüber (s. S. 172) und trifft an deren Rückseite auf einen gepflasterten alten Saumpfad (weiß-rote Markierungen, **GR 132**). Durch einen schmalen Barranco und an einem Anwesen mit tropischem Obstgarten vorbei geht es

Euphorbien säumen den Weg über die Hochfläche Las Pilas

Casa de la Seda und El Guro

zu einem weiteren kleinen Barranco, wo zwei kleine Häuser mit Ziegeldächern (20 Min.) stehen. Dort zweigt der GR 132 rechts ab. Ihm folgend befindet man sich nun auf dem steilen Teil des Kirchenpfads.

Unverdrossen windet sich der alte Pflasterweg aufwärts, bis zu einem schmalen Sattel (45 Min.). Dort lohnt ein kurzer Abstecher nach links zu einem Felssporn mit hervorragendem Blick in das obere Valle Gran Rey. Dann geht es den Hauptweg weiter, zunächst durch aufgelassene Terrassenfelder, dann noch steiler bergauf in einer Wand. Schließlich leitet eine Scharte zur 658 m hohen **Degollada de Cerrillal** (2 Std.) hinauf, einem Sattel auf einem langgestreckten Bergkamm. Vis-à-vis gähnt die tiefe Schlucht des Barranco de Argaga.

Wanderung zum Teguergenche

Zur Degollada de los Bueyes

Unmittelbar nach der Felsscharte verlässt man den GR 132 und schwenkt rechts in einen Pfad ein, der dem Kamm folgt. Abschnittsweise säumen ihn Bruchsteinmauern, ansonsten helfen Steinmännchen bei der Orientierung. Die **Montaña del Adivino** (743 m) wird an ihrer linken Flanke umgangen. Am Südrand dieser Kuppe ergibt sich ein erster Ausblick auf die Strandlinie des Valle Gran Rey. Nächstes Etappenziel ist ein weiterer Sattel, die **Degollada de los Bueyes** (2.45 Std.). Hier markieren rechts zwei auffällig große Steinpyramiden den Einstieg in den sogenannten ›Lechepfad‹ (s. S. 176). Es geht jedoch geradeaus weiter, nun wieder steil aufwärts an der linken Flanke des Bergrückens entlang.

Die Hochfläche Las Pilas

Auf der bald erreichten Hochfläche **Las Pilas** erinnert die Ruine eines Bauernhofs (3.15 Std.) an die Zeit der kommerziellen Farbstoffgewinnung im 19. Jh. Auf vielen heute nicht mehr landwirtschaftlich genutzten Flächen wurden damals Feigenkakteen gepflanzt, um auf ihnen

Valle Gran Rey

Koschenilleläuse zu züchten, die eine rote Naturfarbe lieferten. Getreideanbau lohnte sich hier noch bis Mitte des 20. Jh., dann wurde der Hof aufgegeben.

Ein ehemaliger, kreisrunder Dreschplatz bleibt rechts liegen. Weglos über aufgelassene Felder hält man einige Minuten auf eine längliche Felskuppe zu, die Richtung Atlantik aus der Hochfläche ragt. Kurz vor dem rechten Rand der Felsen liegt ein weiterer Dreschplatz, von ihm führt ein von niedrigen Mauern gesäumter Weg bis zum höchsten Punkt der Kuppe. Sie bietet einen großartigen Rundblick, der links vom Tafelberg Fortaleza de Chipude über die Bananenplantagen von La Dama und das Valle Gran Rey bis zur ganz rechts gelegenen Hochfläche La Mérica reicht.

Auf den Gipfel des Teguergenche

Wiederum weglos steigt man zu einer weiteren Hausruine hinunter, die rechts umgangen wird. Dort beginnt zwischen dem Gebäude und einem Dreschplatz eine schmale Trittspur. Sie führt nach rechts zu einer Felsgruppe, die von Archäologen als prähistorischer *tagoror* (Versammlungsplatz) gedeutet wird. Weglos geht es quer über ehemalige Terrassenfelder an der linken Seite der Hochebene weiter. Ein Sattel wird durchschritten, dann hält ein wieder besser erkennbarer, durch Steinmännchen markierter Pfad auf den Gipfel des **Teguergenche** (516 m) zu (4 Std.). Um die Aussicht auf den Mündungsbereich des Barranco de Argaga zu genießen, muss man noch ein Stück meerwärts an der linken Hangkante entlanglaufen. Dort gelangt man 5 Min. später auf eine natürliche Aussichtskanzel. Auf die davor liegende Felsspitze sollte man wegen Absturzgefahr nicht klettern! Anschließend geht es auf der schon bekannten Route zurück nach **Casa de la Seda** (8 Std.).

Achtung: An der Degollada de los Bueyes zweigt der ›Lechepfad‹ (span. *leche* = Milch) ab (s. S. 175). Auf ihm trug der Hirte Ciro jahrzehntelang die Milch seiner auf dem Berg weidenden Ziegen abends nach Casa de la Seda hinunter, um Käse daraus herzustellen. Doch 1990 stürzte er ab und kam ums Leben. Daher der Hinweis: Als Abkürzung für den Rückweg kann der Lechepfad aus Sicherheitsgründen nicht empfohlen werden! Was als relativ gut mit Steinmännchen markierter Saumpfad beginnt, erweist sich rasch als abenteuerliche Kletterpartie, wobei die Markierungen immer spärlicher werden und schließlich für den Ortsunkundigen kaum noch auszumachen sind.

La Calera! ▶ A 5

Wer das Valle Gran Rey weiter hinabfährt, könnte den Hauptort des Tals, in dem etwa 800 Menschen leben, fast übersehen. Die breite, neue Durchgangsstraße verläuft unterhalb des Orts, berührt aber den Kirchplatz von La Calera mit der modernen **Iglesia Los Santos Reyes** [1] von 1980. Malerisch schmiegt sich das angrenzende Dorf an den nördlichen Hang. Schmale Straßen, Fußgängergassen und Treppenwege verbinden die Häuser. Autoverkehr gibt es kaum, da Park- oder Wendemöglichkeiten rar sind. In den kleinen Terrassengärten wachsen Obstbäume wie Mangos, Papayas oder Japanische Mispeln, dazu stattliche Palmen. Die alten Häuser wurden zum Teil geschmackvoll restauriert. Alles in allem gehen die Dinge in La Calera einen ruhigen Gang, das ›alte‹ La Gomera blieb bewahrt.

La Calera

Sehenswert
1. Iglesia Los Santos Reyes
2. Ermita San Salvador

Übernachten
1. Jardín Concha
2. La Galería
3. Domínguez
4. El Chorro
5. Bella Cabellos
6. El Ancón
7. Parada

Essen & Trinken
1. Terraza El Mirador
2. Sebastián
3. La Orquídea
4. Zumería Carlos

Einkaufen
1. Mercadillo
2. Finca Ecológica Lomo del Riego
3. Arte en piel

Aktiv
1. Viajes Integrados

Eine gewisse touristische Infrastruktur entwickelte sich in den vergangenen Jahrzehnten freilich auch hier. Hauptsächlich Individualreisende quartieren sich in den relativ zahlreichen, familiären Apartmenthäusern und Pensionen ein. Auch ein paar Restaurants gibt es.

Ermita San Salvador 2

Calle La Alameda s/n, unregelmäßig geöffnet
Sehenswert ist die im 20. Jh. erbaute kleine Kirche im oberen Ortsteil. Eine Christusfigur wacht über dem Eingang. Auf der kubischen Fassade thront rechts ein kleiner Glockengiebel. Die Sitzbank auf der winzigen, lauschigen Plaza davor lädt zu einer Ruhepause ein. Innen ist die Ermita modern eingerichtet. Bewohner aus der Umgebung finden sich gern zur Andacht hier ein.

Übernachten

Schön klein – **Jardín Concha 1**: Calle El Cantero s/n, Tel. 922 80 60 63, www.hotelconcha.net, DZ ca. 56 €. Das winzige Hotel in ruhiger Lage verfügt über neun unterschiedlich ausgestattete und gestaltete Zimmer. Besonders zu empfehlen sind jene in der ersten Etage mit kanarischem Holzbalkon und Meerblick.

Großzügig – **La Galería 2**: Calle La Alameda 68, Tel. 922 80 54 77, www.go

Valle Gran Rey

Malerisch schmiegt sich La Calera an den Hang – mit dem Mond als Tüpfelchen auf dem i

meralounge.de, Studio 45–52 €, Suite 79 € (für je 2 Pers.). In dem ehemaligen Künstlerhaus werden Ferienwohnungen (1 Schlüssel) mit traumhaftem Blick über das untere Valle vermietet (für bis zu 5 Pers.). Unterschiedlich ausgestattet, jeweils mit geräumiger, möblierter Terrasse. Gegen Gebühr steht ein Seminarraum (für bis zu 14 Pers.) zur Verfügung, geeignet etwa für Workshops, Yoga, Meditation.

Quadratisch-praktisch – **Domínguez** 3: Calle La Orquídea 3, Tel. 922 80 50 30, www.vallegranrey.net, Apartment für 2 Pers. 40–45 €, für 4 Pers. 54 €. Mittelgroßes Apartmenthaus ohne hohen Anspruch, aber mit weitem Blick über den Atlantik; mit Restaurant La Orquídea (s. S. 179).

Ordentlich – **El Chorro** 4: Calle La Alameda 58, Buchung über Reisebüro La Paloma in Vueltas (s. S. 208), Apartment für 2 Pers. 32–35 €. Fünf nette, korrekt und mit hellem Mobiliar ausgestattete 1-Schlüssel-Apartments, z. T. mit Südbalkon. Besonders

La Calera

nett das *Atico* für ein oder zwei Personen oberhalb des Hauses.

Bei Einheimischen – **Bella Cabellos** 5 : Calle La Alameda 36, Tel. 922 80 60 15, DZ 28 €, Apartment 4 Pers. 45 €, jeweils ohne Frühstück. Drei einfache Doppelzimmer in einem hübsch restaurierten Haus und ein neues, großzügiges Apartment. Abgeschiedene, ruhige Lage. Gemütliches, kommunikatives Ambiente; die Besitzerfamilie wohnt im Erdgeschoss. Küchenbenutzung möglich.

Freundlich – **El Ancón** 6 : Calle El Ancón de la Calera 6, Tel. 922 80 50 71, Studio für 2 Pers. 30 €. Überschaubares Haus mit vier 1-Schlüssel-Apartamentos. Zwei davon verfügen über Balkone, außerdem gibt es eine größere Wohnung für vier Personen und ein ›Atico‹ (für 1 Pers.) mit direktem Zugang zur Dachterrasse, die einen schönen Meerblick bietet.

Erster Stopp – **Parada** 7 : Calle El Caidero 18, Tel. 922 80 50 52, DZ ca. 25 €. Pensionszimmer für einfache Ansprüche oder für die erste Nacht nach der Ankunft, mit Etagenbad. Am zentralen unteren Dorfplatz in der Nähe von Bushaltestelle und Taxistand.

Essen & Trinken

Sunset und mehr – **Terraza El Mirador** 1 : Calle La Gurona 13, Tel. 922 80 50 86, Mo–Mi u. Fr–So 17–22.30, im Sommer bis 23.30 Uhr, z. T. auch mittags, Do geschl., Menü 15–20 €. Feines Lokal mit abwechslungsreicher kanarischer Marktküche, etwa Thunfisch mit *mojo* oder Rinderlende mit Palmhonig. Bemerkenswerte Weinkarte – die vielleicht am besten sortierte im Tal. Die Terrasse mit weitem Blick zum Meer ist ein idealer Ort, um den Sonnenuntergang zu genießen.

Unverändert beliebt – **Sebastián** 2 : Calle La Pista 17, Tel. 922 80 52 70, Mo–Fr u. So 18–21 Uhr, Sa geschl., Menü 10–15 €. Klein und eng, ist Sebastián nichtsdestotrotz eines der populärsten Restaurants im Tal – kein Wunder, denn hier wird schon seit 1954 (!) Gastlichkeit gepflegt. Es ist mit längeren Wartezeiten zu rechnen. Sonntags Paella (15 € pro Pers.).

Gar nicht unflott – **La Orquídea** 3 : Calle La Orquídea 3, Tel. 922 80 51 81, Mo–Fr 10–14, 17–23, So 17–23 Uhr, Sa geschl., Menü 15–20 €. Hübsche Terrasse mit weitem Meerblick. Sowohl

Valle Gran Rey

eine beliebte Frühstücksadresse als auch ein Tipp für unverfälschte kanarische Hausmannskost, etwa Hühnchen oder Kaninchen in Knoblauch. Zertifikat des »Plan de Mejora de la Gastronomía de Canarias« (s. S. 31).
Mit Kultstatus – **Zumería Carlos** 4 : Calle El Caidero 18, Mo–Fr 8.30–18, Sa 8.30–16 Uhr, So geschl., Snacks ab etwa 3 €. Große Auswahl an frisch gepressten Obstsäften, einfallsreiche Toastvariationen. Tagsüber seit vielen Jahren ein beliebter Treffpunkt, quasi eine Pflichtstation, um am szenigen Geschehen im Tal teilzuhaben (s. Entdeckungstour S. 196).

Erst im 20. Jh. erbaut: die Ermita San Salvador (im Vordergrund Weihnachtssterne)

La Calera

Einkaufen

Szene trifft Markt – **Mercadillo 1**: auf der Plaza Lomo de Riego hinter dem Busbahnhof (an der Straße nach Vueltas), So/Fei 10–14 Uhr. Wochenmarkt, auf dem gomerische Obst- und Gemüsehändler neben deutschen Aussteigern stehen, die Kleinkunst und manches mehr anbieten. Jeden zweiten Sonntag gibt es zusätzlich einen Flohmarkt, wo jeder verkaufen kann (vorher im Rathaus von La Calera anmelden, Standgebühr 5 €). Manchmal wird der Markt wegen eines besonderen Anlasses auf die Plaza de San Pedro in La Playa verlegt.

Öko ohne weite Wege – **Finca Ecológica Lomo del Riego 2**: Calle Lomoriego (neben dem Busbahnhof), Tel. 922 80 62 53, Mo–Fr 9–13, 16.30–19.30, Sa 9–13 Uhr. Obst und Gemüse aus biologischem Anbau, zertifiziert und direkt von der Plantage. Inhaber Manuel ist gebürtiger Gomero und wurde in einem Demeter-Betrieb in Bayern ausgebildet. In seinem Hofladen verkauft er außerdem Produkte anderer regionaler Erzeuger (Bio-Wein, Bio-Snacks, Müsli, Tee) sowie glutenfreie Lebensmittel.

Kunst aus Leder – **Arte en piel 3**: Avenida La Calera 8, Tel. 607 56 12 47, Mo–Fr 9–14, 16.30–19.30, Sa 9–14 Uhr. Legendäre Lederwerkstatt, die per Hand Schuhe, Taschen und Gürtel nach den Wünschen des Kunden anfertigt (Fertigstellung innerhalb von 4–5 Tagen; s. a. Entdeckungstour S. 196).

Aktiv

Wandern – **Viajes Integrados 1**: Avenida La Calera s/n, Tel. 922 80 58 66, www.gomera-service.com. Vermittlung von geführten Wanderungen, ab 24 € pro Person.

Infos & Termine

Tourismusbüro
Oficina Municipal de Información Turística: 38870 Valle Gran Rey (La Calera), Calle El Caidero 16, Tel./Fax 922 80 54 17, turismo@vallegranrey.es, www.vallegranrey.es, Mo–Fr 8–15 (Sommer bis 14) Uhr. Das Informationsbüro der Gemeinde Valle Gran Rey befindet sich in einem Kiosk oberhalb vom Taxistand.

Privates Servicebüro
Viajes Integrados: 38870 Valle Gran Rey (La Calera), Avenida La Calera s/n, Tel. 922 80 58 66, Fax 922 80 50 63, info@gomera-service.com, www.gomera-service.com, Mo–Fr 10–14, 18–19, Sa 10–13 Uhr. Private deutsch- und englischsprachige Vermittlung von Unterkünften, Mietwagen, Bootstouren, Sprachkursen.

Feste und Veranstaltungen
Fiesta de los Reyes Magos: 6. Jan. Am Dreikönigstag zieht eine Prozession von La Calera zur Ermita de los Reyes (s. S. 40).
Fiesta del Carmen: 16. Juli. Fischer tragen die Figur ihrer Schutzheiligen Nuestra Señora del Carmen aus der Pfarrkirche von La Calera zum Hafen in Vueltas. Von dort startet eine Bootsprozession nach La Rajita (s. a. S. 40).
Mercadillo de Navidad: ca. 20.–22. Dez. Kleiner Weihnachtsmarkt auf der Plaza Lomo de Riego hinter dem Busbahnhof. Ähnliches Ambiente wie beim Mercadillo Municipal (S. 181). Vorwiegend deutsche Händler verkaufen Kunst, Schmuck, Batikkleidung und Kulinarisches.

Verkehr
Busse: Linie 1 San Sebastián – Valle Gran Rey (2–5 x tgl.), Linie 6 als Flughafenbus nach Bedarf jeweils 2 Std.

Valle Gran Rey

vor Abflug. Busbahnhof mit Cafeteria an der Straße nach Borbalán/Vueltas. Die Busse drehen von dort aus eine Runde über La Playa, La Puntilla, Vueltas und Borbalán und halten noch einmal gegenüber vom Taxistand in La Calera. Dann sind sie allerdings in der Hochsaison oft schon voll besetzt und es werden keine Fahrgäste mehr mitgenommen, daher besser am Busbahnhof einsteigen. Nach Bedarf werden manchmal zwei Busse eingesetzt.
Taxis: Zentraler Taxistand für das Valle Gran Rey, an der Carretera General Valle Gran Rey (GM-1), oberhalb der Tankstelle, Tel. 922 80 50 58.
Mietwagen: Viajes Integrados, s. S. 181.

Wanderung von La Calera nach Arure

▶ A/B 4/5

Dauer: gut 3 Std.; anspruchsvoll; etwa 850 Höhenmeter im Anstieg; beschildert und weiß-rot markiert als GR 132
Den von Arure beschriebenen Weg nach La Calera (s. S. 168) nehmen Wanderer, die lieber aufwärts als abwärts steigen, gern in umgekehrter Richtung in Angriff. Die Tour beginnt bei einer Wandertafel rechts neben der Pension Bella Cabellos (s. S. 179), an der Calle La Alameda, im oberen Teil von **La Calera**. Von dort folgt man stets dem Fernwanderweg **GR 132** Richtung Arure. Es geht zunächst Treppenstufen hinauf. Bei der ersten Gelegenheit wird das links daneben verlaufende, meist ausgetrocknete Bachbett überquert. Dann steigt der nicht zu verfehlende alte Camino zunächst in steilen Serpentinen zur Hochfläche **La Merca** an und verläuft dann an einem Höhenrücken entlang nach **Arure**.

La Playa ▶ A 5

Den Ortsteil La Playa (500 Einw.) nutzten vor Einsetzen des Tourismus nur einen Teil des Jahres ein paar Fischer aus dem nahe gelegenen La Calera. Die kleine, von einer riesigen Birkenfeige beschirmte **Ermita de San Pedro** **1**, dem Patron der Fischer geweiht, erinnert an diese Zeit. Auf der direkt am Strand gelegenen kleinen **Plaza de San Pedro** davor treffen sich in den Wintermonaten jeden Abend Alt- und Neuhippies, um den Sonnenuntergang zu feiern (s. a. Entdeckungstour S. 196).

Hier beginnt die kurze Uferpromenade von La Playa, der **Paseo Las Palmeras** (s. a. Lieblingsort S. 185), an dem Boutiquen für Schmuck, Strandmode und Souvenirs zum Stöbern einladen. Fürs leibliche Wohl sorgen Restaurants und Cafés. In den meisten angrenzenden Häusern werden Ferienwohnungen vermietet. Hier wohnt man mitten im Geschehen, was allerdings einen gewissen Lärmpegel mit sich bringt.

Callao Las Mozas

Am nördlich angrenzenden, felsigen Küstenabschnitt Callao Las Mozas befinden sich in ruhigerer Lage mehrere mittelgroße, über Veranstalter buchbare Touristenanlagen. Dahinter erstrecken sich ein paar quadratisch-praktisch wirkende Straßenzüge. Bei genauerem Hinsehen erweist sich die Architektur als sehr durchdacht. Die auf dem Reißbrett entstandenen Straßen sind rechtwinklig angeordnet und gesäumt von drei- bis vierstöckigen Wohngebäuden, die – obwohl modern – an traditionelle spanische Stadthäuser erinnern. Die Erdgeschosse beherbergen Boutiquen, Sportge-

La Playa

Sehenswert
1 Ermita de San Pedro

Übernachten
1 Las Tres Palmeras
2 Gomera Lounge
3 Los Tarajales
4 Balcón Canario
5 Casa María de Las Jornadas

Essen & Trinken
1 El Baifo
2 Colorado
3 El Paraíso
4 Yaya
5 Dulceria La Ñamera

Einkaufen
1 El Fotógrafo
2 Oro
3 Galeria Oasis

Aktiv
1 Panorama Wellness
2 Agando Shop
3 Gomera Bikes

Abends & Nachts
1 Gekko-Bar
2 Gomera Lounge Pianobar

---

schäfte und Restaurants. Alles in allem ist La Playa recht überschaubar.

Baden und Beachen

Playa del Valle Gran Rey ▶ A 5

Den langgezogenen Hauptstrand des Tals bevölkern nicht nur Urlauber, sondern am Wochenende und an Feiertagen auch viele Gomeros. Er ist zwar meist nicht bewacht, aber unter Beachtung der üblichen Vorsichtsmaßnahmen gilt das Baden hier als einigermaßen sicher.

Der Sandstreifen zieht sich von La Playa Richtung Süden bis nach La Puntilla. Dahinter verläuft die nur als Einbahnstraße befahrbare, von einem breiten Fußgängerstreifen gesäumte **Avenida Marítima**. An ihrer Landseite trotzen Bananenplantagen zwischen ein paar wenigen Häusern dem Bauboom im ›Valle‹.

Playa del Inglés ▶ A 5

s. a. Lieblingsort S. 188

In früheren Zeiten landeten an dem abgeschiedenen Küstenabschnitt häufig ausländische Piraten, um die Dörfer des Valle Gran Rey zu überfallen. Als sich der Name für den Strand einbürgerte, war *inglés* (span. Engländer) ein Synonym für alle Fremden.

Lieblingsort

Uferpromenade in La Playa – Sonne, Palmen, Wellenglitzern

Wenn am späten Nachmittag die tief stehende Wintersonne von Westen her die Küste von La Playa in ein warmes Licht taucht und die letzten Badegäste den Strand verlassen haben, wird der Paseo Las Palmeras, zum beliebten Treffpunkt. Die Mauer an der Uferpromenade lädt geradezu unwiderstehlich zur Rast ein, vielleicht mit einem Drink aus einer der nahe gelegenen Bars in der Hand. Dabei plaudert man – mit Blick auf die glitzernden kleinen Wellen im Meer – mit neuen Urlaubsbekanntschaften über die Erlebnisse des Tages.

Valle Gran Rey

Der Strand ist normalerweise nicht bewacht, eine rote Flagge zeigt dann dauerhaft Badeverbot an. Im Winterhalbjahr gilt Schwimmen hier als äußerst gefährlich! Auch im Sommer ist wegen starker Unterströmungen und unter Wasser gelegener Felsen Vorsicht geboten.

Am Nordostrand der Playa del Inglés führt eine gigantische Steinlawine am Fuß der Steilwand die latente Steinschlaggefahr sehr anschaulich vor Augen. Eine Tafel informiert dort in Wort und Bild über Tiere und Pflanzen, die im **Parque Rural de Valle Gran Rey** leben, einem zum Landschaftspark erklärten Gebiet, das große Teile des ›Valle‹ und seiner Umrandung umfasst, mit Ausnahme des dicht besiedelten unteren Tals. Prominentester Bewohner der Felswand oberhalb der Playa del Inglés ist die Gomera-Rieseneidechse (s. S. 73).

Unser Tipp

Steinmännchen als Kunstobjekte

Ein neues Kunstgenre hat sich an den Playas im Valle Gran Rey etabliert: Profi- und Laienkünstler türmen Steinmännchen, ähnlich den als Wegmarkierung verwendeten, aus den flachen grauen Strandkieseln auf. Sie werden zu fantasievollen Ensembles arrangiert und – je nach Anspruch der Schaffenden – auch mit farbigen Steinen oder Strandgut kombiniert. Für eine Fotosession finden sich lohnende Motive. Aber warum nicht auch selbst zum Künstler werden? Platziert man sie nah am Wasser, fallen die vergänglichen Gebilde allerdings oft schon bei der nächsten Flut den Wellen zum Opfer.

Übernachten

Sehr individuell – **Oasis Bungalows:** Tel. 922 80 50 17, www.oasis-galeria.com, Preise auf Anfrage. Bungalows, Studios und kleine Häuser, die so ungewöhnliche Namen wie ›Hühnerhof‹ und ›Spatzennest‹ tragen. Auch eine exklusive Villa in der Nähe der Playa del Inglés ist im Angebot. Die über das Valle Gran Rey verteilten Unterkünfte befinden sich unter Leitung der Familie Pieper.

Familien willkommen – **Las Tres Palmeras** [1]: Ctra. Playa del Inglés, Tel. 922 80 54 80, www.trespalmeras.com, Apartment für bis zu 3 Erw. oder 2 Erw. und 2 Kinder 62–78 €. Gepflegte Anlage mit 79 in warmen Tönen eingerichteten Apartments und einem großen Swimmingpool mit integriertem Kinderbecken. Alle Wohneinheiten verfügen über Balkon oder Terrasse, teils mit Meerblick.

Design pur – **Gomera Lounge** [2]: Paseo Las Palmeras 9, Tel. 922 80 51 95, www.gomera-lounge.de, Apartment für 2 Pers. 59–79 €. Exotisch gestyltes Apartmenthaus, jede der zwölf Wohneinheiten ist im Stil eines anderen Landes eingerichtet – die Reise führt über drei Kontinente; WLAN gratis. Auf der Dachterrasse die Saunalandschaft Panorama Wellness (s. S. 190). Unter Leitung von Thomas Müller, dem ›Fotógrafo‹ (s. S. 190), und seiner Lebensgefährtin Romana Pelagatti. Mit einer eigenen Wasseraufbereitungsanlage leistet die Gomera Lounge einen beispielgebenden Beitrag zum Umweltschutz. Hausgäste können sich an einem Brunnen im Eingangsbereich ihr Trinkwasser abfüllen, was jede Menge Plastikflaschen aus dem Supermarkt einspart.

Überschaubar – **Los Tarajales** [3]: Ctra. Playa del Inglés 9, Tel. 922 80 53 01, www.tarajales.net, Studio für 2 Pers.

La Playa

53–65 €. Mittelgroße Apartmentanlage mit je 20 Apartments und Studios, alle mit Küchenzeile und Balkon oder Terrasse mit Meerblick ausgestattet. Im großen Garten befinden sich Sonnendeck, Meerwasserpool und Kinderbecken. Wird in der Regel über Veranstalter gebucht.

An der Seefront – **Balcón Canario** 4: Paseo Las Palmeras 3, Tel./Fax 922 80 55 13, Apartment für bis zu 4 Pers. 40–45 €. Die sechs Apartments sind gut ausgestattet und bieten von den Balkonen einen hervorragenden Meer- und Strandblick. Zwar geht es unten auf der Promenade recht lebhaft zu, doch die Schlafzimmer liegen nach hinten und bieten Ruhe.

Eine Legende – **Casa María de Las Jornadas** 5: Avenida Marítima 8, Tel. 922 80 50 47, Fax 922 80 52 54, DZ ca. 25 €, Apartment für 2 Pers. ca. 40 €. Pension mit einem Stern und 16 Zimmern für einfache Ansprüche, aber darauf kommt es hier nicht an, sondern auf das kultige Ambiente. Man wohnt mitten in der Szene über dem gleichnamigen Bar-Restaurant. Dachterrasse zum Sonnenbaden. Die Besitzer vermieten auch etwas komfortablere 1-Schlüssel-Apartments am Paseo Las Palmeras (Haus Nr. 10). Reservierungen auf Englisch möglich.

Essen & Trinken

Aus dem Wok – **El Baifo** 1: Calle Normara 1, Tel. 922 80 57 75, Mo–Do u. Sa/So 18.30–23 Uhr, Fr geschl., Hauptgerichte 10–15 €, vegetarisch 8–9 €. Gepflegte East-meets-West-Küche, wie man sie kennt und liebt (Fleisch, Fisch, Geflügel und Vegetarisches). Sie hat ihre Wurzeln in Malaysia, aber auch in Frankreich. Gomerische Zutaten, wie etwa Palmhonig, sind durchaus nicht tabu. Zertifikat vom »Plan de Mejora de la Gastronomía de Canarias« (s. S. 31). El Baifo ist bei Facebook.

Ein Stück Heimat – **Colorado** 2: Calle Punta de la Calera/Ecke Calle La Noria, Tel. 922 80 62 17, www.colorado-gomera.com, Di–So 13–15, 18–23 (Küche bis 22) Uhr, Mo und Ende Mai–Anf. Sept. geschl., Hauptgerichte 10–15 €, Pizza/Pasta um 7 €. In dem kleinen Lokal mit Tischen in der schmalen Fußgängerzone vor dem Haus pflegen Sabine und Jochim deutsch-gomerische Küche. Tagesgerichte nach Marktlage werden auf Tafeln mit Kreide angeschrieben. Am Nachmittag werden Eisbecher und der berühmte selbstgebackene Mandelkuchen serviert.

Oft empfohlen – **El Paraíso** 3: Avenida Marítima 4, Tel. 922 80 54 47, Mo–Fr u. So 12–22 Uhr, Sa geschl., Hauptgerichte 7–13 €. Ein anerkannt gutes Restaurant mit ordentlicher Auswahl an kanarischen Fisch- und Fleischgerichten. Das Kaninchen mit Knoblauch gilt als das beste weit und breit. Die hausgemachten Desserts der Chefin Mari-Luz sind ebenfalls einen Abstecher hierher wert. Alles wird auf Wunsch auch zum Mitnehmen zubereitet. Zertifikat vom »Plan de Mejora de la Gastronomía de Canarias« (s. S. 33).

Daran kommt keiner vorbei – **Casa María** 5: Avenida Marítima 8, Tel. 922 80 50 47, Mo u. Mi–So 12–16, 19–23 Uhr, Bar meist durchgehend ab 7 Uhr, Di geschl., Hauptgerichte um 7,50 €. Die kanarische Küche der Casa Maria ist als solide bekannt, auch die Paella wird immer wieder gelobt, das Preis-Leistungs-Verhältnis stimmt. Aber den legendären Ruf verdankt das Lokal dem Hippieflair (s. Entdeckungstour S. 196).

Reelles Angebot – **Yaya** 4: Paseo Las Palmeras 8, Tel. 922 80 50 08, Di–So ab 8 Uhr, Mo geschl., Hauptgerichte 7–8 €, Pizza 6–8 €, Tapas *(media ración)* 3–5 €. Hier geht es authentisch

Lieblingsort

Relaxt ein Sonnenbad nehmen – an der Playa del Inglés ▶ A 5

Die wilde, von rötlich schimmernden Klippen gesäumte Playa liegt ein wenig abseits, daher widmen sich viele Besucher des Naturstrandes ungestört und ausgiebig dem hüllenlosen Sonnenbaden. Niemand wird hier schief angeguckt, und auch allein reisende Frauen können sich wohlfühlen. Einen Wermutstropfen gibt es allerdings: Das Schwimmen im Meer ist meist zu gefährlich (s. S. 188). Aber auch wenn Sie nur die Füße ins Wasser halten, erfrischt das allemal.

Valle Gran Rey

kanarisch zu. Die Küche bietet eine gute Tapas-Auswahl, darüber hinaus frischen Fisch und gegrilltes Hühnchen mit Knoblauch. Sonntags wird Paella gekocht. Ein Zugeständnis an den modernen Geschmack und kleinere Geldbeutel ist die Pizza.

Immer gern genommen – **Dulceria La Ñamera** 5 : Paseo Las Palmeras 7, Tel. 922 80 60 09, Mo–Mi u. Fr–So 9–24 Uhr (warme Küche nur bis 18 Uhr), Do geschl., Snacks 3–6 €, Kuchen um 1 €. Café, Bäckerei und Konditorei mit gemütlichen Bistrotischen und Außenplätzen auf der Promenade. Selbst gebackene Pizza, ofenfrische bocadillos u. v. m., alles nett mit Salat und pikanten Saucen als kleines Tellergericht arrangiert. Sehr gutes Preis-Leistungs-Verhältnis, daher entsprechend beliebt. Die üppigen Torten werden auch gerne zum Mitnehmen geordert.

Einkaufen

Fotolegende – **El Fotógrafo** 1 : Avenida de Las Palmeras s/n. Gut sortiertes Fotogeschäft des La Gomera-Pioniers Thomas Müller mit großer Auswahl an schönen Postkarten, Reise- und sonstiger Literatur, deutschen Zeitungen und Zeitschriften.

Alles Unikate – **Oro** 2 : Paseo Las Palmeras 9, Tel. 922 80 55 83, tgl. 11–20.30 Uhr. Christine Connert, gelernte Goldschmiedin, fertigt in der eigenen Werkstatt schönen Lava-, Silber- und Schaumkorallenschmuck, Perlenketten und -armbänder. Als speziellen Gag bietet sie kleine Stoffgeckos an.

Kunst ganz privat – **Galeria Oasis** 3 : nördlicher Ortsrand (ausgeschildert ab Calle Lepanto), Tel. 922 80 50 17, www.oasis-galeria.com. In privater Atmosphäre zeigt Familie Pieper auf 200 m² Ausstellungsfläche Werke moderner spanischer und internationaler Künstler. Termine für Einzelführungen kann man an der Rezeption (tgl. 11–14 Uhr) vereinbaren.

Aktiv

Zum Wohlfühlen – **Panorama Wellness** 1 : Paseo Las Palmeras s/n, Tel. 922 80 51 95, www.gomera-lounge.de. Wellnessoase mit Traumblick vom Dachgarten des Apartmenthauses Gomera Lounge. Sauna, Jacuzzi und ein umfangreiches Angebot an Massagen und Anwendungen wie Holistik Bodywork, Hot Stone, Ayurveda. Ab 45 €, buchbar telefonisch oder persönlich an der Rezeption.

Nahezu alles – **Agando Shop** 2 : Paseo Las Palmeras 10, Tel. 922 80 70 84, www.agandoshop.com, Mo–Fr 12–14, 17–20, Sa 12–14 Uhr. Torsten Engelbrecht vermittelt, was man auf La Gomera organisiert unternehmen kann: Wanderungen, Bootsausflüge, Whalewatching. Dazu Mietwagen und Fährtickets. Alles buchbar auch schon vor der Anreise via Internet. Vor Ort verleiht er darüber hinaus deutschsprachige Lektüre (pro Woche 2 €, Kaution 10 €) und bietet einen Kopierservice.

Fahrrad- und Scooterverleih – **Gomera Bikes** 3 : Ctra. Playa del Inglés 4, Tel. 922 80 53 36, www.gomera-bikes.com. Deutschsprachiges Bike & Outdoor Center. Verleih von Mountainbikes (ab 12 € pro Tag), Citybikes (7 € pro Tag), Kinderrädern sowie E-Bikes (19 € pro Tag) und Motorrollern (ab 35 € pro Tag). Bei längerer Mietdauer günstigere Tagespreise. Geführte Mountainbiketouren ab 2 Pers., Shuttleservice ins Gebirge.

Abends & Nachts

Hier geht die Post ab – **Casa María** 5 : Avenida Marítima 8, Tel. 922 80 50 47, Mi–Mo 12–16, 19–23 Uhr, Di geschl. Mehrmals pro Woche abends ab etwa

21 Uhr kanarischer oder kubanischer Folk live mit der Gruppe Best of Gomera oder anderen Interpreten von der Insel, bei geeignetem Wetter – das normalerweise herrscht – draußen vor der Tür. Dann sind die Tische schnell voll besetzt. Macht nichts, der Drink schmeckt auch im Stehen und man schwingt gleich im Rhythmus mit.
Rock und Sport – **Gekko-Bar** 1 : Calle La Playa s/n, tgl. 19–24 Uhr oder nach Lust und Laune manchmal Ruhetag. Der Werder Bremen-Fan Haraldo (Harald) betreibt die rustikale Bierkneipe mit manchmal ebensolchem Publikum und knallharter Rockmusik. Bei Bundesligaübertragungen oder Formel 1 füllt sich das Lokal. Zu trinken gibt es Beck's Bier, Cocktails und Spirituosen.
Szenetreff – **Gomera Lounge Pianobar** 2 : Paseo Las Palmeras, www.gomeralounge.de, tgl. vom Frühstück bis spät abends geöffnet. Auch hier hat Thomas Müller, der »Fotógrafo«, seine Hände im Spiel. In dem asiatisch gestylten Ambiente der Bar genießt ein Publikum, das mitreden will, fruchtige Cocktails und feine Tapas und lauscht dabei dezenter Musik. Oft gibt es kleine Konzerte, Filmvorführungen, Diashows oder andere kulturelle Events.

Infos & Termine

Tourismusbüro
Oficina de Turismo de Valle Gran Rey: 38870 Valle Gran Rey (La Playa), Calle La Noria 2, Tel./Fax 922 80 54 58, inturismofovgr@lagomera.es, www.lagomera.travel/de/, Mo–Sa 9–13.30, 15–18, So 10–13 Uhr. Touristisches Informationsbüro der Inselregierung.

Feste und Veranstaltungen
Festival Internacional Valle Luna: zehn Tage Ende Januar oder Anfang Februar, Infos unter www.valle-gran-rey.de. Hinter dem Festival, das seit 2010 jedes Jahr stattfindet, steckt die Idee, bei Vollmond die öffentliche Beleuchtung im Valle Gran Rey abzuschalten, um den Himmel zu beobachten und zugleich Strom zu sparen. Zuletzt wurde nur noch eine Lightversion veranstaltet. Die großen Konzerte der Anfangszeit fehlten, aber es gab Livemusik in den Bars und auf Plätzen, Straßenkünstler und eine Vollmondparty.

Verkehr
Busse: Linie 1 San Sebastián – Valle Gran Rey (2–5 x tgl.), Linie 6 als Flughafenbus nach Bedarf jeweils 2 Std. vor Abflug.
Taxis: Avenida La Calera, gegenüber der Casa María. Nicht immer besetzt – falls nicht erreichbar, kann man ein Taxi aus La Calera rufen (s. S. 182).
Mietwagen: Autos La Rueda, Calle La Playa s/n, Tel. 922 80 51 97, www.autoslarueda.es. Kleinwagen pro Tag 28–32 €, pro Woche 130–170 €. Auf Wunsch kann man den Wagen in San Sebastián abgeben.

La Puntilla ▸ A 5/6

Zwischen La Playa und dem weiter südlich gelegenen La Puntilla (300 Einw.) mündet der geröllige Flusslauf des Barranco de Valle Gran Rey ins Meer. Wasser führt er selten bis nie. Dieses wird schon weiter oben im Tal in Leitungen abgezweigt. Jenseits des Flusses geht die Playa del Valle Gran Rey nahtlos in die **Playa de La Puntilla** über. Auf der namengebenden kleinen Landspitze *(puntilla)*, die den Strand im Süden begrenzt, lässt sich noch ein winziger alter Ortskern erahnen. Ansonsten besteht La Puntilla im Wesentlichen aus einer Straße, der Avenida Marítima. An ihr sind

Valle Gran Rey

zahlreiche touristische Einrichtungen angesiedelt: ein Hotel, mehrere Apartmentanlagen aller Größen, Supermärkte und Souvenirläden ...

Sehenswert

Escultura de Hautacuperche [1]
Avenida Marítima
Auf der mit Blumen geschmückten und mit Sitzbänken ausstaffierten Meerespromenade entlang der Playa de La Puntilla erhebt sich auf Höhe des Hotels Gran Rey seit 2007 eine überdimensionale Bronzestatue des Ureinwohners Hautacuperche (s. Abb. S. 54). Nur mit einem Lendenschurz bekleidet, in der linken Hand eine *hasta*, eine Lanze mit schwertförmiger Spitze, schaut er – scheinbar gedankenverloren – weit über den Betrachter hinweg. Noch heute verehren die Gomeros Hautacuperche als Helden, denn er führte im Jahr 1488 die Rebellion gegen den verhassten Inselherrscher Fernán Peraza el Joven an. Peraza war Mitglied des Stammes der Mulagua geworden, indem er – wie es das Ritual der Ureinwohner vorsah – Ziegenmilch mit ihm gemeinsam aus einem Gefäß getrunken hatte. Damit waren alle Stammesangehörigen seine ›Brüder und Schwestern‹, eine Liebesbeziehung daher ausgeschlossen. Um Inzucht zu vermeiden, mussten die Ureinwohner nämlich jeweils in andere Stämme einheiraten. Doch Peraza brach diesen Schwur, indem er Iballa vom Stamm der Mulagua zu seiner Geliebten machte. Der zerbrochene Krug in der rechten Hand der Statue symbolisiert diesen Verrat.

Vor diesem Hintergrund planten der ›große König‹ Hupalupa und die Anführer der Stammesgebiete Mulagua (Hermigua) und Hipalan (San Sebastián) den Aufstand. Sie schwammen zur **Baja del Secreto** hinüber, einer La Puntilla vorgelagerten Klippe, um dort in aller Heimlichkeit das Todesurteil über Peraza zu verhängen. Dann beauftragten sie Hautacuperche, diesem bei der Wohnhöhle der Iballa an der Degollada de Peraza aufzulauern und ihn durch Enthauptung zu töten. Nach vollendeter Tat leitete Hautacuperche den Angriff der Rebellen auf die Spanier in San Sebastián. Dabei fand er selbst durch einen Pfeil aus der Armbrust eines Gegners den Tod.

Baden und Beachen

Südlich der Landspitze liegt in einer Bucht die winzige Lagune **Charco del Conde** (›Grafentümpel‹). Hier sollen sich in früheren Zeiten die Grafen von La Gomera anlässlich ihrer sommerlichen Aufenthalte im Valle Gran Rey vergnügt haben. Allgemein ist der Sandstrand, der sich am Rand des Tümpels gebildet hat, auch als **Baby Beach** bekannt. Vorgelagerte Felsen machen das Baden bei Ebbe selbst für kleine Kinder relativ ungefährlich.

Gleich gegenüber, jenseits der Avenida Marítima, führen links neben dem Aparthotel Baja del Secreto Treppenstufen zu einem **Mirador** hinauf. Man blickt über den Charco del Conde hinweg bis zum Horizont.

Übernachten

Ökohotel – **Gran Rey** [1]: Avenida Marítima 1, Tel. 922 80 58 59, www.hotel-granrey.com, DZ ab 106 €. Gepflegtes 3-Sterne-Hotel hinter der Playa de La Puntilla, von dieser nur durch eine wenig befahrene Straße getrennt. Alle Zimmer mit Balkon, aber nicht unbedingt mit Meerblick, was bei der Buchung zu beachten ist. Reichhaltiges Frühstücks- und Abend-

La Puntilla und Borbalán

Sehenswert
1. Escultura de Hautacuperche

Übernachten
1. Gran Rey
2. Baja del Secreto
3. Jardín del Conde
4. Punta Marina
5. Residencial El Conde
6. Yuremar
7. Sansofé
8. Solvasa Laurisilva
9. Villa Aurora

Essen & Trinken
1. Charco del Conde
2. El Bajío
3. La Garbanza
4. Christie's
5. El Coco Loco

Einkaufen
1. Algo diferente
2. Seraphin
3. La Estrella

Aktiv
1. Timah
2. Bike Station Gomera
3. La Fortaleza

Abends & Nachts
1. Bodeguita del Medio

Adressen:
zu La Puntilla s. S. 192,
zu Borbalán s. S. 199

---

buffet. Das Hotel wurde wegen seines erfolgreichen Umweltmanagements mehrfach ausgezeichnet, u. a. durch den TÜV Rheinland. Das Unternehmen bemüht sich sehr um eine Reduzierung des Strom- und Wasserverbrauchs sowie des Abfallaufkommens. Auch die soziale Verantwortung hinsichtlich der Beschäftigungsverhältnisse und lokalen Einbindung des Unternehmens wird ernst genommen.

Attraktiv – **Baja del Secreto** 2: Avenida Marítima Charco del Conde 11, Tel. 922 80 57 09, www.bajadelsecreto.com, Studio für 2 Pers. ab 112 €. Ruhige, komfortable Apartmentanlage mit unterschiedlich großen Wohneinheiten, unmittelbar hinter dem Baby Beach. Die Räume im Obergeschoss grenzen an Pool und Dachterrasse. Buchung meist über Veranstalter.

Valle Gran Rey

Angenehm – **Jardín del Conde** 3 : Avenida Marítima Charco del Conde 13, Tel. 922 80 60 08, www.jardindelconde.com, Apartment für 2 Pers. ca. 90 €. Gegenüber der Lagune Charco del Conde. Die ansprechenden, großen Apartments in zweistöckiger Bauweise liegen alle um den Pool im begrünten Innenhof. Ein Kinderbecken ist ebenfalls vorhanden. Wird in der Regel über Veranstalter gebucht.

Mit Flair – **Punta Marina** 4 : Avenida Marítima 18, Tel. 922 80 60 03, Fax 922 80 55 03, Apartment für 2 Pers. ca. 60 €. Stilvolles Haus mit eigenwilliger Architektur, nur durch einige Privathäuser von der Küste der Landspitze La Puntilla getrennt. Angenehme, ruhige Atmosphäre. WLAN im Rezeptionsbereich, Swimmingpool.

Besondere Architektur – **Residencial El Conde** 5 : Avenida Marítima Charco del Conde s/n, Tel. 922 80 61 25, www.residencialelconde.com, Apartment für 2 Pers. um 80 €. Die Unterkunft am Charco del Conde ist im Stil eines geräumigen kanarischen Wohnhauses erbaut, mit Pool und Liegeflächen auf dem Dach. 22 exklusive Apartments, die vorwiegend über Veranstalter vermittelt werden.

Für Eigenbrötler – **Yuremar** 6 : Calle El Molino s/n, Tel./Fax 922 80 53 60, Apartment für 2 Pers. 42–55 €. María del Mar Méndez vermietet im Edificio El Molino mehrere ruhige, aber doch zentral gelegene Apartments mit Balkon oder Terrasse. Individualität ist garantiert. Am schönsten ist die Dachgeschosswohnung für bis zu fünf Personen. Idyllischer kleiner Garten hinter dem Haus.

Authentisch – **Sansofé** 7 : Avenida Marítima 10, Tel./Fax 922 80 55 35, DZ ohne Frühstück 25 €, Apartment für 2 Pers. um 40 €. Studios, ein Apartment und ein Zimmer im alten ›Ortskern‹ von La Puntilla, teils mit Meerblick.

Unter der persönlichen Leitung von Señora Caridad. Die Dachterrasse mit schöner Panoramasicht lädt zum Sonnen ein.

Essen & Trinken

Kanarischer Stil – **Charco del Conde** 1 : Avenida Marítima Charco del Conde 9, Tel. 922 80 54 03, Mo–Sa 8–22 Uhr, Menü ca. 15 €. Rechts neben der gleichnamigen Apartmentanlage bietet dieses Restaurant schmackhafte einheimische Spezialitäten an, z. B. Kaninchen. Auf der geräumigen Terrasse fühlt man sich auch mittags mit einem kleinen Gericht oder außerhalb der Essenszeiten bei einem Kaffee oder Glas Wein wohl. Zertifikat des »Plan de Mejora de la Gastronomía de Canarias« (S. 31).

Spieße und mehr – **El Bajío** 2 : Calle El Molino s/n, Tel. 922 80 52 07, So geschl., Menü 10–15 €. Gemütliches kleines Lokal im Edificio El Molino, einem auffälligen Gebäude am Ortsausgang Richtung La Playa. Den Fisch sucht sich der Gast aus der Glasvitrine aus und schaut beim Zubereiten zu. Alles in allem steht auf der Speisekarte aber eher Fleisch, insbesondere Varianten vom *solomillo* (Rinderlende) und diverse Spieße *(brocheta),* und als besondere Spezialität *bacalao* (Stockfisch). Eine einheimische Bastion unter den zahlreichen ausländisch geführten Lokalen im Valle. Di und Sa treffen sich ältere Gomeros abends zur *parranda* (traditionelle Gesänge, von Saiteninstrumenten begleitet).

Orientflair – **La Garbanza** 3 : Avenida Marítima 15 (Edificio El Molino), Tel. 922 80 54 56, Mo–Mi u. Fr–So ab 17 Uhr, Do geschl., Hauptgerichte 9–14 €. Arabische Spezialitäten wie Couscous und Falafel, hervorragend auch das Lamm und die süßen Desserts. Dazu die passende Atmosphä-

La Puntilla

re. Die Sitzgelegenheiten auf dem Bürgersteig vor dem Haus sind äußerst begehrt, vor allem zum Sonnenuntergang. La Garbanza ist bei Facebook.

Gepflegt – **Christie's 4**: Avenida Marítima Charco del Conde s/n, Tel. 922 80 50 13, http://christisrestauran te.webnode.es, tgl. 12–15.30, 18–23 Uhr, Tagesmenü 6,50 €, Menü à la Carte um 15 €. Große Auswahl an Salaten, Pasta, Fisch und Fleisch, sowohl in regionalen, als auch in internationalen Zubereitungsformen. Auch mehrere vegetarische Gerichte. Viel Wert wird auf ruhige Atmosphäre, Ambiente und Service gelegt. Terrasse mit unverstelltem Meerblick.

Aktiv

Wandern und mehr – **Timah 1**: Avenida Marítima 12, Tel. 922 80 70 37, www.timah.net, Mo–Sa 10–13, 17–20, So 18–20 Uhr. Bekannter örtlicher Wanderveranstalter, auf dessen Programm viele Tagestouren (ca. 31 € pro Pers.) stehen. Außergewöhnlich etwa die dreistündige Kräuterwanderung, bei der man viel über Nutz- und Heilpflanzen La Gomeras erfährt, mit anschließendem, vegetarischem Essen in Las Hayas. Im angeschlossenen Trekkingshop findet man bekannte Marken wie Northface oder Teva. Timah hat sich den Zielen und Prinzipien der Europäischen Charta für nachhaltigen Tourismus verpflichtet, was u. a. Beschäftigung der Mitarbeiter zu fairen Bedingungen und umweltschonendes Verhalten (Transport, Verhalten im Nationalpark) bedeutet.

Fahrrad total – **Bike Station Gomera 2**: Avenida Marítima 10, Tel. 922 80 50 82, www.bike-station-gomera. com, Mo–Sa 9–13, 17–20 Uhr. Neben gut gewarteten Mountainbikes (ab 12 € pro Tag), Citybikes (ab 4 € pro Tag) und Kinderrädern werden verschiedene geführte Tagesausflüge (41 €) und ein Shuttleservice nach Laguna Grande (12 €) angeboten.

Unser Tipp

Schneller per Drahtesel
Mit einem gemieteten Bike muss man nicht gleich sportliche Bergtouren unternehmen. Viele Urlauber benutzen das Fahrrad einfach, um unten im flachen Teil des Valle Gran Rey flexibler zu sein und die für Fußgänger teilweise recht großen Entfernungen zwischen den einzelnen Ortsteilen flott zurückzulegen. Zu diesem Zweck ist es durchaus üblich, für den ganzen Aufenthalt ein Fahrrad zu mieten. Sich mal eben z. B. vom Quartier in La Playa auf ein paar Tapas nach Vueltas zu begeben, ist dann kein Problem mehr (Fahrradverleih s. li. u. sowie S. 190 u. S. 206).

Abends & Nachts

Kuba lässt grüßen – **Bodeguita del Medio 1**: Avenida Marítima Charco del Conde 13, Tel. 922 80 52 63, la_bo deguita@yahoo.es, Mo–Mi, Fr–So 18–2 Uhr. Gemütliche kleine Tapas-Bar und Cocktail-Lounge im Untergeschoss der Apartmentanlage Jardín del Conde, die dem großen Vorbild in Havanna, der Lieblingsbar von Ernest Hemingway, nacheifert. Von außen zugänglich, unter Leitung von Karsten und Stefan. Hier fühlen sich Residenten ebenso wohl wie Urlauber. Es erklingt dezente kanarische oder karibische Musik, draußen sitzt man idyllisch unter tropischen Gewächsen. In der Saison Di oder Fr 21–23 Uhr hin und wieder kleine Live-Konzerte: kubanischer Sound, Latin-Jazz, Folk, Rock, House.

Auf Entdeckungstour:
Zu Kultstätten der Hippies

Die ›Blumenkinder‹ kamen Ende der 1960er-Jahre auf der Suche nach einem Leben ohne Zwänge auf die Insel. Auch wenn sich die Hippiekultur verloren hat, liegt noch heute ein Hauch Flower Power über dem Valle.

Reisekarte: ▶ A/B 5/6
Dauer: halber bis ganzer Tag
Startpunkt: La Calera, Zumería Carlos (Calle El Caidero 18, nahe Taxistand).
Charakter: Spaziergang oder Radtour.
Infos: Zumería Carlos, Mo–Sa ab 8.30 Uhr, So geschl.; Arte en Piel, Mo–Fr 9–14, 16.30–19.30, Sa 9–14 Uhr; Casa María, Di geschl.; Támbara, Mi geschl.; Cacatúa, tgl. bis 2 Uhr.

Legendärer Frühstückstreff im ›Valle‹ ist nach wie vor die **Zumería Carlos** (s. S. 180) in **La Calera**. Die moderne Iglesia Los Santos Reyes und den Platz davor im Visier, sitzen die ›Lebenskünstler‹ nebeneinander auf der Terrasse, mit Blick auf das Kommen und Gehen. Wer hier einkehrt, kann sich an einer Riesenauswahl frisch gepresster Obstsäfte erfreuen und sich in dem Gefühl wiegen dazuzugehören.

Altes Dorf in neuem Gewand
Anschließend bietet sich ein Spaziergang nach **El Guro** (▶ B 5) an. Treppengassen erschließen das malerisch an einem Hang liegende Künstlerdorf. El

Guro ist eines der ältesten Dörfer des Tals. Die einheimischen Bewohner sind allerdings fast ausnahmslos in schicke neue Apartments mit Straßenanschluss gezogen und haben ihre baufälligen, als unmodern empfundenen Steinhäuser an Ausländer verkauft. Heute lebt eine Reihe vorwiegend deutschsprachiger Künstler in El Guro. Einige von ihnen zählen zu den Aussteigern von anno dazumal, denen das Leben am Strand auf Dauer nicht zusagte. Mit viel Fantasie restaurierten die neuen Besitzer die Bauernhäuser oder auch Viehställe und verwandelten sie in gemütliche Heime. Heute sind die Häuser in El Guro sehr begehrt – Schnäppchen sind hier nicht mehr zu machen. Die schweren Waldbrände des Sommers 2012 verursachten in El Guro erhebliche Schäden. Inzwischen wurden diese, meist mit Nachbarschaftshilfe, so weit wie möglich beseitigt.

In einigen Häusern des Ortes wird für ein esoterisch interessiertes Publikum Massage, Qi Gong oder Gestalttherapie angeboten, in anderen befinden sich heute Ateliers und Werkstätten. Dazwischen setzen Bougainvilleen Akzente und Palmen, Mango- und Orangenbäume spenden Schatten.

Trommelklänge zum Sonnenuntergang

Zurück in La Calera, geht es weiter nach **La Playa.** Wer sich schon immer mal Schuhe nach Maß anfertigen lassen wollte, kann sie unterwegs bei **Arte en Piel** in Auftrag geben (s. a. S. 181). Die kleine Lederwerkstatt stellt seit den Zeiten der Hippies Schuhwerk, aber auch Taschen, Gürtel u. Ä. her.

Am Strand von La Playa steht linker Hand seit fast einem halben Jahrhundert die **Casa María** (S. 190), eines der ersten Restaurants mit Pension im Tal. Bevor die ›Blumenkinder‹ in den 1970er-Jahren das Valle für sich entdeckten, vermietete María Zimmer an Bauern aus den Bergen, wenn es zu spät für den Heimweg war oder sie sich einen ›Kurzurlaub‹ an der warmen Küste gönnten. Ein beliebter Platz zum Sunset ist die Mauer am Strand vor der Casa María. Hier trifft sich etwa zwischen Oktober und Mai regelmäßig eine bunt gemischte Gesellschaft, um bei einer Flasche Bier oder einem Glas Wein die Sonne zu verabschieden – ein nahezu unverzichtbares Ritual im Valle. Untermalt wird es heute durch Live-Performances von Trommlern und anderen Musikern, unter die sich der ein oder andere Jongleur mischt. Aus der mitschwingenden Menge lösen sich dann Mutige und verwandeln die **Plaza de San Pedro** vor der gleichnamigen Ermita spontan in eine Tanzfläche. Oft dauern die Sessions bis lange nach Sonnenuntergang an.

Szenetreffs und ›Schweinebucht‹

Wer in der Szene mitmischt, erscheint in passender Kleidung. Für Frauen kann das ausgeflippte Batikmode aus einer

der Boutiquen im Valle sein, für Männer eine ausgefranste, knie- oder wadenlange Hose und ein abgetragenes Leinenhemd. Lust und Laune bestimmen die Gestaltung des weiteren Abends, bei dem sich das Geschehen nach **Vueltas** verlagert. Seit Jahren beliebt ist dort das **Támbara** (s. S. 205) mit seiner Meerblick-Terrasse. Dort schmeckt der erste Cocktail des Abends, bevor dieser im unübertroffenen Szenetreff **Cacatúa** (s. S. 208) bei weiteren Caipirinhas oder Mojitos ausklingt.

Südlich von Vueltas liegt die **Playa de las Arenas** (s. S. 201), der man vielleicht noch vor dem Abendprogramm einen Besuch abstatten kann. Besser bekannt ist sie als ›Schweinebucht‹ – die Einheimischen bezeichneten die ersten Hardcore-Aussteiger, die sich hier in den Nischen der Felswand einrichteten, als Schweine. Das Leben in der Bucht war keineswegs immer so angenehm und frei, wie es sich die Aussteiger erträumt hatten: Sturm, Seegang und Steinschlag machten ihnen zu schaffen; zuletzt räumte die Guardia Civil regelmäßig Strand und Höhlen. Doch eine Gruppe von Zivilisationsverweigerern harrte hier bis Anfang des 21. Jh. aus.

Manche Aussteiger schnupperten nur kurz in das einfache Leben in der Bucht hinein, andere verbrachten hier viele Jahre. In der Gruppe drehte sich alles um das ›Existenzielle‹, ums Essen und Trinken, aber auch darum, im Einklang mit der Natur zu sein. Für Trommelsessions an den Hauptstränden des Tals erhielten die ›letzten Hippies‹ manchmal ein wenig Geld. Ansonsten bekamen sie Küchenreste von Restaurants oder Hotels. Immer wieder kursierten aber Gerüchte um Drogengeschäfte. Die Meinungen der ›normalen‹ Bewohner des Tals über die Hippies reichten von offener Ablehnung über Toleranz bis hin zu der Auffassung: »Die gehören zum Tal«.

Inzwischen ist es ruhig geworden an der ›Schweinebucht‹, niemand bleibt hier mehr auf Dauer. Doch noch immer verströmt die Playa 60er- und 70er-Jahre-Flair – und nach wie vor wird nackt gebadet.

Hat schon viel erlebt: Die Casa Maria ist eine Institution im Valle Gran Rey

Borbalán

Infos

Busse: Linie 1 San Sebastián – Valle Gran Rey (2–5 x tgl.), Linie 6 als Flughafenbus nach Bedarf jeweils 2 Std. vor Abflug.

Mietwagen: Aviacar, Baja del Secreto 42 (bei den gleichnamigen Apartments), Tel. 922 80 55 49, www.aviacar.com; Piñero, Avenida Marítima s/n (neben Hotel Gran Rey), Tel. 922 80 70 47, www.grupopinero.com.

Borbalán ▸ A 5/6

Cityplan: S. 193

In dem etwas landeinwärts gelegenen Ortsteil wohnen vorwiegend Einheimische, in jüngerer Zeit hat er sich außerdem zu einem weiteren Ferienort entwickelt. Das zweite wirtschaftliche Standbein von Borbalán, der Bananenanbau, verliert dagegen zunehmend an Bedeutung.

Zwischen den Neubauten ist das winzige ältere Zentrum kaum noch auszumachen. Es besteht aus einer kleinen Kirche an der üblichen Plaza mit Kinderspielplatz davor sowie ein paar traditionellen Wohnhäusern. An der breiten Hauptstraße, der Avenida del Llano, sind viele neue Häuser im gefälligen Chalet-Stil entstanden. Sie beherbergen Geschäfte, Boutiquen und Restaurants sowie die größte Filiale der auch ansonsten im ›Valle‹ gut vertretenen Supermarktkette Spar.

Übernachten

Hufeisenförmige Anlage – **Solvasa Laurisilva** 8 : Avenida del Llano 2, Tel. 902 50 06 69, www.solvasa.com, Apartment für 2 Pers. ab 51 €. Die meisten der rund 100 Apartments gruppieren sich um den großen Pool mit großzügiger Liegefläche. Trotz der Lage an der Hauptstraße ist das Haus also vergleichsweise ruhig. Alle Wohneinheiten mit Kochnische und Balkon. Sat-TV kostet eine Extra-Gebühr.

Parkartig – **Villa Aurora** 9 : Calle Borbalán s/n, Tel. 922 80 50 53, www.apartamentosvillaaurora.com, Apartment für 2 Pers. 50, für 4 Pers. 60 €. Im oberen Ortsteil, in einem ehrwürdigen Plantagenhaus und dem angrenzenden Neubau, befinden sich die Ferienwohnungen mit einem oder zwei Schlafzimmern. Ein schöner Garten mit Pool und Grillstellen umgibt die gesamte Anlage.

Essen & Trinken

Idyllisch – **El Coco Loco** 5 : Avenida del Llano s/n, Tel. 922 80 59 38, www.elcocoloco.de, Di–So 18–23 Uhr, Mo geschl., Hauptgerichte um 10 €. Kleines Lokal mit Garten, von Familie Leistner liebevoll geführt. Es liegt etwas zurückversetzt hinter dem Kinderspielplatz und ist nur zu Fuß durch eine winzige Gasse zu erreichen. Samstags gibt es gebackenen Fisch, am Sonntag Schnitzelvariationen. Nett für einen Absacker ist auch die Bar.

Einkaufen

Einfach anders – **Algo diferente** 1 : Avenida del Llano s/n, www.algo-diferente.com, Mo–Fr 10–13.30, 17–20.30, Sa 10–13.30 Uhr. T-Shirts und Sweatshirts in guter Qualität mit altkanarischen Symbolen und dem Insellogo, dem kultigen ›Gomeragecko‹, als Aufdruck. Letzteren gibt es auch auf Kappen, Buffs, Taschen und Aufklebern sowie – falls nötig oder als Mitbringsel – auf Regenjacken. Von jedem verkauften Gecko-Buff werden 2,50 € für die Wiederbegrünung des oberen Valle Gran Rey nach den Waldbränden von 2012 gespendet.

Valle Gran Rey

Multimix – **Seraphin** 2 : Avenida del Llano s/n. Auch hier Kunsthandwerk von La Gomera mit dem Inselsymbol, dem Gecko. Dazu hübsche Deko-Objekte aus Afrika und Asien.

Designerschmuck u. a. – **La Estrella** 3 : Avenida del Llano s/n, www.estrella-schmuck.de. Lava- und Edelsteinschmuck aus eigener Herstellung. Das Angebot wird ergänzt durch trendige Accessoires und Geschenkartikel.

Aktiv

Fitness pur – **La Fortaleza** 3 : Avenida del Llano s/n (Residencial El Llano), Tel. 922 80 59 61, www.fortalezafitness.com, Mo–Fr 9–22, Sa 11–14, 18–21, So 11–14 Uhr. Gut ausgestattetes, deutschsprachiges Sport- und Gesundheitszentrum, das auf 600 m² moderne Fitnessgeräte bereithält, dazu Sauna (Okt.–Juni am Fr), Massageangebote, Kosmetik, verschiedene Kurse (Pilates, Aerobic-Latino u. a.).

Vueltas! ▶ A/B 6

Vueltas (600 Einw.) ist der Hafenort des Valle Gran Rey. In den engen Gassen blieb das Flair des Fischerdorfs erhalten. Einige Restaurants in Hafennähe versprechen den Genuss von superfrischem Fisch. Dort liefern die Fischer ihren Fang wirklich noch zu Fuß direkt beim Koch ab, wie in alten Zeiten.

Aber nicht nur Fischer bevölkern das Dorfzentrum, sondern auch die vorwiegend deutschsprachige ›Szene‹. Einige einschlägige Cafés, Restaurants und Boutiquen erfreuen sich seit vielen Jahren ungebrochener Beliebtheit. Legendär ist auch das Nachtleben von Vueltas. Im Vergleich zu anderen kanarischen Vergnügungsmeilen zeigt es sich zwar bescheiden, für gomerische Verhältnisse ist das Angebot an Cocktailbars und Musikkneipen aber beachtlich. Wer nächtliche Ruhe sucht, sollte sich woanders einquartieren, denn hier ist man mitten im Geschehen.

Sehenswert

Tropischer Fruchtgarten Argaga 1
▶ B 6; Finca Argaga, 300 m oberhalb der Playa de Argaga (Piste, ausgeschildert), www.fruchtgarten.com, Di und Fr 10–17 Uhr, letzte Tour 16 Uhr, Kostenbeitrag 10 €, Kinder 5–13 Jahre 5 €

Über zahlreiche Terrassenfelder hinweg erstreckt sich der Fruchtgarten im Barranco de Argaga, etwa zehn Gehminuten landeinwärts von der gleichnamigen Playa. In den 1980er-Jahren begannen die deutschen Besitzer die damals recht kargen Hänge zu kultivieren. Heute gedeihen hier rund 160 verschiedene tropische Obstsorten, der Anbau erfolgt rein biologisch. Die sehr informative Gartenführung (in deutscher Sprache) dauert 90 Minuten, man kann jederzeit hinzustoßen. Mindestens zehn verschiedene Früchte sind immer reif und werden den Besuchern zum Probieren gereicht. Dazu gibt es nützliche Hinweise, etwa wie das Obst zu essen ist oder wie man es am besten lagert.

Baden und Beachen

Playa de Vueltas ▶ A/B 6
Der kurze sandige Strandabschnitt im alten, von kleinen Fischerbooten und ein paar Jachten genutzten Hafenbecken eignet sich gut zum Baden – sogar für Kinder. Der Strand ist gegen

Vueltas

Sehenswert
1. Tropischer Fruchtgarten Argaga

Übernachten
1. Casa Humberto
2. Miguel
3. Candelaria

Essen & Trinken
1. El Puerto
2. La Salsa
3. Abisinia
4. Rincón del Marinero
5. Cofradía de Pescadores N. S. del Carmen
6. Café der anderen Art
7. La Yesca
8. Támbara

Einkaufen
1. Bodega Vino Tinto
2. Christopher
3. Calle Abisinia

Aktiv
1. Ökotours
2. Finca Argayall (Place of Light)
3. Casa Blanca
4. Bikers Inn
5. Oceano Gomera
6. Motorjacht »Tina«
7. Excursiones Amazonia

Abends & Nachts
1. Cacatúa
2. La Tasca

die tückische Brandung gut geschützt und trotz der Lage im Hafen relativ sauber. Ob diese Idylle noch eine Zukunft hat, ist derzeit offen. Ein Jachthafen mit 400 Anlegeplätzen soll in den kommenden Jahren entstehen, der Strand würde dann verschwinden.

Playa de Argaga ▶ B 6

Südlich von Vueltas liegt an der Mündung des Barranco de Argaga – eines steilen, wilden Paralleltals zum Valle Gran Rey – diese grobkiesige und wenig besuchte Playa, an der FKK üblich ist. Sie ist vom Hafen von Vueltas aus auf einer Piste unterhalb der dortigen Felswand in zehn Minuten zu Fuß zu erreichen.

Playa de las Arenas ▶ B 6

s. a. Entdeckungstour S. 198

Der Strand ist nicht immer leicht zugänglich. Zwar führt ein schmaler Fußweg von der Playa de Argaga zur weiter südlich gelegenen, dunkelsandigen Playa de las Arenas. Doch je nach Seegang und Wasserstand muss gelegentlich über Felsen geklettert werden. Nach Regen ist auch mit Steinschlag zu rechnen.

In der deutschsprachigen Szene ist die Playa de las Arenas schon lange

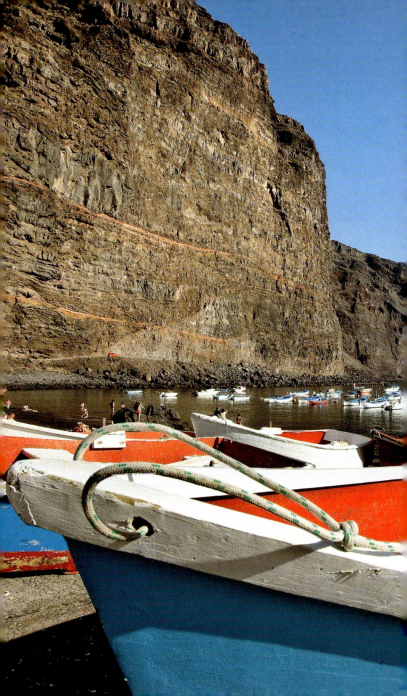

Lieblingsort

Puerto de Vueltas – die Hafenatmosphäre genießen
Blau, Rot und Weiß sind die klassischen Farben der Holzboote, mit denen die Fischer von Vueltas wie in alten Zeiten aufs Meer hinausfahren, um anschließend ihren Fang ganz frisch an die Restaurants zu liefern. Im Winter, wenn die Boote wegen heftiger Brandung oft im Hafen bleiben, ist es ein Erlebnis, den meist schon älteren Männern mit ihren wettergegerbten Gesichtern bei Bootsreparaturen zuzuschauen – und sich die anschließende Einkehr in einem der Fischlokale von Vueltas auszumalen. Doch wie lange noch? Ein riesiger Jachthafen soll hier entstehen …

Valle Gran Rey

> **Privatunterkünfte in Vueltas**
> In Vueltas vermieten zahlreiche Hausbesitzer Privatzimmer oder Ferienwohnungen. Schilder an den Häusern sowie Aushänge in Supermärkten und Boutiquen weisen auf solche Angebote hin.

unter dem Namen ›Schweinebucht‹ bekannt. In Felsnischen hatten sich damals einige Aussteiger einfache Unterkünfte eingerichtet. Inzwischen wohnt hier niemand mehr und die Brandung überrollt den ohnehin nicht sehr weitläufigen Strand im Winter fast gänzlich.

Übernachten

Für den Überblick – **Casa Humberto** 1: Calle la Rodadera, Tel. 922 80 54 51, www.apartamentoscasahumberto.com, Studio für 2 Pers. ab 34 €. Gepflegtes Haus am oberen Ortsrand, dementsprechend zentrumsnah und doch ruhig, mit sechs individuell ausgestatteten Wohneinheiten. Besonders schön die zwei Áticos (Dachwohnungen) mit großartigem Ausblick. Auch über Veranstalter zu buchen.
Zentral und günstig – **Miguel** 2: Calle Abisinia 9 und Calle Italia 11, Tel. 922 80 50 03, Studio für 2 Pers. ab 40 €. Praktisch ausgestattete Studios und Apartments, teilweise mit Balkon, die sich auf drei Häuser im Ort verteilen. Jene in der Calle Abisinia liegen mitten im Geschehen, in der Calle Italia geht es ruhiger zu.
Von Blüten umgeben – **Candelaria** 3: Calle El Cantil s/n, Tel. 670 80 50 89, www.pensioncandelaria.de, Studio für 2 Pers. 27–32 €. Zentrumsnah und dennoch ruhig im sogenannten Treppenviertel oberhalb des eigentlichen Geschehens gelegene Pension, von einem deutsch-spanischen Ehepaar geführt. Einfache, aber gemütliche und recht große Studios (mit oder ohne Balkon) und einem größeren Apartment mit Dachterrasse. Hat sich den Prinzipien der Europäischen Charta für nachhaltigen Tourismus verpflichtet. Beim Wasserverbrauch und der Müllentsorgung wird auf Umweltfreundlichkeit geachtet und die Gäste können u. a. Informationen über den Nationalpark Garajonay, über kulturelle Aspekte der Gemeinde Valle Gran Rey und zur Nutzung öffentlicher Verkehrsmittel erhalten.

Essen & Trinken

Alteingesessen – **El Puerto** 1: Calle Las Vueltas 1, Tel. 922 80 52 24, tgl. 13–15.45, 18.30–22 Uhr, Tagesmenü ca. 7 €. Der Klassiker unter den Fischrestaurants. Funktionaler Speiseraum, gute Auswahl. Mit dem Ableger Tasca El Puerto gegenüber (Calle El Carmen), dessen angenehme Terrasse eher für den Verzehr von Kleinigkeiten (*tapas, bocadillos*) aufgesucht wird.
Vegetarisch und mehr – **La Salsa** 2: Calle Quema 11/Calle Telemaco 9, Tel. 922 80 52 32, Mo–Sa 18–23 Uhr, So geschl., Hauptgerichte 9–12, Pasta um 7 €. Früher ein rein vegetarisches Restaurant. Jetzt gibt es unter neuer Leitung auch Fisch- und Fleischgerichte. Gomerische Rezepte kreativ interpretiert und viel Pasta. Einfallsreiche Vorspeisen und Desserts.
Im Tavernenstil – **Abisinia** 3: Calle Cuesta de Abisinia 7, Tel. 922 80 58 93, www.abisinia.net, Mo–Sa 18–24 (Küche bis 23) Uhr, So geschl., Hauptgerichte 8–10 €. Winziges, sehr beliebtes Lokal mit anerkannt guter kanarischer Küche und exzellenter Weinauswahl. Vom Gastraum aus kann man bei der Zubereitung der Speisen in der offenen Küche zuschauen. Zertifikat vom

Vueltas

»Plan de Mejora de la Gastronomía de Canarias« (s. S. 31).
Fischerküche – **Rincón del Marinero** 4: Calle El Carmen, Tel. 922 89 61 67, tgl. durchgehend geöffnet, Hauptgerichte 7–14 €. Große Auswahl an Fischgerichten und Meeresfrüchten. Das Lokal benötigt keinen luxuriösen Rahmen, um sich hervorzutun. Dafür sorgt Küchenchefin Doña Carmen, die übrigens auch ein ganz hervorragendes *carne de cabra* (Ziegenfleisch) zubereitet.
Hafentreff – **Cofradía de Pescadores Nuestra Señora del Carmen** 5: Puerto de Vueltas, Tel. 922 80 61 19, tgl. 5.30–24 Uhr, Tapas 4–5 €. Urige Bar der Fischer auf dem Hafengelände, die immer öfter auch von Urlaubern besucht wird. Sie sitzen draußen an den Tischen in der Sonne, während die Einheimischen den schattigen Innenraum bevorzugen. Gute Auswahl an Tapas.

Szenecafés

Für Langschläfer – **Café der anderen Art** 6: Calle Las Vueltas 21, www.cafederanderenart.de, Fr–Mi 9–24, Do 13–24 Uhr, Juni u. erste Julihälfte geschl., Frühstück ca. 5 €. Bis 13.30 Uhr Frühstück, später Crêpes und Snacks, frisch gepresste Säfte und Cocktails. Außerdem werden eine enorme Auswahl an Kaffeesorten, deutsche Zeitungen, freier WLAN-Zugang, Backgammon und Schach geboten.
Eher Bar als Café – **La Yesca** 7: Calle Las Vueltas 4, Tel. 922 80 60 67, Fr–Mi 9–1 Uhr, Snacks 3–5 €. Beliebter Treff der deutschsprachigen Wahl-Gomerianer, auch unter der neuen Leitung von Olaf. Currywurst, Frikadellen, Kartoffelsalat, alles lecker zubereitet. Bei Bedarf werden Formel 1 oder Bundesliga live übertragen.
Viel Vegetarisches – **Támbara** 8: Calle Telémaco 5, Tel. 922 80 70 95, Do 17–24, Fr–Di 12.30–15, 17–24 Uhr, Mi geschl., im Sommer nur abends; kleine Tapas 4–7,50 €, große 6–10,50 €. Das Támbara verfügt über einen kleinen Balkon mit Meerblick. Außer Tapas gibt es auch orientalische, vorwiegend vegetarische Küche. Abends werden Cocktails gemixt.

Einkaufen

Weinlese – **Bodega Vino Tinto** 1: Calle Las Vueltas s/n. Weinstube in Hafennähe. Lokaler Wein von La Gomera, aber auch Tropfen von den anderen Inseln und vom spanischen Festland, es darf probiert werden. Außerdem: kanarischer Likör, Käse, *mojo*, Tro-

Unser Tipp

Für jeden ist etwas dabei
In der farbenfrohen **Calle Abisinia** 3 reihen sich alternative Boutiquen dicht an dicht: **Larimar** an der Einmündung in die Calle Telémaco verkauft bunte Flattermode, wie sie im ›Valle‹ gern getragen wird, sowie Häkelbikinis und Lavaschmuck. Schräg gegenüber bietet der Bioladen **Ansiria** frisches Bio-Brot, Zutaten für die asiatische Küche (speziell für Vegetarier und Veganer interessant, z. B. Tofu oder Seitan), eine riesige Teeauswahl, biologische Kosmetika und Ethnokleidung. Afrikanisch wird es im **Black Market,** der Holz- und Metallfiguren, traditionelle Stoffe und Tuareg-Talismane bereithält. Leinenmode der kanarischen Labels Opuntia und McBlue sowie Deko-Objekte gibt es in der **Tienda Anja's.** Alle genannten Läden: Calle Abisinia, Mo–Sa ca. 10–21 Uhr, im Sommer 10–13.30, 17–21 Uhr.

Valle Gran Rey

ckenobst. Und alles in schickem Ambiente.
Feinschmeckerparadies – **Christopher 2** : Calle Quema s/n, Tel. 922 80 61 93, Nov.–März Di–Fr 9–14, 17–19.30, Sa 9–14 Uhr, April–Okt. Di–Fr 9–14.30, Sa 9–14 Uhr. Superadresse für deutsche Wurstwaren aus eigener Herstellung und auch für andere Feinkost.
Für jeden etwas – **Calle Abisinia 3** : s. »Unser Tipp« S. 205.

Aktiv

Botanisieren – **Ökotours 1** : Calle Las Vueltas s/n, Tel. 922 80 52 34, www.oekotours.com. Individuell geführte Wanderungen für botanisch, geografisch und geologisch Interessierte (3–12 Teilnehmer). Die Touren hat der deutsche Biologe und Ökologe Dieter Scriba ausgearbeitet. Er lebt seit 1999 auf La Gomera. Mit Wanderladen.
Spirituell – **Finca Argayall (Place of Light) 2** : Playa de Argaga, Tel. 922 69 70 08, www.argayall.com. Diverse Meditationen und Yoga in Gruppen (tgl. außer Di; 3 bzw. 5 €) sowie Einzelsitzungen mit erfahrenen Therapeuten (Reiki, Rebalancing, Klangmassage u. a.). Wer möchte, kann auf der Plantage im Zelt oder in verschiedenen Zimmerkategorien wohnen. Für externe Gäste persönliche Buchung der Angebote vor Ort.
Meditativ – **Casa Blanca 3** : Calle Italia 7, Tel. 922 80 55 40 , www.infocanaria.de/html/casa_blanca.html. Gyan, die mit bürgerlichem Namen Sylvia Blaschek heißt, offeriert tägliche Meditation (ab 19 Uhr), auch für Einsteiger, sowie Einzelsitzungen und Kurse in Reiki und Qi Gong. Über aktuelle Angebote gibt ein Info-Briefkasten vor dem Haus Auskunft.
Abwechslung garantiert – **Bikers Inn 4** : Calle San Miguel 1, Tel. 922 80 51 42, www.bikers-inn.eu. Mountainbiketouren (39–68 €) verschiedener Schwierigkeitsgrade (max. 8 Teilnehmer), bei denen der Erlebniswert großgeschrieben wird. Außerdem werden im Bikeshop auch verschiedene Townies (4–8 € pro Tag), Cruiser (3–6 € € pro Tag) und Crossbikes (10–13 € pro Tag) verliehen.

Unser Tipp

Bootsfahrt zu den ›Orgelpfeifen‹ ▶ C 1

An La Gomeras Nordküste, zwischen Arguamul und Playa de Vallehermoso, ragen **Los Órganos** aus dem Meer, unzählige schmale Basaltsäulen, die an Orgelpfeifen erinnern. Nur per Boot ab Vueltas sind sie erreichbar, von Land aus ist jeglicher Blick auf Los Órganos verstellt. Kaum irgendwo sonst auf der Welt gibt es eine dermaßen perfekte Gesteinsformation dieser Art. Die Basaltsäulen bildeten sich bei der Abkühlung von Lava in einem verstopften Vulkanschlot. Später legte die Meeresbrandung sie frei. Die gesamte Formation ist 200 m breit und bis zu 80 m hoch (**Motorjacht »Tina« 6** : Tel. 922 80 58 85, www. excursiones-tina.com, 3-stündige Fahrten mit Tapas und Sangría, Do um 10.45 und bei Bedarf um 14.30 Uhr; 35 €, Kinder 5–10 Jahre 23 €, unter 5 Jahre frei; bei ungünstigem Wetter können die Fahrten ausfallen oder es wird wegen zu starken Wellengangs an der Nordküste schon vor Los Órganos abgedreht).

Wer abends gern ausgeht, wird das Nachtleben von Vueltas zu schätzen wissen

Whalewatching I – **Oceano Gomera** 5 : Calle Quema 7, Tel. 922 80 57 17, www.oceano-gomera.de, Mo–Sa 9–13, 17–19 Uhr. Zwei tägliche Ausfahrten (wechselnde Zeiten) mit erfahrenem Team zum Whalewatching mit einer Segeljacht und dem umgebauten Fischerboot »Ascensión del Señor«, jeweils maximal zehn Gäste an Bord. Pro Pers. 40 €, Kinder unter 12 Jahre 26 €. Anmeldung min. 2–3 Tage vorher empfiehlt sich. Oceano Gomera hat sich den Zielen der Europäischen Charta für nachhaltigen Tourismus in Schutzgebieten verpflichtet. Der Preis beinhaltet einen »Umwelteuro«, der zur Hälfte zur CO_2-Kompensation an Atmosfair und zur Hälfte in die Meeressäugerforschung geht.

Whalewatching II – **Motorjacht »Tina«** 6 : Puerto de Vueltas (s. auch »Unser Tipp« S. 206). Die **Tina** läuft 4 x pro Woche um 10.45 Uhr zum Whalewatching aus (Di/Fr 4 Std. mit Badestopp und Mittagessen, Mi/So 3 Std. mit Tapas und Sangría, 40 € bzw. 35 €, Kinder jeweils 23 €). Mi/So um 14.30 Uhr findet eine zweite Fahrt statt.

Whalewatching III – **Excursiones Amazonia** 7 : Puerto de Vueltas, Tel. 922 80 57 59. Täglich zwei gemütliche Ausfahrten von 4–5 Std. Dauer mit einem traditionellen Holzboot zur achtsamen Wal- und Delfinbeobachtung. In Begleitung des deutschen Guides Bernd Brederlau. Skipper ist Juan, der zuvor viele Jahre zum Fischen auf den Atlantik hinausfuhr. Typisch kanarisches Essen sowie Getränke inklusive, Badepause. Pro Person 42 €, Kinder unter 12 Jahre 25 €. Abfahrt jeweils um 9.30 und 16.30 Uhr. Weitere Infos bei Facebook.

Valle Gran Rey

Abends & Nachts

Szene – **Cacatúa** 1 : Calle Cuesta de Abisinia 5, www.gomera.de/cacatua.htm, Café Di–So 10–23 Uhr (Frühstück und Küche bis 16 Uhr, danach Tapas bis 22 Uhr), Bar tgl. 22–2 Uhr. Das Café im schattigen Innenhof ist Szenetreff der im Valle ansässigen Deutschen. Exzellent gemixte Cocktails. Spätestens ab 23 Uhr müssen alle in die Bar nebenan umziehen (wegen der Lärmverordnung). WLAN verfügbar.

Mit Canarios – **La Tasca** 2 : Calle Cuesta de Abisinia 4, www.barlatasca.com, Mo–Sa 21–2 Uhr. Musik- und Cocktailbar mit Schwerpunkt auf Caipirinha und Mojito, am Wochenende viele Einheimische. Oft treten kanarische Musiker oder Komödianten live auf.

Infos & Termine

Privates Servicebüro
Viajes La Paloma: 38870 Valle Gran Rey (Vueltas), Calle Abisinia 8, Tel. 922 80 60 43, Fax 922 80 56 85, lapaloma@gomera.de, www.gomera.de, Mo–Fr 10–13 Uhr. Privates Reisebüro in der kleinen Fußgängerzone im Zentrum von Vueltas. Deutschsprachige Vermittlung von Unterkünften, Ausflügen, Wanderungen, Bootstouren.

Feste und Veranstaltungen
Fiesta del Carmen: s. La Calera, S. 181.

Verkehr
Busse: Linie 1 San Sebastián – Valle Gran Rey (2–5 x tgl.), Linie 6 als Flughafenbus nach Bedarf jeweils 2 Std. vor Abflug.
Mietwagen: Oasis: Rotonda de Vueltas s/n, Tel. 922 80 58 35, www.oasisrentacar.com. Kleinwagen ab 38 € pro Tag, bei längerer Mietdauer ab 29 € pro Tag, Suzuki Jimny 50–60 € pro Tag.

Fähre: Derzeit besteht ab dem Hafen von Vueltas keine Fährverbindung.

Barranco de Argaga

▶ B 6

Ab der Playa de Vueltas ist ein Wanderweg durch den Barranco de Argaga als PR LG 14 beschildert und weiß-gelb markiert. Der eigentliche Einstieg befindet sich an der Playa de Argaga, wo der gleichnamige Barranco ins Meer mündet. Dort weist die Beschilderung landeinwärts, auf der Piste am Tropischen Fruchtgarten vor-

Barranco de Argaga

Himmelsstrebend: Die Kanarische Wolfsmilch ist auch auf La Gomera anzutreffen

bei. Etwa 100 m oberhalb des Gartens verlässt der Wanderweg die Piste nach rechts und führt durch das meist ausgetrocknete Bachbett bergauf. Wer mag und geeignetes Schuhwerk trägt, kann den Barranco nun ein kurzes Stück weit erkunden, doch ist dabei wegen der Gefahr des Ausrutschens oder Stolperns äußerste Vorsicht geboten. Auch ist die Orientierung nicht ganz einfach, sie erfolgt in dem Felsengewirr des Talgrunds nur mit Hilfe von Steinmännchen und ein paar verblichenen Farbflecken. Nach Regenfällen oder Sturm besteht zudem akute Steinschlaggefahr, dann sollte man den Barranco unbedingt meiden!

Die eigentliche Durchquerung des wunderschönen, im oberen Teil einsamen Barranco de Argaga bleibt sehr bergerfahrenen, trittsicheren Wanderern vorbehalten. Die Beschreibung der Route, die sich zu einer fünfstündigen Wanderung über die Ermita de Guadalupe mit dem Ziel Casa de la Seda ausbauen lässt, findet sich in der einschlägigen Wanderliteratur. Hier wurde sie bewusst nicht aufgenommen, denn viele Einheimische raten mittlerweile von der Tour ab, weil es mehrmals zu schweren Unfällen kam. Daher bitte unbedingt in einem der örtlichen Tourismusbüros nach Einzelheiten erkundigen!

Das Beste auf einen Blick

Der Nordwesten

Auf Entdeckungstour

Fahrt zu den Palmhonig-Dörfern: Eine Abenteuerfahrt per Geländewagen oder Mountainbike nach Arguamul und zu weiteren Palmhonig-Dörfern erschließt ein unbekanntes La Gomera. Palmen liefern inmitten der Wüste Saft für die Herstellung eines Honigs der besonderen Art. S. 216

Kultur & Sehenswertes

Epina: Das winzige Dorf ist eine Sehenswürdigkeit für sich, nicht wegen spektakulärer Baudenkmäler, sondern wegen der Atmosphäre und der noch sehr ursprünglichen Lebensart seiner Bewohner. S. 212

Lomo del Carretón: In dem nur für Wanderer erreichbaren Naturdenkmal oberhalb von Taguluche finden sich letzte Zeugen des ›Trockenbuschs‹, einer Vegetationsform, die der mediterranen Macchie ähnelt. S. 215

Zu Fuß unterwegs

Wanderung auf der Cumbre de Chijeré: Windumtost präsentiert sich der einsame Bergrücken, den Wanderer erkunden können. Höhepunkte sind zwei Ermitas und ein rauer Mirador. S. 222

Genießen & Atmosphäre

Playa de Guariñén: Eindrucksvoll einsam ist dieser abgelegene Strand mit seiner bizarren Kulisse. Im Sommer lädt er manchmal zum Baden ein, im Winter nur zum Schauen. S. 214

El Prisma: Eines der renommiertesten Fischlokale der Insel wartet mit urigem Ambiente an der Playa de Alojera auf Gäste. S. 221

Abends & Nachts

Echtes Nightlife ist in La Gomeras Nordwesten Fehlanzeige. Man genießt den Sonnenuntergang am Strand und lauscht anschließend bei einem Glas Wein auf der Terrasse vor dem Haus dem Rauschen des Windes.

An der Palmenküste

Eine Welt für sich ist der abgelegene, durch unzählige Palmen charakterisierte nordwestliche Inselteil, der nur über eine schmale Straße oder über Bergpfade zu erreichen ist. Alojera, der Hauptort des Gebiets, gilt mit seinem hübschen Sandstrand unter Individualtouristen als Geheimtipp. Ringsum liegen in wüstenartiger Umgebung einsame Weiler, in denen nach traditioneller Art Palmhonig gewonnen wird. Rau und windgepeitscht zeigen sich karge, einsame Felsgebirge. Bizarr ist die Richtung Norden fast immer brandungsumtoste Küste mit der berühmten Basaltformation Los Órganos.

Epina ▸ C 3

Der winzige Ort liegt hoch oben an der Zufahrt zur Palmenküste. Wer ihn erkunden möchte, hat die Wahl zwischen zwei schmalen Sackgassen, die jeweils im Bogen durch die Siedlung führen. Sehenswert ist Epina allemal. Wer aber eine der beiden Stichstraßen befahren möchte, sollte berücksichtigen, dass sie von der Breite her nur für Kleinwagen geeignet sind und sich Wendemanöver äußerst schwierig gestalten. Im Zweifelsfall geht man also besser zu Fuß.

Die Bewohner von Epina leben noch erstaunlich ursprünglich. Viele versorgen sich bis heute mit Produkten aus eigenem Anbau, wie Mais, Kohl, Kartoffeln und Kürbis. Ein kleiner Weinberg und ein paar Obstbäume dürfen selbstverständlich nicht fehlen. Außerdem halten alle Familien ein paar Hühner und manche ein Schwein. Einige Häuser wurden noch komplett aus Naturstein errichtet und haben – wie es traditionell üblich war – keinen Anstrich. Diese ganz alten Katen sind heute allerdings oft unbewohnt und dem Verfall preisgegeben.

Taguluche ▸ A/B 4

Verstreut stehen die Häuser dieses kleinen Bauerndorfs zwischen Palmen in einem breiten Tal. Bis vor wenigen Jahrzehnten war Taguluche ausschließlich über schmale Pflasterwege zu Fuß zu erreichen. Die Bewohner lebten von der Landwirtschaft, ein wenig Fischfang und der Gewinnung von Palmhonig. Noch heute versorgen sich viele Menschen von dem, was ihr Land hergibt. Der Tourismus ist bislang so gut wie nicht hierher vorgedrungen. Das erstaunt angesichts der großen historischen Bedeutung des Ortes.

Schon zu Beginn des 15. Jh. sollen an der Playa de Guariñén (s. S. 214) christliche Seefahrer an Land gegan-

Infobox

Touristeninformation
Auskünfte über die Palmenküste erteilt das Tourismusbüro in Vallehermoso (s. S. 234).

Anreise und Weiterkommen
Bus: Nach Alojera verkehrt Mo–Fr 2 x tgl. Linie 5 ab Vallehermoso.
Taxis: Zuständig für Taguluche und Alojera ist der Taxistand in Vallehermoso (s. S. 234).

Markant stehen sie in der Landschaft: Palmen prägen La Gomeras Nordwesten

Unser Tipp

Naturstrand mit Kulisse
In Taguluche beginnt neben dem gleichnamigen Restaurant die Calle Pista Guariñén, die durch einsame Landschaft zu der ebenso einsamen **Playa de Guariñén** (▶ A 4) führt. Die Straße endet hoch über der Küste, die letzten zehn Minuten müssen über einen steinigen Serpentinenweg abgestiegen werden. Für diese Mühe entschädigt die eindrucksvolle Kulisse der bizarren Galión-Berge, die steil hinter dem Strand aufragen. Im Winter besteht die Playa de Guariñén lediglich aus grobem Geröll und die Brandung lässt gefahrloses Baden nicht zu. Hingegen bildet sich im Sommer oft ein Streifen Sand und je nach Wellengang ist es dann möglich, ins Wasser zu gehen. Nur zur Sicherheit: Der Strand ist völlig naturbelassen und nicht bewacht, man badet also auf eigene Gefahr.

gen sein, nachdem sie mit ihrem Schiff auf Grund gelaufen waren und sich der Inhalt der geladenen Weinfässer auf den Strand ergoss. Einige von ihnen entschlossen sich zu bleiben und in dem fruchtbaren, wasserreichen Barranco de Taguluche eine Siedlung zu gründen. Möglicherweise zeichnete der Normanne Maciot de Béthencourt für die Expedition nach La Gomera verantwortlich, der damalige Statthalter von Lanzarote und Fuerteventura. Sein Onkel Jean hatte diese beiden Inseln als erste der Kanaren zwischen 1402 und 1405 im Auftrag des Königs von Kastilien erobert. Maciot soll gute Beziehungen zu den Ureinwohnern im Westen La Gomeras unterhalten haben.

Zu Wohlstand gelangte Taguluche um die Wende vom 19. zum 20. Jh., als die Bewohner mit dem Export von Koschenillerot und dem aus der Färberflechte gewonnenen Orseille, zwei wichtigen Naturfarbstoffen, sowie mit der Produktion von Seide gutes Geld verdienten. Damals erreichten immerhin zwei – ideologisch unterschiedlich ausgerichtete – Wochenzeitungen den Ort, wo sie an den *mentideros* (Lügenecken) verlesen wurden und für den Rest der Woche bei den Männern, die sich in der Freizeit dort versammelten, für Gesprächsstoff sorgten.

Ermita San Salvador

Ein weiterer Hinweis auf eine frühe europäische Niederlassung im Barranco de Taguluche datiert auf das Jahr 1620. Damals wurde im Auftrag des Bischofs von Teneriffa eine erste Kirche gegründet, aus der die heutige Ermita San Salvador hervorging. Sie steht westlich des Ortes, etwas abseits der übrigen Bebauung, und ist über eine kurze Stichstraße zu erreichen, die rechts neben dem Restaurant Taguluche abzweigt. Eine geräumige, gartenartige Plaza umgibt die Kirche. Wie von einer Kanzel fällt der Blick von dem Platz über den Ort und hinab zur Küste. Steinbänke und ein kleiner, von einer Pergola überdachter Picknickplatz (WC vorhanden) laden zur Rast ein.

Kurzwanderung zum Puerto de Los Pejerreyes
▶ A 4

Dauer: hin und zurück 1 Std.; mittelschwer; etwa 150 Höhenmeter im Ab- und Wiederanstieg
Fast in Vergessenheit geraten ist der ehemalige Schiffsanleger von **Taguluche**. Heute benutzen nur noch

Sportfischer und Wanderer den steilen Camino, der vom unteren Ortsrand hinunterführt. Er beginnt am Straßenende und ist mit gelben Farbklecksen markiert.

Zum Meer hinab
Zunächst geht es gepflasterte Treppenstufen abwärts, dann in steilen Kurven weiter hinab. Schließlich ist der Grund des **Barranco de Taguluche** erreicht. Der Camino verläuft nun an dessen linker Flanke. Falls – jahreszeitlich bedingt – ein Dickicht aus Schilfrohr den direkten Durchgang versperrt, umgeht man dieses links. Dann quert der Weg das Bachbett (20 Min.) und setzt sich auf der gegenüberliegenden Seite fort.

Nach der nächsten Biegung kommt der Puerto de Los Pejerreyes in Sicht, eingebettet in eine grandiose Küstenlandschaft. Auf dem letzten Wegabschnitt können eventuell Schwindelgefühle auftreten. Gegen Ende ist der Camino teilweise abgebrochen, dort empfiehlt sich besondere Vorsicht. Nach 30 Min. steht man unten am Meer, lauscht der Brandung und beobachtet das Spiel der Wellen. Baden gilt hier als lebensgefährlich!

El Pescante
Einheimische Angler sitzen am Wochenende auf El Pescante (Schiffsanleger) und ziehen nicht selten auch Priesterfische *(pejerreyes)* aus dem Wasser, die in Schwärmen vorbeiziehen und dem Hafen seinen Namen gaben. Jahrzehntelang legten hier Frachtschiffe Richtung England ab, mit Tomaten aus Taguluche an Bord. In den 1950er- und 1960er-Jahren war der Höhepunkt des Tomatenexports erreicht, damals verpackten während der Erntezeit von Februar bis Mai sieben Betriebe im Ort die empfindlichen Früchte. Mit dem Bau der Straße, die den Warentransport zum Hafen von San Sebastián ermöglichte, kam das Aus für den Puerto de Los Pejerreyes. Auch mit dem Anbau von Tomaten ging es bergab, viele Bewohner verließen Taguluche und zogen nach Teneriffa oder emigrierten nach Übersee.

Wanderung durch den Lomo del Carretón ▶ A/B 4

Dauer: 2.30 Std.; anspruchsvoll; 700 Höhenmeter im Anstieg; der steile Aufstieg auf einem alten Saumpfad von Taguluche nach Arure, dem Ziel der Wanderung, erfordert eine gute Kondition; in Arure halten Linienbusse

Am Straßenende in **Taguluche**, am dortigen Wendeplatz, geht es los. Etwa 30 m auf der Straße zurück weisen an einer Betontreppe weiße Pfeile Richtung Arure. Die Treppe setzt sich in einem Weg fort, der oberhalb von zwei Häusern, eines davon mit einem offenen Wasserbecken, aufwärtsführt. Am Ende des zweiten Hauses leiten Steinmännchen und der Schriftzug »Arure« bergauf vom Weg fort, auf einen undeutlichen Pfad. Dieser quert eine Wasserrohrleitung und verläuft dann für längere Zeit schräg zum Hang mit mäßiger, aber steter Steigung. Links fällt noch einmal der Blick auf das malerisch in einen Palmenhain eingebettete Taguluche.

Naturdenkmal Lomo del Carretón
Der steinige Talgrund eines Barrancos rückt näher und wird kurz darauf überschritten (30 Min.). Jenseits davon geht es auf einem, durch Mauern abgestützten Saumpfad weiter. Dieser quert einen schmalen Bergrücken und gabelt sich vor einem zweiten, kleineren Barranco. Hier geht es rechts aufwärts weiter, an der ▷ S. 219

Auf Entdeckungstour:
Fahrt zu den Palmhonig-Dörfern

Die abgelegenen Dörfer auf La Gomera, in denen Palmhonig gewonnen wird, sind teilweise nur über Pisten zu erreichen. Wer sich auf den Weg zu ihnen macht, bekommt einen Eindruck von der mühseligen Gewinnung des Palmsaftes.

Reisekarte: ▶ R/C 1–3
Dauer: halber Tag
Startpunkt: Abzweigung der CV-16 Richtung Alojera von der GM-1 Vallehermoso–Valle Gran Rey (nahe Restaurant Los Chorros de Epina)
Charakter: Fahrt per Allradfahrzeug oder Mountainbike (Leihmöglichkeit s. S. 195 u. S. 206) über unbefestigte Pisten.
Info: Restaurant Los Chorros de Epina, Carretera del Norte (GM-1), Km 46.5, Tel. 922 80 00 30, www.chorrosdeepina.com, tgl. 7.30–21.30 Uhr, Menü 10–15 €.

Auf La Gomera gibt es rund 200 000 offiziell erfasste Exemplare der Kanarischen Palme. Speziell im kargen Nordwesten prägen sie die Landschaft. Dort verdient noch mancher Bauer mit der Gewinnung von Palmhonig seinen Lebensunterhalt. Eine Genossenschaft in Alojera und auch die Inselregierung bemühen sich um den Erhalt dieser Tradition. Jedes Jahr werden in der Region rund 500 Palmen angezapft. Der Tourismus hat die Nachfrage angekurbelt und so lohnt das Geschäft. Dennoch zählen Arguamul und Tazo, die wichtigsten Produktionszentren, nur eine Handvoll Einwohner.

Hinein ins Abenteuer

Gleich hinter der Passhöhe auf der **Cumbre de Chijeré** zweigt noch vor Epina rechts eine beschilderte Piste Richtung Tazo ab. Nach 2,5 km gelangt man an eine Gabelung. Rechts führt eine schmalere Piste steil aufwärts zur Ermita de Santa Clara. Doch es geht links – auf Asphalt – weiter. An der nächsten und übernächsten Gabelung (nach 4 bzw. 6 km) fährt man jeweils rechts, Richtung Arguamul.

Unvermittelt taucht nach karger Landschaft der winzige Ort **Arguamul** hinter einer Straßenkurve auf. Die wenigen Häuser verteilen sich zwischen Palmen und Terrassenfeldern, die sich zu Dutzenden von der Küste den Hang hinauf stapeln. Restaurierte und als Wochenendhäuser genutzte Bauernkaten präsentieren sich von Blüten umrankt. Das Straßenende schmückt ein gepflegter Madonnenschrein. Ansonsten ist hier nur gar nichts los. Breite Metallmanschetten an den Stämmen zeigen an, welche Bäume aktuell für die Palmsaftgewinnung genutzt werden. Sie sollen Mäuse und Ratten daran hindern, hinaufzuklettern und sich an dem Saft zu laben, der aus den angezapften Blütenknospen im Zentrum der Kronen sickert. In den Sommermonaten lässt sich die ›Ernte‹ des *guarapo* (Palmsaft) in Arguamul früh am Morgen oder gegen Abend live miterleben. Zweimal am Tag muss der *guarapero* (Palmzapfer) auf jeden Baum klettern. Es ist eine anstrengende und gefährliche Arbeit. Eine Kanarische Palme wird immerhin bis zu 25 m hoch. Zudem sind die Blattfiedern am Ansatz der Palmwedel äußerst hart und dolchartig spitz. Hand oder Arm sind schnell durchstochen. Abends schlägt der Guarapero eine Kerbe in den Blütenstand, aus dem in der Nacht ca. 10 l Palmsaft in einen Eimer fließen. Noch vor Sonnenaufgang muss der Saft abgeholt werden, da er sonst zu gären beginnt. Unter ständigem Rühren wird er zu ›Honig‹ verkocht. Aus 5 l Saft erhält man ca. 1 l ›Honig‹. Am nächsten Abend muss die vernarbte Kerbe in den Blüten erneut geöffnet werden, damit weiterer Palmsaft fließt. Die Prozedur dauert rund drei Monate an, dann benötigt die Palme etwa fünf Jahre Ruhe.

Das Fischerdorf von Arguamul

Manchmal kommen Wanderer durch Arguamul, die den steilen, 700 Höhenmeter langen Abstieg auf dem alten Camino PR LG 10.1 von der Ermita de Santa Clara zur Playa de Arguamul auf sich nehmen. Gemütlicher ist die Playa zu erreichen, indem man zum Weiler

Guillama fährt, dem 2 km entfernten unteren Ortsteil von Arguamul mit vielen traditionellen – heute meist verlassenen – Steinhäusern. Deren Bewohner widmeten sich der Nahrungsgewinnung aus dem Meer. Heute angeln sie nur noch am Wochenende oder suchen die Brandungsfelsen nach Meeresschnecken und Krebstieren ab.

Man kann vom Straßenende bei der winzigen Capilla de Santa Clara einem Fußweg quer durch das Dorf folgen (Schild: Playa) und geht an der Gabelung bei den letzten Häusern rechts zu einem nahen Felsgrat, der einen schönen Blick auf die wilde **Playa de Arguamul** bietet. Am unteren Rand des Grats häufen sich Schalen von Meeresschnecken zu einem *conchero* (Muschelhaufen). Unklar ist, ob er auf rituelle Gemeinschaftsessen zurückzuführen ist oder einfach dort entstand, wo die Meeresfrüchteernte für die spätere Verwertung aufbereitet wurde. Schon die Altkanarier hinterließen solche Haufen, dieser hier stammt allerdings aus der Zeit nach der Conquista. Er gilt als Beweis für die Weiterführung der prähispanischen Kultur in entlegenen Teilen La Gomeras.

Vom Felsgrat kann man weiter zur grobkiesigen, einsamen Playa de Arguamul absteigen (mit Rückweg etwa 45 Min., 100 Höhenmeter, weiß-gelbe Markierungen). Erlebenswert ist dort die heftige Brandung aus Nordwest – Baden ist zu gefährlich.

Wenige Einwohner, viele Palmen

Jetzt geht es zurück zur ersten Asphaltstraßengabelung und dort nach **Tazo**. Am Ortseingang steht die kleine **Ermita de Santa Lucía** (um 1800) mit umso größerem Festplatz. Am 13. Dezember steigt hier die Fiesta de Santa Lucía, eine der bedeutendsten Wallfahrten La Gomeras.

Die Verehrung der Heiligen geht auf die Zeit der Entdeckungsfahrer zurück. Das Christentum soll mit ihr Einzug auf der Insel gehalten haben – der Legende nach bereits um 1350, als ein portugiesisches Schiff an der Palmenküste angelegt haben soll. Die Portugiesen hinterließen angeblich eine Statue der hl. Lucia – und einen Missionar. Eine erste Kirche wurde beim Weiler Cuballa (s. u.) errichtet, eine päpstliche Bulle erwähnt sie schon 1424.

Die Hauptrolle spielen in Tazo jedoch die Palmen. Sie gedeihen in Talmulden, wo die Wurzeln das Grundwasser erreichen. Die Kanarische Palme ist mit der nordafrikanischen Dattelpalme verwandt, doch ihre Früchte sind für den Menschen ungenießbar. Palmen wegen ihres süßen Saftes anzuzapfen, war auf La Gomera schon kurz nach der Conquista üblich, wie eine portugiesische Chronik von 1590 verrät. Damals wurde der Palmsaft vergoren und in Tavernen ausgeschenkt.

Palmhonig-Drink an der Bar

Auf einer Piste geht es durch Tazo (Schilder »Playa« und »Alojera«) und anschließend durch menschenleeres Gelände. Die Langhäuser des verlassenen Weilers **Cubaba** bleiben rechts unterhalb liegen. Nach starken Regenfällen kommt es in diesem Gebiet manchmal zu Erdrutschen, wodurch die Piste zeitweise unpassierbar sein kann (im Zweifel über Tazo zurückfahren). Hat es aber mit der Pistenholperei geklappt, wird schließlich **Alojera** erreicht.

Auf der CV-16 geht es zurück zur GM-1, wo sich die Einkehr im Restaurant **Los Chorros de Epina** (s. S. 216) empfiehlt. Dort werden im Vorraum Palmhonig-Produkte verkauft. Und vielleicht genießt man an der Bar eine *mistela* (Palmhonig mit Branntwein) oder einen *gomerón* (Palmhonig mit Rum).

linken Flanke des mit Palmen bestandenen Bergrückens.

Ein Schild (45 Min.) kündigt das Betreten des **Monumento Natural del Lomo del Carretón** an, eines Naturschutzgebiets, das die Steilwände oberhalb von Taguluche umfasst. Eine Vielzahl endemischer Pflanzen gedeiht auf dem kargen, felsigen Untergrund. Arten, die durch frühere intensive Weidenutzung und Brennholzgewinnung verschwunden waren, konnten erfolgreich wieder angesiedelt werden. Charakteristische Bäume sind die Kanarische Kiefer und die Kanarische Palme. Letztere gedeiht hier an ihrem ursprünglichen Standort, nämlich in mittlerer Höhe zwischen der Küstenmacchie und dem Lorbeerwald. Erst der Mensch verpflanzte sie in tiefere, trockenere Lagen, wo sie bewässert werden muss. Daneben gibt es an auffälligen Sträuchern die Kandelaber-Wolfsmilch, die Kleinie und die Blättchenreiche Drüsenfrucht, eine Verwandte des Ginsters.

Nach Arure

Ein 5 Min. später zur Linken abzweigender, hangparalleler Pfad wird ignoriert. Nach einer weiteren Viertelstunde wendet sich der Weg nach rechts, quert den oberen Bereich eines Talgrunds und passiert anschließend eine ockerfarbene Gesteinsschicht sowie mehrere weitere kleine Taleinschnitte. In einem schütteren Kiefernwald verläuft der Weg neben einem rötlichen Gesteinsband steiler bergan und schlängelt sich nach Verlassen des Waldes eine Felswand hinauf. Nach einem letzten schönen Blick auf die bizarre Felsküste bei Taguluche kommt hinter einer Kurve Arure in Sicht. Der Saumpfad mündet in einen breiten Fahrweg (2.15 Std.), der links zum unteren Ortsrand von **Arure** (2.30 Std.) führt. Dort kann man gleich rechter Hand im Restaurant El Jape die Wartezeit auf den Linienbus überbrücken.

Alojera ▶ B 3

Hohe Felswände umgeben den Hauptort des Nordwestens. Auf Terrassenfeldern bauen die kaum mehr als 500 Bewohner dem trockenen Boden entsprechend robuste Feldfrüchte an. Tomatenfelder im Talgrund werden aus großen Speicherbecken bewässert. Mit der Landwirtschaft ließ sich früher das Auskommen kaum sichern. Zahlreiche Bewohner emigrierten nach Teneriffa oder häufiger nach Übersee. In jüngerer Zeit kehrten einige zurück, brachten Geld und einen neuen Baustil mit. Daher stehen in Alojera auffallend viele moderne, große Häuser. Das Flachdach umgibt ein Kranz von schräg gestellten, roten Ziegeln, die eine Brüstungsmauer verkleiden. So kann das Dach als Terrasse genutzt werden. Oft wiederholen sich diese Ziegelkränze zur Zierde auch zwischen den einzelnen Stockwerken. Die Balkone sind kunstvoll aus Terrakotta-Elementen zusammengesetzt.

An einer kleinen, mit Palmen bepflanzten Plaza mit Brunnen verlässt man die Hauptstraße (Calle Alojera), um links ins Ortszentrum zu gelangen. Dort steht eine kleine Kirche mit Zwillingsglockenturm, nebenan ist die schnörkellose Bar Plaza Treffpunkt der Männer.

Übernachten

Eigenheim auf Zeit – **Ossorio:** Los Palmeros s/n, Tel./Fax 922 80 11 66, www.alojera.net, Haus für 2 Pers. 40–60 €. Nicolás Ossorio, eine Institution in Alojera, vermietet seit

Der Nordwesten

Geschützte Lage in einer Felsbucht: Playa de Alojera

20 Jahren im und um den Ort ehemalige Bauernhäuser für bis zu vier Personen in idyllischer Lage. Alle befinden sich an Fußwegen abseits von Straßen. Die Mindestmietdauer beträgt eine Woche.

Am Ortsrand – **Finca Medina:** Calle Alojera s/n, Tel. 922 80 05 29 u. 619 85 85 96, www.travel-gomera.com, Apartment für 2 Pers. 34 €. Moderne, geräumige Apartments in einer auffallend bunt angestrichenen Häuserzeile an der Straße Richtung Playa de Alojera; ansprechend und sauber.

Essen & Trinken

Amerika lässt grüßen – **Perdomo:** Calle Alojera s/n (an der Ortseinfahrt), tgl. geöffnet, Snacks ab 2,50 €. Modernes Lokal in einem auffälligen pinkfarbenen Gebäude. Die Wirtsfamilie war vor vielen Jahren nach Übersee emigriert und kehrte später in ihren Heimatort zurück. Es gibt gegrillte Hähnchen (auch zum Mitnehmen), Tapas und gute *bocadillos,* von Lesern gelobt wird beispielsweise *con carne y queso.*

Cumbre de Chijeré

schwarze Strand ist nur zu Fuß über eine Betontreppe zu erreichen. Je nach Wasserstand und Jahreszeit kann sein Sandstreifen auch schon mal ziemlich schmal werden. Ins Meer gelangt man wahlweise auch über einen Bootsanleger mit Metalltreppe, der früher zum Verschiffen von Tomaten diente.

Am besten kann man hier im Sommer baden, dann verbringen viele spanische Familien die Ferien in Playa de Alojera. Umgeben ist die Playa von steilen Felswänden, die auch bei starkem Nordostpassatwind hervorragenden Schutz bieten.

Übernachten

Meeresrauschen inklusive – **Playa:** Playa de Alojera s/n, Tel. 922 80 07 03, Apartment für 2–4 Pers. 30–35 €. Rund 20 einfache Apartments unmittelbar am Strand, vermittelt vom Restaurant El Prisma (s. S. 221) oder über www.alojera.net. Im Erdgeschoss teilt man sich eine langgezogene Terrasse mit den Nachbarn, die Wohnungen im oberen Stockwerk verfügen über private Balkone.

Essen & Trinken

Fischlokal – **El Prisma:** Playa de Alojera s/n, Tel. 922 80 07 03, Mo/Di u. Do–So 13–22 Uhr, Mi geschl., Hauptgerichte ab ca. 10 €. Gemütlich und auch bei Einheimischen sehr beliebt. Richtig voll wird es aber nur in den spanischen Ferien. Spezialisiert auf frischen Fisch, auch ausgefallenere Sorten wie Muräne.

Infos

Busse: Linie 5 nach Vallehermoso (Mo–Fr 2 x tgl.), Haltestelle an der Plaza mit Brunnen (s. o.).

Playa de Alojera ▸ A 3

Die wenigen Häuser der 200 Höhenmeter unterhalb von Alojera gelegenen Strandsiedlung stehen auf einem schmalen Landstreifen zwischen Meer und Felswand. Der rund 200 m lange,

Cumbre de Chijeré ▸ C/D 1

Der markante, windgepeitschte Bergrücken im äußersten Norden La Gomeras

Der Nordwesten

ist mehr oder weniger Wanderern vorbehalten. Einheimische Pilger zieht es zu zwei Wallfahrtskirchen, die fernab aller Siedlungen aufragen: der schon 1888 erbauten Ermita de Santa Clara und der erst 1985 hinzugekommenen, etwas komplizierter zu erreichenden Ermita de Coromoto (s. rechts).

Bis zur 1888 erbauten **Ermita de Santa Clara** führt eine relativ gut befahrbare, etwa 4 km lange Piste, die an der Passhöhe oberhalb von Epina beginnt. Von der Ermita ergeben sich aus 735 m Höhe eindrucksvolle Ausblicke, nicht nur auf die Küste bei Arguamul, sondern auch zu den Nachbarinseln La Palma und Teneriffa. Hier gibt es einen Picknickplatz und es zweigen mehrere weiß-gelb markierte Wanderwege ab, etwa der PR LG 10.1 zur Playa de Arguamul (s. S. 218). Spätestens jetzt empfiehlt es sich, den Wagen abzustellen und die einsame Landschaft per pedes zu erkunden.

Wanderung auf der Cumbre de Chijeré ▸ C/D 1

Dauer: hin und zurück 2.30 Std.; einfach bis mittelschwer; 200 Höhenmeter im Ab- und Wiederaufstieg; beschildert und weiß-gelb markiert als PR LG 9

Ausgangspunkt ist die **Ermita de Santa Clara**. Für die erste Teilstrecke der Tour bietet der **PR LG 9** zwei Möglichkeiten. Die Variante PR LG 9.1 führt als aussichtsreicher, allerdings recht steiniger Pfad auf dem Kamm der Cumbre de Chijeré Richtung Nordosten. Wer es bequemer mag, folgt rechts der Kirche dem PR LG 9.2, einer holprigen Piste, an der Südostflanke der Cumbre de Chijeré entlang sanft bergab. Gebüsch aus Heide und Lorbeer hält dem Wind stand, hier und da steht eine Kanaren-Stechpalme mit ihren auffälligen roten Früchten und der Kanaren-Beifuß verströmt einen kräftigen Geruch.

Zur Ermita de Coromoto

Je tiefer man gelangt, umso dürftiger wird die Pflanzenwelt. Kräftig hat die Erosion in diesem Bereich am Fels genagt und rote, ockergelbe oder graue Gesteinsschichten freigelegt. Hier führen die beiden Routen zusammen und passieren (nun als PR LG 9) einen weiteren kleinen Picknickplatz, wo sonntags einheimische Familien anzutreffen sind. Gleich darauf gelangt man in 635 m Höhe zur **Ermita de Coromoto** (30 Min.). Dieses der Nationalheiligen Venezuelas, Virgen de Coromoto, geweihte Gotteshaus stiftete 1985 ein dort zu Wohlstand gekommener und nach La Gomera zurückgekehrter Emigrant.

Abstecher nach Chijeré

Nach weiteren 10 Min. bietet sich auf einem links abzweigenden Fahrweg ein Abstecher zu dem verlassenen kleinen Palmendorf **Chijeré** (50 Min.) an. Vom höchstgelegenen der wenigen Häuser führt rechts, einem Felskamm folgend, ein mit unregelmäßig grünen Farbmarkierungen versehener Pfad weiter. Schon etwa 30 m nach dem Haus verlässt die Trittspur den Kamm, hält sich schräg abwärts Richtung Atlantik, quert eine Mulde und erreicht einen etwas tiefer gelegenen Bergrücken. Von dort blickt man zum **Roque de Los Órganos** (307 m), einem imposanten Felsen an der Nordküste. Er ragt oberhalb der nur vom Meer aus sichtbaren, gleichnamigen Basaltsäulen auf, den ›Orgelpfeifen‹ (s. S. 206).

Letzte Zeugen des Trockenbuschs

Zurück auf der Hauptpiste steigt man weiter ab. Unterwegs bieten zwei natürliche, mit riesigen Steinmännchen

Cumbre de Chijeré

markierte Miradores großartige Ausblicke. Dann lässt sich eine Pistenkurve weglos über einen kahlen Hang aus griffigem Tuffgestein abkürzen.

Im Winter säumen Kanaren-Margeriten mit einer Fülle weißer Blüten den Wegrand. Die einzigen Bäume in dieser Einöde – und zugleich letzte Zeugen des ›Trockenbuschs‹, einer der mediterranen Macchie ähnlichen Vegetationsform – sind ein paar Exemplare des selten gewordenen Phönizischen Wacholders. Größere Exemplare fielen bis vor wenigen Jahrzehnten der früher sehr verbreiteten Holzkohleproduktion zum Opfer. Die nachwachsenden Jungpflanzen wurden und werden immer noch durch Wind und Viehbiss in einen polsterförmigen Wuchs gedrängt. Immerhin befindet sich aber auf der Cumbre de Chijeré der größte noch vorhandene Wacholderbestand La Gomeras und Maßnahmen zu seiner Regenerierung und zur Ansiedlung weiterer einheimischer Pflanzen wurden schon in Gang gesetzt.

Aussichtspunkt Buenavista

Nach einer Kurve kommt das Tal von Vallehermoso in Sicht. In einer Senke zweigt dann rechts die beschilderte Fortsetzung des PR LG 9 zur Playa de Vallehermoso ab (Variante, s. u.). Geradeaus sind es jetzt nur noch rund 100 m bis zum Pistenende mit dem Aussichtspunkt **Buenavista** (1.20 Std.) an der **Montaña de Alcalá** (564 m). Zu Füßen des Betrachters fallen hier die Klippen fast senkrecht zum Meer ab. Rechts schweift der Blick über die fast unzugängliche Küstenlandschaft östlich von Vallehermoso bis zur Nachbarinsel Teneriffa.

Mit einiger Vorsicht gelangt man auf einem schmalen Pfad links an der Steilkante entlang zu einem Steinmännchen hinab, wo sich ein besonders schöner Wacholder – uralt und vom Wind verbogen – in die Felsen duckt. Anschließend läuft man auf der bereits bekannten Route zurück zum Ausgangspunkt an der **Ermita de Santa Clara** (2.30 Std.).

Variante für nicht motorisierte Wanderer

Alternativ kann man sich nach **Epina** mit dem Taxi fahren lassen, erreicht von dort zu Fuß auf der Piste in etwa 1 Std. die **Ermita de Santa Clara** und folgt der Wanderbeschreibung bis zum Aussichtspunkt **Buenavista**. Von dort geht es dann nicht wieder zurück, sondern weiter auf dem **PR LG 9**, einem von jetzt an schmalen, steilen Pfad, der Trittsicherheit erfordert. Er führt in einer guten Stunde steil hinab zur **Playa de Vallehermoso** (Gesamtgehzeit ab Epina ca. 3.30 Std.). Dort lässt man sich entweder abholen oder folgt den weiß-roten Markierungen des GR 131 zunächst auf der Straße und dann am gegenüberliegenden Talrand eine weitere Stunde bis zum Zentrum von **Vallehermoso**.

Wanderung auf der Cumbre de Chijeré

Das Beste auf einen Blick

Der Norden

Highlights !

Agulo: Malerisch schmiegt sich der alte Ortskern der Bananenstadt Agulo in einen halbrunden Kessel, gesäumt von tiefroten Felswänden. Einen wunderschönen Kontrast dazu bietet die weiße, Kuppel-gekrönte Kirche. S. 243

Molino de Gofio: Das viel besuchte ethnografische Museum und Kunsthandwerkszentrum in einer ehemaligen Mühle bietet den Bewohnern von Hermigua ein Forum für die Präsentation ihrer traditionellen Künste, z. B. der Weberei. S. 252

Playa de La Caleta: Der unbestritten schönste Strand im Norden La Gomeras, einsam gelegen und von bizarren Küstenfelsen gerahmt, punktet mit einem gemütlichen Strandlokal. Wer möchte, kann die Playa wandernd erreichen. S. 258

Auf Entdeckungstour

Kirchen im Stil des Eklektizismus: Wer die Städte Vallehermoso, Agulo und Hermigua besucht, trifft auf ungewöhnliche Kirchenbauten, in denen alle Stilrichtungen vergangener Epochen vereint zu sein scheinen. S. 230

Bautraditionen auf dem Land: Terrassenfelder, einst mühselig angelegt, heute entweder aufgelassen oder sorgfältig restauriert, prägen die Weinbaulandschaft von Tamargada. Auch architektonisch wartet der weitläufige Ort mit manchem Kleinod auf. S. 238

Kultur & Sehenswertes

Centro Visitantes de Juego de Bolas: Das Besucherzentrum des Nationalparks Garajonay nahe Las Rosas bietet eine interaktive Ausstellung mit Wissenswertem über die Inselnatur. S. 241

Museo Etnográfico de La Gomera: Die sorgfältig zusammengestellte volkskundliche Sammlung in einem schönen alten Stadthaus in Hermigua ist unbedingt einen Besuch wert. S. 248

Zu Fuß unterwegs

Wanderung via El Tión zum Roque Cano: Ein alter Verbindungsweg führt entlang der sonnigen Flanke eines Höhenrückens zum Fuß des imposanten Felsens. S. 234

Wanderung entlang der Roten Wand: Tiefrote Gesteinsschichten färben die Felswand bei Agulo, die es zu erklimmen gilt, um anschließend durch ein stilles Hochtal zum Besucherzentrum von Juego de Bolas zu gelangen. S. 246

Genießen & Atmosphäre

Mittendrin: Die wenigen Tische vor der urigen Bar Amaya sind sehr begehrt, denn hier lässt sich das Geschehen auf der zentralen Plaza von Vallehermoso bestens verfolgen. S. 233

Pfiffe als Sprache: Auch wenn das Restaurant Las Rosas im gleichnamigen Ort oft brechend voll ist, die witzige und verblüffende Demonstration der Pfeifsprache El Silbo macht das locker wett. S. 243

Abends & Nachts

Wenig los: Recht frühzeitig werden im Norden La Gomeras die Bürgersteige hochgeklappt. In der immerhin bis 22 Uhr geöffneten, kultigen Café-Bar Pedro in Hermigua treffen sich Individualreisende auf einen Absacker. S. 251

Fruchtbares Land

Der Norden ist in gewisser Weise das ›andere‹ La Gomera. Hier sind die Täler grün und fruchtbar. Wasser aus Quellen und Zisternen fließt durch schmale Rinnen auf die Felder und bewässert Bananen und andere tropische Früchte. Die Bewohner leben vorwiegend von der Landwirtschaft und weniger vom Tourismus. Dessen Chancen stünden auch schlecht, denn öfter als in anderen Teilen der Insel ziehen Wolken auf und das Baden an den wenigen Stränden gilt wegen der häufig recht kräftigen Brandung als nicht ungefährlich. So sind die drei Hauptorte Vallehermoso, Agulo und Hermigua beschauliche Städte geblieben, in denen Folklore und Kunsthandwerk gepflegt werden und das Leben noch in den althergebrachten Bahnen verläuft. Individualisten unter den Inselurlaubern, die diese Ursprünglichkeit dem Trubel im Valle Gran Rey oder in Playa de Santiago vorziehen, quartieren sich in charmanten Landhotels oder restaurierten Bauernhäusern ein, um den ansonsten weniger besuchten Norden in aller Ruhe zu genießen.

Vallehermoso ▸ D 2

Neben San Sebastián ist Vallehermoso mit rund 3100 Einwohnern (Gesamtgemeinde) der zweitwichtigste Ort auf La Gomera. Es präsentiert sich allerdings weniger urban als die Inselhauptstadt. Vorwiegend Einheimische beleben die Straßen, auf die auch der Bedarf in den meisten Geschäften zugeschnitten ist. Die zentrale **Plaza de la Constitución** wurde modern gestaltet und verkehrsberuhigt, die Häuser in der Nachbarschaft wurden vor ein paar Jahren renoviert und bunt angestrichen. So vermittelt alles einen freundlichen Eindruck.

Im Innenstadtbereich gibt es einfache Pensionen und Apartmenthäuser, in denen sich Traveller wohlfühlen. In der Umgebung boomt der Turismo Rural (s. S. 29). Dank des reichlich vorhandenen Wassers ist das Umland von Vallehermoso fruchtbar und wird landwirtschaftlich intensiv genutzt. Zwei Stauseen oberhalb des Ortes ermöglichen ganzjährigen Bewässerungsanbau. Neben Bananen gedeihen hier verschiedene andere Früchte und auch die für Vallehermoso typischen roten Pfefferschoten, die nach der Ernte an vielen Häusern zum Trocknen aushängen.

Von Vallehermoso aus lassen sich schöne, durchaus anspruchsvolle Wan-

---

Infobox

Touristeninformation
In Vallehermoso, Agulo und Hermigua informieren Büros der jeweiligen Gemeinde. Eine Informationsstelle des Nationalparks Garajonay befindet sich im Besucherzentrum Juego de Bolas (Las Rosas)

Anreise und Weiterkommen
Busse: Vallehermoso besitzt einen Busbahnhof. Dort starten Linie 2 (2–5 x tgl.) nach San Sebastián (über Agulo und Hermigua), Linie 4 (Mo–Fr 2 x tgl.) nach La Dama (über Chipude) und Linie 5 (Mo–Fr 2 x tgl.) nach Alojera.
Taxis: Taxistände sind in Vallehermoso, Agulo und Hermigua zu finden.
Mietwagen: Eine Verleihfirma gibt es in Hermigua.

Vallehermoso

derungen unternehmen. Wer Vallehermoso als Aufenthaltsort wählt, muss allerdings die häufige Bewölkung in Kauf nehmen, die ganz allgemein den Norden La Gomeras prägt. Böse Zungen behaupten, das ›schöne Tal‹ *(valle hermoso)* hätte in Wirklichkeit früher Valleumbroso (schattiges Tal) geheißen.

Iglesia San Juan Bautista
s. Entdeckungstour S. 230

Molino de Gofio Tasirche
Carretera del Norte (GM-1) s/n, Mo–Fr 9–14, 16–18 Uhr, Eintritt frei
In der kleinen Mühle an der Straße Richtung Valle Gran Rey können Besucher zuschauen, wie Gofio hergestellt wird. Zunächst wird eine Mischung aus Mais und Weizen in einem Ofen geröstet, wobei ein kräftiger Geruch nach Popcorn aus dem Gebäude dringt. Unter Zugabe von Salz werden die Körner anschließend gemahlen. Die freundlichen Angestellten geben auf Spanisch Erklärungen und verkaufen das fertige Produkt auch gleich an Ort und Stelle. *Tasirche* bedeutet übrigens in der Sprache der kanarischen Ureinwohner nichts anderes als Mühle.

Unser Tipp

Ländliche Unterkünfte
Unter dem Namen Ecotural haben sich Eigentümer von Ferienhäusern und ländlichen Ferienwohnungen zusammengeschlossen zur Direktvermarktung ohne den Umweg über Reiseveranstalter. Die meisten dieser Objekte befinden sich in der Umgebung von Vallehermoso. Kontakt: Ecotural, 38840 Vallehermoso, Avenida Pedro García Cabrera 9, Tel. 922 14 41 01, http://casasruralesdelagomera.es.

Allerdings ging die Produktion von Gofio in vorspanischen Zeiten viel schlichter vonstatten als heute. Die steinernen Mühlen wurden noch mühselig von Hand betrieben. Dabei fand Gerste als einziges damals auf den Kanaren bekanntes Getreide Verwendung.

Bodega Insular
Calle Pedro García Cabrera 7, Tel. 922 80 15 46, http://vinosdelagomera.es

Unser Tipp

Süße Souvenirs aus Vallehermoso
Der *miel de palma* wird selten direkt beim Erzeuger angeboten, man kauft ihn auf Märkten oder in Spezialgeschäften. Gute Möglichkeiten bieten sich dafür in Vallehermoso. Dort erhält man Palmhonig in den alteingesessenen Läden **Venta de Rafael** und **Artesanía Yayo** sowie in der kleinen **Markthalle** (s. S. 233). Traditionell nutzen die Gomeros den Palmhonig wegen seines hohen Nährwerts gern als Kindernahrung. Er enthält mehr Mineralien als Bienenhonig, dafür allerdings weniger Vitamin C. Oft ersetzt er auch den Zucker in Kuchen und Desserts. Er wird pur zu Käse gereicht oder mit Gofio zu Süßigkeiten verarbeitet. Abends findet der Palmhonig in Mixgetränken Verwendung, die in vielen Dorfkneipen fertig vorbereitet in Krügen auf dem Tresen stehen.

Der Norden

Erhabener Kontrapunkt zum beschaulichen Vallehermoso: der Roque Cano

Die moderne Weinkellerei an der GM-1 Richtung Agulo wird vom Inselrat betrieben. Hier können alle Landwirte, die nicht über eine eigene Bodega verfügen, ihre Trauben abliefern. Gekeltert werden bekannte und überall auf der Insel erhältliche Marken wie Cumbres de Garajonay (ein junger Weißwein) oder Fausto (ein aromatischer Roter). Jetzt ist ein Um- und Ausbau der Anlage geplant, um sie auch für Touristen attraktiv zu gestalten. Eine Rezeption mit Verkaufsraum soll entstehen, außerdem wird ein Rundgang durch die Bodega mit Informationstafeln versehen.

Jardín Botánico del Descubrimiento
Calle Playa s/n, frei zugänglich
Das futuristische Empfangsgebäude des Botanischen Gartens an der Straße Richtung Playa de Vallehermoso verspricht mehr, als es hält. Seit Jahren wartet es auf seine endgültige

Vallehermoso

Übernachten

Ökologisch – **Tamahuche:** La Hoya 20 (Carretera Valle Gran Rey), Tel. 922 80 11 76, www.hoteltamahuche.com, DZ 79 €. Das im kanarischen Stil errichtete alte Gutshaus von 1896 am Stadtrand beherbergt heute ein kleines Landhotel mit Restaurant. Frühstücksbuffet vorwiegend mit Obst und anderen Produkten von der Insel. Das Hotel hat die Europäische Charta für nachhaltigen Tourismus (ECNT) unterzeichnet und wird unter ökologischen Gesichtspunkten geführt. So wird Warmwasser durch Sonnenenergie erzeugt, der Garten mit gereinigtem Abwasser bewässert und umweltverträgliche Putzmittel finden Verwendung.

Mittendrin – **Casa Amaya:** Plaza de la Constitución 2, Tel. 922 80 00 73, Fax 922 80 11 38, DZ 30 €. 16 einfache, aber saubere Pensionszimmer mit Etagenbad über der gleichnamigen Bar (s. S. 233), teils zum Hauptplatz und teils zum Garten liegend. Der Besitzer Miguel Ángel Amaya vermietet im Haus gegenüber auch komfortablere Apartments (bis 3 Pers. 31 €, 4 Pers. 43 €).

Etwas bunter – **Casas Bernardo:** Calle Triana 4, Tel. 922 80 08 49, http://alojamientoscasasbernardo.com, DZ oder Apartment für 2 Pers. 35–40 €. Die richtige Unterkunft im Ort für all jene, die das einstige Flair des Valle Gran Rey vielleicht schon schmerzlich vermissen. Zentral, aber ruhig gelegenes Stadthaus im »Kolonialstil« mit zwei Stockwerken und Platz für insgesamt 10 Gäste. Die Etagen, jeweils mit Terrassen, können auch komplett gemietet werden (90 bzw. 75 €). Wer kein Apartment, sondern ein einfaches Pensionszimmer (Etagenbad) wählt, darf Küche und Kühlschrank von Bernar- ▷ S. 233

Fertigstellung. Doch durch den Garten dürfen Besucher nach Jahren der kompletten Schließung jetzt nach Belieben schlendern. Sie bekommen Pflanzen von den Kanarischen Inseln zu sehen, etwa den legendären Drachenbaum, aber auch viele Nutz- und Ziergewächse, die spanische Entdeckungsfahrer und Konquistadoren aus Südamerika und von anderen Kontinenten mitbrachten, daher der Namenszusatz ›del Descubrimiento‹ (der Entdeckung).

Auf Entdeckungstour:
Kirchen im Stil des Eklektizismus

Ungewöhnliche Kirchenbauten zieren die Orte Vallehermoso, Agulo und Hermigua. Anfang des 20. Jh. entstanden, vereinen sie Elemente verschiedener historischer Architekturstile.

Reisekarte: ▶ D–F 2/3

Dauer: halber Tag
Charakter: Fahrt entlang der Nordküste von La Gomera mit Besichtigung von drei Kirchen; per Mietwagen oder Linienbus.
Öffnungszeiten: s. S. 231 u. s. S. 232

Rundbögen der Romanik, Maßwerk der Gotik und andere Stilelemente sind bei den drei Pfarrkirchen, die wir auf dieser Tour besuchen, scheinbar wahllos kombiniert. Das griechische Wort *eclecticós* bedeutet eigentlich ›wählerisch‹ und enthält das Credo jenes Architekturstils, der aus der historischen Rückbesinnung des 19. Jh. auf traditionelle Bauformen erwuchs. Die ausgefallene Bauweise des Eklektizismus auf dem ansonsten eher provinziellen La Gomera wirkt allerdings in den Augen manches Betrachters ein wenig fehl am Platz.

Vorreiter des neuen Stils
Von der Plaza de la Constitución in **Vallehermoso** führt eine wenig befah-

rene Seitenstraße zur stillen Plaza de la Inmaculada, wo sich die Pfarrkirche **Iglesia San Juan Bautista** (tgl. geöffnet) erhebt. Nach 1909 ersetzte das gedrungen wirkende Gotteshaus einen kleineren Vorgängerbau von 1530. Im Auftrag des Bischofs von Teneriffa entwarfen die Diözesanarchitekten Manuel de Cámara und Antonio Pintor die neue Kirche. Pintor hatte sich als Begründer verschiedener eklektizistischer Varianten und als eifriger Verfechter dieser Stilrichtung bereits auf anderen Kanareninseln einen Namen gemacht. Die Architekten versuchten, aus der Vergangenheit das aus ihrer Sicht Beste auszuwählen und neu zu kombinieren. Auf den Kanaren fasste der Eklektizismus in einer Zeit wirtschaftlicher Expansion Fuß – der Bananenexport florierte damals.

Vor einigen Jahren wurde die Iglesia San Juan Bautista restauriert. Der Innenraum erhielt eine neue Holzdecke im Mudéjar-Stil, der Chor wurde mit attraktiven Natursteinen ausgekleidet. Kirchenpatron ist Johannes der Täufer, dessen Statue den Hauptaltar ziert. Der bunte, neogotische Altar in der Taufkapelle birgt eine Madonna mit dem Jesuskind im linken Arm und einer Rose in der rechten Hand – die Gläubigen schreiben ihr Heilkräfte zu. Rund um den Kirchplatz stehen einige Herrenhäuser und erinnern an vergangenen Wohlstand.

Arabisches Flair

Mit ihren fünf weißen Betonkuppeln ist die **Iglesia San Marcos Evangelista** (Plaza de Leoncio Bento, tgl. geöffnet, Messe im Winter Sa 19, Mo 18, im Sommer Sa 20, Mo 19 Uhr) in **Agulo** das ungewöhnlichste Gotteshaus der Insel. Der Volksmund nennt sie ›La Mezquita‹, denn sie erinnert an eine Moschee und überhaupt sind die Anklänge an arabische Architekturformen unverkennbar. Nach 1911 wurde die Kirche im vornehmen Stadtteil Las Casas an Stelle eines zuvor abgerissenen Vorgängerbaus errichtet. Genau wie in Vallehermoso und Hermigua beauftragte der Bischof von Teneriffa seinen Stararchitekten Antonio Pintor mit den Plänen für den eklektizistischen Neubau. Jeder Einwohner von Agulo trug das Seinige zur Begleichung der Baukosten in Höhe von 80 000 Peseten bei, einer damals immensen Summe: Entweder er arbeitete für eine bestimmte Zeit ohne Lohn oder er kaufte sich durch die Zahlung einer Geldsumme frei. Der Erste Weltkrieg unterbrach die Bauarbeiten, erst 1923 konnte die Kirche fertiggestellt werden.

An der Vorderseite des Hauptaltars ist ein Löwe dargestellt, das Symbol des Evangelisten Markus. Eine Skulptur des Ortspatrons, ebenfalls von einem Löwen begleitet, steht im rechten Seitenaltar, während im linken Nuestra Señora de las Mercedes, die Gnadenmadonna, verehrt wird. Ideelle Bedeutung für die Bewohner von Agulo hat das Taufbecken, in dem der weit über La Gomera hinaus bekannte expressionistische Maler José Aguiar (1895–1975) das Taufsakrament erhielt. Er wurde in Kuba geboren, wuchs jedoch in Agulo auf. In seinen monumentalen

Ein Hauch von Exotik in Agulos dörflichem Ortsteil Las Casas:
die arabisch anmutende Iglesia San Marcos Evangelista

Ölgemälden und Wandbildern hielt er das Leben der Landbevölkerung fest. Vor der Kirche wächst eine gewaltige Birkenfeige. Den Baum pflanzte der einheimische Dichter Isaías García im Jahr 1906 und widmete ihm den Vers: »Si bebes agua de Agulo, y te sientas en la plaza, bajo el árbol alto y puro, ideas de amor te enlazan.« (Trinkst du das Wasser aus Agulo, und lässt dich auf der Plaza nieder, unter dem hohen und keuschen Baum, überkommen Gedanken der Liebe dich.)

Vornehme Zurückhaltung

Um das Jahr 1930 ersetzte in **Hermigua** die heutige **Iglesia Nuestra Señora de la Encarnación** (s. Abb. S. 230; Plaza de la Encarnación, tgl. geöffnet, Messe im Winter So 11, Di 18 Uhr, im Sommer Sa u. Di 19 Uhr) eine ältere Pfarrkirche von 1640. Doch konnte der Eklektizismus schon in den 1920er-Jahren seinen Prunk auf den Kanaren kaum noch entfalten, denn dem starken Rückgang des Bananenexports während des Ersten Weltkriegs folgte der wirtschaftliche Niedergang. Zwar blieb Antonio Pintor auch hier seinen Stilprinzipien treu, doch seine Brillanz, die er auf Teneriffa wiederholt unter Beweis gestellt hatte, fehlt hier. An der Fassade fallen Rund- und Spitzbögen ins Auge, wiederum Anklänge an Romanik und Gotik, während der seitliche Turm einer arabischen Mezquita ähnelt. Das Innere schmücken mehrere im Pseudobarock gehaltene Retabel, die dezent mit Blattgold und Malereien verziert sind. Am Hauptaltar wird eine Statue der Jungfrau aus dem Vorgängerbau verehrt, die auf einem goldenen Halbmond thront und von Fernando Estévez (1788–1854) aus La Orotava auf Teneriffa im klassizistischen Stil geschaffen wurde.

Vallehermoso

dos Familie für das Frühstück benutzen. Zentral, aber ruhig gelegen. Im Apartment beträgt die Mindestaufenthaltsdauer drei Nächte.

Essen & Trinken

Aus dem Fass – **Bodegón Agana:** Avenida Guillermo Ascanio Moreno 5, Tel. 922 80 08 43, Mo u. Mi–So 7–24 Uhr, Di geschl., Menü 12–15 €. Die Weinstube besticht durch ihr modern-rustikales Ambiente. In der Küche werden kanarische Spezialitäten gezaubert. Als Vorspeise schmecken *almogrote* oder *jamón ibérico* (Iberischer Schinken). Danach darf es zum offenen Landwein je nach Fanglage vielleicht etwas aus dem Meer sein, beispielsweise Thunfisch oder Tintenfisch.

Frische Basis – **Iballa:** Avenida Guillermo Ascanio Moreno 10, Tel. 922 80 03 14, Mo–Sa 6–23 Uhr, Menü 12–15 €. Schnörkellos, aber freundlich eingerichtetes Restaurant mit kulinarischem Anspruch und gutem Preis-Leistungs-Verhältnis. Für die ansprechende Auswahl an Fisch- und Fleischgerichten werden bevorzugt einheimische Produkte gewählt. Außerdem gibt es Pizza, Pasta und diverse Salate.

Gomerisch – **Central:** Plaza de la Constitución 7, Tel. 922 80 00 23, Mo–Sa ab 5.30 Uhr, So geschl., Tapas 4–5 €, Hauptgerichte 7–8 €. Inseltypisches Angebot an gegrillten Fisch- und Fleischgerichten (Zicklein, Thunfisch in *mojo*), freundliche Bedienung. Auf der Plaza vor dem Haus laden Tische zur Einkehr ein. Auch Verkauf von kulinarischen Souvenirs (Palmhonig, Schnäpse, Landwein).

Zwischen Bäumen und Blumen – **Kiosco Garajonay:** Calle Triana 25, Tel. 922 80 10 69, tgl. bis ca. 23 Uhr, Tapas um 4 €. In dem idyllischen Gartenlokal spendet ein großer Lorbeerbaum erschöpften Wanderern wohltuenden Schatten nach der Tour. Kleine Gerichte und kühle Getränke lassen die müden Füße vergessen.

Unser Tipp

Der Klassiker in Vallehermoso
In der **Bar Amaya** mit dem ständig laufenden Fernseher und Tischen auf der Plaza de la Constitución gibt es ein gutes Angebot an Tapas, was Individualtouristen auf der Durchreise zu schätzen wissen. Der Speiseraum im hinteren Teil des Lokals füllt sich mittags mit Einheimischen (Plaza de la Constitución 2, Tel. 922 80 00 73, Bar Mo–Sa 5.30–23 Uhr, Restaurant 8–23 Uhr, So geschl., Portion Tapas um 5 €, Hauptgerichte 7–9 €).

Einkaufen

Von der Insel – **Casa Yayo:** Calle Triana 2, Mo–Fr 8.30–13, 17–20, Sa 8.30–13 Uhr. Neben einer reichen Auswahl an Büchern über die Kanaren findet man hier Keramik, Flechtarbeiten, Musikkassetten und kulinarische Souvenirs von La Gomera.

Winziger Bauernmarkt – **Mercadillo del Agricultor:** Plaza de la Constitución 1, Mo–Sa 8–13 Uhr. In einem engen Kellergewölbe unter dem Rathaus werden an ein paar Marktständen Obst, Fleisch, Backwaren, Gofio, Wein und Palmhonig aus örtlicher Herstellung verkauft.

Originell – **Venta de Rafael:** Plaza de la Constitución 8, Mo–Fr 8.30–13, 17–20, Sa 8.30–13 Uhr. Winziger, uriger Laden mit typischen Musikinstrumenten, z. B. Trommeln und Kastagnetten, wie sie

Der Norden

für den Baile de Tambor Verwendung finden. Außerdem *zurrones* (traditionelle Lederbeutel), die für Vallehermoso charakteristischen Pfefferschoten, Gofio, Palmhonig, Mandeln und andere kulinarische Spezialitäten.

Infos & Termine

Tourismusbüro
Oficina de Información Turística: 38840 Vallehermoso, Plaza de la Constitución 1 (im Rathaus), Tel. 922 80 00 00, www.vallehermosoweb.es, Mo–Fr 9–13 Uhr.

Feste und Veranstaltungen
Fiestas Lustrales: alle fünf Jahre am 16. Juli (2015, 2020 …). Das ›Fünfjahresfest‹ findet zu Ehren der Ortspatronin, der Virgen del Carmen, statt. Ihre Ermita befindet sich im hoch gelegenen Ortsteil El Ingenio. Dort wird gegen 16 Uhr die Heilige Messe gelesen, dann beginnt die *bajada* (Hinabführung) der Jungfrau. Eine Prozession trägt die Statue in die Pfarrkirche von Vallehermoso, wo sie in den folgenden Tagen mit Gebeten und Opfergaben geehrt wird. Sie bleibt bis zum 22. Juli, um rechtzeitig zur Fiesta del Carmen zurückgeführt zu werden, die alljährlich am 23. Juli in El Ingenio begangen wird.
Festival Atlántico Sonoro: Ende Juli. Im Jardín Botánico del Descubrimiento wird 24 Stunden lang zum Mitmachen eingeladen: Yoga, Meditation, Workshops, Bauchtanz. Abends Konzerte auf der Plaza de la Constitución. Alles gratis. Infos unter www.atlanticosonoro.com.

Verkehr
Busse: Linie 2 nach Hermigua/San Sebastián (2–5 x tgl.), Linie 4 nach Chipude/La Dama (Mo–Fr 2 x tgl.), Linie 5 nach Alojera (Mo–Fr 2 x tgl.). Busbahnhof an der Avenida Guillermo Ascanio Moreno.

Taxis: Plaza de la Constitución, Tel. 922 80 02 79.

Wanderung zum Roque Cano ▸ D 2

Start in Vallehermoso; Dauer: hin und zurück 1.30 Std.; mittelschwer; je 450 Höhenmeter im Auf- und Abstieg
Vallehermoso wird vom **Roque Cano** (650 m), einem zuckerhutförmigen Felsen, beherrscht. Vom Stadtzentrum führt ein Fußweg hinauf. Man folgt ab der **Plaza de la Constitución** der GM-1 Richtung Agulo und biegt am Kinderspielplatz, der sich durch skurrile Riesenfiguren aus Beton zu erkennen gibt, rechts in die schmale Straße ein. Von dieser zweigt bald links ein alter Serpentinenweg ab, der zum Fuß des Roque Cano hinaufführt (50 Min.). Für die männlichen Bewohner von Vallehermoso ist es Ehrensache, in der Jugend zumindest einmal das Wahrzeichen des Ortes komplett zu bezwingen. Weiße Zeichen markieren den Einstieg für die Erklimmung des Gipfels. Dieser bleibt aber Menschen mit bergsteigerischer Erfahrung und Ausrüstung vorbehalten. Wer nicht darüber verfügt, genießt einfach die Sonne und die schöne Aussicht am südlichen Fuß des Berges und kehrt dann auf demselben Weg zurück nach **Vallehermoso** (1.30 Std.).

Wanderung via El Tión zum Roque Cano ▸ D 2/3

Rundwanderung; Dauer: 3.30 Std.; anspruchsvoll; je 600 Höhenmeter im An- und Abstieg; unterwegs Einkehrmöglichkeit
Wer länger laufen und den Roque Cano von der anderen Seite her erschließen möchte, folgt ab **Vallehermoso** zunächst der obigen Wegbe-

Vallehermoso

schreibung, biegt aber nach 10 Min. nicht links in den Serpentinenweg ein, sondern läuft geradeaus weiter, wo die Straße wenige Minuten später in einen Erdfahrweg übergeht. Man lässt die letzten Häuser von Vallehermoso hinter sich und läuft weiter durch das mit Bananen, Orangen und Gemüse bepflanzte Tal. Schmale Bewässerungsrinnen und Wasserbecken sorgen für das Gedeihen der Kulturen.

Den Stausee im Blick

Über eine Brücke (40 Min.) quert der Weg das von Schilfrohr gesäumte Bachbett, schraubt sich am gegenüberliegenden Hang empor und taucht in den Schatten eines Kastanienwaldes ein. Dann kommt links die Staumauer des **Embalse de Vallehermoso** in Sicht. Man durchschreitet ein Seitental und passiert kurz darauf ein Wasserhaus. Etwa 50 m weiter zweigt rechts ein steiler Pfad ab (50 Min.). Diesem folgt man in Serpentinen aufwärts, gewinnt rasch an Höhe und steht nach 1 Std. Gehzeit schon hoch über dem Stausee, in dem sich die angrenzenden Felswände spiegeln.

Durch Terrassenfelder

Auf einem steinigen Grat hält der Weg nun auf einen einzeln stehenden Bauernhof zu, an diesem läuft man links vorbei. Hinter dem Haus geht es an einer Gabelung links weiter, hangparallel durch die Terrassenfelder von **El Tión**. Nach etwa 150 m biegt der Pfad nach rechts, man steigt auf einer Felstreppe quer durch die Terrassen nach oben und erreicht einen Fahrweg (1.15 Std.). Diesem folgt man aufwärts und ignoriert mehrere Abzweigungen nach links.

An einem Sattel (1.45 Std.) trennen sich sternförmig mehrere Fahrwege. Man geht links und 30 m weiter nochmals links, wo man auf den **Bodegón Roque Blanco** trifft, ein uriges Gasthaus (s. S. 243). Davor gabelt sich der Fahrweg, hier hält man sich rechts und biegt schon 5 Min. später links in einen weiteren Fahrweg ein, der im rechten Winkel abzweigt. Beim Abwärtswandern ergibt sich jetzt ein großartiger Ausblick über das Tal von Vallehermoso bis zur Nordküste.

Zum Fuß des Roque Cano

Ein Eisentor versperrt die Zufahrt zum Anwesen Los Zarzales. Links sind Vallehermoso und der Roque Cano ausgeschildert. Ein alter Camino führt hier an einem südexponierten Steilhang entlang weiter und hält dann auf einem Felsgrat auf den Fuß des **Roque Cano** zu (2.45 Std.). Dort bleibt man auf dem breiten Weg, der an der Südflanke des Roque weiter an Höhe verliert. In Serpentinen windet er sich einen mit Opuntien überwucherten Hang hinab. Hier und da sind steile Abkürzungen möglich.

Bei den ersten Häusern von **Vallehermoso** (3.15 Std.) geht der Camino in einen asphaltierten Fußweg über, der, an blühenden Gärten entlang,

Wanderung via El Tión zum Roque Cano

die vom Hinweg bekannte, schmale Seitenstraße erreicht. Auf ihr geht es rechts zurück zum Kinderspielplatz und dort links zur **Plaza de la Constitución** (3.30 Std.).

Wanderung zu den Chorros de Epina ▸ B–D 2/3

Dauer: 2.30 Std.; mittelschwer; 600 Höhenmeter Anstieg; Einkehrmöglichkeit im Restaurant Chorros de Epina

Ein steiler, steiniger Saumpfad führt von **Vallehermoso** zu den sagenumwobenen Quellen von Epina (s. Entdeckungstour S. 270). Ausgangspunkt ist in Vallehermoso die zentrale **Plaza de la Constitución.** Von deren Nordrand läuft man auf der schmalen Calle Mayor aufwärts, schlägt nach 100 m links einen Treppenweg ein und quert kurz darauf die GM-1 Richtung Valle Gran Rey. Weiter geht es auf dem Treppenweg, der sich nach wenigen Metern gabelt, dort links halten. Noch einmal berührt die Route kurz die Straße, dann steigt man auf einem breiten Betonweg in Serpentinen aufwärts. Dieser endet an einem abseits stehenden Haus (10 Min.). Aufwärts führt ein Pfad oberhalb des Hauses an einem Zaun entlang. Im weiteren Verlauf erweist er sich als breiter, ehemaliger Verbindungsweg.

Aussichtsreicher Felsen

Der Camino zieht einen Bergrücken hinauf, rechts fällt der Blick tief in den Barranco del Clavo mit seinen Terrassenkulturen und Palmenpflanzungen. Mehrmals wechselt der Weg von einer Flanke des Rückens auf die andere. Dann ragt am linken Wegrand ein markanter Felsen auf (1.15 Std.), der leicht zu erklimmen ist. Oben lohnt es sich, ein wenig zu verweilen und die Aussicht auf die vielen engen Täler oberhalb von Vallehermoso zu genießen.

Es folgt ein weiterer steiler Anstieg, bis nach 2 Std. ein Forstweg erreicht ist, auf diesem links halten. Er führt unterhalb einer Anhöhe mit Sendemast entlang, verbreitert sich zur Piste und trifft dann auf einen asphaltierten Fahrweg. Dort geht es links zur nur wenige Minuten entfernten Straße, die Epina mit Alojera verbindet. Auf ihr kommt man links zur GM-1, dort rechts, passiert das Restaurant **Los Chorros de Epina** (S. 216) und folgt oberhalb davon dem Schild zu den Quellen **Chorros de Epina** (2.30 Std.). Wer mag, kehrt anschließend im Restaurant ein und kann sich auch ein Taxi für die Rückfahrt dorthin bestellen.

Playa de Vallehermoso ▸ D 1

Rund 3 km von Vallehermoso entfernt liegt – über die Calle Playa oder den von dieser gleich zu Beginn rechts abzweigenden Wanderweg GR 131 zu erreichen – im Mündungsbereich des **Barranco del Valle** der grobkiesige Hauptstrand von Vallehermoso. Wegen meist starker Brandung und gefährlicher Strömungen eignet er sich nicht zum Baden. Unmittelbar dahinter liegt das Freibad **Parque Marítimo** (geöffnet je nach Wetterlage etwa von Mai bis Okt./Nov., Eintritt frei) mit großen Pools und Liegeflächen, Duschen und sanitären Einrichtungen. Die Architektur dieses Schwimmbads mag auf den ersten Blick nüchtern wirken, ist aber klug durchdacht. So unauffällig wie möglich schmiegt sich die terrassenförmige Anlage in die Landschaft, der Blick aufs Meer ist stets gewährleistet. Nach vorübergehender Schließung wegen finanzieller Engpässe der Gemeinde Vallehermoso

Playa de Vallehermoso

Die Küstenlinie bestens im Blick: beim Abstieg zur Playa de Vallehermoso

war der Parque Marítimo im Sommer 2013 wieder in Betrieb.

Castillo del Mar
Playa de Vallehermoso,
www.castillo-del-mar.com

Von der Wendeplatte am Parque Marítimo führt links eine Piste an der Küste entlang zum Castillo del Mar. Abenteuerlich erhebt sich die ›Meeresburg‹ auf einem Felsen direkt an der Steilküste. Von 1890 bis 1950 war das Gemäuer eine wichtige Verladestation für Bananen. Von da an verfiel es und geriet in Vergessenheit. ›El Fotógrafo‹ Thomas Müller, der in La Playa einen bekannten Fotoladen betreibt, kaufte die marode Anlage 1981 und machte sie nach der Restaurierung 2003 der Öffentlichkeit zugänglich. Er gestaltete die ehemalige Verladestation mit viel Fantasie wie eine mittelalterliche Burg. Mit Konzerten, Kino-Freitag, Sonntagsbrunch und Kunsthandwerkermärkten entwickelte sich das Castillo del Mar rasch zu einem kulturellen Highlight im Norden La Gomeras. Doch die Behörden spielten nicht mit. Nach fünf Jahren hatte die Burg immer noch keinen Anschluss ans öffentliche Stromnetz und musste sich per Generator selbst mit Elektrizität versorgen – ein teurer Spaß, ▷ S. 241

Auf Entdeckungstour:
Bautraditionen auf dem Land

In Tamargada ist La Gomeras bäuerliche Vergangenheit noch lebendig oder wird heute wiederbelebt. Einen genaueren Blick verdienen u. a. die kunstvoll aufgeschichteten Trockenmauern und die Langhäuser.

Reisekarte: ▶ D/E 2
Dauer: 2 Std.
Startpunkt: GM-1 Vallehermoso–La Rosas, östlich des Túnel de la Culata Abzweigung nach Pie de la Cuesta.
Charakter: Abstecher per Mietwagen in die drei Ortsteile von Tamargada (Einkehrmöglichkeit: Los Mocanes, GM-1 s/n, Tel. 922 80 01 48, Mo–Mi und Fr–So 11–22 Uhr, Menü 10–15 €); auch als Wanderung möglich.

Die Streusiedlung Tamargada besteht aus drei interessanten, etwas unterhalb der GM-1 gelegenen Ortsteilen: Pie de la Cuesta, Mazapeces und Simancas. Sie befinden sich rund 400 m über dem Meer in den *medianías* (mittleren Höhen), also hoch genug, um ausreichend Feuchtigkeit aus den Passatwolkennebeln zu erhalten. So ist Ackerbau ohne Bewässerung möglich. An den steilen Hängen gedeihen auf Feldterrassen Getreide, Kartoffeln und immer öfter auch Weinreben. Tamargada lässt sich per Auto auf kurzen Stichstraßen erkunden.

Ermita in typischem Baustil

Zunächst führt die schmale Nebenstraße Richtung Pie de la Cuesta an der einschiffigen **Ermita Caridad del Cobre** vorbei. Schon kurz nach der Conquista bauten die Spanier ihre ersten, schlichten Gotteshäuser auf La Gomera. Dieses entstand zwar erst im 20. Jh., jedoch in althergebrachter Bauweise. Als Ermita wird im spanischen Sprachraum u. a. eine kleinere Kirche bezeichnet. Ermitas waren ursprünglich meist rechteckig, erst nachträglich wurden sie oft um einen etwas erhöhten Altarraum erweitert. An der Vorderfront ist nicht immer, aber häufig, ein winziger Glockenturm angebracht.

Die Virgen de la Caridad del Cobre ist die Nationalheilige von Kuba. Von dort zurückgekehrte Emigranten ließen die Ermita errichten, die jedes Jahr Ende August oder Anfang September Schauplatz einer gut besuchten Wallfahrt ist.

Erhaltenswerte Mauern

Pie de la Cuesta ist ein sehr ursprünglicher Weinbauernort mit schön erhaltenen Terrassenfeldern. Abgestützt werden sie durch Trockensteinmauern *(paredones),* von denen es auf La Gomera mehrere Tausend Kilometer gibt. In der Straßenkurve unterhalb der Ermita Caridad del Cobre informiert eine Tafel – auch auf Deutsch – sehr ausführlich über die Bauweise der Feldterrassen.

Erste Mauern sind schon für das 16. Jh. bezeugt, viele weitere wurden in den folgenden Jahrhunderten gebaut, sogar noch bis um die Mitte des 20. Jh. Immerhin verdoppelte sich die Einwohnerzahl La Gomeras zwischen 1900 und 1950, was in Zeiten, als die Insel sich noch selbst mit Nahrungsmitteln versorgen musste, die Urbarmachung zusätzlichen Landes erforderte. Die fruchtbaren Böden in den Schwemmgebieten der Flussmündungen hatte die Grafenfamilie für sich reserviert. Einfache Bauern mussten die mühselige Aufgabe des Terrassierens der Hänge in den Medianías auf sich nehmen.

Inzwischen wurden viele Ackerterrassen aufgegeben. Um das architektonische Erbe zu bewahren, hat man einen Teil der Terrassen restauriert. Zudem erlebt die Landwirtschaft in Tamargada dank einer erhöhten Nachfrage nach dem örtlichen Wein eine Wiederbelebung. Auch Palmhonig wird vermehrt gewonnen.

Hausbau anno dazumal

Am unteren Rand von Pie de la Custa kehrt die Nebenstraße. Man kehrt also zur GM-1 zurück und folgt 1 km weiter östlich der Abzweigung Richtung **Mazapeces,** wo weitere schöne Schichtungen von Terrassenfeldern zu sehen sind. Gleich am Beginn des Weilers trifft man auf eines der typischen, traditionellen Langhäuser (s. u.), allerdings in ruinösem Zustand. Der eigentliche Ortskern, wo die Stichstraße endet, liegt in einem idyllischen Palmental. Hier werden noch Mais, Kartoffeln und andere Feldfrüchte für

den Eigenbedarf angebaut. Manche Häuser sind verlassen, andere werden von neuen Besitzern renoviert. Zuweilen sind noch in alter Weise gedeckte Dächer zu sehen: U-förmige Dachziegel wurden im Wechsel konkav und konvex übereinander gesetzt und das Ganze mit Steinen beschwert, um kräftigen Winden Widerstand zu bieten. Die Hauswände sind oft noch ohne Mörtel aus groben Natursteinen gemauert, zwischen denen kleinere Steine die Lücken füllen.

Platzsparendes Nebeneinander

Zwischen Mazapeces und Simancas steht an der GM-1 das Restaurant Los Mocanes, nicht gerade der In-Treff von La Gomera, aber gut für eine Stärkung zwischendurch und für einen schönen Blick über **Simancas**. Dorthin zweigt 2 km östlich der Abzweigung nach Mazapeces eine weitere schmale Straße ab. Wie schon in den anderen Weilern fällt auf, dass die Menschen ihre Häuser auf den relativ trockenen und steinigen Kämmen der zum Meer hinabziehenden Bergrücken errichtet haben. So mussten sie nicht die wertvolleren Böden in den Tälern und an den flacheren Hängen verschwenden.

In Simancas sind mehrere Langhäuser recht gut erhalten und teilweise noch bewohnt. Stets sind drei oder vier einstöckige Wohneinheiten längs aneinandergebaut, die – platzsparende – gomerische Variante des Reihenhauses. An den höher gelegenen Hängen kann man noch Reste der früheren Zucht von Koschenilleläusen auf Feigenkakteen erkennen.

Entdeckungstour per pedes

Wanderer können Tamargada auf einem **Rundweg ab Vallehermoso** erkunden (4 Std., mittelschwer, je 550 Höhenmeter im Ab- und Aufstieg; Anfahrt per Bus Linie 2, 4, 5). Vom Busbahnhof schlägt man die Straße Richtung Playa de Vallehermoso ein und findet sogleich rechter Hand den Einstieg in den weißgelb markierten PR LG 6. Dieser verläuft zunächst parallel zum weiß-rot markierten Fernwanderweg GR 131, zweigt aber nach gut 20 Min. rechts in ein Seitental ab und überwindet den **Lomo de la Culata,** einen schmalen Bergrücken, den die Landstraße GM-1 mittels eines Tunnels durchschneidet. Da sich der Wegabschnitt über den Bergrücken in schlechtem Zustand befindet, empfiehlt es sich eventuell, durch den Tunnel abzukürzen. Anschließend berührt der PR LG 6 nacheinander die drei beschriebenen Ortsteile von Tamargada, um schließlich bergab zu schwenken. Der nun folgende Wegabschnitt war zuletzt praktisch unpassierbar. Man kehrt also besser nach Pie de la Cuesta zurück und wandert von dort auf einer staubigen Piste nordwärts Richtung Meer. Hier wird die Landschaft trocken und ist weitgehend unbewohnt. An einer Abzweigung stehen Wegweiser. Geradeaus lohnt zunächst ein Abstecher auf dem PR LG 6.1 zur **Punta de la Sepultura,** einem großartigen Aussichtspunkt über der Steilküste. Rechts unterhalb liegt der einsame, völlig naturbelassene Sandstrand **Playa de la Sepultura.** Ein Abstieg dorthin wäre möglich, wegen der starken Brandung empfiehlt sich das Baden allerdings nicht. Man kehrt zu den Wegweisern zurück und folgt nun dem ab hier sorgfältig restaurierten alten Küstenweg PR LG 6 über einen Bergrücken hinweg zur **Playa de Vallehermoso** (3 Std.). Von dort geht es zurück nach Vallehermoso auf dem GR 131. Wer nicht wandern möchte, kann die Piste ab Pie de la Cuesta auch per Jeep befahren und von ihrem Ende in 10 Min. den Aussichtspunkt an der Punta de la Sepultura erreichen.

der Mitte 2008 zur Schließung führte. Dann drohte wegen der unmittelbaren Nähe zum Meeresufer sogar die Enteignung durch die Küstenschutzbehörde. Im Juni 2013 entschied der Oberste Gerichtshof der Kanaren in Santa Cruz de Tenerife, dass das Castillo del Mar wieder in Betrieb gehen darf. Wann nach der erforderlichen Renovierung die ersten Veranstaltungen stattfinden werden, stand bei Redaktionsschluss noch nicht fest. Aktuelle Infos auf der Website.

Las Rosas ▶ E 2

Etwas abseits der Nordküstenstraße drängen sich die Häuser des Ortes um die **Ermita Santa Rosa de Lima**. Die Bewohner sind bekannt dafür, die Pfeifsprache El Silbo bis in die Gegenwart gerettet zu haben. Im Restaurant Las Rosas (s. S. 243) besteht mittags Gelegenheit, eine Kostprobe zu hören. Ansonsten leben die Dorfbewohner immer noch – wenn auch in geringerem Umfang als vor Jahrzehnten – vom Bewässerungsfeldbau, den der Stausee **Embalse de Amalhuigue** sicherstellt.

Centro de Visitantes Juego de Bolas

La Palmita s/n, Tel. 922 80 09 93, www.parquesnacionalesdecanarias.es, tgl. 9.30–16.30 Uhr, 25.12. und 1.1. geschl., Eintritt frei

Oberhalb von Las Rosas, an der Straße Richtung Parque Nacional de Garajonay, befindet sich das Besucherzentrum des Nationalparks. Der weitläufige Bau wurde in Form eines kanarischen Gutshofs errichtet.

Die Ausstellung im **Hauptgebäude** vermittelt Wissenswertes über den Lorbeerwald der Kanaren und das Vorkommen ähnlicher Wälder weltweit. Schautafeln zeigen die Entstehung der Inseln, die Herausbildung der verschiedenen Talformen, Windverhältnisse, die Klimazonen La Gomeras und ihre Flora und Fauna. Die Exponate und Tafeln sind auch auf Deutsch beschriftet. An der Rezeption werden Bücher über den Lorbeerwald und allgemein über die Kanarischen Inseln verkauft.

Im von hölzernem Gitterwerk umgebenen **Innenhof** des Hauptgebäudes wird eine Sammlung von auf La Gomera wachsenden Sukkulenten präsentiert. Es handelt sich vor allem um Vertreter der auf den Kanaren weit verbreiteten Gattung Aeonium, aber auch um Euphorbien, Kleinie und andere Pflanzen mit wasserspeichernden Organen. Zwischen dem Haupt- und einem Nebengebäude wurden mittels typischer Inselpflan-

Unser Tipp

Bergpanorama am Cruz de Tierno
Ein lohnender Abstecher führt am **Embalse de Amalhuigue** (▶ E 2) vorbei durch einen schmalen Barranco bis zum 2,5 km entfernten Straßenende am Cruz de Tierno. Vom dortigen **Mirador** eröffnet sich ganz unvermittelt ein herrliches Bergpanorama mit Blick auf den **Roque Blanco** (485 m), einen weißen Monolithen im oberen Tal von Vallehermoso, der als Naturdenkmal (*monumento natural*) ausgewiesen ist. Am Cruz de Tierno beginnt neben dem Ausflugslokal Bodegón Roque Blanco (s. S. 243) ein recht bequemer, aussichtsreicher Wanderweg, der in etwa einer Stunde zum Roque Cano bei Vallehermoso führt (s. S. 234).

Der Norden

Unser Tipp

Grandioser Blick
Oberhalb des Centro de Visitantes Juego de Bolas bietet der 610 m hoch gelegene **Mirador de Abrante** (▶ F 2) eine der großartigsten Aussichten von La Gomera. Weit schweift der Blick über Agulo und die Nordküste hinweg bis zum Pico del Teide auf Teneriffa. Anfang 2013 wurde eine spektakuläre Konstruktion eingeweiht, die den Mirador weit über La Gomera hinaus bekannt machte. Ein 7 m langer, filigraner »Laufsteg« schwebt über der Felskante, durch seinen Glasboden schaut man in den Abgrund. 200 m geht es hier senkrecht in die Tiefe. Sollte Schwindel aufkommen, was nicht unwahrscheinlich ist, schützen die ebenfalls gläsernen Wände. Aus Sicherheitsgründen musste der Aussichtspunkt, der auch eine Cafeteria und eine Touristeninformation erhalten soll, gleich noch einmal geschlossen werden. Zumindest die Gartenanlage rundherum war bei Redaktionsschluss wieder zugänglich. Eine Zufahrt, auch für Reisebusse, ist im Bau. Bis zu ihrer Fertigstellung ist der Mirador de Abrante nur zu Fuß auf dem rechts neben dem Besucherzentrum ausgeschilderten Wanderweg PR LG 5 zu erreichen (mit Rückweg 45–60 Min.).

zen von vorn nach hinten gürtelförmig die drei Vegetationszonen der Kanaren nachgebildet. Auch das Gelände vor dem Besucherzentrum ist wie ein Botanischer Garten gestaltet – mit einheimischen Pflanzen (Beschriftung nur auf Spanisch).

Ethnografisches Museum

Wer sich über die Geschichte der Besiedelung La Gomeras durch Europäer und über die Kulturlandschaft vergangener Zeiten informieren möchte, ist im linken Nebengebäude des Besucherzentrums richtig. Dort zeigt ein kleines ethnografisches Museum landwirtschaftliches Gerät, traditionelle Kleidung und historisches Mobiliar. Auch die variantenreiche Volksmusik von La Gomera ist ein Thema, ebenso die Pfeifsprache El Silbo.

Im Erdgeschoss befindet sich eine Bäckerei, die Kuchen und Kekse aus örtlicher Produktion verkauft.

Freigelände

Im Freien zeigen Museumsführer die traditionelle Herstellung von Holzkohle in einem speziellen Ofen, der *hornilla carbonera*. Vor allem aber erläutern sie die Funktion einer alten Weinpresse *(lagar)*, die sich nicht unbedingt von selbst erschließt. Die Ernte wird in einen rechteckigen Holztrog geschüttet. Auf die Trauben legen die Winzer ein Geflecht aus Getreidehalmen oder Bananenfasern. Darüber kommt eine Schicht Äste und auf diese die *mollares* (größere Holzscheite). Das Lesegut wird sodann mit einem horizontal gelagerten, dicken Stamm *(viga)* ausgepresst. Ihn zieht ein Gewicht nach unten: ein rundlicher Felsbrocken, der zu Beginn des Pressvorgangs mittels einer Holzschraube nach oben gewuchtet wird und sich von allein im Verlauf von mehreren Stunden allmählich absenkt. Durch einen seitlich angebrachten Ausguss fließt schließlich der Most in ein Auffanggefäß. Weinpressen besaßen früher übrigens nur die Großgrundbesitzer. Alle Kleinbauern mussten den Lagar ihres Herren benutzen – gegen Gebühr, versteht sich.

Agulo

Essen & Trinken

Pfiffig – **Las Rosas:** Carretera del Norte, Tel. 922 80 09 16, Mo–Sa 12.30–15.15 Uhr, 3-Gänge-Menü mit Getränk 12–15 €. Hier werden Tagesausflügler aus Teneriffa, die per Bus kommen, in großer Zahl verköstigt. Einzelreisende sitzen etwas abseits von dem Trubel und haben dennoch Gelegenheit, Demonstrationen der Pfeifsprache El Silbo zu lauschen. Es stehen drei Menüs zur Auswahl, telefonische Reservierung wird empfohlen.

Spektakulärer Blick I – **Bodegón Roque Blanco:** Cruz de Tierno, Tel. 922 80 04 83, http://roqueblanco.casasruralesdelagomera.es, Di–So 10–19 Uhr, Mo geschl., Menü 12–15 €. Am Wochenende locken die prächtige Aussicht von der Terrasse über das Tal von Vallehermoso, die schmackhaften Fleischgerichte vom Holzkohlengrill und der Wein aus der eigenen Kellerei zahlreiche Gomeros hierher. Wer experimentieren möchte, bestellt vielleicht *chicharrones* (Schweinegrieben) mit Gofio oder die deftige *morcilla* (gomerische Blutwurst).

Spektakulärer Blick II – **El Tambor:** Barranco La Palmita s/n, Tel. 922 80 07 09, Menü 12–15 €. Neben dem Besucherzentrum, mit weitem Blick ins Tal. Im Jahre 2012 nach langer Schließung wiedereröffnet und neu, aber ebenso urig wie früher dekoriert und unter bewährter Leitung. Typische kanarische Gerichte wie *almogrote,* Kichererbseneintopf, Ziegenbraten.

Sehr typisch – **Juego de Bolas:** Calle Juego de Bolas s/n (rund 300 m oberhalb des Besucherzentrums an der Straße Richtung Nationalpark), Tel. 922 80 09 78, tgl. 12–15.30, 18–23 Uhr, Hauptgerichte ab 8 €. Vorwiegend Einheimische suchen dieses Lokal auf. Spezialitäten sind Fleisch vom Grill, Brathähnchen sowie *puchero.* Unten von der Bar, die rustikale Holztische vor die Tür stellt, bietet sich ein schöner Blick über das Hochtal von La Palmita, den man u. a. bei einem Glas ökologisch gekelterten Landwein genießen kann.

Infos & Termine

Feste und Veranstaltungen
Fiestas de Santa Rosa de Lima: um den 23. Aug. Mehrtägiges Dorffest zu Ehren der Ortsheiligen, mit Folklore, Musik, Openair-Kino, Sportevents.

Verkehr
Busse: Linie 2 Vallehermoso – San Sebastián (2–5 x tgl.). Die Busse fahren nicht bis Juego de Bolas.

Agulo! ▶ F 2

Malerisch schmiegt sich Agulo (700 Einw., im Gemeindebezirk 1200 Einw.) in einen halbrunden, nur zum Meer hin offenen Felskessel. Mit seinen engen Pflastergassen und schönen alten Häusern mit Ziegeldächern, dunklen Holztüren und -fenstern sowie den weißen oder ockerfarbenen Fassaden gilt der Ort vielen als der schönste auf La Gomera. Es gibt zwei Siedlungskerne: Lebhaft geht es in **La Montañeta** an der Carretera del Norte (Avenida de Agulo) zu, wo sich auch die meisten Lokale und Geschäfte befinden. Der etwas abseits gelegene Ortsteil **Las Casas** hingegen wirkt rund um die zentrale und dennoch stille Plaza de Leoncio Bento, die alte Herrenhäuser umrahmen, immer noch ein wenig nobel. Hier residierten früher die Großgrundbesitzer des Inselnordens. Sie führten 1906 den Bananenanbau in Agulo ein und ließen eine Verladestation an der Steilküste errichten, die trotz der starken Brandung ganzjährig in Betrieb war. Die bis zu 80 kg

Der Norden

schweren Fruchtstände wurden mit einer Seilbahn zum Meer hinunter befördert. Noch heute dehnen sich rings um den Ort Bananenplantagen aus, exportiert wird allerdings schon seit Jahrzehnten über den Hafen von San Sebastián. An der Plaza de Leoncio Bento liegt auch die sehenswerte **Iglesia San Marcos Evangelista** (s. Entdeckungstour S. 230).

Baden und Beachen

Zwischen La Montañeta und Las Casas geht es rechts abwärts zur sehr kiesigen **Playa de Agulo** (20 Min. Fußweg). Um die sandigere, 150 m lange **Playa de San Marcos** mit der gleichnamigen Ermita zu erreichen, hält man sich an der Kirche vorbei Richtung Friedhof und dann über einen Fahrweg etwa 30 Min. abwärts. Beide Strände sind nur zum Sonnenbaden geeignet. Das Schwimmen kann wegen unberechenbarer Strömungen äußerst gefährlich sein.

Übernachten

Kleinstadtatmosphäre – **Los Helechos:** Las Casas, Calle de la Seda 2, Tel. 922 14 69 68 (vorm.), www.gomeralive.de, DZ 50–65 €. Restauriertes Stadthaus in der Nähe der Kirche mit idyllischem Innenhof und ansprechenden Studios mit Küche. Mit kontinentalem Frühstück buchbar (7,50 € pro Person). Rezeption nur vormittags besetzt, außerhalb der Bürozeit Tel. 690 36 82 42 wählen.

Apartmentanlage – **Villa de Agulo:** Callejón El Charco 2, Tel. 922 14 61 12, buchbar über www.gomera.de/villa_agulo.htm, Studio für 2 Pers. 45–49 €, Apartment 55–59 €. Gepflegte Anlage in Las Casas, in traditioneller Bauweise. 12 Apartments und 1 Studio, geräumig und komfortabel. Im Garten Sonnenliegen, kleiner Pool und Jacuzzi.

Essen & Trinken

Rustikal – **La Vieja Escuela:** Las Casas, Calle Poeta Trujillo Armas 2 (vom Kirchplatz aufwärts, dann nächste Abzweigung links), Tel. 922 14 60 04, http://laviejaescuela.ecoturismogomera.es, Mo–Sa 11–21 Uhr, So geschl., Hauptgerichte um 10 €. Winzige Tasca in einem

Agulo

alten Stadthaus. Spezialitäten: Brunnenkressesuppe, Ziegenfleisch, Thunfisch in *mojo* und frischer Fisch.

Energie tanken – **Alameda:** La Montañeta, Calle Alameda 4 (nahe Sportplatz), Tel. 922 80 41 46, Mo–Sa 8–23 Uhr, So geschl., Menü 12–15 €. Günstige Lage am Ortseingang von La Montañeta. Terrasse mit Blick auf Bananenplantagen.

Lauschig – **Los Chochos:** La Montañeta, Calle El Mantillo s/n, tgl. ab 6 Uhr, Snacks/Tapas 3–4 €. Gemütliche Café-Bar in einer verwinkelten Parallelstraße der Avenida de Agulo. Gerichte für den kleinen Hunger, frisch gepresste Säfte und auf Bestellung auch Brathähnchen.

Infos & Termine

Tourismusbüro
Oficina de Turismo: 38820 Agulo, Avenida de Agulo s/n, Tel. 922 14 60 14,

Harmonisch fügen sich die Häuser und Terrassenfelder in die Küstenlandschaft: Agulo

www.agulo.org, Mo–Fr 9–13.30 Uhr. An der Durchgangsstraße neben der Post. Falls geschlossen, im Ayuntamiento (Rathaus) an der Plaza de Leoncio Bento (Kirchplatz im Ortsteil Las Casas) nachfragen.

Feste und Veranstaltungen

Fiestas de San Marcos Evangelista: Ende April/Anfang Mai. Junge Männer springen am Abend des 24. April auf dem Kirchplatz über brennende Scheiterhaufen *(hogueras),* um ihren Mut zu beweisen. Am 25. April wird nachmittags die Messe gefeiert, gefolgt von einer von Trommeln und Kastagnetten begleiteten Prozession. Anschließend nächtlicher Tanzball mit Livemusik. Acht Tage später findet die *bajada* (Herabführung) des hl. Markus zur Playa de San Marcos statt, wo die Pilger Blumen für all jene Ortsbewohner opfern, die auf dem Meer ihr Leben ließen. Nach der anschließenden Messe und einem gemeinschaftlichen Picknick am Strand wird die Heiligenfigur in die Pfarrkirche zurückgetragen.
Fiestas de Nuestra Señora de Las Mercedes: 24. Sept. (Barmherzigkeitstag). Zu Ehren der Gnadenmadonna findet in den frühen Abendstunden eine Messe mit anschließender Prozession statt. Am Wochenende davor und am Vorabend belebt sich die Plaza Leoncio Bento gegen Mitternacht zur *verbena,* einem heißen Tanzvergnügen.

Verkehr

Busse: Linie 2 Vallehermoso – San Sebastián (3–5 x tgl.).
Taxis: Avenida de Agulo (GM-1), Tel. 626 84 81 06.

Rundwanderung zum Juego de Bolas ▶ E/F 2

Dauer: 4 Std.; anspruchsvoll, Trittsicherheit und Schwindelfreiheit erforderlich; je 550 Höhenmeter im Auf- und Abstieg

Entlang der Roten Wand

Zum Inselinneren hin begrenzt eine hohe, tiefrot gefärbte Felswand den Ort **Agulo**. ›Zwieback‹ *(bisquite)* nennen die Gomeros die Gesteinslagen, die wie in Schichten gebacken wurden. Der steile, nur für Trittsichere geeignete Aufstiegspfad **PR LG 5** (weiß-gelb markiert) beginnt an der **Avenida de Agulo (GM-1)**, zwischen dem Konfektionsgeschäft Casa Aixa und dem Restaurant Zula (Schild: Juego de Bolas). Nach ca. 1 Std. Gehzeit ist am Ende der Steilwand der 475 m hoch gelegene **Mirador de Agulo** erreicht, mit großartigem Panoramablick über den Ort und hinüber zum Gipfel des Teide auf Teneriffa.

Durch das Tal von La Palmita zur Ermita San Isidro

Nun geht es in das Hochtal von La Palmita hinein. Der Weg verläuft oberhalb des **Embalse de La Palmita** (1.15 Std.), eines je nach Jahreszeit sehr

Rundwanderung zum Juego de Bolas

unterschiedlich mit Wasser gefüllten Stausees. Für zahlreiche Frösche ist der See zum Biotop geworden, das Quakkonzert ist meist unüberhörbar. Dann gelangt man auf eine Straße, die sich kurz darauf gabelt. Der PR LG 5 schwenkt hier nach rechts und führt über den Mirador de Abrante (s. S. 242) in ca. 1 Std. zum Besucherzentrum Juego de Bolas. Es bietet sich stattdessen aber an, an der Gabelung den PR LG 5 zu verlassen und links zu gehen.

Aus der Straße wird dort bald eine Piste. Mit sanfter Steigung wandert man das Tal von **La Palmita** hinauf, an den verstreut stehenden Häusern des Weilers vorbei. So manche alte Bauernkate dient heute als Wochenendhaus. Die querende, weiß-gelb markierte PR LG 4 wird ignoriert. Geradeaus kommt man schließlich zur **Ermita San Isidro** (2 Std.), der kleinen Kirche von La Palmita. Auf der dortigen Straße ist rechts eine Viertelstunde später beim **Restaurant Juego de Bolas** (Einkehrmöglichkeit, s. S. 243) die Landstraße von Las Rosas nach Laguna Grande erreicht, auf der man wiederum rechts zum **Centro de Visitantes Juego de Bolas** (2.20 Std.) gelangt.

Rückweg nach Agulo

Nach Besichtigung des Besucherzentrums hält man sich rechts daneben, das Restaurant El Tambor passierend, auf einer schmaleren Straße, von der 50 m weiter die zunächst parallel verlaufenden Wanderwege GR 132 und PR LG 5 links abzweigen. Etwa 20 Min. später trennen sich die beiden Routen. Bevor man links den **GR 132** einschlägt, lohnt sich rechts auf dem **PR LG 5** ein Abstecher (hin und zurück insgesamt 20 Min.) zum Mirador de Abrante (s. S. 242). Zurück an der Gabelung geht es dann auf dem **GR 132** – einem alten Camino – in steilen Serpentinen abwärts zur Landstraße **GM-1**. Etwa 50 m weiter rechts, noch vor einem langen Straßentunnel, setzt sich der GR 132 linker Hand fort. Er führt durch ein Felstor und verläuft dann direkt oberhalb der Steilküste. Bald kommt der malerische Ortskern von **Agulo** in Sicht. Am Friedhof vorbei läuft man durch das Zentrum, an der Kirche vorbei, und steht nach 4 Std. wieder am Ausgangspunkt, der **Avenida de Agulo**.

Hermigua ▶ F/G 2/3

Im grünsten und fruchtbarsten Tal von La Gomera liegt Hermigua (2100 Einw.). Einen Hinweis auf die Üppigkeit der Natur soll der Ortsname liefern, der oft als Kombination der Wörter *hermoso* (schön) und *guapo* (hübsch) gedeutet wird. Wahrscheinlich geht die Ortsbezeichnung aber auf das vorspanische Stammesgebiet *mulagua* zurück, das später *amilgua* und dann *armigua* geschrieben wurde.

Plantagen überziehen den Talgrund des wasserreichen **Barranco de Monteforte**, während die meisten Häuser von Hermigua am linken Rand des Tals auf einer Strecke von rund 4 km die Hauptstraße säumen, die als Carretera del Norte zugleich Durchgangsstraße ist. Einige in die Jahre gekommene Herrenhäuser erinnern an die frühere Bedeutung der hier lebenden Familien für die Insel. Zwar ist ihr Einfluss geschwunden, aber immer noch gehört ihnen in Hermigua ein großer Teil des Agrarlandes, das Pächter bewirtschaften.

Wanderer mieten sich gern in Hermigua ein, das als günstiger Ausgangspunkt für Touren in den Nationalpark Garajonay gilt. Der Ort besteht aus 18 (!) winzigen *barrios* (Viertel). Diese ver-

Hermigua

Sehenswert
1. Iglesia Nuestra Señora de la Encarnación
2. Parque El Curato
3. Museo Etnográfico de La Gomera (MEG)
4. Iglesia Santo Domingo de Guzmán
5. Molino de Gofio

Übernachten
1. Ibo Alfaro
2. Villa Hermigua
3. Jardín La Punta
4. Los Telares
5. Playa
6. Finca Piñero
7. Casa Los Herrera

Essen & Trinken
1. Las Chácaras
2. El Faro
3. Café-Bar Pedro
4. Cafetería Don Juan
5. El Silbo

Einkaufen
1. Kiosko del Artesano

---

teilen sich auf das Valle Bajo (Unteres Tal) und das Valle Alto (Oberes Tal).

El Curato

Der wichtigste Orientierungspunkt in Hermigua ist mit ihrem auffällig hohen Turm die **Iglesia Nuestra Señora de la Encarnación** 1 (s. Entdeckungstour S. 230) im zentralen Ortsteil El Curato. Sie steht an der gleichnamigen, langgestreckten Plaza. Zwischen Blumenrabatten laden hier Sitzbänke zur Rast im Schatten hoher Birkenfeigen ein. Die Pfarrkirche bildet den Mittelpunkt eines kleinen Zentrums, in dem sich die meisten Geschäfte und Kneipen von Hermigua befinden. Etwas oberhalb der Kirche liegen im Tal ein Sportpavillon, ein Fußball- und ein Handballfeld sowie eine Ringkampfarena.

Parque El Curato 2
Carretera General s/n
Nördlich der Sportanlage, gegenüber vom Ayuntamiento (Rathaus), befindet sich der Stadtpark. Er stellt zwar keine große Sehenswürdigkeit dar, lohnt aber den Besuch für Urlauber, die ohnehin in Hermigua wohnen. Der Eingangsbereich an der Hauptstraße gibt sich durch drei riesige Birkenfeigen zu erkennen. In Volieren im Park lebt verschiedenes Federvieh, im Zentrum der Anlage schwimmen Goldfische in einem Wassergraben. Ein wenig unterhalb wurde ein Kakteengarten geschaffen.

Museo Etnográfico de La Gomera (MEG) 3
Las Hoyetas, Carretera General 99 (oberhalb von Rathaus und Stadtpark; Bushaltestelle gegenüber), Tel. 922 88 19 60, www.lagomera.es, Okt.–Mai Di–Fr 10–18, Sa/So 10–14, Juni–Sept. Di–Sa 10–19, So 10–14 Uhr, Fei geschl. Eintritt frei

Das volkskundliche Inselmuseum befasst sich mit allen Aspekten des traditionellen Lebens auf La Gomera. Fotos und kurze Filme zeigen das Inselleben früherer Zeiten und lassen so die historische Alltagskultur lebendig werden. Im Museum ist ein Leitfaden mit ausführlichen, gut übersetzten Erläuterungen in deutscher Sprache erhältlich. Die erste Etage ist der Viehzucht, Fischerei und Palmhoniggewinnung gewidmet. Im obersten Stockwerk werden Weinherstellung, Weberei, Flechthandwerk und Keramik dokumentiert, aber auch ländliche Architektur und die Pfeifsprache El Silbo.

Das 2007 eröffnete Museum geht auf eine Initiative von Virgilio Brito

(1922–2000) zurück, den ehemaligen Kulturbeauftragten des Inselrats. Er trug auf La Gomera eine der größten ethnografischen Sammlungen der Kanarischen Inseln zusammen. Im Museumsshop stehen Wein und kunsthandwerkliche Produkte von der Insel zum Verkauf.

El Convento

Im ruhigeren Valle Alto (Oberes Tal) ist das malerische Viertel El Convento touristischer Anziehungspunkt. Das Valle Alto wird von **Los Gemelos** beherrscht, den 430 m hohen Zwillingsfelsen, die der Volksmund als ›Pedro

Lieblingsort

Café-Bar Pedro [3] –
Kultlokal mit Bergpanorama
Auf der luftigen Terrasse genießt man Tapas oder Kaffee und Kuchen und bleibt gern etwas länger, um die Aussicht zu bewundern, im Reiseführer zu schmökern oder zu klönen. Dank Gratis-WLAN kann man unbeschwert im Netz surfen. Früher unter dem Namen »La Casa Creativa« bekannt, befindet sich das Lokal seit einigen Jahren unter der Leitung von Pedro, der gut Deutsch spricht. Abends hin und wieder Livemusik (Carretera General 156, Tel. 922 88 69 91, tgl. 8.30–22 Uhr, Juni geschl., Tapas 4–5 €).

Der Norden

y Pablo‹ (Peter und Paul) bezeichnet. Sie erheben sich unmittelbar oberhalb des recht geschlossen wirkenden kleinen Ortskerns von El Convento.

Iglesia Santo Domingo de Guzmán 4
Calle Convento s/n, tgl. geöffnet, Messe im Winter Sa 17.30, Do 18, im Sommer So 10, Do 19 Uhr
Wie der Name schon andeutet, ist El Convento aus einem Kloster hervorgegangen. 1611 ließ sich hier neben einer bereits vorhandenen Ermita eine Gemeinschaft von Dominikanermönchen nieder. Finanziell unterstützt durch die ortsansässigen Großgrundbesitzer, die durch Anbau und Verarbeitung von Zuckerrohr reich geworden waren, erweiterten sie die Kirche in den folgenden Jahrhunderten und statteten sie prächtig aus. Das Kloster wurde 1821 im Rahmen einer Säkularisierungswelle in Spanien aufgelöst. Die Wohn- und Wirtschaftsgebäude gingen in Privatbesitz über. Doch die Iglesia Santo Domingo de Guzmán ist noch zu besichtigen. Sie dient heute dem Valle Alto als Pfarrkirche und steht an einem stillen Platz etwas unterhalb der Hauptstraße, schräg gegenüber eines schönen alten Gutshauses mit Holzbalkonen.

Die Architektur des Baus folgt – abgesehen von einigen barocken Anklängen – dem traditionellen kanarischen Stil, der wiederum aus dem aus Andalusien importierten Mudéjar-Stil hervorging (s. S. 98). Die Holzportale sind recht aufwendig aus dem dunklen Kernholz *(tea)* der Kanarischen Kiefer geschnitzt. Da diese auf La Gomera von Natur aus kaum vorkommt, musste das teure Holz auf Teneriffa gekauft werden. Im Inneren sind die ebenfalls hölzernen Altarrückwände aus dem 17./18. Jh. mit wertvollen Drechselarbeiten bemerkenswert. In Nischen bergen sie verschiedene Heiligenfiguren.

Das linke, kleinere Kirchenschiff geht auf die schon vor der Klostergründung existierende, 1511 erstmals schriftlich erwähnte Ermita San Pedro zurück, die im 17. Jh. in einen Erweiterungsbau einbezogen wurde. Von ihr blieb der gotische Spitzbogen, der heute den Chorraum abtrennt. Der vordere Altar ist der Mondsichelmadonna geweiht. Im Hauptaltar des rechten, größeren Schiffes steht der hl. Dominikus. Beachtung verdienen auch die prächtige Holzdecke sowie das Holzschnitzwerk der Galerie über dem Eingang des größeren Kirchenschiffes, zu der man über eine schmale Holztreppe gelangt.

Molino de Gofio 5 !
Carretera General 35, Tel. 922 88 07 81, Mo–Sa 10–17 Uhr, Eintritt 2 €, Kinder frei
Die sorgfältig restaurierte und wieder funktionsfähige alte Gofiomühle am unteren Ortsrand von El Convento ist ein bedeutender touristischer Anziehungspunkt. Sie wurde in ein sehr ansprechendes ethnografisches Museum verwandelt, das auf eine Initiative der Großgrundbesitzerin Doña Maruca Gómez Méndez zurückgeht. Zu sehen ist eine Sammlung von antiquarischen Alltagsgegenständen, darunter Möbel, Koch- und Essgeschirr, Mörser, Kaffeemühlen, Spindeln, Bügeleisen, Kleidung und Tücher sowie als Besonderheit mehrere historische Web-stühle. Alles in allem vermitteln die Exponate einen Eindruck von den früheren Lebensumständen auf La Gomera. Im Anschluss an die Besichtigung darf man Gofio zu einem Glas Wein probieren. Im Shop werden kunsthandwerkliche Produkte, etwa Flickenteppiche *(traperas)* oder aufwendige Lochstickereien *(bordados)*,

Hermigua

verkauft. Zahlreiche Familien in Hermigua bestreiten mit den Einnahmen aus dem Verkauf einen Teil ihres Lebensunterhalts. Außerdem gibt es kulinarische Spezialitäten sowie roten und weißen Tischwein der Bodega Montesinos, eines oberhalb von Hermigua an der GM-1 gelegenen Weinguts. Am späten Vormittag oder am Nachmittag (zwischen ca. 15 und 16 Uhr) machen große Reisebusse auf ihren Inselrundfahrten hier Station. Zu den übrigen Zeiten geht es ruhig zu, dann für die Besichtigung an der Kasse des Souvenirshops anmelden.

Durch den Garten und die angrenzende Obstplantage gelangt man in 5 Min. in den oberen Teil der Anlage, wo sich ein besonders schöner Blick auf Los Gemelos bietet (s. S. 249).

Santa Catalina und Playa Santa Catalina

Das Küstenviertel von Hermigua, **Santa Catalina,** bietet einfache Unterkünfte für Individualurlauber, Bars und Restaurants. In einem Schrein in der zentralen Straßenkurve verehren die Bewohner die hl. Katharina von Alexandria, die Patronin des Ortsteils.

Santa Catalina vorgelagert ist die zwar 500 m lange, aber sehr steinige **Playa Santa Catalina,** auch **Playa de Hermigua** genannt. Die Playa gelangte durch ein historisches Ereignis, das sich zur Zeit der Conquista abspielte, zu trauriger Berühmtheit. Hier soll 1481 Fernán Peraza el Joven im Streit seinen Rivalen General Juan Rejón getötet haben, den Gründer von Las Palmas auf Gran Canaria. Bewiesen werden konnte dies zwar nicht, doch fiel Peraza daraufhin beim spanischen Hof in Ungnade. Einer Strafe entging er nur, indem er sich bereit erklärte, Beatriz de Bobadilla zu heiraten.

Da das Baden im Meer an der Playa Santa Catalina wegen der Brandung und unberechenbarer Strömungen als eher gefährlich gilt, diente bis 2010 ein – bis auf Weiteres geschlossenes – Schwimmbad hinter dem Strand als Ersatz. Es soll in ein Zentrum für Naturtherapien einbezogen werden, dessen Fertigstellung inzwischen fraglich erscheint, da die Baufirma in Konkurs ging. Da auch das Naturschwimmbad El Pescante (s. u.) derzeit gesperrt ist und der einzige verbliebene Badeplatz Hermiguas, die Playa de La Caleta (s. S. 258), etwas abseits liegt, entschloss sich die Gemeinde 2013 zu Ausbauarbeiten an der Playa de Santa Catalina mit dem Zweck, die natürliche Sandablagerung zu fördern.

El Pescante

Am östlichen Rand der Playa Santa Catalina befinden sich die Ruinen der ehemaligen Hafenmole El Pescante (Kutschbock). Diese entstand 1890 und wurde 1907 – dem seinerzeit rasch gewachsenen Kapazitätsbedarf entsprechend – vergrößert. Auf den vier noch erhaltenen Säulen saß ein Kran, der Bananen und andere Güter, aber auch Passagiere auf die Schiffe verlud, die wegen der meist sehr aufgewühlten See nicht direkt an der Mole anlegen konnten. Mit dem Bau der Carretera del Norte (heute GM-1) in den 1930er-Jahren und der Eröffnung der großen Hafenmole in San Sebastián 1957 wurde El Pescante nach und nach überflüssig. Bei ruhiger See und sommerlichem Wetter konnte man hier bis vor einigen Jahren in einem natürlichen Felspool, der mit dem offenen Atlantik in Verbindung steht, und in einem angrenzenden, gemauerten Meeresschwimmbecken baden. Der Zugang ist allerdings inzwischen wegen Steinschlaggefahr

Der Norden

gesperrt und bereits in die Wege geleitete Sicherungsmaßnahmen verzögerten sich zuletzt wegen Finanzierungsproblemen.

Übernachten

Mit Liebe zum Detail – **Ibo Alfaro** 1 : Barrio Ibo Alfaro, Tel. 922 88 01 68, www.hotel-gomera.com, DZ 82 €. Ina Stomberg schuf das sorgfältig dekorierte Landhotel mit 17 gehoben ausgestatteten Zimmern in einem 150 Jahre alten Herrenhaus am Hang zwischen dem Valle Bajo und dem Valle Alto. Schöne Sicht über das Tal. Das Frühstück wird im Speiseraum oder auf der Terrasse serviert. Ansonsten keine Verpflegung, aber Kühlschrank mit Getränken und Snacks (gegen Gebühr).

Ein wenig Urbanität – **Villa Hermigua** 2 : Carretera General 117, Tel. 922 88 07 77, www.gomeraturismo.com, DZ 68 €. Ermäßigungen bei Aufenthalt ab drei Nächten. Das Hotel ist zentral in der Nähe des Stadtparks in einem 120 Jahre alten Herrenhaus untergebracht und bietet zwölf rustikal eingerichtete Zimmer (davon acht mit Balkon), eine möblierte Sonnen-Aussichtsterrasse mit Duschen und eine traditionelle kanarische Küche mit restauriertem Holzbackofen zum Bestaunen und Benutzen (mit 24-Std.-Minimarkt).

Mit Meerblick – **Jardín La Punta** 3 : Carretera General s/n (Ortsausgang Richtung Agulo), Tel. 922 14 61 94, www.travel-gomera.com, Apartment für 2 Pers. ab 35 €. Schöne, gepflegte Anlage mit 15 Apartments am Hang über mehrere Ebenen. Alle Wohneinheiten bieten Balkon und weiten Blick über den Atlantik bis nach Teneriffa. Wird meist über Veranstalter gebucht.

Wanderlogis – **Los Telares** 4 : El Convento, Carretera General 10, Tel. 922 88 07 81, www.apartamentosgomera.com, Studio für 2 Pers. 43–45 €, in der Hochsaison Mindestaufenthalt 2 Nächte. Stilvolles Aparthotel, sehr serviceorientiert, beliebt bei Wanderern und Wandergruppen. Außenpool sowie Lounge mit kostenlosem Kaffee, Büchern, Gesellschaftsspielen. Die 22 mit Küchenzeile ausgestatteten Wohneinheiten bieten Platz für bis zu drei Personen. Auf Wunsch gibt es Frühstück im Zimmer (pro Person 6 €) und Abendessen im 250 m entfernten Restaurant El Molino (3-Gänge-Menü 12 €).

Rauschender Atlantik – **Playa** 5 : Santa Catalina 21, Tel. 922 88 07 58, www.travel-gomera.com, Studio für 2 Pers. 35 €, Halbpension (15 € pro Person) möglich. Einfache, aber ordentliche und geräumige Studios mit komplett ausgestatteter Kochzeile in Strandnähe, alle mit Meerblick. Dachterrasse mit Grillmöglichkeit und begrünter Innenhof zur Gemeinschaftsnutzung.

Idyllisch – **Finca Piñero** 6 : Ctra. General 20, Tel. 922 87 22 26, www.fincapinero.es, Apartment für 2 Pers. ab 40 €. Acht Apartments in einem traditionellen Häuserkomplex, mit ein oder zwei Schlafzimmern, in einem kleinen Obstgarten. Von Flori mit viel Engagement betreut. Hier wohnen vorwiegend Wanderer.

Ökohotel – **Casa Los Herrera** 7 : Plaza Nuestra Señora de la Encarnación s/n, Tel. 922 88 07 01, www.casalosherrera.com, DZ um 85 €. Acht stilvoll eingerichtete Zimmer in einem Stadthaus aus dem 19. Jh., gut ausgestattet, gemütlicher Aufenthaltsraum, begrünter Patio. Umweltfreundlich geführt: Mit Wasser und Energie wird sorgsam umgegangen, die Toilettenartikel im Bad sind Naturprodukte, in der Küche finden regional erzeugte Lebensmittel Verwendung.

Wie geschaffen für Ruhe suchende Urlauber: Playa de La Caleta

Essen & Trinken

Traditionsbewusst – **Las Chácaras 1**: Calle Lomo San Pedro 5, Tel. 922 88 10 39, tgl. 12–16, 19–22 Uhr, Hauptgerichte ab 10 €. Gepflegtes Restaurant an der Straße zu den ›Zwillingsfelsen‹, es gilt im Tal als das erste Haus am Platz. Viel einheimisches Publikum, schmackhafte klassische Küche (Zicklein, Kaninchen, *solomillo*). Mit Internetcafé.

Frisches aus der Region – **El Faro 2**: Camino de la Playa Santa Catalina 15, Tel. 922 88 00 62, tgl. 11–22.30 Uhr, Hauptgerichte um 10 €. Gemütliches Lokal unter der Leitung von Petra, die Gomera-Kennern noch aus dem ehemaligen Macondo an der Playa de La Caleta bekannt ist. Heller Innenraum und Terrasse mit schönen Ausblicken. In der Küche finden vorwiegend regionale Produkte Verwendung, gern aus biologischer Erzeugung. Dazu viel frischer Fisch. Für Vegetarier ist ebenfalls gesorgt. Besonders beliebt: Ziegenkäsesalat mit Honig und Nüssen. Auch die hausgemachten Kuchen und frisch gepressten Obstsäfte werden oft gelobt.

Dauerbrenner – **Café-Bar Pedro 3**: s. Lieblingsort S. 251.

Unter Männern – **Cafetería Don Juan 4**: Valle Bajo, Carretera General 161, Mo–Sa 8.30–22, So 8.30–16 Uhr, Tapas 3–4 €. Frühstücksbar an der Hauptstraße, etwa 200 m oberhalb der Kirche, mit guter Auswahl an *bocadillos*. Beliebter Treffpunkt der einheimischen Männerwelt; mit Metalltheke und Spielautomat. In einem gar nicht dazu passenden, aufwendig mit Stuck verzierten Bürgerhaus mit langem Balkon, das früher als Hotel diente.

Unser Tipp

Silbo und mehr 5
Wie der Name schon verrät, gibt es im **Restaurant El Silbo** immer mal wieder La Gomeras berühmte Pfeifsprache zu hören. Aber das ist nicht alles. Auch die Küche wird hoch gelobt. Typisch kanarisch präsentiert sie sich mit Spezialitäten wie *almogrote* und hervorragendem Fleisch, aber auch mit krosser Pizza. Nach dem Abendessen verwandelt sich die halboffene Terrasse mit ihrem besonderen Ambiente und dem weiten Blick über Tal und Küste in einen Hotspot des Nachtlebens in Hermigua. Bei einer *copa* sitzt man noch lange zusammen, plaudert und lacht. Das jährliche Sommerfest ist auf dem Weg zur Legende (Calle El Tabaibal 102, GM-1 am Ortsausgang Richtung Agulo, Tel. 922 88 03 04, tgl. 11.30–23 Uhr, Menü à la Carte um 22 €).

Einkaufen

Von Hand gefertigt – **Kiosko del Artesano 1**: Valle Bajo, Carretera General s/n (gegenüber dem Stadtpark), Mo–Sa 9–13, 16–20 Uhr. Offizielle Verkaufsstelle für das besonders gerühmte Kunsthandwerk von Hermigua.

Infos & Termine

Tourismusbüros
Oficina de Turismo de Hermigua: 38820 Hermigua, Valle Bajo, Carretera General 109, Tel./Fax 922 88 09 90, Mo–Sa 9–13, 16– 20 Uhr. Informationsstelle im Kiosko del Artesano, gegenüber dem Stadtpark.

Feste und Veranstaltungen
Fiestas de Santo Domingo de Guzmán: eine Woche um den 8. Aug. Patronatsfest im Valle Alto mit Tanz,

Hermigua

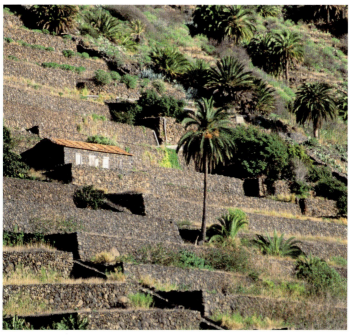

Auf mehrere Tausend Kilometer beläuft sich die Gesamtlänge der Trockensteinmauern auf La Gomera (hier bei Hermigua)

Ausstellungen, Tontaubenschießen und Sportwettbewerben rund um den Platz vor dem ehemaligen Kloster. Zwei abendliche Messen mit anschließenden Prozessionen, von Musikgruppen begleitet. Programm s. unter www.hermigua.org.

Feria de Artesanía: ein Wochenende im Aug., abwechselnd zu einem der beiden Patronatsfeste (s. oben und unten), im Parque El Curato (Stadtpark), geöffnet Sa/So 10–22 Uhr. Kunsthandwerksmesse mit rund 40 Anbietern von La Gomera und anderen Kanareninseln. Mit Auftritten von Folkloregruppen und Verkostung kulinarischer Spezialitäten. In manchen Jahren Vorführungen der Lucha Canaria und des kanarischen Stockkampfs s. S. 84) in der Ringkampfarena.

Fiestas en honor de Nuestra Señora de la Encarnación: eine Woche um den 8. Sept. Patronatsfest im Valle Bajo mit Fußball- und Tischtennisturnier, Ausstellung lokaler Künstler, Tanzveranstaltungen und Prozessionen, die von *chácaras* und *tambores* begleitet werden.

Verkehr

Busse: Linie 2 Vallehermoso – San Sebastián (2–5 x tgl.). Mehrere Haltestellen entlang der Carretera General (GM-1).

Taxis: Valle Bajo, Plaza de la Encarnación, Tel. 922 88 00 47.

Der Norden

Mietwagen: Autos Mulagua, Valle Bajo, Carretera General 129 (hinter Caja Canarias), Tel. 922 88 10 13, www.autosmulagua.com. Kleinwagen pro Tag 21–24 €, Übergabe oder Ablieferung an den Häfen und am Flughafen ohne Aufpreis.

Lepe ▸ F 2

Eine schmale Straße führt von der Playa Santa Catalina Richtung Westen. An der Steilküste entlang, die hier von kleinen Terrassen mit Bananenplantagen überzogen ist, erreicht man den winzigen, malerischen Ort Lepe. Mancher wohlhabende Gomero besitzt hier ein Wochenendhaus. Am Straßenende befindet sich eine hübsch bepflanzte Plaza mit Bänken. Ein ausgeschilderter Wanderweg führt weiter nach Agulo. Vielleicht belässt man es aber auch bei einer kurzen Erkundung der angrenzenden, schmalen Pflastergassen.

Playa de La Caleta!

▸ G 2

Rund 6 km östlich von Santa Catalina liegt die einsame Playa de La Caleta, der schönste Strand im Norden La Gomeras und sicherlich Badeplatz Nr. 1 bei Hermigua. Da er gegen Brandung aus Nordwesten einigermaßen geschützt ist, eignet er sich vergleichsweise gut zum Baden. An der dunkelsandigen, im Winter auch teilweise steinigen, ca. 200 m langen Playa lässt sich ein geruhsamer Strandtag verbringen. Es gibt Picknicktische mit Schattendach, sanitäre Einrichtungen und Duschen sowie das nette Terrassen-Strandlokal Olivia, das – jetzt unter kanarischer Leitung – frischen Fisch und Salate serviert (unregelmäßig geöffnet). Neben der kleinen Natursteinkirche **Ermita San Juan** (meist geschl.) lagern ein paar offene Fischerboote. Beim Baden, besonders in den Wintermonaten, sind die gefährliche Unterströmung und Felsen bzw. Steine im Wasser zu beachten. Mit dem Pkw ist die von Felsabhängen malerisch umrahmte Bucht vom Ostrand der Playa Santa Catalina (s. S. 253) aus zu erreichen. Dort geht es am östlichen Talrand landeinwärts, durch die Ortsteile Altozano und Llano Campo, dann ist links die Zufahrtsstraße zur Playa de La Caleta ausgeschildert.

Fußgänger benötigen ab Santa Catalina eine gute Stunde zur Playa de La Caleta. Sie folgen hinter der Brücke über den Barranco de Monteforte dem Schild »PR LG 2 La Caleta« einen weiß-gelb markierten Treppenweg aufwärts, der bald in einen steinigen Pfad übergeht. Nach 30 Min. ist die Zufahrtsstraße erreicht, auf der es links abwärts zum Strand geht. Einige Kurven können auf Pfaden abgekürzt werden.

Wanderung zur Punta San Lorenzo ▸ G 2/3

Dauer: hin und zurück 2 Std.; leicht bis mittelschwer, schattenlos; eventuell Schwindelgefahr, aber der Weg ist breit; mehrere Ab- und Wiederaufstiege von insgesamt je ca. 200 Höhenmetern; evtl. Badegelegenheit; nach stärkeren Regenfällen besteht unterwegs Steinschlaggefahr!

Der als **Sendero de La Caleta a Punta San Lorenzo** ausgeschilderte, alte Königsweg *(camino real)* führt zur Punta San Lorenzo. In einer geschützten Bucht jenseits der Landzunge wurde an einer nicht mehr vorhandenen Mole zu Beginn des 20. Jh. die-

Playa de La Caleta

Bananenernte von Hermigua verladen, wenn wegen hoher Brandung das Anlegen an El Pescante (s. S. 253) nicht möglich war. Mit dem Bau der großen Hafenmole von San Sebastián wurde die Muelle San Lorenzo überflüssig.

An der Zufahrtsstraße zur **Playa de La Caleta,** ca. 700 m vor dem dortigen Park- und Wendeplatz, geht es los. Neben einer **Informationstafel** (dort einige Parkbuchten) führt ein Treppenweg mit Holzgeländer als weiß-gelb markierter **PR LG 2** von der Straße weg (Schild: El Palmar), hinunter in ein kleines Tal. Sogleich ist der Talgrund passiert. Dahinter wandert man auf einem alten, teils restaurierten Pflasterweg über weitere Stufen bergauf. Nach den Stufen biegt man links ab (kleiner Pfeil und Markierung). Sanft ansteigend verläuft der Weg rechts oberhalb des Tals.

Nach El Palmar

Nach gut 5 Min. zweigt an einem Wegweiser rechts ein schmaler, steiniger Pfad nach El Moralito ab. Die Tour zur Punta San Lorenzo folgt aber weiter dem Weg Richtung El Palmar, der mit einem Holzgeländer gesichert ist. Nach der anschließenden Rechtskurve ergibt sich ein umfassender Blick über den weiteren Wegverlauf. Links ist Teneriffa zu sehen. Ein paar Minuten später kommt auch die Playa de La Caleta unterhalb in Sicht.

Es folgt eine scharfe Rechtskurve und einige Serpentinen führen aufwärts. Dann schwenkt der Weg in ein weiteres Seitental. Wenig später zweigt ein alter Pflasterweg mitsamt den weiß-gelben Markierungen rechts Richtung El Palmar ab (20 Min.). Die beschriebene Tour geht aber weiter geradeaus (Schild: Las Salinas).

Nach Umrunden des Seitentals endet das Holzgeländer, der Weg ist jedoch breit genug, sodass keine Schwindelgefühle aufkommen sollten. Rechts oben am Hang erkennt man die Häuser des weitgehend verlassenen Hirtenweilers **El Palmar.** Stufen führen dann auf einen Sattel hinunter. Ein schmaler Weg nach rechts in ein weiteres Seitental wird ignoriert. Man bleibt auf dem deutlichen, breiten Hauptweg.

Zum Barranco Cañada de Barraca

Unterhalb einer bizarren Felsnase steigt man ein kurzes Stück ab. An einem Podest (30 Min.), wo der Weg scheinbar geradeaus führt, biegt man dann nach rechts unten in den **Barranco Cañada de Barraca** ab. Die alte Stützmauer des Camino Real ist hier noch deutlich zu erkennen. Nach einem mäßig steilen Abstieg wird der Grund des Barranco gequert. Auf seiner anderen Seite weisen Steinmännchen links den Talgrund entlang Richtung Meer. Sie führen zu ehemaligen Salinenbecken, werden jedoch ignoriert.

Abkühlung an der Punta San Lorenzo

Geradeaus führen Kurven und Spitzkehren nun erneut aufwärts. Nach einem kurzen Anstieg (45 Min.) verläuft der Weg wieder mehr oder weniger höhenparallel. An dieser etwas exponierten Stelle ist er sowohl mit Geländer als auch mit Drahtseil bergseits gesichert. Nach einer Rechtskurve um die eigentliche **Punta San Lorenzo** wird der Blick auf die bizarren Felswände jenseits der Landspitze frei. Der alte Pflasterweg senkt sich ab in Richtung Meer. Ein paar rutschige Stufen noch, dann ist die wilde Felsküste erreicht – mit einem gemauerten **Badebecken** (1 Std.), das im Sommer bei ruhiger See zur Abkühlung einlädt. Anschließend geht es auf derselben Route zurück.

Das Beste auf einen Blick

Im Nationalpark

Highlights !

El Cedro: Wichtige Anlaufstation für Wanderer ist das winzige Bergdorf in einem idyllischem Hochtal am Rand des Parque Nacional de Garajonay. Hier starten Wege in den dschungelartigen Lorbeerwald rundum, zu Wasserfällen und einer einsamen Waldkapelle. S. 262

Alto de Garajonay: Um den höchsten Gipfel La Gomeras rankt sich eine tragische Legende aus der Zeit der Ureinwohner. Moderne Spaziergänger genießen nach kurzem, problemlosem Aufstieg einen großartigen Panoramablick. S. 273

Auf Entdeckungstour

Los Roques – bizarre Felsen in La Gomeras Hochland: Wie Perlen an einer Kette reihen sich die Miradores an den Bergstraßen und eröffnen Blicke auf spektakuläre Felsformationen, schroffe Schluchten und das Meer. S. 264

Geheimnisvolle Bergheiligtümer: Im Lorbeerwald gelegene Quellen waren schon in vorspanischer Zeit Orte der Verehrung. Nach der Conquista wurden sie christliche Wallfahrtsorte. S. 270

Im grünen Dschungel: Ein Spaziergang auf dem Lorbeerwaldpfad bei Laguna Grande im Herzen des Nationalparks Garajonay lässt sich leicht bei jeder Ausflugsfahrt einplanen. S. 276

Kultur & Sehenswertes

Punto de Información: Riesige Glasscheiben erlauben im Informationszentrum des Nationalparks an der Laguna Grande einen Allwetterblick in den Lorbeerwald. S. 275

Jardín de Las Creces: In einem romantischen Hain aus Gagelbäumen, deren Früchte dem ›Garten‹ den Namen gaben, verteilen sich Picknicktische. Wer mag, geht im angrenzenden Wald spazieren. S. 279

Zu Fuß unterwegs

Abstieg über El Cedro nach Hermigua: Steil und rutschig ist der alte Verbindungsweg, der erst durch dichten Lorbeerdschungel führt und später den höchsten Wasserfall La Gomeras sowie die legendären Zwillingsfelsen passiert. S. 268

Genießen & Atmosphäre

Total urig: Von der Terrasse des Lokals La Vista hat man das Tal von El Cedro gut im Blick. Hüttenatmosphäre trifft auf deftige Küche. S. 263

Berglerkost: Das Ausflugslokal La Laguna Grande füllt sich nicht von ungefähr am Wochenende mit Einheimischen. Hier schmeckt Typisches von der Insel im zünftigen Speiseraum. S. 275

Abends & Nachts

Mit Einbruch der Dunkelheit wird es einsam im Nationalpark. Ab und zu erhellen die Scheinwerfer eines Taxis oder Busses auf der Carretera Dorsal kurzzeitig die Szenerie, ansonsten sagen sich Buchfink und Lorbeertaube »gute Nacht«. Und an der Laguna Grande soll es sogar spuken ...

Kanarischer Urwald

Grüne Hügel, steile Schluchten und düster-mystische Lorbeerwälder – häufig in dichten Passatnebel getaucht – sind charakteristisch für den Parque Nacional de Garajonay. Das 1981 zum Nationalpark und 1986 zum UNESCO-Weltnaturerbe erklärte Gebiet umfasst das gesamte zentrale Bergland. Mit 3984 ha nimmt der Park mehr als 10 % der Fläche von La Gomera ein. Unter Schutz steht hier nicht nur das Ökosystem Lorbeerwald (Laurisilva), ein Relikt aus dem Tertiär, sondern auch der eher noch häufigere Fayal-Brezal, ein manchmal feuchter, oft aber auch sonnendurchfluteter Wald aus Gagelbäumen und Baumheide in den trockeneren Zonen des Parks. Die Cumbre, also der Hauptkamm La Gomeras, ist einschließlich des höchsten Gipfels, des Alto de Garajonay (1487 m), sogar von fast reinem Heidewald bedeckt.

Infobox

Touristeninformation
Die Verwaltung des Nationalparks Garajonay betreibt ein Informationsbüro an der Laguna Grande.

Anreise und Weiterkommen
Busse: Linie 1 von San Sebastián ins Valle Gran Rey (2–5 x tgl.) hält am Roque de Agando und am Cruce de Pajaritos. Linie 4 Vallehermoso – La Dama (Mo–Fr 2 x tgl.) hält an der Straßengabelung Apartacaminos und am östlichen Ortsrand von Las Hayas, wo auch Busse der Linie 1 stoppen. Nach El Cedro und Laguna Grande besteht kein Linienbusanschluss.

Die eigentlichen Lorbeerbäume trifft man hingegen vorwiegend in feuchten Schluchten an, in die selten ein Sonnenstrahl fällt.

Durch den Nationalpark führen die GM-2 (Carretera Dorsal) sowie einige wenige Abzweigungen. Immer wieder weisen Informationstafeln auf Aussichtspunkte hin. Von Parkbuchten zweigen beschilderte Wander- und Spazierwege ab, die es ermöglichen, den Lorbeer- und Heidewald intensiver zu erleben. Einsame Wallfahrtskapellen, heilige Quellen und der alte Kultplatz Laguna Grande zeugen von der mystischen Austrahlung, die seit jeher von dem Wald im Inselinneren La Gomeras ausging.

El Cedro! ▶ E 4

Der winzige Weiler liegt oberhalb von Hermigua in einem Hochtal an der Nordgrenze des Nationalparks. Rundum gedeiht dichter, dunkelgrüner Lorbeerwald. Doch im Tal lichtet sich der Wald und macht zahlreichen Terrassenfeldern Platz. Verstreut stehen die kleinen Bauernhäuser von El Cedro in dieser idyllischen Landschaft.

Um nach El Cedro zu gelangen, biegt man von der CV-14 (Carretera de El Rejo, der Verbindungsstrecke zwischen GM-1 und GM-2) etwas oberhalb des Mirador de El Bailadero ab (Schild: El Cedro). Die schmale Stichstraße ist knapp 3 km lang, mit glatten Steinplatten gepflastert und folgt einer feuchten Schlucht durch den dunklen **Bosque de Tejos** abwärts. Stämme und Äste der Lorbeerbäume sind hier dicht mit Moosen und Flechten bewachsen. Vor Kurven ist Vorsicht geboten, da die Platten

El Cedro

Kein Baum ist wie der andere: im Lorbeerwald bei El Cedro

ziemlich rutschig sind. Im Ort führt die ›Hauptstraße‹ über eine Kreuzung hinweg, quert gleich darauf das Flussbett des **Arroyo de El Cedro** und endet dann am Restaurant La Vista mit dem gleichnamigen Campingplatz (s. u.).

Übernachten

Fast im Freien – **Camping La Vista:** Tel. 922 88 09 49, http://camping-lavista.jimdo.com, ganzjährig geöffnet, 2 € pro Pers. und Tag. Das Gelände ist terrassiert, hat eine Kapazität für 84 Personen und verfügt über Stellplätze für Zelte (teilweise überdacht, was bei Regen sehr angenehm ist). Man kann auch Zimmer mieten. Einfache sanitäre Einrichtungen, aber es gibt Warmwasser-Duschen. Unbedingt etwa einen Monat vorab telefonisch oder online anmelden!

Essen & Trinken

Hüttenflair – **La Vista:** Tel. 922 88 09 49, tgl. 9–20.30 Uhr, Hauptgerichte um 8 €. Uriges Berglokal mit deftiger gomerischer Küche. Von der Terrasse mit den groben Holzbänken ergibt sich ein schöner Blick.

Termine

Romería en honor a Nuestra Señora de Lourdes: 28. Aug. Aus Hermigua strömen Wallfahrer zu Fuß, per Auto oder Bus zur Waldkapelle Ermita de Lourdes. Messe gegen ▷ S. 267

Auf Entdeckungstour: Los Roques – bizarre Felsen in La Gomeras Hochland

Steile, schroffe Felsen – Los Roques – sind eine Besonderheit La Gomeras. Dazwischen haben Wildbäche, die nur selten, dann aber kräftig Wasser führen, enge Schluchten eingeschnitten. Aussichtspunkte und kurze Spazierwege erschließen diese bizarre Welt.

Reisekarte: ▶ E/F 4/5

Dauer: halber Tag

Charakter: Fahrt per Mietwagen mit kurzen Abstechern zu Fuß.

Startpunkt: GM-2, nördlicher Zweig (Carretera Dorsal), Parkplatz am Roque de Agando.

Die Bezeichnung Los Roques (›die Felsen‹) ordnen die Gomeros vor allem einer bestimmten Gruppe von Felsdomen zu. Es handelt sich um ehemalige Vulkanschlote, die heute prägend für den östlichen Teil des Berglandes im Inselinneren sind. Besonders eindrucksvoll zeigt sich der wie ein Zuckerhut geformte **Roque de Agando** (1246 m; s. Abb. oben). Ein Denkmal an seinem Fuße erinnert an die Opfer des schlimmen Waldbrandes von 1984 (s. S. 70).

Saures Magma und erosive Kräfte

Eine Straßenkurve weiter aufwärts sind vom **Mirador de Los Roques** auch die Felsformationen Roque de La Zarcita, Roque de Ojila und Roque Carmona zu sehen. Eine Bildtafel erklärt anschaulich die Bildung der Roques. Sie bestehen aus Trachyt oder Phonolith, basaltähnlichen, aber aus saurem Magma erstarrten Gesteinen. Jenes war aufgrund seiner chemischen Zusammensetzung sehr zähflüssig. So konnte es oft nicht bis zur Oberfläche vordringen, sondern blieb im Schlot stecken und erkaltete dort. Die erosiven Kräfte von Wind und Wasser trugen im Laufe von Jahrmillionen die lockeren, aus Asche bestehenden Außenwände des Vulkans ab. So überragen heute die freigelegten, widerstandsfähigeren Schlotfüllungen markant ihre Umgebung.

Mauern aus Fels

Weiter geht es die Carretera Dorsal hinauf und dann rechts auf der CV-14, der Carretera de El Rejo (Verbindungsstrecke zwischen GM-2 und GM-1), Richtung Hermigua. Dort liegt kurz unterhalb der Abzweigung nach El Cedro der **Mirador de El Bailadero** (beschildert). Von der Parkbucht ist er auf einem 50 m langen Fußweg zu erreichen. Zwei Exemplare des seltenen, einheimischen Zedern-Wacholders markieren den Einstieg.

Der Aussichtspunkt bietet wiederum eine überaus prächtige Sicht auf Los Roques. Von links nach rechts schweift der Blick vom Roque de Ojila über den Roque de Agando zum Roque de La Zarcita. Außerdem lassen sich zu Füßen der Felsen sowie am gegenüberliegenden Hang des Tals von La Laja zahlreiche *diques* erkennen. Sie durchziehen – einem geometrischen Muster gleich – die Steilwände. Eine Informationstafel gibt Auskunft über dieses Phänomen, das auf La Gomera auch unter dem Namen *taparuchas* bekannt ist. Es handelt sich um alte Emissionskamine, in denen sich das nach oben dringende Magma im Verlauf seiner Abkühlung irgendwann verfestigte. Generell verlaufen diese Risse im Gestein geradlinig und durchschneiden ältere Gesteinsschichten. Daher ragen die *diques* nach dem Wirken der erosiven Kräfte frei im Gelände auf. Es entsteht der Eindruck von Menschenhand errichteter Mauern.

Nässender Nebel

Weitere 400 m entfernt, einsam im Wald und ein gutes Stück abwärts, befindet sich der **Mirador de Hermigua**, zu dem vom Mirador de El Bailadero ein beschilderter Fußweg führt (Ruta 1 des Nationalparks; mit Rückweg

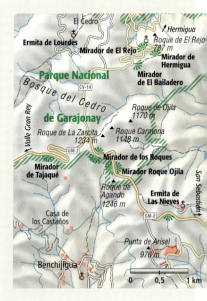

30 Min.). Zunächst ist dieser noch recht bequem, sogar mit Platten ausgelegt und mit Geländern versehen. In wenigen Schritten gelangt man dann von der trockeneren Südseite der Insel über den Hauptkamm in den feuchten Norden. Eine weitere Tafel gibt hier Auskunft über den ›nässenden Nebel‹. Er bringt der Nordseite der Insel Feuchtigkeit und kann unter günstigen Umständen den normalen Niederschlag mehr als verdoppeln. An den windgepeitschten Stellen, wo sich dieser Nebelniederschlag absetzt, wächst Baumheide, die hier nur kurze Stämme und krumme Äste ausbildet und von Moosen und Flechten über und über bedeckt ist. Diese Vegetation steht im Gegensatz zum spärlichen Bewuchs an jenen Hängen, die vor den feuchten Winden geschützt sind. Von der Informationstafel führen einige Treppenstufen zu einer Aussichtskanzel, die den Blick in den Heidewald ermöglicht. So kann sich jeder Besucher von den Auswirkungen des nässenden Nebels selbst ein Bild machen.

Hinter einer weiteren Aussichtsplattform knickt der Weg nach links und führt als nicht mehr so gut ausgebauter Waldpfad steil in das Heidegestrüpp hinunter. Von hier an wird der Untergrund rutschig! Der Abstecher endet oberhalb einer Felswand an dem kleinen Mirador de Hermigua. Geradeaus fällt der Blick hinab ins Tal mit dem 787 m hohen **Roque de El Rejo** (auch Roque Blanco) im Vordergrund.

Wer Letzteren noch genauer in Augenschein nehmen möchte, fährt weiter hinab Richtung Hermigua und findet an der Landstraße den **Mirador de El Rejo** mit einem weiteren schönen Blick auf den gleichnamigen Felsen.

Schroffe Schluchten

Will man aber ins Valle Gran Rey, so ist der **Mirador de Tajaqué** an der Carretera Dorsal (GM-2) ein letzter, äußerst beeindruckender Aussichtspunkt. Eine Natursteintreppe führt vom Parkplatz hinauf. Hier bietet sich ein Blick in den gewaltigen Felskessel von Benchijigua. Er ist wohl durch Erdrutsch im Zusammenspiel mit Erosion entstanden. Seine Hänge stehen unter Naturschutz, da hier einige seltene endemische Pflanzen wachsen, wie der Stachelfrüchtige Natternkopf *(Echium acanthocarpum)* und eine spezielle Strandfliederart *(Limonium redivivum)*. Bei dem nur auf La Gomera vorkommenden Gliedkraut *(Sideritis marmorea)* handelt es sich gar um eine höchst gefährdete Art, deren Verbreitungsgebiet nur noch etwa 3 km2 umfasst. Biologen zählten zuletzt nur noch rund 2000 Exemplare. Die Häuser des kleinen Weilers Benchijigua sind vom Mirador aus nicht zu sehen. Bei guter Sicht erkennt man aber die Inseln La Palma zur Linken, Teneriffa in Richtung Süden und dahinter am Horizont Gran Canaria. Am Mirador informiert eine Schautafel über den Passatwind, den die Canarios als *alisio* bezeichnen.

Eine weitere Tafel am Parkplatz erläutert die Entstehung der *barrancos*. Täler wurden auf La Gomera – im Unterschied zu den übrigen Kanareninseln – meist ausschließlich durch Erosion gebildet, während Vulkanausbrüche kaum Einfluss auf die Talformung hatten. Der Barranco de Benchijigua dient als anschauliches Beispiel für diesen Prozess: Von einem großen, runden Talkessel im Inselinnern fräste das Wasser einen schmalen Ausgang Richtung Meer in den Fels.

El Cedro

13 Uhr, danach Tanz, von traditionellen Instrumenten begleitet, und großes Picknick.

Rundwanderung zur Ermita de Lourdes ▸ E 4

Dauer: 2 Std.; mittelschwer
Ausgangspunkt für den Rundweg ist der Ortseingang von **El Cedro.** An der dortigen Kreuzung folgt man talaufwärts dem weiß-gelb markierten Wanderweg **PR LG 3,** zunächst an einer schmalen Nebenstraße entlang. Diese verlässt der PR LG 3 bald nach links. Hier beginnt ein steiler, lehmiger Treppenweg. Einige Häuser passierend geht man weiter in das Tal hinein.

Von der Ermita zum Mirador
Eine Tafel zeigt den Beginn des Parque Nacional de Garajonay an. Von nun an begleitet Lorbeerwald die Wanderung. Bald ist die romantisch inmitten des Waldes gelegene **Ermita de Lourdes** erreicht (30 Min.; s. S. 271). Am Bachufer lädt hier ein kleiner Picknickplatz zur Rast ein. Dann folgt man dem Weg am Bach entlang links und überschreitet oberhalb der Picknicktische den Wasserlauf auf einer Holzbrücke. Im Tal geht es weiter aufwärts, den Bach nochmals querend, und dann ein paar steile Stufen hinauf zu einer Piste beim Waldparkplatz **Las Mimbreras** (45 Min.).

Auf der Forstpiste wandert man nach rechts, sanft bergan. El Cedro kommt rechts zwischen Baumwipfeln wieder in Sicht, dann gilt es in einer deutlichen Linkskurve auf die Hinweistafel »Caserío de El Cedro« zu achten (1.30 Std.). Dieser folgend, verlässt man die Piste nach rechts auf einem Wanderweg, der sich schon 30 Meter weiter gabelt. Der linke Abzweig endet kurz darauf an einem **Mirador** mit schön weitem Blick über den Norden La Gomeras.

Idyllischer ist eine Rast kaum denkbar: Einkehr im Restaurant La Vista in El Cedro

Im Nationalpark

Einkehr mit Talblick

Zurück an der Gabelung geht es auf dem rechten Abzweig weiter, nun steil bergab. Die Spur mündet in einen etwas breiteren Waldweg, auf diesem rechts halten, zunächst mehr oder weniger hangparallel, später Felsstufen hinunter. Schließlich steht man an einem ehemaligen Dreschplatz, zu erkennen an der recht gut erhaltenen, kreisrunden Pflasterung. Einige Meter weiter verläuft ein Fahrweg, auf dem man sich nach links wendet und kurz darauf zum **Restaurant La Vista** gelangt. Hier lohnt sich eine Rast, um die Aussicht über das idyllische Tal von El Cedro zu genießen. Anschließend sind es nur noch wenige Minuten bis zum Ausgangspunkt (2 Std.).

Abstieg über El Cedro nach Hermigua ▶ D 5/F 3

Dauer: 4 Std.; anspruchsvoll, bei Nässe Rutschgefahr auf lehmigem Untergrund; etwa 1150 Höhenmeter

Abstieg über El Cedro nach Hermigua

im Abstieg; beschildert und weiß-gelb markiert als PR LG 3; Einkehrmöglichkeit in El Cedro

Dieser alte Verbindungsweg windet sich durch dichten Lorbeerdschungel steil bergab nach El Cedro und weiter am höchsten Wasserfall La Gomeras vorbei nach Hermigua (Ortsteil El Convento). Ausgangspunkt der Wanderung ist der Parkplatz **El Contadero** an der Carretera Dorsal (GM-2). (Wer mit Buslinie 1 ab San Sebastián oder Valle Gran Rey kommt, steigt am Cruce de Pajaritos aus und läuft von dort entlang der GM-2 etwa 20 Min. bis El Contadero).

Zum Arroyo de El Cedro

Am Parkplatz zweigt nach Norden der weiß-gelb markierte **PR LG 3** (Ruta 9 des Nationalparks) ab. Im Schatten von Lorbeerbäumen und Baumheide führen sorgfältig angelegte Stufen zügig bergab. Zweimal werden schmale Bachbetten gequert. Dann folgt der Weg der rechten Flanke einer etwas größeren Talmulde. Nach 40 Min. ist das Rauschen des **Arroyo de El Cedro** zu hören, des einzigen ganzjährig fließenden Gewässers La Gomeras. Kurz darauf führt ein kurzer Abstecher rechts abwärts zu einem kleinen **Mirador** mit Blick auf den Wildbach.

Weiter geht es auf dem Hauptweg, der nun breiter wird und dem linken Bachufer in einiger Entfernung folgt. Ein Schild weist auf den Campamento Antiguo hin, ein ehemaliges Zeltgelände auf einer mittlerweile mit Brombeergestrüpp zugewucherten Lichtung. Geradeaus trifft man etwa 20 m weiter auf eine Gabelung (Steinmännchen), wandert dort rechts weiter und steht schon bald erneut an einer Gabelung, diesmal mit Wegweisern. Beide Routen führen später wieder zusammen. Schöner ist die

El Cedro

rechte (Schild: Arroyo de El Cedro), die in einer engen Serpentine den Talgrund erreicht (1 Std.). Unterhalb einer kleinen Staumauer überschreitet man dann den Wasserlauf vorsichtig auf großen, abgeschliffenen Felsblöcken. Einfacher gestaltet sich ein paar Minuten später die erneute Überquerung dank einer kleinen Holzbrücke. Die Route mündet kurz darauf in einen breiteren Weg, dem man rechts zu einer Forstpiste mit dem Waldparkplatz **Las Mimbreras** folgt (1.15 Std.).

El Cedro und der Salto de Agua

Vom Parkplatz geht es schräg gegenüber die Fortsetzung des **PR LG 3** hinab zur **Ermita de Lourdes**, einer idyllisch gelegenen Waldkapelle (s. S. 271), neben der Picknicktische zu einer Rast zwischen knorrigen Baumriesen einladen. Von der Ermita wandert man an der rechten Talseite bleibend, nach **El Cedro** weiter. Unterwegs verlässt der Weg das Gebiet des Nationalparks, passiert kleine Wochenendhäuser und Streuobstwiesen und erreicht eine schmale Straße. Dieser folgt man bis zur Hauptkreuzung in El Cedro und hält sich dort links bis zum **Restaurant La Vista** (1.45 Std.), wo sich eine Pause anbietet (s. S. 263 u. Abb. S. 275).

Anschließend folgt man dem Betonweg durch das dem Restaurant angeschlossene Campinggelände und gelangt über einen Picknickplatz zur oberen Kante einer Steilstufe, wo der **Salto de Agua** hinunterstürzt, der höchste Wasserfall La Gomeras. Eine steile Steintreppe führt an seinem linken Rand abwärts. An deren Fuß lohnt ein kurzer Abstecher nach rechts zu einer Klippe mit fantastischem Blick auf den unteren Teil der Kaskade, die sich dort in ein natürliches Felsbecken ergießt (Vorsicht, Absturzgefahr!).

Embalse de los Tiles und Los Gemelos

Im weiteren Verlauf hat sich die Pflasterung des alten Saumpfads gut erhalten. Bald folgt eine weitere Steintreppe und man gelangt zu dem kleinen, meist nur wenig Wasser enthaltenden **Embalse de los Tiles** (2.30 Std.). Dessen Staumauer wird links umgangen. Unterhalb ragen zu beiden Seiten steile Felswände auf, der Bach hat sich tief in das hier recht harte Gestein eingeschnitten. Der Weg orientiert sich nun mehr oder weniger am Bachbett, dieses mehrmals querend. Ein großes Wasserbecken aus Beton wird passiert (2.45 Std.), dann läuft man im dicht mit Schilf bestandenen Talgrund. Dieser erweitert sich bald, auf Terrassenfeldern pflanzen die Landwirte aus dem nahen Weiler **El Estanquillo** Bananen, Wein und Gemüse. Bewässert wird aus dem Stausee durch eine Rohrleitung, die den Weg immer wieder begleitet hat.

Bei El Estanquillo wird eine Straße erreicht (3.30 Std.). Auf dieser geht es rechts, unterhalb der steil aufragenden Wand des Zwillingsfelsens **Los Gemelos** entlang. Gleich darauf geht es, auf eine breite, gepflasterte Treppe zu achten, die links abwärts führt. Der Treppenweg mündet in die Landstraße GM-1 in Hermiguas Ortsteil **El Convento,** gegenüber vom Aparthotel Los Telares (4 Std.).

Infos

Busse: Linie 1 von San Sebastián verkehrt 2–5 x tgl. auf der GM-2 bis zum Cruce de Pajaritos, um dort links abzubiegen und über Chipude ins Valle Gran Rey zu fahren. Haltestellen am Roque de Agando und am Cruce de Pajaritos. Der Abschnitt der GM-2 westlich vom Cruce de Pajaritos wird nicht von Linienbussen befahren.

Auf Entdeckungstour:
Geheimnisvolle Bergheiligtümer

Verschwiegen im Lorbeerwald gelegene Quellen waren schon in vorspanischer Zeit Orte kultischer Verehrung. Nach der Conquista wurden sie zu christlichen Wallfahrtsstätten. Ihre mystische Atmosphäre zieht auch den heutigen Besucher in den Bann.

Reisekarte: ▶ E/F 4/5 bis B/C 3

Dauer: halber Tag

Charakter: Fahrt per Mietwagen mit zwei kurzen Abstechern zu Fuß.
Startpunkt: Waldparkplatz Las Mimbreras am Arroyo de El Cedro.
Einkehr: Restaurant Los Chorros de Epina, Carretera del Norte (GM-1) Km 46.5, Tel. 922 80 00 30, www.chorrosdeepina.com, tgl. 7.30–21.30 Uhr, Menü 10–15 €.

Zum Waldparkplatz Las Mimbreras zweigt von der Pflasterstraße nach El Cedro eine Piste ab (Schild: Arroyo de El Cedro), die anfangs durch finsteren Lorbeerwald führt. Dann wird die Landschaft trockener und heller: Baumheide fühlt sich hier zwischen den Lorbeerbäumen wohl. Stellenweise kann die Piste stark ausgewaschen sein. Normalerweise sind die 1,6 km mit einem Pkw zwar leicht zu bewältigen, doch es besteht bei Mietwagen kein Vollkaskoschutz. Für diejenigen,

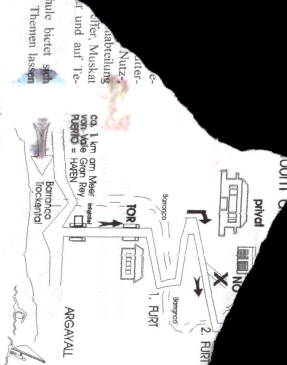

die lieber laufen möchten, gibt es eine Variante (s. u.).

Von einer Engländerin gestiftet

Der Spaziergang vom Parkplatz **Las Mimbreras** zum bedeutendsten Waldheiligtum La Gomeras dauert mit Rückweg ca. 20 Min. Von der Piste geht es einen Pfad rechts hinunter. Nach einer Kurve überspannt eine Holzbrücke den ganzjährig Wasser führenden Arroyo de El Cedro (*arroyo* = span. Bach). Auf der anderen Seite führt ein bequemer Waldweg weiter über Erdstufen hinab und wiederum über eine Holzbrücke. Dann ist auch schon die **Ermita de Lourdes** erreicht.

Eine Gedenktafel erinnert an die englische Stifterin Florencia Stephen Parry, die 1964 starb. Ihrer glühenden Marienverehrung verdanken die Bewohner des Tals die Erbauung der kleinen Wallfahrtskirche in den 1930er-Jahren. Das eigentliche, wenn auch weltliche Wunder dieses lauschigen Platzes mitten im Wald ist ein Baum mit einem Ast, aus dem stetig Wasser in einen Brunnen fließt. Findige Installateure haben eine Wasserleitung durch den Stamm des Baumes gelegt. Holzbänke, Tische und eine Grillstelle laden zur Rast ein.

Variante: Alternativ besteht die Möglichkeit, die Ermita de Lourdes ab der Pflasterstraße nach El Cedro zu Fuß zu erreichen. Dazu muss man nicht auf der Piste laufen. Nur wenig unterhalb von deren Abzweigung beginnt an der Straße ein ausgeschilderter Wanderweg (Ruta 2 des Nationalparks), der zur Ermita führt (mit Rückweg 45 Min.).

Ermita mit Aussicht

Eine weitere Stätte christlicher Verehrung, die vermutlich an einem Kultplatz der Guanchen entstand, ist die **Ermita de Las Nieves**. Sie erhebt sich östlich des Parque Nacional de Garajonay am Rand einer bewaldeten Kuppe. Mit dem Wagen ist sie von El Cedro über die Straßengabelung Cruce de La Zarcita zu erreichen, wo man links in die GM-2 (Carretera Dorsal) einbiegt. Noch vor der Degollada de Peraza zweigt dann links eine schmale Stichstraße zu der Ermita (ausgeschildert) ab.

Die hübsche kleine Wallfahrtskirche besitzt eine weiß getünchte Fassade, aus der geradezu keck die halb unter dem Anstrich verborgenen Natursteine der Mauer herausschauen. Der Innenraum ist normalerweise verschlossen, daher stellen die Gläubigen ihre Opfergaben – Blumenschmuck und brennende Kerzen – vor die Tür.

Neben dem Gebäude erstreckt sich eine geräumige Aussichtsterrasse mit weitem Blick über die Südhänge der Insel. Einmal im Jahr, am zweiten Sonntag im Oktober, nutzen Wallfahrer sie als Festplatz, um die Fiestas de la Virgen de la Salud zu begehen. Dann ist die Terrasse mit bunten Girlanden und Palmzweigen geschmückt, eine Band spielt, Zuschauer hocken auf der Mauer und in der Mitte schwingen Mutige das Tanzbein. Ansonsten kommen einheimische Familien auch an anderen Wochenenden, speziell im Sommer, zu dieser idyllischen Stelle, um hier den ganzen Tag beim Picknick zu verbringen. Diesem Zweck dienen die Tische im

Schatten riesiger Kiefern und die überdachten Grillstellen hinter der Kirche. Auch Wasser sprudelt dort, trinkbar ist es allerdings nicht.

Früher wurde die Statue der Virgen de la Salud, eine sehr sorgfältig gearbeitete Madonna im gotischen Stil, in der Ermita de Las Nieves aufbewahrt. Heute befindet sie sich aber die meiste Zeit des Jahres in der Iglesia de la Asunción in San Sebastián. Es heißt, Christoph Kolumbus habe sie persönlich nach La Gomera gebracht.

Liebeszauber im Lorbeerwald

Nun fährt man auf der Carretera Dorsal rund 20 km durch den Nationalpark nach Westen bis zur Straßengabelung Apartacaminos, und biegt dort rechts auf die GM-1 Richtung Vallehermoso ab. Zunächst geht es unter dem Kronendach des Lorbeerwalds weiter. Sobald er lichter wird, zweigt links ein Steinplattenweg ab (Schild: Chorros de Epina). Für Privatfahrzeuge ist er gesperrt. Man folgt ihm zu Fuß etwa 300 m bis zur **Ermita San Isidro**, dem Idealbild einer gomerischen Landkirche, deren ursprüngliche, schlichte Bauweise bewahrt blieb.

Rutschige Treppen führen von dort abwärts zu den wenige Schritte entfernten, mystischen Quellen **Chorros de Epina** (s. Abb. S. 270). Sie liegen idyllisch im Lorbeerwald verborgen, umgeben von Sitzgelegenheiten und Grillstellen. Eine Reihe ausgehöhlter Äste führt das Quellwasser in ein Becken. Dem Wasser werden magische Eigenschaften zugesprochen. Zum einen soll es heilende Wirkung haben, zum anderen beflügelt es angeblich die Liebe. Um Letzteres zu erreichen, dürfen – so will es der Volksmund – Frauen nur aus den Leitungen mit gerader Zahl trinken, Männer nur aus denen mit ungerader Zahl, jeweils von links nach rechts gezählt.

Dann winkt vor Ablauf eines Jahres die Hochzeit. Möchte eine Frau hingegen die Fähigkeiten einer Hexe erwerben, so soll sie aus den Rohren trinken, die eigentlich den Männern vorbehalten sind. Eine andere Überlieferung besagt, dass die ersten beiden Quellen der Gesundheit dienlich seien, die nächsten zwei die Liebe entfachen und Nummer fünf und sechs Glück bringen. Die siebte Quelle ist allerdings nach dieser Version den Hexen vorbehalten.

Ein Laubblatt als Beweis

Früher mussten die Dienstmädchen der wohlhabenden Familien aus Vallehermoso die Mühe auf sich nehmen, zu den Chorros de Epina hinaufzusteigen, um sauberes Trinkwasser zu holen. Zum Beweis, dass das Wasser tatsächlich aus den Gebirgsquellen stammte und nicht aus einem schmutzigen Brunnen in der Nähe der Stadt, mussten die Mägde ein frisches Blatt der Heberdenie (span. *aderno*) mitbringen, eines seltenen Baums des Lorbeerwaldes mit charakteristischen Blattnerven, der bei den Chorros de Epina zu finden ist.

Dieser Platz bei den Quellen war sicher schon den Ureinwohnern heilig, soll sich doch in der Nähe der Ermita San Isidro ein Bailadero bzw. Baladero befunden haben. An solchen Stellen trieben die Ureinwohner in Zeiten großer Trockenheit ihr Vieh zusammen, trennten die Jungtiere von ihren Eltern und ließen sie eine Zeitlang ohne Futter allein. Das Blöken (span. *balar*) der Tiere sollte die Götter mildtätig stimmen und es regnen lassen.

Zum Abschluss der Tour kommt das nahe gelegene, große Lokal **Los Chorros de Epina** wie gerufen. Es wird zwar mittags auch von Busgesellschaften angesteuert, doch Einzelreisende finden immer noch einen gemütlichen Platz; serviert wird einheimische Kost.

Alto de Garajonay !

▶ D 5

Mit 1487 m ist der Alto de Garajonay La Gomeras höchster Gipfel. Da er sich eher flach präsentiert und kaum über die Bergwelt des Nationalparks hinausragt, kann er relativ leicht bestiegen werden. Dennoch bietet er einen großartigen Panoramablick über grüne Hänge und Täler bis zu den Nachbarinseln Teneriffa, El Hierro und La Palma. Bei guter Sicht ist sogar Gran Canaria zu sehen.

Im Glauben der Ureinwohner spielte der Berg eine besondere Rolle. Sie sahen ihn als Verbindungsstelle zwischen dem Irdischen und dem Himmlischen an. Prähistorische Ruinen am Gipfel verweisen auf eine zu rituellen Zwecken errichtete Anlage. Am Alto de Garajonay trafen die Grenzen der vier vorspanischen Stammesgebiete zusammen. Wurde ein Inselbewohner verfolgt, gewährte ihm der sakrale Bereich, in dem jegliche Kampfhandlungen untersagt waren, Sicherheit vor seinen Widersachern. Alle Stämme respektierten dieses Gebot. Auch wurden offenbar Verträge und Allianzen hier vereinbart und sogar Ehen geschlossen.

An einem bestimmten Tag des Jahres trafen sich alle Ureinwohner La Gomeras auf dem Berg, um ihrer höchsten Gottheit Milch, Honig und Schmalz zu opfern. Sie gossen oder schmierten die Substanzen zwischen Steine und warteten, bis sie in der Sonne geronnen oder geschmolzen waren. Archäologen deuten außerdem einen Teil der Ruinen am Alto de Garajonay als Altäre, auf denen die Guanchen junge Ziegen verbrannten, um die Gottheit gnädig zu stimmen. Auch einen Sonnenkult praktizierten sie vielleicht. Ein Hinweis darauf könnte sein, dass früher am Gipfel eine Felsritzung mit Sonnenrad-Motiv existierte, die jedoch beim Bau der Aussichtsplattform zerstört wurde. Der Name Garajonay bezieht sich auf eine Liebesgeschichte mit tragischem Ende, die sich hier – ebenfalls in vorspanischer Zeit – ereignet haben soll (s. S. 75).

Kurzwanderung zum Alto de Garajonay ▶ D 5

Rundweg; Dauer: 1 Std.; leicht, bei Nässe aber z. T. rutschig; etwa 150 Höhenmeter im Auf- und Abstieg; Schilder und weiß-grüne Markierungen der Ruta 7 des Nationalparks

Der Rundweg beginnt an der Carretera Dorsal, am Wanderparkplatz **El Contadero**. Auf der gegenüberliegenden Straßenseite weist ein Schild Richtung Alto de Garajonay, einen breiten Pflasterweg bergan. Schon nach wenigen Metern geht dieser in eine Forstpiste über, die man nach 15 Min. linker Hand verlässt, um in einen schmalen Pfad einzubiegen. Der Pfad passiert zwei **Miradores** mit Blick auf die größere Nachbarinsel Teneriffa. Im weiteren Verlauf folgt es einem sanft ansteigenden Kamm, rechts ist La Palma zu erkennen und links die Straßenabzweigung Pajarito.

An einer folgenden Gabelung, dort, wo die Ruta 18 nach links zum Cruce de Pajaritos abbiegt, hält man sich rechts. Ein kleiner Taleinschnitt wird durchschritten, dann ist bald der durch Antennen markierte Gipfel des **Alto de Garajonay** erreicht (30 Min.).

Um zum Ausgangspunkt zurückzukehren, wandert man an der Steinhütte mit den Antennen vorbei und trifft auf eine Piste, der man nach rechts folgt. Eine Abzweigung

Im Nationalpark

Der Parque Nacional de Garajonay kurz vor der ›Nachtruhe‹

nach links (Ruta 14 Richtung Laguna Grande) wird ignoriert. Geradeaus kommt man an der Stelle vorbei, wo man auf dem Hinweg die Piste verlassen hatte. Nun ist es nicht mehr weit bis **El Contadero** (1 Std.).

Laguna Grande ▶ D 4

Über die Laguna Grande (›große Lagune‹) kursieren auf La Gomera zahlreiche Legenden. Oft handeln sie von Hirten, die sich verlaufen hatten und die Nacht auf dieser mystischen Lichtung verbringen mussten. Sie berichteten von unheimlichem Gelächter, von Hexen, die ekstatisch tanzten, und davon, dass sie mit Steinen beworfen wurden. Im Gebiet von Laguna Grande, so wird berichtet, können sich Wanderer auch am helllichten Tage bei Sonnenschein verlaufen. Unartigen Kindern drohte man früher damit, sie in einen Sack zu stecken und zur Laguna Grande zu bringen. Vermutlich stellten christliche Missionare den Ort gerne als verhext dar.

Für die Ureinwohner La Gomeras war die recht weitläufige Lichtung auf jeden Fall eine wichtige Station auf dem Weg quer über die Insel, wo die Hirten genügend Platz fanden, um ihr Vieh zusammenzutreiben. Aber die Lagune diente auch als Kultplatz. Genau in der Mitte des Kraters steht ein Felsblock, den Archäologen als prähistorischen Menhir deuten. In unregelmäßigen Abständen meißelten die Guanchen insgesamt 22 Löcher (sogenannte Näpfchen) in seine Oberfläche. Vermutlich nutzten sie die Kuhlen für Flüssigkeitsopfer wie Milch oder Blut.

Aus geologischer Sicht ist die Laguna Grande ein ehemaliger, fast völlig

Laguna Grande

zugeschwemmter Vulkankrater. Nur nach sehr starken Regenfällen bildet sich vorübergehend ein flacher See. Einen Tag später ist das Wasser dann bereits wieder versickert. Auf der einstigen Kraterfläche hat die Nationalparkverwaltung zwei gut ausgestattete Abenteuer-Spielbereiche für Kinder angelegt. Rundum stehen am Waldrand schattige Picknicktische sowie Grill- und Wasserstellen zur Verfügung. Bei den zwei gemauerten Backöfen und der Weinpresse handelt es sich hingegen um Dekoration.

Abstecher zu Miradores im Norden ▶ D/E 3/4

Durch dichten Lorbeerwald führt eine schmale, wenig befahrene Nebenstrecke von **Laguna Grande** nach Las Rosas. Um den ›richtigen‹ Lorbeerwald, also nicht den viel häufigeren Fayal-Brezal, bequem vom Auto aus kennenzulernen, lohnt es sich, dieser 9 km langen Straße zu folgen. Ohne allzu unangenehme Kurven windet sie sich allmählich einen Bergrücken hinab und passiert zwei schöne Aussichtspunkte: Der **Mirador de Vallehermoso** liegt noch im Gebiet des Nationalparks, in ca. 1000 m Höhe. Er bietet einen Blick ins Tal von Vallehermoso und zur gegenüberliegenden Cumbre de Chijeré.

Ein Stück weiter wird der **Mirador Montaña del Dinero** erreicht. Von hier ergibt sich ein herrlicher Blick auf die dicht von Lorbeerwald überzogenen Bergkuppen des Nordabhangs der Insel. Die etwa 900 m hoch gelegene Aussichtsterrasse selbst umgibt allerdings Fayal-Brezal. Recht häufig wächst ringsum auch die durch ihren weißen Stamm charakterisierte Kanarische Stechpalme.

Aktiv

Die Nationalparkverwaltung veranstaltet ab Laguna Grande fachkundig geführte und individuell auf die Teilnehmer abgestimmte **Exkursionen durch den Lorbeerwald** (ganzjährig jeden Fr, Juli–Sept. auch Mi). Obligatorische Anmeldung einen Tag vorher persönlich im Centro de Visitantes Juego de Bolas bei Las Rosas oder unter Tel. 922 80 12 29 (Mo–Fr 9–16.30 Uhr), Infos unter www.reservasparquesnacionales.es. Die Teilnahme ist gratis.

Infos

Punto de Información: Di–So 8.30–16.30 Uhr, 25.12. u. 1.1. geschl. Informationsstelle der Nationalparkverwaltung in einem Pavillon neben dem Parkplatz von Laguna Grande. Hier erfährt man alles über die 18 markierten Wanderwege im Park und erhält einen Routenplan mit deutscher Beschriftung ▷ S. 279

Unser Tipp

Deftige Kost
Die Bar des Ausflugslokals **Laguna Grande** bietet für den kleinen Hunger *almogrote* mit Brot oder *almendrados*, ein typisches Mandelgebäck. Nebenan im *comedor* (Speiseraum) wird man richtig satt und speist zudem vortrefflich. Viele Gomeros schätzen die familiäre Atmosphäre und veranstalten hier private Feiern oder Geschäftsessen (Tel. 922 69 70 70, www.laguna-grande.es, tgl. geöffnet, auch an Feiertagen, Snacks 2,50–7 €, Hauptgerichte 7–10 €).

Auf Entdeckungstour:
Im grünen Dschungel

Ein Lehrpfad bei Laguna Grande führt durch den Monteverde, den üppigen Urwald des Nationalparks Garajonay. Thematisiert werden der ›richtige‹ Lorbeerwald und der trockenere Waldtyp Fayal-Brezal. Auch über die Tierwelt erfährt man Interessantes.

Reisekarte: ▶ D 4
Dauer: 1 Std.
Charakter: Waldspaziergang ohne besondere Schwierigkeiten. Markierung: Ruta 3 des Nationalparks. Am späteren Vormittag (ca. 11–12 Uhr) sowie am Nachmittag (ca. 15–16 Uhr) sind meist größere Reisegruppen dort unterwegs, besser also andere Zeiten wählen.
Start- und Endpunkt: Punto de Información de La Laguna Grande, s. a. S. 275.

Hinter dem Pavillon der Nationalparkverwaltung, gleich links neben dem Restaurant, kennzeichnet eine Informationstafel den Beginn eines kurzen Waldlehrpfads. Er ist breit und bequem angelegt und wird von Geländern gesäumt. Von links kommen kurz hintereinander zwei weitere Wege vom Picknickgelände herauf. Acht in unregelmäßigen Abständen aufgestellte Tafeln geben in spanischer und englischer Sprache Auskunft über Besonderheiten am Wegesrand.

Ein Wald, der hart im Nehmen ist

Die erste Tafel (an der zweiten Einmündung von links) vermittelt Wissenswertes über den **Fayal-Brezal**, der die exponierteren, extremerem Klima ausgesetzten Zonen der Insel bedeckt und einen der wesentlichen Waldtypen im Nationalpark darstellt. Er ist weniger artenreich als auf den ersten Blick recht ähnliche Lorbeerwald und wird von zwei niedrigen Baumarten beherrscht, dem Gagelbaum *(faya)* und der Baumheide *(brezo)*. Beide vertragen mehr Trockenheit und auch größere Temperaturunterschiede als die Lorbeerarten. Daher lösen sie den Lorbeerwald auf trockeneren Bergrücken, an den südlichen Abhängen des Gebirges sowie in Höhen oberhalb 1200 m ab.

Das Kronendach des Fayal-Brezal ist nicht besonders dicht. Daher können unter den Bäumen Kräuter wie der **Kanarische Storchschnabel** gedeihen. Im Frühjahr (April bis Anfang Mai) verwandelt sich der Waldboden in einen Blütenteppich.

Nur ein Hauch Lorbeerduft

Gleich darauf weist eine Tafel linker Hand auf den **Azoren-Lorbeer** *(Laurus azorica)* hin, einen engen Verwandten des wohlbekannten Gewürzlorbeers aus dem Mittelmeerraum. Seine Blätter riechen allerdings viel weniger intensiv. Dennoch ist er auf La Gomera traditionell Bestandteil einer Kräuterbeize, in der Fleisch von Rind, Schwein und Kaninchen vor dem Schmoren eingelegt wird. Der Azoren-Lorbeer gedeiht eher an den nach Norden gerichteten Hängen, die öfter von Wolkennebel bedeckt sind, und bildet dort gemeinsam mit einigen selteneren Arten den eigentlichen **Lorbeerwald** (span. *laurisilva*). Immerhin findet er sich aber im Fayal-Brezal sporadisch im Unterwuchs, da er dort von den Kronen der anderen Bäume vor allzu viel Sonneneinstrahlung geschützt wird. Es handelt sich um eine zweihäusige Art, d. h. es gibt männliche und weibliche Exemplare. Die Blätter sind glatt und von einem charakteristischen ›Lorbeergrün‹. Wie Oliven sehen die ungenießbaren Früchte aus.

Die nächste Art, die vorgestellt wird, ist die **Kanarische Stechpalme** *(Ilex canariensis)*, die sowohl im Lorbeerwald als auch – allerdings weniger häufig als Baumheide und Gagelbaum – im Fayal-Brezal vorkommt. Sie ist an ihrer weißlichen Rinde zu erkennen. Die schönen roten Früchte dienen einen Großteil des Jahres als wichtige Nahrung für die Vogelwelt.

Es grünt so grün

Auch über den Zusammenhang von Wald und Wasser erfährt man viel Wissenswertes. Reichlich Feuchtigkeit, für die ein dichter Teppich aus Farnen, Moosen und Flechten am Boden und an den Baumstämmen Zeugnis ablegt, ermöglicht überhaupt erst das Wachsen und Gedeihen des **Monteverde** (wörtl.: grüner Berg). So bezeichnen die Canarios traditionell den Lorbeerwald und den Fayal-Brezal zusammenfassend.

Das Reich des Monteverde sind die Höhen oberhalb von 500 m auf den westlichen Kanareninseln. Die üppigen, immergrünen Wälder sind auf den Nebelniederschlag der Passatwolken angewiesen. Der Passatwind weht stetig aus Nordost und nimmt auf seinem Weg über den Atlantik reichlich Feuchtigkeit auf. An den Bergen im Inneren der Inseln kommt es dann zur Kondensation und Wolkenbildung.

Pflanzen, die Besitz ergreifen
Der häufigste Baum des Monteverde auf den Kanaren ist die **Baumheide**. Man erkennt sie an ihren kleinen, nadelähnlichen Blättern. Der Baum, dessen lateinischer Name *Erica arborea* lautet, ist sehr trockenheitsresistent und kann abgeholzte Gebiete schnell wieder bewalden. Daher ist er im Nationalpark eine der dominanten Arten in den Höhenzonen und an den trockeneren Südhängen.

Nun wird eine Gabelung erreicht. Man wendet sich nach rechts und trifft sogleich bei einer weiteren Tafel auf den **Gagelbaum** *(Myrica faya)*. Auch er zählt zu den im Monteverde besonders häufig anzutreffenden Pflanzenarten. Seine Ansprüche an Feuchtigkeit sind größer als die der Baumheide, weshalb er auch in Lorbeerwaldgebiete eindringt. Dort kann er große Höhen erreichen. Er hat relativ kleine, leicht gezähnte Blätter und ist auch an seiner runzeligen Rinde zu erkennen. Seine Früchte, die auf La Gomera *creces* heißen, erinnern entfernt an kleine Brombeeren und sind essbar, allerdings eher neutral im Geschmack. In Notzeiten dienten sie früher als Nahrungsmittel. Wie beim Azoren-Lorbeer gibt es beim Gagelbaum ebenfalls maskuline und feminine Pflanzen.

Es kreucht und fleucht
Eine weitere Tafel des Lehrpfads erklärt die Fauna des Nationalparks, die von Natur aus sehr artenarm ist und sich bei den Wirbeltieren auf Vögel und Fledermäuse beschränkt. Besonders interessant sind die scheuen Waldtauben, die sich von den fleischigen Früchten der Lorbeerbäume ernähren: **Bolles Lorbeertaube** *(Columba bollii)* lebt in dichten Wäldern, während die **Weißschwanz-Lorbeertaube** *(Columba junoniae)* offenere Felswände bevorzugt. Früher wurden die Tauben durch Jagd stark dezimiert, heute sind sie aber dank strenger Schutzmaßnahmen wieder häufiger zu beobachten. Im Lorbeerwald lebt außerdem der **Buchfink** und im Baumheidegebüsch ein enger Verwandter unseres Wintergoldhähnchens. Die weniger spektakulären wirbellosen Tiere – Insekten, Spinnen, Mollusken – sind im Nationalpark übrigens mit mehr als 1000 Arten vertreten, wobei ein hoher Anteil endemisch ist, also nur auf La Gomera vorkommt.

Tafelberg und Picknickplatz
Sehr anschaulich wird auch die Entstehung der **Fortalezas**, der gomerischen Tafelberge (s. z. B. Fortaleza de Chipude S. 155) dargestellt. Vom **Mirador de Cherelepín**, wo eine Infotafel steht, sieht man – durch in die Höhe geschossene Baumheide allerdings fast verstellt – die Fortaleza de Cherelepín, einen der höchsten Punkte der Bergwelt im Inselinneren.

Der Weg beschreibt eine Schleife zurück zu der Gabelung, von wo der Ausgangspunkt schnell wieder erreicht ist. Wer Proviant mitführt, kann diesen jetzt auf dem Picknickplatz von Laguna Grande verzehren. Ansonsten bietet sich das gleichnamige Restaurant (s. S. 275) zur Einkehr an.

(gratis). Schautafeln befassen sich mit Natur und traditioneller Nutzung der Gebirgsregion von La Gomera. Große Panoramafenster erlauben Einblicke in den benachbarten Lorbeerwald auch bei Regen und Nebel, wenn niemand draußen herumlaufen mag.

Jardín de Las Creces und Umgebung

▶ C 3/4

An der Carretera Dorsal zwischen Apartacaminos und Cruce de Las Hayas weist an einer Parkbucht ein Schild Richtung Las Creces, womit im engeren Sinn ein idyllisch gelegener Picknickplatz mit Tischen und Grillstellen gemeint ist. Dieser ist zu Fuß in einer Viertelstunde auf einem breiten Forstweg (als Fernwanderweg GR 131 markiert) erreicht. Um den Platz wachsen zahlreiche Gagelbäume *(fayas)*, deren Früchte *(creces)* im Herbst reifen und dem Waldgebiet ihren Namen gaben.

Rundwanderung Las Creces ▶ C 3/4

Dauer: 1.30 Std.; leicht; Ab- und Wiederanstieg von je 100 Höhenmetern; beschildert und weiß-grün markiert als Ruta 5 des Nationalparks

Man läuft zunächst zu dem Picknickgelände (s. o.) und dort auf dem Forstweg (GR 131) weiter, der jetzt eine Rechtskurve beschreibt. Ohne nennenswerte Höhenunterschiede verläuft die Tour durch Lorbeer-, Baumheide- und Gagelwald. Nach etwa 45 Min. zweigt der GR 131 als Pfad nach links ab, Richtung Las Hayas. Wer nicht motorisiert ist, kommt dort zu einer Bushaltestelle. Für die Rundwanderung bleibt man aber auf dem Hauptweg (Ruta 5 in umgekehrter Richtung). In einem dicht bewaldeten Tal führt dieser zunächst abwärts. An einer folgenden Einmündung weist links ein Schild nach Arure. Man wendet sich aber nach rechts, um zum Picknickplatz und von dort auf dem bereits bekannten Forstweg zur Straße zurückzukehren.

Kurzwanderung entlang der Risquillos de Corgo

▶ C 3

Rundweg; Dauer: ca. 30 Min.; leicht, aber Trittsicherheit auf bei Nässe rutschigen Abschnitten und eine gewisse Schwindelfreiheit erforderlich; festes Schuhwerk ratsam; ca. 50 Höhenmeter im Ab- und Aufstieg; beschildert und weiß-grün markiert als Ruta 12 des Nationalparks

Diese kurze Tour bietet Gelegenheit, ohne großen Zeitaufwand einen besonders urwüchsigen Teil des Lorbeerwaldes zu erleben. Ausgangspunkt ist der **Raso de la Bruma** (wörtlich etwa ›Nebelfeld‹), ein kleiner Picknickplatz an der Straße GM-2 zwischen Cruce de Las Hayas und Apartacaminos. Die Wanderung beginnt auf der nördlichen Straßenseite (Schilder: Las Creces, Vallehermoso). Dort gibt es in begrenztem Umfang Parkbuchten, außerdem Tische und Bänke.

Knorrige Bäume, steile Klippen

Anfangs säumen Steine den Weg, der in den Lorbeerwald hineinführt. Doch bald wird der Verlauf unübersichtlicher, daher hier ein paar Hinweise: In einigen Kehren geht es zunächst kurz bergauf, dann auf

Im Nationalpark

ebener Strecke parallel zur Straße. Wenig später wendet sich der Weg von der Straße ab und steigt erneut leicht an. Schon nach 5 Min. Gehzeit beginnt der Abstieg durch die **Risquillos de Corgo,** zunächst sanft, dann steiler. Hier ist der Wald besonders dicht, mit auffällig knorrigen Lorbeerbäumen. Bei den Risquillos (span. *risco* = Klippe) handelt es sich um schmale, dicht überwucherte und mit einer dicken Laubschicht bedeckte Felsklippen, die linker Hand steil abfallen.

Zum Raso de la Bruma zurück

An einer Lichtung mit Wegweisern (10 Min.) trifft der Fernwanderweg **GR 131** hinzu, der steil von Vallehermoso heraufkommt. Hier ergibt sich ein schöner Blick zur Nordseite von La Gomera. Rechts ist Las Creces ausgeschildert. Dort folgt man dem GR 131 aufwärts. Auch dieser Wegabschnitt ist stellenweise recht schmal, Schwindelgefühle sollten aber eigentlich nicht aufkommen. Nach ein paar weiteren Minuten öffnet sich der Blick links noch einmal auf das Tal von Vallehermoso. Kurz darauf ist dann auch schon die Carretera Dorsal erreicht (20 Min.). An ihr entlang wendet man sich rechts zurück zum Ausgangspunkt am **Raso de la Bruma** (30 Min.) und kann unterwegs mit etwas Glück sogar eine der scheuen Lorbeertauben beobachten, die sich in diesem Teil des Nationalparks häufiger aufhalten.

Variante

Die Tour lässt sich mit der Rundwanderung Las Creces (s. S. 279) kombinieren. Der GR 131 leitet zu dieser über, man hält sich also auf der Straße nicht rechts, sondern ca. 100 m nach links und findet dort den Einstieg in Ruta 5.

Kurzwanderung in die Cañada de Jorge ▶ C 3/4

Dauer: hin und zurück ca. 45 Min.; leicht, aber Trittsicherheit erforderlich und festes Schuhwerk ratsam

Ausgangspunkt für diesen Abstecher ist ebenfalls der **Raso de la Bruma** (s. S. 279). Diesmal wendet man sich allerdings von der Straße aus nach Süden (Schilder: Cañada de Jorge, Arure). Ein gewaltiger, uralter Lorbeerbaum flankiert den Einstieg.

Zur Cañada de Jorge

Leicht bergab führt der Pfad südwärts durch hochstämmigen dunklen Lorbeerwald. Die Bäume sind dicht mit Moos und Flechten bewachsen. Schon bald gesellt sich im Unterwuchs vereinzelt Baumheide dazu, häufig sind auch Holunderbüsche zu sehen. Weiter unten herrscht dann Gagel-Baumheidewald (Fayal-Brezal) vor.

Immer steiler wird der Abstieg. Der Weg kann an einigen Stellen rutschig sein, teilweise sind Stufen angelegt. Nach ca. 20 Min. Abstieg trifft man auf eine Schlucht, die **Cañada de Jorge** (s. Lieblingsort S. 282), die sich zu einer winzigen Lichtung erweitert Diese Stelle diente früher als Viehtränke. Obwohl heute kein Wasser mehr fließt, da es durch Rohrleitungen in die nahe gelegenen Dörfer geführt wird, ist es hier dennoch sehr feucht. Freunde von Farnen werden sich über die sehr zahlreich wachsende *Woodwardia* (Wurzelnder Kettenfarn) freuen, den größten wild wachsenden Vertreter dieser Pflanzengruppe auf den Kanaren. Ansonsten kann man an der Cañada de Jorge angenehm im Schatten sitzen und einfach die Seele baumeln lassen. Für Picknickreste steht ein Mülleimer bereit.

Der Weg verbreitert sich an der Cañada de Jorge und führt weiter hinab nach Arure. Wer seinen Wagen an der Carretera Dorsal geparkt hat, kehrt auf dem schon bekannten Anmarschweg zurück zum **Raso de la Bruma**.

Infos

Busse: Linie 4 Vallehermoso – La Dama (Mo–Fr 2 x tgl.) hält an der Straßengabelung Apartacaminos und am östlichen Ortsrand von Las Hayas (dort stoppt auch Linie 1).

An der Straße zum Valle Gran Rey

Mirador de Alojera ▶ B 3

Nicht weit von Los Barranquillos, ein Stück weiter an der GM-1 Richtung Arure, liegt dieser ausgeschilderte Aussichtspunkt. Von einer Parkbucht ist er in 2–3 Min. zu Fuß erreicht. Bei günstiger Wetterlage zeigen sich zwei Nachbarinseln am Horizont: links El Hierro, geradeaus über den Ort Alojera hinweg La Palma. In der Umgebung wächst Fayal-Brezal, also ein Mischwald – oder eher ein Gebüsch – aus Gagelbaum und Baumheide.

Kurzwanderung bei Los Barranquillos ▶ B 3

Rundweg; Dauer: ca. 30 Min.; leicht; beschildert und weiß-grün markiert als Ruta 4 des Nationalparks
Ausgangspunkt für diesen Abstecher ist der Parkplatz **Piedras Hincadas** an der GM-1 zwischen der Gabelung Apartacaminos und Arure. Gegenüber dem Schild »Los Barranquillos« führt dort die Ruta 4 als breiter Weg in den Wald. Nummerierte Pfosten machen auf interessante Stellen aufmerksam.

Hinter dem Pfosten Nr. 2 wachsen zahlreiche dickstämmige Heidebäume, die hier eine Höhe von immerhin etwa 8 m erreichen. Dazwischen breitet sich der Azoren-Lorbeer mit etwa fingerlangen und 2 cm breiten, dunkelgrünen Blättern aus. Die Stämme und Äste der Bäume sind aufgrund der häufig extremen Luftfeuchtigkeit mit Moos und Flechten überzogen. Schön sind auch die Baumpilze an den knorrigen Stämmen. Am Pfosten Nr. 3 ließ die Nationalparkverwaltung einen traditionellen Pferch nachbauen. Bis in die 1940er-Jahre wurde das Vieh, vorwiegend Schafe, in den Wäldern in solche Mauerringe gesperrt.

Blick auf die Nachbarinseln

Nach 10 Minuten geht es an einer Weggabelung links entlang. Der Weg führt aus dem Wald hinaus und verläuft durch niedriges Gebüsch, das von Montpellier-Zistrosen durchsetzt ist, erkennbar sind sie an ihren schmalen spitzen Blättern. Im Frühjahr tragen sie weiße Blüten, die denen der Heckenrose ähneln. Gleich hinter Pfosten Nr. 4 befindet sich ein **Mirador:** Links ist die Insel El Hierro zu sehen. Geradeaus, leicht rechts, ragt La Palma aus dem Atlantik.

Ab hier wird der Weg etwas steiniger, führt leicht bergab und dann wieder bergauf. An sonnigen Tagen spenden gewaltige Exemplare der Baumheide Schatten. Vorwiegend junge Lorbeerbäume wachsen im Unterholz, die alten Exemplare wurden in Zeiten vor der Einrichtung des Nationalparks abgeholzt. An der schon vom Hinweg bekannten Gabelung wandert man links zurück zum Parkplatz.

Lieblingsort

**Mitten im Lorbeerwald –
Cañada de Jorge** ▶ C 3/4
Geheimnisvolle Pfade durchziehen
den Nationalpark Garajonay. Einer
davon, die Cañada de Jorge, führt
als Hohlweg durch den Dschungel.
Pflanzengewirr verwehrt den Blick
um die nächste Kurve und so ist
es immer wieder überraschend,
welche knorrigen Baumungetüme
oder urweltlich anmutenden Farne
wohl dahinter auftauchen werden.
Oft tropft Regenwasser aus dem
Kronendach oder das ganze Gebiet
hülllt sich in dichten Nebel. Doch
wen stört das schon angesichts
des Abenteuers, den einmaligen
Lorbeerwald zu durchwandern?
Und im Anschluss wartet ja nur
wenige Kilometer entfernt die
sonnige Küste (s. auch S. 280).

Sprachführer

Kanarisches Spanisch

Selbst wer etwas Spanisch kann, wird seine Mühe haben, die Kanarier zu verstehen, denn sie sprechen ›atlantisches Spanisch‹, d. h. statt des kastilischen Stakkato einen weich-melodischen Singsang. Während im Kastilischen, dem reinen Spanisch, das ›c‹ (vor e und i) und das ›z‹ wie das englische ›th‹ ausgesprochen werden, heißt es bei den Kanariern wie bei den Lateinamerikanern einfach nur ›s‹. Konsonanten zwischen Vokalen und am Ende des Wortes werden prinzipiell weggelassen: So klingt todos (alle) wie ›to-o‹, Los Llanos wird zu ›Lo Llano‹ verkürzt.

Konsonanten:

c	vor a, o, u wie k, z. B. casa; vor e, i wie s
ch	wie tsch, z. B. chico
g	vor e, i wie deutsches ch in Dach, z. B. gente
h	wird nicht gesprochen
j	wie deutsches ch, z. B. jefe
ll	wie deutsches j, z. B. llamo
ñ	wie gn bei Champagner, z. B. niña
qu	wie k, z. B. porque
y	am Wortende wie i, z. B. hay; sonst wie deutsches j, z. B. yo
z	wie s

Begrüßung/Verabschiedung

Guten Tag (nachmittags:)	Buenos días, Buenas tardes
Hallo	Hola
Ich bin aus …	Soy de …
Deutschland,	Alemania,
Österreich,	Austria,
Schweiz	Suiza
Auf Wiedersehen	Adiós
Bis bald	Hasta luego

Allgemeines

Danke (sehr)	(Muchas) gracias
Entschuldigung	Perdón
ja/nein	si/no
zu klein/ zu groß	Demasiado pequeño/grande
Gefällt mir nicht	No me gusta
mehr/weniger	más/menos

Unterkunft

Doppelzimmer	habitación doble
Einzelzimmer	habitación individual
mit Dusche/Bad	con ducha/baño/
Balkon	balcón
Halbpension/ Vollpension	media pensión/ pensión completa
Frühstück	desayuno
Mittagessen	almuerzo
Abendessen	cena
Es gibt kein/	No hay/
Ich habe kein …	No tengo …
Handtuch	toalla
Wasser	agua
Toilettenpapier	papel higiénico

Im Restaurant

Die Speisekarte bitte	La carta, por favor
Was empfehlen Sie?	¿Qué recomienda?
Weinkarte	lista de vinos
Eine halbe Flasche von …	media botella de…
Ein Glas …	un vaso de…
Öl, Pfeffer, Salz	aceite, pimienta, sal
Die Rechnung bitte	La cuenta, por favor

Unterwegs

Tankstelle	gasolinera
Benzin/Super	gasolina/super
Voll, bitte	Lleno, por favor
Abschleppdienst	grúa
Werkstatt	taller de reparaciones
Bus	guagua
Haltestelle	parada
Ankunft	llegada
Abfahrt	salida
Postamt	correos
Bahnhof/Flughafen	estación/aeropuerto
Auskunft	información

Im Krankheitsfall

Magenschmerzen	dolores de estómago
Durchfall	diarrea
Notfall	emergencia
Krankenhaus	hospital, clínica
Sprechstunde	horas de consulta

Wochentage

Sonntag	domingo
Montag	lunes
Dienstag	martes
Mittwoch	miércoles
Donnerstag	jueves
Freitag	viernes
Samstag	sábado

Zeit

Um wie viel Uhr?	¿A qué hora…?
heute	hoy
morgen	mañana
gestern	ayer
morgens	por la mañana
mittags	al mediodía
nachmittags	por la tarde
diese Woche	esta semana

Zahlen

0	cero	17	diecisiete
1	uno	18	dieciocho
2	dos	19	diecinueve
3	tres	20	veinte
4	cuatro	21	veintiuno
5	cinco	30	treinta
6	seis	31	treinta y uno
7	siete	40	cuarenta
8	ocho	50	cinquenta
9	nueve	60	sesenta
10	diez	70	setenta
11	once	80	ochenta
12	doce	90	noventa
13	trece	100	cien
14	catorce	200	doscientos/as,
15	quince	500	quinientos/as
16	dieciséis	1000	mil

Die wichtigsten Sätze

Allgemeines

Ich spreche kein Spanisch.	No hablo español.
Sprechen Sie Deutsch, Englisch?	¿Habla alemán, inglés?
Ich heiße …	Me llamo …
Wie heißt du/ Wie heißen Sie?	¿Cómo te llamas? ¿Cómo se llama?
Wie geht's?	¿Qué tal? ¿Cómo estás?
Danke, gut.	Muy bien, gracias.
Wie viel Uhr ist es?	¿Qué hora es?

Unterwegs

Wo ist …?	¿Dónde está …?
Wie komme ich nach …?	¿Por dónde se va a …?
Wie lange brauche ich bis …?	¿Cuánto tiempo necesito a …?
Wann kommt …?	¿Cuándo llega…?

Notfall

Ich brauche einen Arzt	Necesito un médico.
Mir tut es hier weh.	Me duele aquí.

Übernachten

Haben Sie ein Zimmer frei?	¿Tiene una habitación libre?
Wie teuer ist es?	¿Qué precio tiene?
Haben Sie ein ruhigeres Zimmer?	¿Tiene una habitación más tranquila?

Einkaufen

Was kostet …?	¿Cuánto cuesta…?
Haben Sie …?	¿Tiene usted…?
Kann ich das (an)probieren?	¿Puedo probar (melo)?
Kann ich … umtauschen?	¿Puedo cambiar…?

Kulinarisches Lexikon

Frühstück (desayuno)

churros con chocolate	Fettgebäck mit Trinkschokolade
embutidos	Wurstwaren
fiambres	Aufschnitt
huevo	Ei
huevo frito	Spiegelei
huevo revuelto	Rührei
jamón	Schinken
leche	Milch
mantequilla	Butter
miel	Honig
pan	Brot
panecillo	Brötchen, Semmel
queso tierno (fresco)	Frischkäse
queso duro (curado)	Hartkäse
rebanada	Schnitte, Scheibe
tortilla	Omelett mit Kartoffeln

Getränke (bebidas)

café solo	Espresso
café cortado	Espresso mit Milch
café con leche	Milchkaffee
caña	Bier vom Fass
cerveza	Bier
guindilla	Sauerkirschlikör auf Rumbasis
hielo	Eis in Getränken
vino blanco	Weißwein
vino rosado	Roséwein
vino tinto	Rotwein
vino seco	trockener Wein
vino de mesa	Tischwein
zumo	frisch gepresster Saft

Suppen (caldos)

cocido	gekocht, Eintopf
consomé	Kraftbrühe
escaldón	Gofio-Gemüsebrühe
gazpacho	kalte Gemüsesuppe
potaje	Gemüseeintopf
puchero	Gemüseeintopf mit Fleisch

Beilagen (guarniciones)

arroz	Reis
gofio	Speise aus geröstetem Getreide
papas arrugadas	›Runzelkartoffeln‹
papas fritas	Pommes frites
pastas	Nudeln

Gewürze (especias)

aceite de oliva	Olivenöl
azúcar	Zucker
mostaza	Senf
pimienta	Pfeffer
sal, salado	Salz, salzig
vinagre	Essig

Gemüse (legumbres)

ajo	Knoblauch
alcachofa	Artischocke
batata	Süßkartoffel
berenjena	Aubergine
garbanzo	Kichererbse
guisante	Erbse
hierbas	Kräuter
hongos/setas	Pilze
judías verdes	grüne Bohnen
lechuga	grüner Salat
papa	Kartoffel
pepino	Gurke
perejil	Petersilie
pimiento	Paprika
zanahorias	Karotten

Fleisch (carne)

albóndigas	Fleischbällchen
asado	Braten, gebraten
aves	Geflügel
bistec	Beefsteak
cabra, cabrito	Ziege, Zicklein
carajaca	Leber in Pfeffersoße
chuleta	Kotelett
cochinillo	Spanferkel
conejo	Kaninchen
cordero	Lamm
escalope	Schnitzel

estofado	Schmorbraten
gallina	Huhn
guisado	Schmorfleisch
lomo	Lende
pato	Ente
picadillo	Gehacktes
pollo	junges Huhn
parrillada	vom Grill, Grillplatte
salchichas	kleine Bratwürste
solomillo	Filet
de cerdo	vom Schwein
de res	vom Rind
de ternera	vom Kalb
de vaca	vom Rind

Zubereitungen

ahumado	geräuchert
a la plancha	auf heißer Metallplatte gegart
bien hecho	durchgebraten
blando	mild, weich
con mojo picón (rojo)	mit scharfer Soße
con mojo verde	mit Kräutersoße
empanado	paniert
frito	gebacken, gebraten
maduro	reif
manteca de cerdo	Schweineschmalz
medio hecho	halb durchgebraten
nata	Sahne, Rahm
sabroso	saftig, schmackhaft
salsa	Soße
tierno	zart, weich

Fisch und Meeresfrüchte (pescado y frutas del mar)

almeja	Venusmuschel
atún	Thunfisch
bacalao	Kabeljau
bogavante	Hummer
bonito	kleine Thunfischart
caballa	Makrele
calamares (en su tinta)	Tintenfische (in der eigenen Tinte)
camarones	kleine Krabben
cangrejo	Krebs
cigala	kleine Languste
dorada	Goldbrasse
gambas	Garnelen
langostinos	große Garnelen
lenguado	Seezunge
mariscos	Meeresfrüchte
mejillones	Miesmuscheln
merluza	Seehecht
mero	Zackenbarsch
pez espada	Schwertfisch
pulpo	Oktopus, Krake
rape	Seeteufel
raya	Rochen
salmón	Lachs
sancocho	gesalzener Fisch mit Kartoffeln
vieja	Papageienfisch
zarzuela	Fisch und Meeresfrüchte in Soße

Obst und Desserts (fruta y postres)

aguacate	Avocado
almendra	Mandel
bienmesabe	Mandel-Honig-Creme
bizcocho	süßes Gebäck
flan	Karamellpudding
frangollo	Maispudding
fresas	Erdbeeren
helado	Speiseeis
higos	Feigen
limón	Zitrone
macedonia de frutas	Obstsalat
manzana	Apfel
melocotón	Pfirsich
naranja	Orange
pasteles	Kuchen, Gebäck
piña	Ananas
plátano	Banane
pomelo	Pampelmuse
sandía	Wassermelone
tarta	Torte
turrón	Mandelgebäck
uva	Weintraube

Register

Agalán 149
Aguiar, José 231
Agulo 226, 230, 231, 243, 246
Aktivurlaub 36
Alajeró 74, 132, 144, 149, 151
Almogrote 11, 31, 48
Alojera 219
Alto de Garajonay 262, 273
Anreise 8, 22
Apartments 29
Apotheken 44
Architektur 79, 142, 169, 182, 194, 219, 230, 238, 248, 252
Arguamul 217
Arguayoda 152
Arroyo de El Cedro 263, 268, 271
Arure 164, 165, 182, 219
Ärztliche Versorgung 44
Ausrüstung 21, 39

Baden 21, 36, 108, 136, 183, 192, 200, 214
Baile de tambor (Trommeltanz) 86
Bajada de Nuestra Señora de Guadalupe 76, 119, 122
Baja del Secreto 192
Bananenanbau 52, 53, 58, 79, 87, 158, 199, 226, 243
Barranco Cañada de Barraca 259
Barranco de Argaga 175, 208
Barranco de Arure 164, 169, 173
Barranco de Benchijigua 266
Barranco de Erque 152
Barranco de Guarimiar 150
Barranco del Agua 164, 170
Barranco de la Guancha 128, 129
Barranco de las Lajas 123, 125
Barranco de la Villa 122
Barranco del Cabrito 64
Barranco del Revolcadero 128
Barranco del Valle 236
Barranco de Monteforte 247, 258
Barranco de Santa Catalina 158
Barranco de Santiago 136, 144
Barranco de Taguluche 215
Barranco de Valle Gran Rey 191
Barrancos 52, 67, 266
Behinderte 47
Benchijigua 64, 87, 143, 266
Béthencourt, Jean de 55, 214

Béthencourt, Maciot de 214
Bevölkerung 53
Bioläden 181, 205
Bobadilla, Beatriz de 55, 56, 101, 102, 104, 107, 253
Bootsausflüge 190
Bootstouren 36
Borbalán 26, 199
Bosque de Tejos 262
Buenavista (Aussichtspunkt) 223
Busrundfahrten, organisierte 24
Busse 24

Cámara, Manuel de 231
Camping 29, 263, 269
Cañada de Jorge 280, 282
Casa de la Seda 172, 173, 209
Casas, Guillén de Las 55
Castillo del Mar 237
Centro de Interpretación Las Loceras 160
Centro de Visitantes Juego de Bolas 241, 246
Charco del Conde (Playa) 36, 192
Chejelipes 123
Chelé 170
Chijeré 222
Chipude 28, 132, 148, 153, 154, 158
Chorros de Epina 236, 272
Conquista 33, 52, 60, 63, 73, 75, 76, 77, 86, 157, 164, 170, 218, 239, 253, 270
Cubaba 218
Cueva de Guahedum 124
Cumbre de Chijeré 217, 221

Degollada de Cerrillal 175
Degollada de los Bueyes 175
Degollada del Tanque 125
Degollada de Peraza 124
Delfinbeobachtung 36, 68
Diplomatische Vertretungen 45
Dolomitensteig 39
Drachenbaum 150
Drago Centenario 149

Einreisebestimmungen 22
Eklektizismus 135, 230
El Atajo 123
El Cabrito 28, 37, 126
El Cedro 28, 262, 267
El Cercado 132, 154, 160
El Contadero 268, 273

Elektrizität 45
El Estanquillo 269
El Guro 172, 196
El Hierro 23, 56, 57, 83
El Jorado 123
El Langrero 122
El Palmar 259
El Pescante 215
El Rumbazo 151
El Silbo (Pfeifsprache) 59, 82, 105, 242, 248, 256
El Tión 235
Embalse de Amalhuige 241
Embalse de Arure 169
Embalse de La Palmita 246
Embalse de los Tiles 269
Embalse de Vallehermoso 235
Epina 212
Ermita Caridad del Cobre 239
Ermita de Coromoto 222
Ermita de El Paso 151
Ermita de Guadalupe 76, 94, 121, 174, 209
Ermita de Las Nieves 125, 271
Ermita de los Reyes 172, 174
Ermita de Lourdes 267, 269, 271
Ermita del Santo 166
Ermita de San Antonio 170
Ermita de San Roque 136
Ermita de San Sebastián 105
Ermita de Santa Clara 217, 222
Ermita de Santa Lucía 218
Ermita San Isidro 147, 247
Ermita San Isidro (bei Alajeró) 147
Ermita San Isidro (bei Epina) 272
Ermita San Juan 258
Ermita San Lorenzo 152
Ermita San Salvador 214
Ermita Santa Rosa de Lima 241
Erosion 52, 65, 155, 222, 266
Erquito 158
Essen und Trinken 30
Estévez, Fernando 232
Ethnografisches Museum 242

Fahrradverleih 37, 142, 190, 195, 206
Fährverbindungen 23
Fauna 60, 68, 241, 278
Fayal-Brezal 70, 262, 275, 276, 281
Feiertage 45
Feinkost 206
Ferdinand von Aragón 55, 104

Register

Fernsehen 46
Feste 40, 119, 142, 148, 158, 167, 173, 181, 191, 234, 243, 246, 256
Fiesta de Nuestra Señora de Guadalupe 41, 42, 122
Fiestas de la Virgen de la Salud 271
FKK 36, 45, 129, 136, 201
Flora 52, 60, 64, 70, 110, 149, 219, 228, 241, 266, 276
Flughafen 23
Flugverbindungen 22, 23
Folklore 76, 86, 119, 158, 226, 243, 257
Fortaleza de Chipude 39, 64, 155
Fortalezas 278
Franco, General 58, 63, 79

García, Isaías 232
Geländewagen 25
Geld 45
Geografie 52
Geschichte 52, 55
Gofio 33, 48, 109, 157, 227, 252
Golf 37, 132, 139
Gomeragecko 199, 200
Guadá 170
Guanchen s. Ureinwohner (Guanchen)
Guarimiar 151
Guillama 218

Haustiere (Mitnahme) 22
Hautacuperche 54, 124, 192
Hermigua 9, 28, 66, 72, 226, 230, 232, 247, 257, 268
Hippies 58, 164, 196
Hotels 29
Humboldt, Alexander von 107

Iballa 124, 192
Iglesia San Juan Bautista 231
Iglesia San Marcos Evangelista 231
Igualero 62, 150
Imada 150
Information 18
Inselhopping 10
Internet 18
Isabella II. 58
Isabella I. von Kastilien 55

Jaragán 123
Jardín Botánico del Descubrimiento 228

Jardín de Las Creces 279
Jardín Tecina (Hotel) 26, 28, 29, 37, 38, 47, 59, 88, 132, 136, 137
Juego de Bolas s. Centro de Visitantes Juego de Bolas
Juego del Palo (Stockspiel) 85

Kampfsport 84
Kanarische Kiefer 71
Kanarische Wolfsmilch 124
Keramik (Töpfereien) 154, 233
Kinder 46
Kirchenpfad 174
Kleidung 21, 49
Kolitscher, Guido 118, 123
Kolumbus, Christoph 52, 56, 102, 119, 272
Koschenillezucht 52, 152, 153, 176, 214, 240
Krankenhaus 44
Krischanitz, Adolf 126
Kunst 190
Kunsthandwerk 48, 115, 181, 190, 200, 205, 226, 252, 256

La Caldera 64
La Calera 27, 164, 168, 176, 182, 196
La Dama 132, 158
Laguna Grande 262, 274
La Laja 70, 123, 125, 265
La Merca 168, 182
Landhäuser 29
Landwirtschaft 53, 80, 89, 98, 150, 156, 226, 238
La Negra 64
La Palmita 247
La Playa 26, 182, 197
La Puntilla 26, 191
La Rajita 64, 159
Las Creces 279
Las Hayas 28, 132, 160, 169, 170
Las Mimbreras 267, 269, 271
Las Pilas 175
Las Rosas 241
La Vizcaína 170
Lechepfad 176
León y Domínguez, Ezequiel de 152
Lepe 258
Lesetipps 19
Livemusik 114, 140, 148, 172, 191, 195, 197, 208, 246, 251
Lomito Fragoso 123
Lomo de la Culata 240

Lomo del Carretón 64
Lorbeerwald 60, 70, 241, 262, 270, 275, 276, 279, 282
Los Barranquillos 281
Los Descansaderos 170
Los Gemelos 249, 269
Los Órganos 64, 206
Los Roques 64, 264
Lucha Canaria 257
Lucha Canaria (kanar. Ringkampf) 84
Lugo, Alonso Fernández de 104

Manrique, César 169
Märkte (Mercadillos) 115, 181, 233
Mazapeces 239
Medien 46
Meditation 37, 206, 234
Mesa, José 100
Mietwagen 24
Mirador am Cruz de Tierno 241
Mirador César Manrique 169
Mirador de Abrante 242
Mirador de Agulo 246
Mirador de Alojera 281
Mirador de El Bailadero 265
Mirador de El Rejo 266
Mirador de Hermigua 265
Mirador de Igualero 151
Mirador de La Laja 124, 125
Mirador de Los Roques 265
Mirador del Sagrado Corazón 94, 120
Mirador de Tajaqué 266
Mirador de Vallehermoso 275
Mirador Ermita del Santo 166
Mirador Montaña del Dinero 275
Mode 205
Mojo 31, 48
Montaña de Alcalá 223
Montaña del Adivino 175
Montaña de San Isidro 147
Monteverde 60, 276
Monumento Natural del Barranco del Cabrito 128
Monumento Natural del Lomo del Carretón 219
Mountainbiking 21, 37, 142, 190, 195, 206, 216
Mudéjar-Stil 98, 135, 231, 252
Mühl, Otto 126
Museo Etnográfico de La Gomera (MEG) 248

289

Register

Musik, traditionelle 40, 42, 48, 167, 173, 242, 243
Mythen 75

Nachtleben 43
Nationalpark s. Parque Nacional de Garajonay
Naturschutz 60, 63, 64, 128, 219, 266
Notruf 47

Öffnungszeiten 47
Olsen, Reederfamilie 58, 59, 87, 107, 143

Paisaje Protegido de Orone 64
Palmen 112, 212, 218, 277
Palmhonig 11, 48, 53, 212, 216, 227, 239
Parque Marítimo (Meeresbadeanlage) 36, 236
Parque Nacional de Garajonay 39, 59, 60, 72, 260, 262
Parque Natural de Majona 64
Parque Rural de Valle Gran Rey 64, 186
Pastrana 144
Patronato de Turismo 19
Pavón 155
Pensionen 29
Peraza el Joven, Fernán 55, 101, 104, 107, 124, 164
Peraza el Viejo, Fernán 55, 105
Peraza, Familie 55, 56, 57, 105, 121
Pérez, José Luján 100
Pie de la Cuesta 239
Pintor, Antonio 231
Playa de Agulo 244
Playa de Alojera 36, 221
Playa de Argaga 201, 208
Playa de Arguamul 218
Playa de Ávalos 121
Playa de Chinguarime 36, 137
Playa de El Cabrito 129
Playa de En Medio 36, 136
Playa de Guariñén 212, 214
Playa de La Caleta 36, 258
Playa de la Cueva 36, 108
Playa de la Guancha 128
Playa de La Puntilla 36, 191
Playa de La Rajita 132, 159
Playa de las Arenas 198, 201
Playa de la Sepultura 240
Playa del Inglés 36, 183, 188
Playa del Valle Gran Rey 36, 183

Playa de San Marcos 244
Playa de San Sebastián 108
Playa de Santiago 28, 130, 132, 136
Playa de Tapahuga 136
Playa de Vallehermoso 223, 236, 240
Playa de Vueltas 36, 200
Playa Santa Catalina (Playa de Hermigua) 253
Post 47
Privatunterkünfte 204
Puerto de Los Pejerreyes 215
Punta de la Sepultura (Aussichtspunkt) 240
Puntallana 76, 121
Punta San Lorenzo 259

Radfahren 37
Raso de la Bruma 279
Rauchen 47
Reisekosten 11, 27, 46
Reiseveranstalter 28
Reisezeit 20
Reservа Natural Especial de Benchijigua 64
Reservа Natural Especial de Puntallana 64
Reservierung 28
Restaurants 32, 35
Rieseneidechsen 73
Risquillos de Corgo 280
Roque Blanco 64, 241
Roque Cano 64, 234
Roque Carmona 265
Roque de Agando 70, 125, 143
Roque de El Rejo 266
Roque de la Zarcita 125
Roque de La Zarcita 265
Roque de Los Órganos 222
Roque del Sombrero 128
Roque de Ojila 125, 265

Salto de Agua 174, 269
San Antonio 123
San Sebastián de La Gomera 27, 92
– Calle Real 95
– Casa de Colón 103
– Casa de la Aguada 103
– Casa del Conde 98
– Centro de Visitantes 108
– Ermita de San Sebastián 105
– Faro de San Cristóbal 109
– Hafen 107
– Iglesia de la Asunción 98, 103

– Mirador de la Antorcha 108
– Mirador de la Hila 108
– Molina de Gofio 108
– Museo Arqueológico de La Gomera (MAG) 101
– Playa de la Cueva 108
– Plaza de la Constitución 94
– Plaza de Las Américas 94
– Torre del Conde 104, 105
Schnorcheln 38, 118
Sicherheit 47
Simancas 240
Souvenirs 48, 139, 227, 233
Spartipps 46
Spezialitäten 11, 31, 48, 234
Sport 36
Standort für den Urlaub 8, 26
Steinmännchenkunst 186
Stockkampf 257
Strände (s. auch Baden u. Playas) 9, 36
Straßenverkehr 25

Taco 144
Taguluche 212
Tamargada 238
Tauchen 37, 118
Taxis 24
Tazo 218
Tecina 87
Teguergenche 176
Telefonieren 48
Temocodá 153
Torriani, Leonardo 107
Trinkgeld 35, 49
Trommeltanz 86
Tropischer Fruchtgarten Argaga 200

Übernachten 26, 227
Umgangsformen 49
Ureinwohner (Guanchen) 48, 52, 54, 55, 56, 60, 75, 77, 84, 86, 104, 107, 124, 150, 154, 272, 273, 274

Valle Gran Rey 26, 148, 162
Vallehermoso 27, 66, 72, 226, 230
Verkehrsmittel vor Ort 8, 24
Virgen de El Paso 151
Virgen de Guadalupe 122
Virgen de la Salud 119
Vueltas 27, 164, 198, 200
Vulkane 65, 264

Waldbrände 70, 197
Wallfahrtsstätten 270

Register

Wanderkarten 39
Wandern 10, 21, 38
- Abstieg über El Cedro nach Hermigua 268
- Abstieg vom Roque de Agando 143
- Kurzwanderung bei Los Barranquillos 281
- Kurzwanderung entlang der Risquillos de Corgo 279
- Kurzwanderung in die Cañada de Jorge 280
- Kurzwanderung zum Alto de Garajonay 273
- Kurzwanderung zum Drago Centenario 149
- Kurzwanderung zum Puerto de Los Pejerreyes 214
- Lehrpfad bei Laguna Grande 276
- Rundwanderung Las Creces 279
- Rundwanderung vor den Toren San Sebastiáns 123
- Rundwanderung zum Juego de Bolas 246
- Rundwanderung zur Ermita de Lourdes 267
- Wanderung auf der Cumbre de Chijeré 222
- Wanderung durch den Barranco de Guarimiar 150
- Wanderung durch den Barranco de las Lajas 125
- Wanderung durch den Lomo del Carretón 215
- Wanderung nach El Cabrito 128
- Wanderung nach El Cercado 170
- Wanderung via El Tión zum Roque Cano 234
- Wanderung von Arure nach La Calera 168
- Wanderung von Arure nach Las Hayas 168
- Wanderung von La Calera nach Arure 182
- Wanderung zu archäologischen Stätten 154
- Wanderung zu den Chorros de Epina 236
- Wanderung zum Roque Cano 234
- Wanderung zum Salto de Agua 173
- Wanderung zum Teguergenche 174
- Wanderung zur Punta San Lorenzo 258
Wanderungen, geführte 181, 190, 195, 206, 275
Wasser 49
Wein 48, 239, 248
Wellness 39, 190, 200
Wetter 20
Whalewatching 36, 68, 118, 139, 190, 207

Yoga 37, 206, 234

Zeitungen 46
Zollvorschriften 22

Das Klima im Blick — atmosfair

Reisen bereichert und verbindet Menschen und Kulturen. Wer reist, erzeugt auch CO_2. Der Flugverkehr trägt mit einem Anteil von bis zu 10 % zur globalen Erwärmung bei. Wer das Klima schützen will, sollte sich für eine schonendere Reiseform (z. B. die Bahn) entscheiden – oder die Projekte von *atmosfair* unterstützen. *Atmosfair* ist eine gemeinnützige Klimaschutzorganisation. Die Idee: Flugpassagiere spenden einen kilometerabhängigen Beitrag für die von ihnen verursachten Emissionen und finanzieren damit Projekte in Entwicklungsländern, die dort den Ausstoß von Klimagasen verringern helfen. Dazu berechnet man mit dem Emissionsrechner auf *www.atmosfair.de*, wie viel CO_2 der Flug produziert und was es kostet, eine vergleichbare Menge Klimagase einzusparen (z. B. Berlin – London – Berlin 13 €). *Atmosfair* garantiert die sorgfältige Verwendung Ihres Beitrags. Klar – auch der DuMont Reiseverlag fliegt mit *atmosfair*!

Abbildungsnachweis/Impressum

Die Autoren: Susanne Lipps studierte Geografie, Geologie und Botanik, Oliver Breda ist Physiker. Beide leiten Wander- und Studienreisen und kommen schon seit über 20 Jahren regelmäßig nach La Gomera, um die Insel ausgiebig zu erkunden. In ihrer Arbeit als Reiseschriftsteller haben sich die Autoren auf den spanisch- und portugiesischsprachigen Raum spezialisiert. Für den DuMont Reiseverlag haben sie u. a. Reiseführer über Andalusien, Mallorca und verschiedene Kanarische Inseln geschrieben.

Abbildungsnachweis
Oliver Breda, Duisburg: S. 110, 238
DuMont Bildarchiv, Ostfildern: S. 81, 92 re., 93 li., 100/101, 130 li., 130 re. 161 (Sasse); 82, 144/145, 156, 163 li., 165, 224 re., 260 li., 264 (Zaglitsch)
Bildagentur Huber, Garmisch-Partenkirchen: S. 255 (Ripani); 7, 8, 13 u. li., 32, 62, 99, 106, 109, 162 re., 188/189, 196, 276 (Schmid)
iStockphoto, Calgary (Kanada): S. 216 (AtWaG); 171 (Harris); 65 (Meyer); 16/17 (Pond); 208/209 (Wesemann)
laif, Köln: S. 78, 207 (Amme); 210 li., 211 li., 213, 225 li., 244/245 (Babovic); 270 (Grabka); Titelbild (Gumm); 12 u. li., 282/283 (Hub); 180, 224 li., 230 (Jonkmanns); Umschlagklappe vorn, 11, 137, 162 li., 198, 260 re., 267, 274 (Sasse); 50/51 (Tophoven)
Susanne Lipps, Duisburg: S. 237
Look, München: S. 174/175 (age fotostock); 12 o. li., 12 u. re., 146/147, 202/203 (Lubenow); 92 li., 120/121, 131 li., 133, 210 re., 220/221, 261 li., 263 (Richter)
Mauritius Images, Mittenwald: S. 127 (CuboImages); 90/91 (Eisele-Hein); 12 o. re., 116/117 (Gerhard); 68 (Kracher); 75 (Photononstop); 9, 13 o. re., 54, 66/67, 250/251 (Siepmann)
picture-alliance, Frankfurt a. M..: S. 70/71 (Fernandez); 88/89 (Lander); 73, 84/85 (Wilms)
Günther Roeder, Düsseldorf: S. 6, 292
Thomas Stankiewicz, München: S. 13 o. li., 13 u. re., 25, 34/35, 38/39, 42/43, 61, 102, 140/141, 154, 166/167, 178/179, 184/185, 228/229, 232
Transit, Leipzig: S. 152/153 (Hirth)
Whitestar, Hamburg: S. 57, 257 (Friedrichsmeier); 26/27 (Schiefer)

Kartografie
DuMont Reisekartografie, Fürstenfeldbruck
© DuMont Reiseverlag, Ostfildern

Umschlagfotos
Titelbild: Playa de Santiago, Blick von der Hotelanlage Jardín Tecina
Umschlagklappe vorn: Abends an der Ermita de San Antonio

Hinweis: Autoren und Verlag haben alle Informationen mit größtmöglicher Sorgfalt geprüft. Gleichwohl erfolgen alle Angaben ohne Gewähr. Bitte schreiben Sie uns! Über Ihre Rückmeldung und Ihre Verbesserungsvorschläge freuen wir uns: **DuMont Reiseverlag**, Postfach 3151, 73751 Ostfildern, info@dumontreise.de, www.dumontreise.de

3., vollständig überarbeitete Auflage 2014
© DuMont Reiseverlag, Ostfildern
Alle Rechte vorbehalten
Redaktion/Lektorat: Erika E. Schmitz, Katharina John
Grafisches Konzept: Groschwitz/Blachnierek, Hamburg
Printed in China